Besetzt

Volker Koop

Besetzt

Amerikanische Besatzungspolitik
in Deutschland

be.bra verlag

Dank

All die zu nennen, die beim Entstehen dieses Buches behilflich waren,
würde den Rahmen sprengen. In jedem Fall jedoch sind Franz-Josef Metzen
und Philip von der Schulenburg herauszuheben, die sich in vielfältiger Weise
engagiert haben. Heidi Roth vermittelte wichtige Kontakte ebenso wie
Hans Peter Uhl. Besonderes Lob verdienen die Stadtarchive in München,
Würzburg und Leipzig, das Parlamentsarchiv des Deutschen Bundestages
und das Staatsarchiv Bremen. Diejenigen, die ich in der Entstehungszeit
des Buches vernachlässigt habe, bitte ich um Nachsicht.

Bibliografische Information der Deutschen Bibliothek
Die Deutsche Bibliothek verzeichnet diese Publikation in der
Deutschen Nationalbibliografie; detaillierte bibliografische
Daten sind im Internet über http://dnb.ddb.de abrufbar.

© be.bra verlag GmbH
Berlin-Brandenburg, 2006
KulturBrauerei Haus S
Schönhauser Allee 37, 10435 Berlin
post@bebraverlag.de
Lektorat: Christian Härtel, Berlin
Umschlag: hawemannundmosch, Berlin
Satz: typegerecht berlin GbR
Schrift: Dante MT Regular 10,5 pt, Frutiger Bold Condensed
Druck und Bindung: GGP Media GmbH, Pößneck

ISBN 3-89809-069-8
ISBN 978-3-89809-069-8

www.bebraverlag.de

Inhalt

Zu diesem Buch

Einig waren sich die Alliierten des Zweiten Weltkrieges darin – jedenfalls während des Krieges – den Deutschen den Nationalsozialismus auszutreiben und militaristische Gedanken erst gar nicht wieder aufkommen zu lassen. Nicht die Regierungen in London und Paris hatten nach dem Sieg in und über Deutschland das Sagen, sondern jene in Washington und Moskau – und beide verfolgten ihre eigenen Ziele. Die Deutschen spielten dabei nur eine untergeordnete Rolle. Den einen ging es um die Ausbreitung des Kommunismus, den anderen um dessen Eindämmung. Dass sich dieser Kampf auf das Herz Europas konzentrierte, auf Deutschland, liegt auf der Hand.

Die Alliierten hatten sich für die Entwicklung Nachkriegsdeutschlands hehre Ziele gesetzt. Wenn sie sie nur teilweise erreichten oder ganz aufgaben, dann war dies in erster Linie eine Folge des sich abzeichnenden Kalten Krieges oder beruhte auf der schlichten Anerkennung der Realitäten. Dies galt beispielsweise für die Entnazifizierung, die in der ursprünglich vorgesehenen rigiden Form gar nicht durchgeführt werden konnte, wenn Wirtschaft oder Verwaltung auch nur halbwegs wieder funktionieren sollten. Hinzu kam, dass es Washington letztlich wichtiger war, Kommunisten aus wichtigen Funktionen fernzuhalten, als eine konsequente Entnazifizierung des gesamten öffentlichen und wirtschaftlichen Lebens in ihrer Zone durchzuführen. Mit der Bodenreform hatten die USA mit ihrem besonderen Verhältnis zum Privateigentum ohnehin nicht viel im Sinn und betrieben sie nur, um Moskau keinen Anlass zu geben, sie nach sowjetischem Muster für ganz Deutschland zu verlangen. Die Wirtschaftshilfe, insbesondere der Marshall-Plan, wurde auch deswegen forciert, weil die amerikanischen Steuerzahler nicht gewillt waren, auf unabsehbare Zeit mit Milliarden Dollar den einstigen Kriegsgegner zu finanzieren. Und wenn die strikten Verbrüderungsverbote sich nicht durchsetzen ließen, dann lag das mit daran, dass der einfache US-Soldat sich nicht daran halten wollte.

Den Deutschen, die in der US-Zone lebten, ging es nicht gut, aber im Vergleich zu den Landsleuten in anderen Regionen doch erheblich besser. Dies zeigte sich schon beim Einmarsch der US-amerikanischen Siegertruppen. Es gab zwar auch Übergriffe und Plünderungen, doch eine »marodierende Soldateska« wie in der sowjetischen oder der französischen Zone war ein unbekanntes Phänomen. Mit Zigaretten, Schokolade und Nylons bauten GIs (Abkürzung für government issue = Eigentum der Regierung) Brücken zwischen Siegern und Besiegten. Männer wie der amerikanische Ex-Präsident Herbert Hoover, Außenminister James F. Byrnes oder General Lucius D. Clay machten sich um eine erste Wiederannäherung verdient. Daneben waren es Organisationen wie CARE oder CRALOG, getragen von vielen Einzelpersonen in den USA, die mit ihrem keineswegs selbstverständlichen humanitären Handeln die Wunden des Krieges heilten.

Auf den europäischen Kriegsschauplatz waren die Amerikaner mit einem bisweilen großen Hass auf die Deutschen gekommen, die für den Massenmord an den Juden und für immer neue Kriege auf dem Kontinent verantwortlich waren. Innerhalb weniger Jahre verkehrte sich dieses Gefühl auf beiden Seiten in das Gegenteil. Vorherige Feinde wurden Partner, ja sogar Freunde.

Wenn der Untertitel dieses Buches »Amerikanische Besatzungspolitik in Deutschland« lautet, dann muss er insofern eingeschränkt werden, als es sich auf den folgenden Seiten vorrangig um die Schilderung der US-Politik in den ersten Nachkriegsjahren handelt. Zugleich aber wird damit ein Anspruch angedeutet, dem kein einzelnes Buch jemals genügen kann. Amerikanische Truppen hatten zwei Drittel des einstigen »Großdeutschen Reiches« besetzt, bevor sie sich in die festgelegte Besatzungszone zurückzogen. Es ließen sich umfangreiche Abhandlungen schreiben über jedes Land der US-Zone, über jeden einzelnen Aspekt. Die vielfältigen Facetten werden hier skizziert, veranschaulicht durch entsprechende konkrete Beispiele.

März 1945: Amerikanische Truppen erobern das linksrheinische Gebiet, wie hier die Stadt Andernach.

Was hat die Amerikaner im Wesentlichen zu ihrer Haltung gegenüber Deutschland veranlasst, was zu den bisweilen sehr rasch aufeinander folgenden Veränderungen geführt? Aber es soll auch beleuchtet werden, wie die Besiegten das Regime der neuen Herren empfunden haben.

US-Besatzungspolitik in Nachkriegsdeutschland – das war mehr als Luftbrücke und Marshall-Plan. Einen lebendigen Eindruck hiervon vermittelt dieses Buch.

Volker Koop
Berlin, im Herbst 2006

Kein Pardon für Deutschland

Auf dem Weg zum europäischen Kriegsschauplatz

Die drei Kriegsalliierten USA, Großbritannien und die Sowjetunion waren sich frühzeitig darin einig, dass am Ende des Zweiten Weltkrieges – anders als nach dem Ersten Weltkrieg – die totale und bedingungslose Kapitulation Deutschlands stehen müsse. Zunächst war es Ziel der Atlantik-Charta, die US-Präsident Franklin D. Roosevelt und der britische Premierminister Winston S. Churchill am 14. August 1941 an Bord eines Kriegsschiffes vor Neufundland verkündet hatten, allen Menschen ein Leben frei von Furcht und Mangel zu ermöglichen. Später brachte der sowjetische Diktator Josef Stalin bei einer Begegnung mit dem britischen Außenminister Anthony Eden im Dezember 1941, nachdem Deutschlands größenwahnsinnige Führung am 11. Dezember auch den USA den Krieg erklärt hatten, eine Aufteilung des Deutschen Reiches ins Gespräch. Roosevelt und Churchill waren es dann, die auf der Konferenz von Casablanca vom 14. bis 24. Januar 1943 die bedingungslose Kapitulation Deutschlands – ebenso Italiens und Japans – als unabdingbare Voraussetzung für einen Frieden verlangten. Dieser Forderung schloss sich die Sowjetunion an. Sie wurde unter anderem auf der Drei-Mächte-Außenministerkonferenz im Oktober 1943 in Moskau ausdrücklich und dann auf der Konferenz von Teheran vom 28. November bis 1. Dezember 1943 nochmals bestätigt.

Als weitere wegweisende Konferenz sei hier nur noch die von Jalta vom 4. bis 11. Februar 1945 genannt, auf der sich die alliierten »Großen Drei« – Frankreich zählte noch nicht zu den gleichberechtigten Siegermächten – auf ein gemeinsames Vorgehen in der Endphase des Krieges einigten und die Aufteilung des besiegten Deutschlands in Besatzungszonen beschlossen.

Training in Charlottesville

In den USA begann man nach der Casablanca-Konferenz von 1943, die Verwaltung eines niedergerungenen Deutschlands intensiv zu planen und das Personal hierfür auszubilden. Von 1942 an wurden Militärs in der School for Military Government mit den deutschen Gegebenheiten vertraut gemacht. Die Schule hatte man an der Universität von Charlottesville, Virginia, unter Leitung von Brigadegeneral Cornelius W. Wickersham und in Fort Cluster eingerichtet. Ergänzend gab es an den meisten Universitäten das »Army Specialized Training Program« für Freiwillige, die dann später in der Regel ihren Dienst in den Militärregierungen in Deutschland ableisteten. Im August 1942 nahm im US-Kriegsministerium eine »Military Government Division in the Provost Marshal General« ihre Arbeit auf, und vom 1. März 1943 an beschäftigte sich die »Civil Affairs Division – CAD« unter Generalmajor John H. Hilldring mit den Aufgaben, die man in Deutschland erwartete. Geführt wurden die amerikanischen Truppen in Europa vom Juni 1942 an durch das Hauptquartier des »European Theatre of Operations, US Army (ETOUSA)«[1] und dann seit April 1943 vom »Chief of Staff Supreme Allied Command – COSSAC«. Zugeordnet waren dem COSSAC Stäbe für die Übernahme ziviler Aufgaben. Abgelöst wurde COSSAC im Januar 1944 durch das »Supreme Headquarters, Allied Expeditionary Forces – SHAEF«[2] unter dem Oberbefehl von General Dwight D. Eisenhower. Dieser stand damit nicht nur an der Spitze der anglo-amerikanischen Truppen, sondern war zugleich amerikanischer Oberbefehlshaber für das »European Theatre United States Army – USFET«[3] und mit einer ungeheuren Machtfülle ausgestattet.[4]

Ende 1943 schickte die US-Regierung über 2000 Offiziere, die Deutschland verwalten und aufbauen sollten, zunächst ins britische Shrivenham und dann weiter nach Manchester, wo sie ihre Ausbildung unter der Verantwortung von ETOUSA fortsetzten. Anfang September 1944 siedelte die »Civil Affairs Division« nach Le Mans um und letztendlich in das östlich von Paris gelegene Rochefort-en-Yvelines. Sie bestand aus Vertretern der unterschiedlichsten Berufsgruppen – vom Rechtsanwalt bis zum Wirtschaftsfachmann. Walter L. Dorn, der in Shrivenham lehrte, bezeichnet diese Phase als die am wenigsten fruchtbare. So habe man eine Woche lang »den ganzen Staat Hessen« simuliert, um dann festzustellen, »daß es Darmstadt so nicht mehr gab«.[5]

Dorn, von dem noch häufiger die Rede ist, gehörte zum für Berlin vorgesehenen A1A1-Detachement. Unter Oberst Frank L. Howley, dem späteren Stadtkommandanten im Berliner US-Sektor, wurde es zunächst im befreiten Paris eingesetzt. Über die Vorbereitungen auf die Aufgaben in Berlin ist bei Dorn zu lesen:

»Da Berlin offenbar eine Vier-Mächte-Stadt werden sollte, unternahm Howley schon zu einem frühen Zeitpunkt alle Anstrengungen, um das britische und das französische Kontingent für Berlin in Barbizon, etwas nördlich von Fontainebleau, [mit dem amerikanischen] zusammenzubringen. Das französische Team stieß jedoch nie zu uns, weil die Franzosen keine Zeit gehabt hatten, um ihr Team zu organisieren. Die Briten hatten jedoch schon im späten Dezember [1944] und im frühen Januar 1945 eine Einheit unter Brigadier Hinde aufgestellt, und diese Gruppe stieß im frühen Januar zu Howleys Mannschaft. In der Zwischenzeit waren die Franzosen freilich sehr weit mit ihrer Planung zurück, denn sie hatten ja keine Zone. Howley ging bei verschiedenen Gelegenheiten zu General Koeltz, dem stellvertretenden Militärgouverneur der Anfangszeit, und bat um eine französische Einheit für Berlin, die dieser jedoch nicht zustande bringen konnte. Immerhin schufen sie in Paris ein französisches Militärregierungs-Ausbildungslager, zu dem [Oberst William W.] Dawson und eine Anzahl anderer hinzugezogen wurden.«[6]

Zweihundert Teams fürs besiegte Deutschland

Im Rahmen der »European Civil Affairs Division« wurde die »German Country Unit« gebildet, um, versorgt mit speziellen Landeskenntnissen, die Geschicke des besiegten Deutschlands vor Ort in die Hände zu nehmen. Schließlich standen etwa zweihundert Teams bereit, die als »Military Governments« für die Kontrolle von Regierungsbezirken, Städten oder Landkreisen verantwortlich waren. Nur zeigte sich in der Praxis, dass viele der Planungen hinfällig wurden. Hatte Eisenhower lange Zeit in Washington darauf gedrängt, dass für Verwaltung und Wiederaufbau des besiegten Deutschlands die Politik verantwortlich sei und das Militär nur begrenzt helfen könne,[7] wurde angesichts der chaotischen Zustände im besetzten Land bald klar, dass es zunächst einmal am Militär war, wieder halbwegs geordnete Verhältnisse herzustellen.

Die Amerikaner wollten wie die anderen Kriegsalliierten nach Sieg und bedingungsloser Kapitulation Deutschland entnazifizieren, den Militarismus ausrotten und die Kriegsindustrie zerschlagen. Weiter sollte Deutschland für die in den überfallenen und besetzten Ländern angerichteten Schäden aufkommen: einerseits durch Demontagen, andererseits durch Reparationszahlungen, was den Aufbau einer begrenzten Friedensindustrie voraussetzte. An die späteren massiven Wirtschaftshilfen – nicht zuletzt im Rahmen des Marshall-Planes – dachte während der Kriegsjahre in Washington kaum jemand.

Nach dem Angriff japanischer Bomber auf die US-Flotte bei Pearl Harbor am 7. Dezember 1941 und dem Kriegseintritt der USA beschlagnahmte das Finanzministerium unter Minister Henry Morgenthau jr. als erstes feindliche Vermögen in den USA. Dies traf unter anderem die deutsche Schering AG und die Tochterfirma der I.G. Farben, die General Aniline and Film Corporation. Da man am Sieg über die Achsenmächte Deutschland, Italien und Japan nicht zweifelte, nahmen in Washington die Überlegungen für die Behandlung eines besiegten Deutschlands immer konkretere Formen an. Zwei Lager standen sich hier gegenüber. Das eine hielt es für wünschenswert, dass die alliierten Truppen bei ihrem Einmarsch möglichst wenig Schäden anrichteten, damit das Land schnell zum Wiederaufbau des zerstörten Europa beitragen könnte. Das andere war beeinflusst von der Sorge, eine weitgehend intakte deutsche Wirtschaft könne zum Aufbau einer neuen Kriegsmaschinerie dienen und eine zu große Konkurrenz gegenüber den übrigen europäischen Ländern bilden. Lange Zeit behielten die Vertreter der harten Linie die Oberhand. Sie wollten die Deutschen ungeachtet aller Überlegungen der Wirtschafts-

und Finanzfachleute schlicht und einfach für die von ihnen begangenen und geduldeten Verbrechen bestrafen. In seinem Tagebuch schilderte Finanzminister Morgenthau den Verlauf einer Besprechung im Hauptquartier General Eisenhowers in Südengland am 17. August 1944. Eisenhower habe erklärt, er werde die Deutschen nach dem Überschreiten der Grenzen »hart rannehmen«: »Er ließ keinen Zweifel daran, daß er sie erst einmal in ihrem eigenen Saft schmoren lassen wolle«.[8] Mit dieser Auffassung stieß der General im US-Finanzministerium auf offene Ohren, wie im Weiteren aus dem »Morgenthau Diary« hervorgeht.

So waren sich am 22. August 1944 General John H. Hilldring von der »Civil Affairs Division« des Kriegsministeriums sowie Harry Dexter White und William H. Taylor vom Finanzministerium darin einig, das Hauptaugenmerk bei der künftigen Behandlung Deutschlands nicht auf Reparationszahlungen zu legen, sondern zu verhindern, »daß Deutschland in die Lage versetzt werden könnte, zu unseren Lebzeiten wieder einen Krieg zu führen«.[9] Hilldring erklärte, er habe die deutsche Entwicklung seit dem Ersten Weltkrieg ständig beobachtet. Falls die USA dieses Mal keine Gegenmaßnahmen ergriffen, könne man sicher sein, dass die deutschen Militärs sofort wieder damit begännen, die Grundlagen für einen dritten Weltkrieg zu schaffen.

»Kinder zu staatlichen Mündeln machen«

Um zu demonstrieren, mit welcher Härte Teile der amerikanischen Regierung gegen Deutschland vorgehen wollten, sollen einige wesentliche Sätze aus dem Protokoll einer Besprechung zwischen Morgenthau, Kriegsminister Henry L. Stimson und dem damaligen Unterstaatssekretär John J. McCloy, dem späteren Hohen Kommissar in der Bundesrepublik Deutschland, wiedergegeben werden. Wenn man die Ruhr internationalisiere, könne man die Deutschen an weiteren kriegerischen Unternehmungen hindern, meinte Stimson, was für Morgenthau völlig unzureichend war: »Nun, wenn man die kleinen Kinder von heute von SS-Leuten erziehen läßt, denen der Hitlerismus eingeimpft worden ist, heißt das nicht einfach, eine neue Generation von Deutschen großzuziehen, die wieder in den Krieg ziehen wollen? Er [Stimson] meinte, das sei richtig. Dann sagte ich: ›Meinen Sie nicht auch, daß es das beste wäre, sich an Hitlers eigene Methode zu halten und diese Kinder ihren Eltern wegzunehmen und zu staatlichen Mündeln zu machen und diese Schulen von ehemaligen amerikanischen, englischen und russischen Offizieren leiten und diese Kinder den wahren Geist der Demokratie lernen zu lassen?‹ Er meinte, daran habe er noch nicht gedacht, aber er stimme mit mir darin überein, daß etwas in dieser Richtung unternommen werden müsse.«

Es folgte die Äußerung Morgenthaus, die bis heute in besonderer Weise mit ihm in Verbindung gebracht wird: »Ich eröffnete ihm auch meine Vorstellungen über die Möglichkeit, alle Industrieanlagen aus Deutschland zu entfernen und die Deutschen einfach zu einer Nation von Kleinbauern zu machen. Er entgegnete, die Schwierigkeit dabei sei nur, daß Deutschland im Jahre 1860 einmal eine solche Nation gewesen sei, aber damals nur 40 Millionen Einwohner gehabt habe. Er meinte, dann müsse man einen Großteil der deutschen Bevölkerung aus Deutschland wegschaffen. Darauf erwiderte ich: ›Nun, das ist nicht annähernd so schlimm, wie wenn man sie in Gaskammern schickte.‹«

»Egal, was mit der Bevölkerung geschieht«

Morgenthau war zweifellos der härteste Verfechter einer gnadenlosen Linie gegenüber den Deutschen. Bei einem Treffen in seinem Büro am 4. September 1944 plädierte er dafür, das gesamte Ruhrgebiet »stillzulegen«, die Fabriken zu demontieren und die Gruben zu schließen. Auf die Frage nach dem Schicksal der dort lebenden fünfzehn Millionen Menschen antwortete er »Es ist mir egal, was mit der Bevölkerung geschieht«.[10] Erst solle demontiert werden, in zweiter Linie müsse man sich dann Sorgen um die Bevölkerung machen. Angesprochen wurden auch die britischen Nachkriegsinteressen. Zwar könne vom Ruhrgebiet wieder ein »Kriegsfunken« ausgehen, aber – so Morgenthau – dieses Gebiet sei auch Schuld gewesen »an der Schließung der Stahlwerke in Birmingham und der Kohlengruben in England, es ist die Ursache des Elends und des niedrigeren Lebensstandards in England. Die höheren Qualitäten des Ruhrgebietes schlagen die Engländer und Belgier aus dem Felde«. Die völlige Stilllegung müsse strengstens überwacht werden, denn: »Jemand wird eine Kohlegrube im Keller haben, und diese Leute sind so clever und solche Teufel, daß sie eine Armee auf die Beine gestellt haben, ehe man es sich versieht.« Einwände hinsichtlich der notwendigen Versorgung der Ruhr-Bevölkerung mit Lebensmitteln konterte Morgenthau mit dem Hinweis, dann müsse sie eben »verschoben«, sprich umgesiedelt werden. Das erscheine grausam, aber die USA hätten den Krieg nicht gewollt.

Gebietsabtretungen und zwei deutsche Staaten˙
Von den zahllosen Plänen der US-Regierung, mit denen sie damals eine Wiederaufrüstung Deutschlands verhindern wollte, sollen hier nur die wichtigsten skizziert werden.

Vorschlag für eine Teilung Deutschlands

»Der Grundgedanke […] ist, daß die industriellen Mittel für eine militärische Aggression der deutschen Verfügungsgewalt entzogen werden sollten. Die Bevölkerung sollte so aufgeteilt werden, daß die Bevölkerung Norddeutschlands zusammengehalten wird und die Bevölkerung Süddeutschlands, wenn möglich, eine gesonderte Einheit bildet.

Plan I – Teilung Deutschlands mit Gebietsabtretungen an die Niederlande, Belgien und Frankreich

Es wird vorgeschlagen, daß der neue norddeutsche Staat im Westen von der Westgrenze des alten Landes Oldenburg, jedoch unter Ausschluß des Hafens Wilhelmshaven und Umgebung begrenzt wird, wobei die Grenze ungefähr der Linie 7°30′ Ost folgt und bei Neuwied den Rhein erreicht. Die Grenze verläuft den Rhein entlang bis Mainz. Die südliche Grenze folgt dem Main und der alten bayerischen Grenze bis zur tschechoslowakischen Grenze. Die Ostgrenze beginnt bei Stettin und verläuft nach Süden die Oder entlang bis zur Neiße-Mündung, dann die Neiße entlang bis zur tschechoslowakischen Grenze in der Nähe von Görlitz. Die Nordgrenze würde so geändert, daß die

Der Krieg ist aus: Zivilisten im März 1945 in Bad Hönningen.

Provinz Schleswig und ein Teil von Holstein an Dänemark fällt. Die
Grenzlinie würde ungefähr zwischen Lübeck und einem Punkt in der
Elbe gegenüber von Stade verlaufen.

Die Demarkationslinien hätten die nachstehend geschilderten Folgen für die militärische und wirtschaftliche Situation Deutschlands.
Der Kiel-Kanal würde auf dänischem Hoheitsgebiet mit ausreichend

großem Vorfeld zu seinem Schutz nach Süden liegen. Die Linie 7° 30′ und die oldenburgische Grenze würde das Ruhrgebiet mit allen seinen Industrieanlagen aus dem deutschen Staat ausschließen. Der Dortmund-Ems-Kanal würde ebenfalls außerhalb des deutschen Territoriums liegen, weil dieser Kanal für den Transport des Eisenerzes zu den Stahlwerken des Ruhrgebietes von großer Bedeutung ist. Die Südgrenze folgt ungefähr den Grenzen der alten Länder Baden, Württemberg und Bayern, während die Ostgrenze den Gebietsausgleich für Polen berücksichtigt, mit dem Polen für die Abtretung von Teilen Weißrußlands und der Ukraine an Rußland entschädigt werde soll. Schlesien ist auf der Karte an Polen abgetreten worden.

Es wird vorgeschlagen, einen neuen süddeutschen Staat zu errichten, der sich aus der Republik Österreich und den früheren Ländern Bayern, Württemberg und Baden sowie aus dem rechtsrheinischen Teil von Hessen-Darmstadt zusammensetzt. Die westrheinischen Teile Bayerns gehören nicht dazu. Die alliierten Mächte sind übereingekommen, daß Österreich als gesonderter Staat wiedererrichtet wird, dessen Grenzen aber nicht festgelegt wurden. Die alte Republik Österreich war wirtschaftlich unausgeglichen, weil die Stadt Wien zu groß für das relativ arme landwirtschaftliche Hinterland war. Der neue Staat würde das reiche Landwirtschaftsgebiet Bayern mit dem österreichischen Staat verbinden, so daß eine ausgeglichene wirtschaftliche Einheit entstehen würde. Er würde bedeutende Industriezentren wie München, Wien, Stuttgart und Mannheim, haben jedoch wenig Schwerindustrie.

Es wird vorgeschlagen, die französischen Grenzen zum Rhein bis Koblenz vorzuziehen. Dadurch würde Frankreich das Saargebiet erhalten und um das lothringische Industriegebiet ergänzt werden. Das Ruhrgebiet wird zwischen Belgien und den Niederlanden aufgeteilt. Es ist vielleicht möglich, eine Grenze in der Mitte zwischen den Ruhr-Städten zu ziehen, wobei zur unteren Hälfte, die an Belgien geht, die Städte Dortmund, Essen, Elberfeld [heute zu Wuppertal gehörend] und Düsseldorf gehören würden. Zum nördlichen Teil, der parallel zur niederländischen Grenze liegt, würden [Duisburg-]Ruhrort, Gelsenkirchen, Hamm und Münster gehören. Die Linie könnte so gezogen werden, daß Krefeld von München-Gladbach [gemeint ist Mönchengladbach] getrennt wird. Diese Industriestädte könnten dann an die Niederlande bzw. an Belgien abgetreten werden oder beide zusammen zu einem der beiden Länder geschlagen werden, so daß eine ausgewogenere industrielle Einheit entsteht [...].«[11]

Nach diesen Vorstellungen hätte Frankreich ein Gebiet mit etwa zwei Millionen Einwohnern erhalten, Polen mit sechs Millionen und die Niederlande beziehungsweise Belgien ein Gebiet mit bis zu dreizehn Millionen Deutschen. Da der Anteil der Deutschen in ihren künftigen »Heimatländern« zu groß gewesen und die »Minderheit« tatsächlich Majorität geworden wäre, waren Umsiedlungsaktionen in großem Maßstab in die beiden dann neuen deutschen Kernstaaten vorgesehen.

Eine andere Variante der im US-Finanzministerium entwickelten Nachkriegs-Deutschlandkarte sah vor, aus dem Ruhrgebiet und den angrenzenden Bereichen sowie aus dem Nordostseekanal internationale Zonen unter Kontrolle der Vereinten Nationen zu bilden, Schleswig Dänemark zuzuschlagen und zwischen dem neuen süddeutschen Staat und Österreich eine Zollunion zu gründen.[12]

In diesem Zusammenhang plädierte General Eisenhower in einem Gespräch mit Morgenthau übrigens dafür, nach der Eingliederung des Saarlandes in den französischen Staat in folgender Weise mit der deutschen Bevölkerung umzugehen: »Man sollte lieber die Deutschen alle aussiedeln, weil sie biologisch viel stärker als die Franzosen sind. Wenn man sie dort läßt, gibt es nach einiger Zeit dort nur noch Deutsche.«[13]

State Department und Kriegsministerium auf Gegenkurs

Zwar fand Morgenthau Befürworter seiner rigorosen Pläne, aber seine Gegner, die Deutschland die Chance eines demokratischen Neubeginns geben wollten, meldeten sich immer häufiger zu Wort. Für den 4. September 1944 hatte Morgenthau zu einem Abendessen eingeladen, an dem Kriegsminister Stimson und Unterstaatssekretär McCloy teilnahmen.[14] Beide zeigten sich von der Notwendigkeit einer Teilung Deutschlands in einen Nord- und einen Südstaat nicht überzeugt. Allerdings plädierte McCloy dafür, Berlin die Hauptstadtfunktion zu nehmen und eventuell Frankfurt zum Sitz einer künftigen deutschen Regierung zu bestimmen. Stimson lehnte die Zerstörung des Ruhrgebietes ab, weil dadurch dreißig Millionen Menschen in den Hungertod getrieben würden. Er glaube nicht, dass dies die richtige Art sei, die Deutschen zu behandeln und einen künftigen Krieg zu verhindern. In diese Richtung zielte auch ein geheimes Papier von Außenminister Cordell Hull, das ebenfalls auf den 4. September datiert ist. Dessen wesentliche Inhalte lauteten:

»A. Entmilitarisierung Deutschlands einschließlich der vollständigen Auflösung aller deutschen Streitkräfte und aller militärischen, militärähnlichen und Polizeiorganisationen der Nazis und Zerstörung und Verschrottung aller Waffen, Munition und allen Kriegsgeräts.

B. Auflösung der Nazi-Partei und aller angeschlossenen Gruppen. Große Gruppen besonders verwerflicher Elemente, besonders in der SS und in der Gestapo, sollten verhaftet und interniert werden, und Kriegsverbrecher sollten abgeurteilt und hingerichtet werden.

C. Weitgehende Kontrollen sind über das Fernmeldewesen, die Presse und die Propaganda auszuüben, um die Nazi-Doktrin oder ähnliche Lehren auszuschalten.

D. Weitgehende Kontrollen über das deutsche Erziehungswesen sind einzurichten, um alle Nazi-Einflüsse und alle Nazi-Propaganda auszuschalten.

E. Es sollte keine Entscheidung über die mögliche Teilung Deutschlands getroffen werden, bevor nicht bekannt ist, wie die Lage im Inneren aussieht und welche Haltung die hauptsächlichen Verbündeten in dieser Frage einnehmen.

F. Die amerikanische Regierung hat kein direktes Interesse daran, von Deutschland Reparationen zu erhalten, und ist infolgedessen nicht daran interessiert, die deutsche Wirtschaft aufzubauen, um fortlaufende Reparationen zu empfangen. Das Vereinigte Königreich und die UdSSR sowie eine Anzahl kleinerer Staaten, die ein Opfer deut-

Nur für kurze Zeit in Teilen Ostdeutschlands: US-Truppen im Juni 1945 in dem von ihnen eroberten Leipzig, hier am Augustusplatz.

scher Ausbeutung wurden, können jedoch gegebenenfalls Ansprüche auf die deutsche Produktion geltend machen, die sie für Wiederaufbauzwecke benötigen.

G. Da die großen Junkergüter die wirtschaftliche Grundlage für die militärische Kaste in Deutschland bildeten, sollten diese Güter aufgeteilt und die Pachtgüter an die Pächter verteilt werden.

H. Der Lebensstandard der deutschen Bevölkerung ist auf das Existenzminimum zu beschränken; die wirtschaftliche Machtstellung Deutschlands in Europa muß beseitigt werden die Wirtschaftskapazität Deutschlands ist derart zu verändern, daß Deutschland in so starkem Maße auf Einfuhren und Ausfuhren angewiesen ist, daß es mit eigenen Mitteln nicht zur Kriegsproduktion zurückkehren kann.«[15]

Das las sich bereits anders als alles, was von Morgenthau bisher zu hören war. Vor allem Kriegsminister Henry L. Stimson ging auf Konfrontationskurs zu seinem Kabinettskollegen und mahnte in einem geheimen Memorandum vom 5. September: »Ich kann mich auch nicht damit einverstanden erklären, daß es eines unserer Ziele sein sollte, die deutsche Bevölkerung ›auf dem Existenzminimum‹ zu halten, wenn man damit die Grenze der Armut meint. Das würde bedeuten, daß man das deutsche Volk zu einem Zustand der Sklaverei verdammt, in welcher ein Mensch, ohne Rücksicht darauf, wie schwer oder tüchtig er arbeitet, seine wirtschaftliche Stellung in der Welt nicht wesentlich verbessern könnte.«[16] Ein solches Verhalten würde dazu führen, dass die Schuld der Nazis und die Bösartigkeit ihrer Doktrin und Handlungen geschmälert würden.

Am 6. September 1944 schickte Morgenthau die Endfassung seines Planes unter anderem an den Außen-, an den Kriegsminister und an das Weiße Haus. Roosevelt stand den Kernpunkten – Entmilitarisierung, Demontage der Industrie, Stilllegung des Bergbaus sowie Internationalisierung von Ruhr, Rheinland und Nord-Ostseekanal – positiv gegenüber. Bei einem Treffen mit dem britischen Premier Winston Churchill am 14. September 1944 in Quebec unterzeichneten beide Staatsmänner den »Morgenthau-Plan«, nach dem »aus Deutschland ein Land von im Wesentlichen landwirtschaftlichem und Weidecharakter« gemacht werden sollte. Doch obwohl in zahllosen weiteren Gesprächen die harte Linie gegenüber Deutschland weiter verfochten wurde, begann man sie zunehmend aufzuweichen.

Es mag verwundern, dass der stärkste Widerstand ausgerechnet aus dem Kriegsministerium kam. Auch General George C. Marshall, seit September 1939 einflussreicher US-Generalstabschef und dann von 1947 bis 1949 US-Außenminister, mochte Morgenthaus Vorstellungen nicht folgen. Bei einer Begegnung mit dem Finanzminister am 28. September 1944 wollte er als Soldat zwar keine Stellung beziehen, suchte aber ein Beispiel aus der Geschichte, um seine Bedenken zu äußern. Man habe immer wieder festgestellt, dass die Soldaten die Besiegten nicht ungebührlich hart behandeln wollten. Nach dem Ersten Weltkrieg habe General Pershing ein striktes Fraternisierungsverbot erlassen, aber die amerikanischen Soldaten seien zur Hintertür hineingegangen und hätten es sich bei den deutschen Familien bequem gemacht. Es gebe nun bereits erste Fotos von US-Soldaten, auf denen sie mit Deutschen fraternisierten. Die Briten hätten schon alle Versuche, bei ihren Truppen das Fraternisierungsverbot durchzusetzen, als hoffnungslos aufgegeben. Marshall zu Morgenthau: »Sie werden feststellen, daß der amerikanische Soldat nicht den Wunsch hat, daß die Deutschen streng behandelt werden.«[17]

Morgenthau notierte im Anschluss, sein Eindruck sei, Marshall habe nicht viel für den Plan übrig.

Britische Zweifel am »Morgenthau-Plan«

Die rigiden deutschlandpolitischen Vorstellungen wurden durch Indiskretionen in den USA frühzeitig in der Presse thematisiert. Angesichts des beginnenden Präsidentschaftswahlkampfes und der ablehnenden Haltung der US-Medien und der Öffentlichkeit begann Roosevelt seine Haltung zu überdenken. Schließlich kam er zu dem Ergebnis, der Plan gehe zu weit und solle deshalb in dieser Form nicht umgesetzt werden. Stattdessen entstand die Direktive »J.C.S. 1067 – Joint Chief of Staff Document 1067«, der der Morgenthau-Plan zumindest als Grundlage diente. Zu der »Verwässerung« hatte nicht zuletzt das von ganz pragmatischem Denken beeinflusste britische Zögern beigetragen. So warnte beispielsweise der leitende Offizier für zivile Angelegenheiten bei der 21. britischen Armeegruppe, Brigadier Robbins, vor einem Chaos im öffentlichen und privaten Finanzwesen, wenn rigoros alle unerwünschten Personen aus ihren Ämtern entfernt würden. Auch der US-Botschafter in London, John G. Winant, zeigte sich skeptisch. Er hatte am 1. Februar 1945 bei einer Unterhaltung mit Jim Mann vom US-Finanzministerium unverhohlen seine Ablehnung der Morgenthau-Ideen geäußert. Wenn die USA wie vorgesehen vorgingen, werde das Elend und Unruhe aller Art in Deutschland mit sich bringen und zu dem führen, gegen das die USA kämpften: zu einem neuen Hitler.[18] Gerade in Großbritannien mehrten sich die Stimmen, die nach dem Sieg der Alliierten für ein starkes Deutschland als Bollwerk gegen die Sowjetunion plädierten. Diese und humanitäre Überlegungen läuteten das Ende des Morgenthau-Planes auch in amerikanischen Köpfen ein. So lehnte Leo T. Crowley, Leiter des US-Amtes für Wirtschaftskriegsführung, es am 1. Mai 1945 strikt ab, den Einsatz deutscher Arbeitskräfte als Reparationsleistung zu betrachten: »Ich habe nichts dagegen, wenn man sich mit den Reparationsschulden befaßt oder mit Material und Fabrikationsstätten, wenn es aber um Menschen geht, dann kann ich nicht mitmachen.« Die amerikanische Ideologie bestehe nicht darin, Leib und Seele eines Menschen zwecks Abtragung von Reparationsverpflichtungen mit einem Preisschild zu versehen. Er werde nie etwas unterschreiben, woraus hervorgehe, dass Amerika den Handel mit Menschen als Zwangsarbeitern befürworte. »Ich bin dafür, daß man es die Leute spüren läßt, die für diesen Krieg verantwortlich sind, und daß man sie zur Rechenschaft zieht. Ich bin nicht dafür, daß man sich an eine Menge kleiner Leute hält, weil sie unter dem Einfluß und der Propagandaeinwirkung ihrer Führer standen.«[19]

Ähnliche Einwände erhob Bundesrichter Robert H. Jackson, der spätere Chefankläger bei den Nürnberger Kriegsverbrecherprozessen, in einem Memorandum an den Vertreter der USA bei der Reparationskommission, Edwin W. Pauley. Arbeitskräfte in großer Zahl zwangsweise zur Arbeitsleistung im Ausland einzusetzen würde bedeuten, sie in Konzentrationslagern zusammenzupferchen. Damit werde die moralische Position Amerikas untergraben: »Was die Welt jetzt braucht, besteht nicht darin, daß man einen Menschenhaufen aus einem Konzentrationslager herausläßt, um einen anderen hineinzustecken, sondern daß dem Gedanken des Konzentrationslagers ein Ende gemacht wird.«[20]

Was die Deutschen wirklich von den Amerikanern zu erwarten hatten, war bis Kriegsende und auch in den ersten Wochen nicht völlig klar. Zu vielfältig waren die Stimmen innerhalb der US-Regierung, und von einer einheitlichen Haltung der nunmehr – mit Frankreich – vier Kriegsalliierten konnte schon längst nicht mehr die Rede sein. Dabei ging es nicht nur um die amerikanische Befürchtung, der Kommunismus könne auf ganz Deutschland und dann auf Westeuropa übergreifen, sondern es spielten auch humanitäre Aspekte eine wichtige Rolle, wenn sich die Haltung Washingtons gegenüber Deutschland änderte.

Im Feindesland

Vom Spähtrupp zur Besatzungsarmee

3,1 Millionen amerikanische Soldaten befanden sich am 8. Mai 1945, dem Tag der Kapitulation der Wehrmacht, in Europa, davon 1,6 Millionen in Deutschland. Bis Jahresende hatte sich die Zahl der GIs in Europa auf 600 000 reduziert. Ein Teil der Soldaten war zur Fortsetzung des Krieges gegen Japan in den pazifischen Raum geschickt worden, die meisten jedoch wurden demobilisiert und gingen nach Hause zurück. Die wirtschaftlichen Schwierigkeiten, die sich durch diesen rasanten Truppenabbau auf dem »European Theatre« für die USA ergaben und die letztlich zum Marshall-Plan mit beitrugen, werden an anderer Stelle beschrieben. Bemerkenswert ist, dass sich 1947 in der US-Zone nur noch 120 000 amerikanische Soldaten aufhielten, also weit weniger als dann später zur Zeit des Kalten Krieges beziehungsweise des Korea-Krieges in der inzwischen gegründeten Bundesrepublik. Um 1955 waren es etwa 360 000 US-Soldaten, die in Deutschland einen befürchteten Angriff der Sowjetunion im Rahmen der »Vorne-Verteidigung« abwehren sollten.

Stolzembourg-Keppeshausen schreibt Geschichte

Am 11. September 1944 betrat ein amerikanischer Spähtrupp der 5. US-Panzerdivision unter Führung von Oberfeldwebel Warner W. Holzinger nördlich von Trier erstmals deutsches Gebiet. Schauplatz dieses Geschehens war die Gegend um Stolzembourg-Keppeshausen. Am selben Tag setzten Teile der 4. amerikanischen Infanteriedivision bei Hemmeres über das kleine Flüsschen Our und hatten bis zum 13. September das Gebiet von Winterspelt über Bleialf bis Roth bei Prüm unter Kontrolle. Für die Bevölkerung kam der amerikanische Vormarsch überraschend. Viele Einwohner versteckten sich in den Wäldern, wie Katharina Junk aus Heckuscheid anschaulich beschreibt: »Plötzlich

Die Besatzungszonen der Siegermächte in Deutschland. Berlin war analog dazu in vier Sektoren aufgeteilt.

stellte man fest, daß die Leute, die sich zum Füttern des Viehs ins Dorf begeben hatten, nicht mehr zurückkehrten: sie wurden von den mittlerweile ins Dorf eingedrungenen Amerikanern festgehalten. Daraufhin wurde die gesamte Einwohnerschaft für etwa eine Woche – noch in Heckuscheid selbst – unter Hausarrest gestellt.«[1]

Der Zweite Weltkrieg war in seine entscheidende Phase getreten, allerdings entwickelte sich in der Eifel zunächst ein Stellungskrieg. Die Bewohner diesseits der Grenze des dünn besiedelten Eifelraumes gerieten im wahrsten Sinne des Wortes ins Kreuzfeuer von Wehrmacht und alliierten Truppen. Das Schicksal des kleinen Ortes Lützkampen im Dreiländereck Deutschland–Belgien–Luxemburg steht stellvertretend für diese Region. Zunächst wurde er im Herbst 1944 von den Amerikanern eingenommen, die die Einwohnerschaft nach Belgien evakuierten. Nachdem die Wehrmacht den Ort wieder zurückerobert hatte und die Bewohner heimgekehrt waren, wurde Lützkampen Anfang 1945 erneut von den US-Truppen besetzt. Die Bevölkerung musste den Ort ein zweites Mal verlassen. Dieses Mal allerdings blieben die Amerikaner und übergaben Lützkampen im Juli 1945 vereinbarungsgemäß an die Franzosen.

Am Zusammenfluss von Our und Sauer bei Wallendorf erzielte die 5. US-Panzerdivision am 13. September 1944 einen Durchbruch, musste aber bis zum 22. September zunächst wieder zurückweichen. Bitburg lag ab 18. September unter amerikanischem Granatfeuer, war am 24. Dezember 1944 nach massiven Angriffen zu 85 Prozent zerstört und wurde von den Amerikanern offiziell zur »toten Stadt« erklärt. Hier übernahmen luxemburgische Besatzungstruppen nach Abzug der Amerikaner das Regime, bis sie 1955 von französischen Streitkräften abgelöst wurden. 1965 erlangte Bitburg als NATO-Stützpunkt unter amerikanischer Führung militärische Bedeutung.

»Soll ich Trier zurückgeben?«

Zurück in die Endzeit des Krieges. Wie hart sich der Stellungskrieg an der Westfront gestaltete, zeigen diese Zahlen: Als am 7. November 1944 deutsche Truppen antraten, um Kommerscheidt und das Kalltal zurückzuerobern, verlor die Wehrmacht zwar etwa 3 000 Mann, die 28. US-Infanteriedivision hatte jedoch 6 184 Tote und Vermisste zu beklagen. Der anfangs unaufhaltsame Vormarsch der Alliierten war ins Stocken geraten. Dies lag weniger am deutschen Widerstand, sondern in erster Linie an mangelndem Nachschub. Denn noch war der Hafen von Antwerpen von deutschen Truppen blockiert. Erst am 28. November lief ein alliierter Geleitzug in diesen für die Amerikaner eminent wichtigen Nachschubhafen ein. Unterdessen hatte Hitler die so genannte »Ardennenoffensive« vorbereiten lassen. Die Reste der Wehrmacht sowie Einheiten der Waffen-SS marschierten mit den neuesten Panzern der Typen »Tiger« und »Panther« an der Westfront zwischen Monschau und Echternach auf, um dann am 16. Dezember 1944 auf einer Breite von 140 Kilometern loszuschlagen. Die Offensive scheiterte. Ab Mitte Januar zogen sich die deutschen Truppen aus den kurzzeitig wiedereroberten Gebieten zurück, und am 29. Januar 1945 traten drei amerikanische Divisionen im Raum Reuland–Schönberg zur endgütigen Niederringung Deutschlands an. Als letzte größere Stadt in diesem Bereich kapitulierte Trier in der Nacht zum 2. März 1945. Vormittags um zehn Uhr hissten die Amerikaner auf dem Hotel »Porta Nigra« das Sternenbanner. Eisenhower hatte zu diesem Zeitpunkt seinem General George S. Patton das Vorgehen gegen Trier noch untersagt. Als die Stadt gefallen war, meldete dieser seinem Oberbefehlshaber: »Habe soeben Trier eingenommen. Was soll ich tun – es den Deutschen zurückgeben?«[2]

Aachen – Nur elftausend Menschen geblieben

Obwohl US-Truppen schon im September 1944 erstmals die Grenzen zu Deutschland überschritten hatten, dauerte es noch einige Zeit, bis sie die dicht bevölkerten Gebietes des rasch schrumpfenden »Großdeutschen Reiches« erreichten. Als erste größere westdeutsche Stadt fiel den Alliierten am 21. Oktober 1944 Aachen nach sechswöchigem Kampf in die Hände. Für die Bevölkerung bedeutete dies eine Erlösung, denn die Stadt war immer wieder Ziel von alliierten Luftangriffen gewesen, bei denen 26 000 Wohnungen und fünftausend Gebäude zerstört worden waren. 1944 wurde Aachen zwangsgeräumt. Als die Besatzungstruppen einzogen, trafen sie nur noch 11 139 von einst rund 150 000 Einwohnern an.

Am 7. Dezember 1944 wurde in Saarlouis die erste amerikanische Militärkommandantur eingerichtet. Mit dem Fall Saarbrückens am

Nahezu widerstandslos eingenommen: Bayerns Hauptstadt München, US-Truppen in der Dachauer Straße.

21. März 1945 befand sich das Saarland vollständig in amerikanischer Hand. Leutnant Edgar B. Walzer beschrieb seine Eindrücke von einer sterbenden Stadt so: »Die Stadt war ein Mittsommernachtstraum aus brennenden Häusern, schnapsflaschenschwenkenden Russen mit Zylinderhüten, ein paar schwer verängstigten Deutschen, die sich in die Seitenstraßen durchschlugen, donnernden Panzern, besoffenen Liedern, splitterndem Glas und über allem das Knattern der Maschinengewehrfeuer. [...] Bei weniger als 1 000 übriggebliebenen Deutschen in dieser Stadt von 140 000 gab es Tausende von Russen und Polen, herrlich betrunken und schwer bewaffnet, die nach ihren früheren Quälern suchten und die gelegentlich Fensterscheiben, die noch ganz waren, zerschmetterten.«[3] Bis zum 10. Juli 1945 blieben die Amerikaner und überließen Saarbrücken dann den Franzosen.

An der Seite der USA kämpften im Westen Deutschlands auch belgische Truppen. Ihre Einheiten setzten sich aus Belgiern zusammen, die während des Krieges nach Großbritannien emigriert waren. Ab

29

September 1944 beteiligten sie sich an der Befreiung ihres Heimatlandes und an der Zerschlagung des NS-Regimes, obwohl die beiden Außenminister Anthony Eden und Jean-Henry Spaak erst im November 1944 formell ein entsprechendes Abkommen unterzeichneten. Die belgische Mission war ausschließlich militärischer Natur. Zugewiesen wurde den königlichen Truppen ein Gebiet im Süden der künftigen britischen Besatzungszone bei Köln, Siegburg und Troisdorf, aus dem sie erst wieder im Jahr 2005 – zum Leidwesen der ortsansässigen Bevölkerung – abrückten.

»Ein Überlebender in Köln«

Bedingt durch das aussichtslose Aufbäumen der Wehrmacht im Rahmen der »Ardennen-Offensive« konnte Köln als nächste große westdeutsche Stadt erst am 6. März 1945 von amerikanischen Truppen eingenommen werden. Während des Krieges waren dort rund 1,5 Millionen Bomben abgeworfen worden. Als die Sieger einmarschierten, war die Stadt zu neunzig Prozent zerstört. Von einst 770 000 Einwohnern hatten nur noch 40 000 in der Rhein-Metropole ausgehalten, und einzig der Kölner Dom ragte nahezu unversehrt aus der Trümmerwüste. Die britische »Daily Mail« nannte ihn »Ein Überlebender in Köln«.

Bei ihrem Abzug hatten Wehrmachtssoldaten die letzte Rheinbrücke gesprengt und schossen noch auf das linksrheinische Ufer, obwohl der Krieg nicht nur hier längst verloren war. Die Amerikaner hatten den Rhein entlang die Zivilbevölkerung weitgehend evakuiert, um sie vor dem deutschen Beschuss von der rechten Rheinseite aus zu schützen. Außerdem wurde hierdurch der Aufmarsch der amerikanischen Truppen selbst erleichtert. Der Kölner Geschichtsprofessor Jost Dülffer schilderte anlässlich des 60. Jahrestages der Befreiung Kölns die Stimmung unter den wenigen, verbliebenen Einwohnern: »Die Bevölkerung reagierte in der Regel mit Erleichterung auf den Einmarsch der Amerikaner.«4 Angst vor den Eroberern, wie sie in Berlin angesichts der anrückenden sowjetischen Armee herrschte, habe es in Köln nicht gegeben.

»Von den Amis hat uns nie irgendeiner etwas Böses getan, die meisten Soldaten waren liebe Kerle«, erinnert sich Elisabeth Rohr. »Manche Wirte boten den US-Soldaten Freibier an. Aber die blieben vorsichtig.«

Der spätere Bundeskanzler Konrad Adenauer erlebte das Ende des Krieges in dieser Region in Rhöndorf. Er wurde von US-Soldaten im Jeep nach Köln gebracht, wo der amerikanische Kommandant, Oberstleutnant Hyles, ihn aufforderte, das Amt des Oberbürgermeisters zu übernehmen. Adenauer lehnte mit dem Hinweis darauf ab, drei seiner Söhne dienten noch in der Wehrmacht. Wenn die Nazis hörten, dass er von den Besatzungstruppen zum Oberbürgermeister ernannt worden sei, würden die Söhne sicher erschossen. Die Amerikaner akzeptierten seine Begründung. Adenauer war jedoch bereit, beim Wiederaufbau beratend zur Seite zu stehen. Die Eindrücke eines ersten Stadtrundganges beschrieb er so: »Es gab kein Gas, kein Wasser, keinen elektrischen Strom. Außerdem gab es keine Verkehrsmittel. Die Brücken über den Rhein waren zerstört. Schutt lag in den Straßen meterhoch. Überall erhoben sich riesige Geröllhalden von den zerbombten und zusammengeschossenen Gebäuden. [...] Die Menschen wohnten notdürftig in den Kellern zerbombter Häuser. Gekocht wurde auf primitiv aus Ziegeln zusammengebauten Feuerstellen. Wasser wurde mit Eimern und Blechnäpfen an den wenigen Pumpen, die heil geblieben waren, geholt.«[5]

Nach dem Einmarsch Schokolade

Der militärische Widerstand der Deutschen hielt sich in dieser Phase des Krieges in Grenzen und beschränkte sich im Wesentlichen auf versprengte Wehrmachtstrupps und auf aussichtslose Bemühungen des im Herbst 1944 aufgestellten Volkssturms. Die Eifelstadt Monreal hatte beispielsweise Ende Februar 1945 von ein paar Soldaten und eben Volkssturm-Angehörigen verteidigt werden sollen. Am 6. März traten die deutschen Soldaten ein letztes Mal auf dem Marktplatz an und waren tags darauf verschwunden. Der Volkssturm öffnete die hölzernen Panzersperren am Ortseingang, die Bevölkerung hisste weiße Flaggen. Der Einmarsch der Sieger vollzog sich unspektakulär: Ein mit vier Soldaten besetzter Jeep fuhr in das Städtchen, wurde von Kindern umringt, die ein paar Tafeln Schokolade bekamen. Am nächsten Tag rückten kampflos größere Einheiten nach, requirierten Gebäude und Wohnungen und errichteten ein Zeltlazarett. Schulkinder mussten die Straßen fegen. Wehrmachtssoldaten und Angehörige des Arbeitsdienstes, die sich im Heimaturlaub befanden, wurden in die Gefangenenlager am Rhein gebracht, während sich die Sieger komfortabel einrichteten: »Unmittelbar an der Elz [wurde] ein Bad für die Soldaten der umliegenden Orte, die täglich auf Militärlastwagen nach Monreal gekarrt wurden [eingerichtet]. [...] Diese Soldaten wollten von einer Ausgangssperre nichts wissen. Sie sind fast vollständig in das Dorfleben integriert und drücken beide Augen zu, wenn nach dem Baden die Jugendlichen in die Scheune eindringen und die teils absichtlich zurückgelassenen Utensilien wie Seife, Handtücher, Kämme, Bürsten und Unterwäsche einsammeln.«[6] Bis zum 1. Juni blieben die US-Soldaten in Monreal, dann übergaben sie den Ort den Franzosen.

Die legendäre Brücke von Remagen

Am 7. März 1945 gelang der 1. US Army unter Generalleutnant Cortney Hodge die zur Legende gewordene und später in einem Spielfilm glorifizierte Überquerung des Rheines bei Remagen. Da die Ludendorffbrücke trotz der Befehle der Wehrmachtsführung zu ihrer Zerstörung unversehrt geblieben war und erst am 17. März wegen der Bombenschäden und der Überbelastung zusammenbrach, konnten die Amerikaner hier große Truppenverbände einschließlich des Nachschubs auf die rechtsrheinische Seite bringen. Die deutsche Wehrmacht war nicht mehr in der Lage, den Vormarsch der Amerikaner zu stoppen, zumal die demoralisierte Bevölkerung nichts sehnlicher herbeiwünschte als ein rasches Ende des Krieges. Am 18. März kapitulierten Bingen und Bad Kreuznach, Idar-Oberstein und Kaiserslautern am 20. März, am Tag darauf Dahn, am 22. März Silz und Landau, am 23. März Bergzabern und Speyer sowie Lamersheim am 24. März. Das Tempo des amerikanischen Vormarsches lässt sich daraus ablesen, dass in den wenigen Tagen vom 22. bis 27. März Neuwied, Montabaur, Ehrenbreitstein, Nassau, Bad Ems und Diez in US-Hände fielen. Am 22. und 23. März eroberten die US-Truppen die Rheinübergänge bei Oppenheim und Darmstadt und starteten von diesen Brückenköpfen aus gemeinsam mit Briten und Franzosen ihre entscheidenden Offensiven gegen die Wehrmacht. Am 23. März setzten britische Truppen bei Wesel über den Rhein, Amerikaner erreichten Mainz. Frankfurt am Main kapitulierte am 29. März 1945, nachdem erste US-Truppen den Stadtrand schon drei Tage vorher erreicht hatten. Die letzten deutschen Einheiten, vorwiegend aus dem Volkssturm bestehend, leisteten nur geringen Widerstand, so dass der US-Sender in Luxemburg am 29. März gegen 16 Uhr das Ende der Kämpfe in Frankfurt melden konnte. Von 230 000 Menschen in der Main-Metropole war die Hälfte obdachlos, 90 000 der 177 000 Wohnungen waren zerstört. Nicht viel anders sah es in weiteren Großstädten des heutigen Hessen aus: Darmstadt und Kassel lagen zu 75 Prozent in Trümmern, Hanau, das am 19. März 1945 Ziel eines britischen Luftangriffs geworden war, zu 87 Prozent, Gießen zu 65 Prozent und Rüsselsheim zu fünfzig Prozent. Lediglich Wiesbaden war mit einem Zerstörungsrad von einem Drittel glimpflich davon gekommen, und wurde im Übrigen wegen der relativ vielen noch bewohnbaren Gebäude später zum Sitz der Regierung von Groß-Hessen bestimmt.

Am 1. April hatten amerikanische Truppen das Ruhrgebiet eingekesselt, französischen Kräften gelang die Rheinüberquerung bei Karlsruhe. Entgegen amerikanischer Weisungen besetzte der französische General Jean Joseph de Lattre de Tassigny mit der 1. Französischen Armee auf Befehl de Gaulles Karlsruhe und Stuttgart, musste jedoch beide Städte wieder räumen. Oberst William W. Dawson wartete in seinem Hauptquartier in Schwäbisch Gmünd Anfang Juli 1945 ungeduldig auf den Abzug der Franzosen. Erst nachdem die Amerikaner de Gaulle damit drohten, der französischen Armee keinen Nachschub mehr zu liefern, verließen die Franzosen am 8. Juli 1945 Stuttgart, jedoch nicht, ohne alles mitzunehmen, was sich auch nur halbwegs für

Reparationszwecke eignete. Walter L. Dorn schreibt: »Sie stellten den gesamten Fuhrpark der Stadt Stuttgart zusammen und befahlen, er müsse sich am nächsten Morgen in Straßburg befinden. Sie suchten die Fabriken und die Lager nach Materialien durch, die sie mitnehmen könnten; und die vielleicht amüsanteste Geschichte ist die jener Stuttgarter Sektfabrik, bei der große Massen Sekt im frühen Gärungsstadium lagen. Die Franzosen waren in einer gewissen Verlegenheit, wie sie dieses Material nach Reims transportieren sollten. So wuschen sie schließlich vier oder fünf Tanklaster aus und füllten sie mit Sekt. Als diese nach etwas mehr als einer Woche bei Pomerey [sic] in Reims ankamen, waren sowohl der Sekt als auch die Lastwagen ganz und gar ruiniert.«[7]

Am 2. April kapitulierte Kassel, am 10. April Essen sowie Hannover, und am 30. April hissten sowjetischen Truppen in Berlin die rote Fahne auf dem Reichstagsgebäude. Der Krieg war für Deutschland endgültig verloren, aber noch nicht vorbei.

Nürnbergs Fall an »Führers Geburtstag«

Bayern war das letzte westdeutsche Land, das die US-Truppen besetzten. Am 1. April 1945, als für andere Teile Deutschlands der Krieg längst beendet war, wurden in Würzburg die weißen Fahnen gehisst – auch wenn Hitlers Volkssturm der 7. US-Armee noch bis zum 6. April vereinzelten Widerstand leistete –, am 2. Mai schließlich in Passau. Damit hatte die Eroberung Bayerns gerade einmal einen Monat gedauert, doch in diesen Wochen waren die US-Verbände immer wieder auf teils unerwartete Gegenwehr gestoßen. Aus seinem Berliner »Führerbunker« heraus hatte Hitler noch Mitte April Generaloberst Paul Hausse als Chef der »Heeresgruppe G« abgelöst, weil dieser den Rückzug verlangt hatte, und durch General Friedrich Schulz ersetzt. Aufhalten konnte auch er die Alliierten nicht.

Der Hauptanteil bei der Eroberung fiel – soweit es sich um die Städte handelte – der alliierten Luftwaffe zu, wie die Stadt Würzburg am 16. März 1945 leidvoll erfahren musste. Nordöstlich von London, in Reading, waren an diesem Tag die Elitestaffeln der Royal Air Force sowie die Bomber Group No. 1, 5 und 8 aufgestiegen, die bereits in den Wochen zuvor Heilbronn, Darmstadt, Braunschweig, München, Kassel und am 13. Februar Dresden bombardiert hatten. Am 16. März waren etwa fünfhundert Flugzeuge unterwegs. Bei Crailsheim trennte sich der Verband. 280 Maschinen flogen zum Angriff auf Nürnberg, 236 Maschinen der Bomber Group No. 8 visierten Würzburg an. Ab 21.30 Uhr wurden nahezu 380 000 Stabbrandbomben und zirka zweihundert Sprengbomben zu je fünfhundert Kilogramm über der Stadt abgeworfen. In Minutenschelle waren 82 Prozent der Wohnungen, fast alle öffentlichen Gebäude, die meisten der Kulturdenkmäler und 35 Kirchen zerstört. Etwa dreitausend Frauen und siebenhundert Kinder verbrannten in dem Inferno. »Eine Ruine, ein trostlos ausgebrannter Trümmerhaufen« beschrieb Murray Delcs van Wagoner, Chef der amerikanischen Militärregierung in Bayern. die ausgebombte Stadt und empfahl, sie in diesem Zustand als »Museum für Kriegsverwüstungen« zu belassen und stattdessen ein neues Würzburg gegenüber Randersacker am Main aufzubauen. Davon wollten die Würzburger nichts wissen. Am 1. Mai 1945 wandte sich der neue Oberbürgermeister Gustav Pinkenburg mit dem Aufruf an die Bevölkerung: »Würzburg ist nicht tot. Würzburg muß leben. Würzburg muß neu erstehen.«[8]

Eine besondere Bedeutung besaß für die Amerikaner der Fall Nürnbergs am 20. April. Dies war nicht nur mit »Führers Geburtstag« ein symbolträchtiges Datum, sondern Nürnberg stand als »Stadt der Reichsparteitage« neben München – »Hauptstadt der Bewegung« – und Berlin als Reichshauptstadt als Symbol für das NS-Regime und seine Gräueltaten schlechthin. In Nürnberg waren 1935 die »Rassegesetze« erlassen worden, die Stadt war das »Schatzkästlein des Reiches«. Da auch Nürnberg bis zum letzten Mann hatte verteidigt werden sollen, unternahmen deutsche Stoßtrupps immer wieder Attacken gegen die einrückende 45. US-Infanterie-Division. Wo die Nazis zuvor ihre Ideologie verherrlicht hatten, feierten die Amerikaner nun ihren Sieg. Bei den Bombardierungen Nürnbergs wurde das Reichsparteitagsgelände bewusst ausgenommen, um die Niederwerfung Deutschlands hier demonstrativ und vor aller Weltöffentlichkeit zelebrieren zu können: Angehörige des 497. Signal Corps fotografierten und filmten die Parade der eigenen Soldaten und vor allem die Sprengung des riesigen Hakenkreuzes auf dem Dach des Parteitaggeländes.

Auch für München hatte Hitler die Verteidigung »bis zum letzten Mann« befohlen. Wie nahezu überall im »Reich« wurden alte Männer und Kinder als »Volkssturm« ins Verderben geschickt. Der Einmarsch in den Trümmerberg von fünf Millionen Kubikmetern Schutt ging derart schnell vor sich, dass die GIs zum Teil gar nicht bemerkten, wenn sie die »feindlichen« Linien passierten. Der US-Propaganda-Offizier Ernest Langendorf befand sich mit seinem Jeep plötzlich auf dem Marienplatz und schilderte seine Eindrücke so: »Den Empfang, der uns durch die großen Massen bereitet wurde, die sich schon wenige Minuten nach unserer Ankunft um unseren Jeep versammelt hatten, kann man fast als enthusiastisch bezeichnen. [...] Ich habe den Eindruck, daß diese Freude nicht gekünstelt war, denn unser Auftauchen im Herzen der Stadt bedeutete für die Menschen das Ende der Bombennächte, der Alarme und des tatsächlichen Kampfes.«[9]

Für die meisten Häftlinge der beiden in Bayern gelegenen Konzentrationslager Dachau und Flossenbürg sowie in deren Außenstellen kamen dagegen die Befreier zu spät. Ohnehin hoffnungslos überbelegt, hatten die Lager Flossenbürg und Dachau in den letzten Kriegsmonaten angesichts des Vormarsches der Alliierten Tausende weiterer Häftlinge aufnehmen müssen. Als erstes der beiden Lager räumte die SS Flossenbürg, in dem – einschließlich der rund 260 Außenlager – etwa 50 000 Häftlinge dahinvegetierten. Am 17. April 1945 wurden Eisenbahntransporte mit Häftlingen nach Dachau geschickt, am 19. und 20. April noch einmal 16 000 Häftlinge auf einen Todesmarsch nach Dachau getrieben, bevor die Amerikaner am 23. April das Lager Flossenbürg endlich erreichten. Sie fanden hier nur noch 1 600 Häftlinge vor, die zu schwach gewesen waren den Marsch nach Dachau anzutreten. Von den 16 000 Gefangenen, die zu Fuß auf den zweihundert Kilometer langen Marsch gezwungen wurden, erreichten nur 2 800 das Ziel. Die übrigen waren unterwegs vor Entkräftung gestorben oder von den SS-Wachmannschaften brutal ermordet worden. Am 26. April schließlich trafen US-Einheiten in Dachau ein.

»Alpenfestung« ein Potemkinsches Dorf

Der Vormarsch der Amerikaner wäre möglicherweise noch zügiger vorangegangen, wenn sie nicht der irrigen Ansicht gewesen wären, ihnen drohe von Hitlers so genannter »Alpenfestung« besonders erbitterter Widerstand. Bewusst hatte die Nazi-Propaganda noch in den letzten Kriegswochen das Gerücht von einer uneinnehmbaren Alpenfestung gestreut, doch handelte es sich hierbei nicht einmal um das berühmte Potemkinsche Dorf, wie die US-Truppen schnell feststellen konnten. So weit die NS-Führung nicht im Berliner »Führerbunker« festsaß, hatte sie längst die Flucht ergriffen und war unter anderem in Freilassing, Salzburg, Bad Reichenhall und Berchtesgaden untergetaucht. Diese Städte wurden bis zum Kriegsende nicht bombardiert, nicht etwa, um sie zu schonen, sondern um die NS-Führer lebend in die Hände zu bekommen. Eine Reihe von Nazi-Größen versuchte noch, sich nach Österreich abzusetzen, wurde hier aber schnell aufgespürt. Hermann Göring wurde am 8. Mai 1945 in Waitring in der Nähe von Kitzbühel festgenommen und dort dann im »Grand Hotel« ordensgeschmückt und bei Sekt vernommen. Als Eisenhower davon hörte, beorderte er den verantwortlichen Offizier in die USA zurück.

Die Franzosen gingen, wenn auch unter amerikanischem Kommando stehend, oft ihre eigenen Wege, so auch bei der Eroberung des prestigeträchtigen Obersalzberges, den Hitler zu seinem zweiten Regierungssitz ausgebaut hatte. Im Umfeld und in der Nähe des »Führers« hatten sich darüber hinaus die Führer-Vertrauten Martin Bormann, Albert Speer und Hermann Göring Landsitze errichten lassen. Auf den Berg strömten Menschenmassen, um einen Blick auf den »Führer« werfen zu können. Als der Ansturm zu groß wurde, wurden die Einwohner zwangsenteignet und das Areal zum »Führersperrgebiet« erklärt.

Am 25. April 1945 begann mit einem Bombardement aus dreihundert Lancaster-Bombern der Royal Air Force der Angriff auf den

Obersalzberg, der nur 45 Minuten dauerte, doch alle oberirdischen Gebäude weitestgehend in Schutt und Asche legte. Bei dem Versuch, den Obersalzberg als erste einzunehmen, beschossen französische Soldaten am 4. Mai 1945 sogar ihre amerikanischen Kameraden, verloren aber letztlich diesen wahnwitzigen »Wettlauf«. Nach dem Krieg richteten die Amerikaner auf dem Obersalzberg ein Erholungsheim für ihre in Europa stationierten Soldaten ein. Die ehemalige SS-Kaserne wurde zum Hotel, Hitlers Teehaus zum Ausflugslokal. 1999 öffnete eine ständige Ausstellung ihre Pforten. Seit 2005 gibt es auf dem Obersalzberg wieder ein Luxushotel, das allen Reisenden offen steht.

Die vermutlich letzten Schießereien zwischen Deutschen und Alliierten fanden in der kleinen Gemeinde Schneizlreuth statt. Die SS zwang die verbliebenen Wehrmachtsangehörigen und einige Volkssturmmänner, sich den anrückenden Amerikanern und Franzosen entgegenzustellen. Zwei deutsche und ein französischer Soldat starben bei dem Versuch, Schneizlreuth zu halten.

Fliegender Besatzungswechsel in Bremen

Etwa zur gleichen Zeit rückten die Alliierten auch in Norddeutschland immer weiter vor. Bei 163 Luftangriffen waren 62 Prozent der Stadt Bremen und fast neunzig Prozent der Hafenanlagen zerstört worden, als die britische Lowland Division zur endgültigen Eroberung antrat. In der Nacht zum 24. April 1945 überquerten 47 Schwimmpanzer vom Typ Buffalo südlich von Leeste die Weser und rückten in Richtung Bremen vor. Auf nennenswerten Widerstand stießen sie nicht, denn die verbliebenen deutschen Einheiten hatten Angriffe über die beiden letzten noch befahrbaren Straßen erwartet. Während Bremens Zentrum am 26. April fest in britischer Hand war, dauerte es noch eine Woche, bis auch die letzten Widerstandsnester in Bremen-Nord aufgaben. In Bremen-Vegesack kam es sogar noch bis zum 3. Mai zu Scharmützeln, obwohl sich längst amerikanische Einheiten auf die Übernahme der Stadt vorbereiten.

Im Gefolge der Lowland Division befanden sich die amerikanischen Detachments E2C2 und G1C2, die die Militärregierungen in Bremen und in Wesermünde, das sich erst am 7. Mai ergab, bilden sollten. Eigentlicher Chef der Militärregierung war von Beginn an der amerikanische Oberstleutnant Bion C. Welker, Kommandeur des für Bremen vorgesehenen Detachements, wenngleich er formell dem britischen Generalmajor Edmund Hakewell-Smith unterstellt war. Die tatsächlichen Machtverhältnisse wurden dann nach außen sichtbar, als am 20. Mai 1945 die Verantwortung für die militärische Sicherheit in Bremen von den Briten auf die 29. US-Infanteriedivision überging.[10]

Die Amerikaner in Ostdeutschland

Fast in Vergessenheit geraten ist, dass die Amerikaner zunächst auch Thüringen, Teile Sachsens, Sachsen-Anhalts und Mecklenburgs besetzt und diese Gebiete dann den Vereinbarungen mit der sowjetischen Führung entsprechend wieder verlassen hatten. Ähnliches galt für britische Truppen, die in Mecklenburg einmarschiert waren. Zeitweise gab es sogar einen »Wettlauf« zwischen Briten und Sowjets um die Einnahme mecklenburgischer Ortschaften. Den um Wismar gewannen die Briten, die am 2. Mai hier die sowjetische »Konkurrenz« begrüßen konnten. Schwerin wurde zunächst von den Amerikanern besetzt, dann den Briten und von diesen an die Sowjets übergeben.

Am 1. April 1945 überschritten die ersten amerikanischen Truppen unter General George S. Patton die Grenze von Hessen zu Thüringen. Schon am 16. April hatte die 3. US-Armee mit dem VIII., XII. und XX. Corps das gesamte heutige Thüringen und einen Teil Westsachsens unter Kontrolle. Widerstand wurde nur anfänglich geleistet, die meisten Städte und Gemeinden fielen kampflos. Entsprechend hielten sich die Kriegsschäden gemessen an anderen Regionen – wie beispielsweise in Dresden oder Hamburg – in Grenzen, wenn auch bei dem Vormarsch im April Creuzburg und Nordhausen durch Artilleriebeschuss beziehungsweise Bombenangriffe zu achtzig Prozent zerstört wurden.[11]

Am 4. April waren Vacha und Schmalkalden in die Hände der Amerikaner gefallen, Meiningen war eingeschlossen, während um Suhl noch gekämpft wurde. Gotha hatten die US-Truppen eingenommen und rückten auf der Autobahn weiter nach Erfurt vor, das sie am 6.

April erreichten. Eisenach fiel am 7. April, dann in schneller Folge die Städte Langensalza, Hildburghausen, Weimar, bevor am 16. April der Krieg in Thüringen beendet war. Für Thüringen und die eroberten westsächsischen Gebiete wurde das Military Government Detachement F1C9 als Militärregierung eingesetzt, dazu gab es 34 regionale Militärkommandanten.

Am 11. April 1945 erreichte die 1. US-Armee die Saale bei Bad Kösen und stieß in Richtung Leipzig vor. Natürliche Hindernisse gab es nicht, und die Barrikaden aus zusammengeschobenen Straßenbahnwaggons, so am Bayerischen Platz, waren kaum geeignet, die Besetzung Leipzigs am 17. April 1945 zu verhindern. Die Amerikaner – wörtlich zu nehmen – bereits vor Augen, versuchte die Gestapo Unterlagen im Krematorium zu vernichten und ermordete politische Häftlinge in den Gefängnissen in der Riebeck- und der Wächterstraße. Gleichzeitig trieben SS-Angehörige die Gefangenen aus den letzten Außenstellen von Konzentrationslagern auf einen Todesmarsch über Döbeln, Freiberg und Teplice. Tausend Wehrmachtsangehörige und acht Volkssturmbataillone machten das letzte Aufgebot des Leipziger Kampfkommandanten aus. Am 20. April, um zwei Uhr nachts, ergaben sich die spärlichen deutschen Wehrmachtsreste. Doch das Engagement der Amerikaner beim Aufbau einer zivilen Verwaltung hielt sich in engen Grenzen, denn schon am 2. Juli 1945 verließen sie entsprechend dem Abkommen von Jalta die Stadt und übergaben sie den sowjetischen Truppen.

Befreiung von Ohrdruf und Buchenwald

Die Eroberung Thüringens hatte für die weitere Behandlung Deutschlands durch die Amerikaner besondere Bedeutung, denn hier stießen die US-Truppen auf weitere Konzentrationslager, deren wenige überlebende Häftlinge sie befreiten. Bis zu diesem Zeitpunkt war den meisten Soldaten zwar die Existenz dieser Lager bekannt, doch die direkte Konfrontation mit ihnen verstärkte den Hass auf die Deutschen und ihre Taten. Am 4. April 1945 erreichten die Amerikaner das Außenlager des Konzentrationslagers Buchenwald in Ohrdruf. Kurz zuvor hatte die SS 12 000 Lagerinsassen auf einen fünfzig Kilometer langen Todesmarsch nach Buchenwald gezwungen, wo sie am 5. April eintrafen. Die Berichte über das Konzentrationslager bewegten den Oberkommandierenden des Alliierten Expeditionskorps, General Dwight D. Eisenhower, derart, dass er am 12. April 1945 zunächst das Bergwerk von Merkers mit seinen eingelagerten immensen Kunstschätzen und Goldvorräten besuchte, dann aber zum KZ-Außenlager Ohrdruf fuhr. Was er dort sah, hat sein weiteres Vorgehen gegenüber den Deutschen stark beeinflusst. Auch die Befreiung der unterirdischen Fabrik für Raketen »Mittelbau Dora« bei Nordhausen hinterließ einen tiefen Eindruck. Häftlinge hatten dort unter unmenschlichen Bedingungen erst kilometerlange Tunnelsysteme anlegen müssen, um dann die »Wunderwaffe V 2« zu produzieren. Tausende waren dabei gestorben.

Am 11. April befreiten amerikanische Truppen das Konzentrations-Hauptlager Buchenwald. 21 000 ausgemergelte Menschen drängten sich in den überfüllten Baracken. Eigentlich hatte die SS auch dieses Lager räumen wollen, denn nach dem Willen der Nazi-Führung sollten die Alliierten nirgendwo mehr lebende KZ-Insassen vorfinden. 3 000 Juden hatten noch einen Todesmarsch antreten müssen, doch die geplante vollständige Räumung war durch Widerstandsgruppen innerhalb des KZ verhindert worden. General Patton, der das Kommando führte, befahl, dass die Bürger der am 12. April eroberten Landes- und Gauhauptstadt Weimar zwangsweise das KZ Buchenwald auf dem Ettersberg besichtigen mussten. Der kommissarische Weimarer Bürgermeister Kloss gab die Anordnung am 16. April der Bevölkerung bekannt: »Der Kommandierende General hat gestern Nacht befohlen, daß mindestens 1 000 Einwohner der Stadt, davon die Hälfte Frauen, das Lager Buchenwald und die dazu gehörigen Lazarette heute noch besichtigen, um sich von den Zuständen dort zu überzeugen, bevor diese geändert werden«.[12] Zur Teilnahme waren verpflichtet: »Männer und Frauen im Alter von 18–45 Jahren – in erster Linie Angehörige der aufgelösten NSDAP – von denen $\frac{2}{3}$ der wohlhabenderen und $\frac{1}{3}$ der weniger bemittelten Bevölkerungsschicht angehören sollen. Sie müssen kräftig genug sein, die Anstrengungen des Marsches und der Besichtigung (Dauer etwa 6 Stunden, rd. 25 km Marschweg) auszuhalten. Verpflegung ist mitzubringen, ist jedoch vor der Besichtigung einzunehmen. Den Teilnehmern wird nichts geschehen.«[13]

Die Amerikaner blieben nur knapp hundert Tage in Thüringen, bis sie sich zwischen dem 1. und 6. Juli 1945 zurückzogen und das Land den sowjetischen Truppen unter Marschall Georgij Konstantinowitsch Schukow[14] übergaben. Zwangsläufig hatten sie in dieser kurzen Zeit im Hinblick auf ihre Demokratie-Vorstellungen wenig bewirken können. Sie setzten in 34 Gemeinden Militärkommandanten, Oberbürgermeister und Bürgermeister ein und beauftragten den erst kurz zuvor aus dem KZ Buchenwald befreiten Hermann L. Brill mit der »Wahrnehmung der Geschäfte des Thüringischen Staatsministeriums« sowie mit dem Aufbau einer Verwaltung in den amerikanisch besetzten Teilen Thüringens und Westsachsens. Am 9. Juni wurde Brill vom amerikanischen Colonel Azel F. Hatch zum vorläufigen Regierungspräsidenten der Provinz Thüringen ernannt. Bis zum 2. Juli hatte Brill seine »Regierung« zusammengestellt, doch ausgerechnet an diesem Tag wurde er offiziell über einen unmittelbar bevorstehenden Besatzungswechsel informiert. Auf einer Sitzung des Regierungskollegiums teilte Brill mit, er habe am Vortag von privater Seite erfahren, dass ganz Thüringen von den Sowjets besetzt werde, am Abend sei ihm dies halbamtlich bestätigt worden, und vor der Sitzung habe dann Colonel Hatch ihm dieses mitgeteilt: »Zwischen den russischen und amerikanischen Besatzungsarmeen sei Einigung darüber erzielt worden, daß Wien eine internationale Besatzung wie Berlin erhalte und fast ganz Österreich von den Russen geräumt werde. Die Bedingung der Jalta-Konferenz sei damit erfüllt und Thüringen werde nun von den Russen besetzt. Daneben übernähmen die Russen die Provinz Magdeburg, das Land Anhalt sowie die Provinz Mecklenburg. Die Demarkationslinie für Thüringen decke sich genau mit den Landesgrenzen.

Die Russen seien heute [2. Juli] bis in die Richtung von Apolda, Jena, Kahla, Rudolstadt, Lehesten vorgerückt und werden morgen früh bis Erfurt, Zella, Suhl, Untermaßfeld vorrücken. Weimar werde also morgen früh mit der Besatzung zu rechnen haben. Die Besetzung von Westthüringen werde voraussichtlich noch einige Tage Aufschub haben, verursacht durch die Nachschubfrage der Russen. Ein Kontakt zwischen den Amerikanern und den russischen Truppen finde nicht statt.«[15]

Am 2. Juli räumten die Amerikaner ihr Hauptquartier in Weimar, nicht ohne zuvor die Kunstschätze und das bei Merkers eingelagerte Gold in ihre Zone gebracht und eine Reihe von Spezialisten – unter anderem aus dem Zeiss-Werk und von der Universität Jena – mit in den Westen genommen zu haben.

Ein Kuriosum jener Tage, um das sich inzwischen zahlreiche, nicht haltbare Legenden ranken, soll nicht verschwiegen werden: die »Freie Republik Schwarzenberg«. Sowjets und Amerikaner hatten die Besetzung dieser am Zusammenfluss von Schwarzwasser und Großer Mittweida gelegenen Stadt schlicht »vergessen«. So ließ sich auch nach der Kapitulation der deutschen Wehrmacht am 8. Mai 1945 kein alliierter Soldat in Schwarzenberg sehen. Um dennoch das Alltagsleben wieder in Gang zu bringen, für Ruhe und Ordnung zu sorgen und die Versorgung der Bevölkerung zu sichern, setzten die Schwarzenberger am 11. Mai 1945 den bisherigen Bürgermeister ab. Am folgenden Tag bildeten SPD und KPD einen »Aktionsausschuss«, der nun die Geschicke der Stadt leitete. Erst am 26. Juni marschierten sowjetische Truppen ein, errichteten eine Kreiskommandantur und setzten damit dem verklärend »Freie Republik Schwarzenberg« genannten Interregnum ein Ende.

Stopp bei Magdeburg

Große Teile des heutigen Bundeslandes Sachsen-Anhalt wurden ebenfalls zunächst von amerikanischen Truppen eingenommen, die am 12. April 1945 die Elbe bei Magdeburg erreicht hatten. Zwei Tage später bauten sie bei Halle eine Brücke über die Saale. Nachdem die US-Truppen bereits in den Norden der Stadt vorgerückt waren, wurde ihnen Halle kampflos übergeben. Erheblich schwieriger gestaltete sich die Situation in und um Magdeburg, wo die US-Verbände auf unerwarteten Widerstand letzter Wehrmachtsreste stießen. Eine wesentliche Rolle spielte hier die »Armee Wenck«, die zwar nur noch aus wenigen verfügbaren Reserven bestand, aber dennoch nicht kampflos aufgeben wollte.

Am 19. April 1945 hatte sie noch einen Vorstoß der sowjetischen Truppen auf Wittenberg zurückgeschlagen, konnte aber nicht verhindern, dass es am 25. April zu dem berühmten Treffen der amerikanischen und der sowjetischen Armee an der Elbe bei Torgau kam. Eigentlich hatte die Armee Wenck« – richtig: 12. Armee – Berlin verteidigen sollen. Hitler wartete im »Führerbunker« auf Entsatz, doch dieser sollte nicht mehr kommen. Stattdessen vereinigte General Walther Wenck erfolgreich seine Armee mit der 9. Armee. Über einen Brückenkopf auf der Ostseite der Elbe bei Tangermünde brachten sich noch etwa 40 000 Soldaten vor der angreifenden Roten Armee in Sicherheit, dazu zahllose Zivilisten. Als nach dem 3. Mai 1945 auf Befehl der Amerikaner nur noch Soldaten über die Elbe gesetzt werden durften, befahl Wenck, der am 4. Mai in Stendal offiziell kapitulierte, bis zum 7. Mai zuerst alle Verwundeten und unbewaffneten Soldaten auf das Westufer der Elbe zu bringen und erst dann die kämpfende Truppe.

Auch in Sachsen-Anhalt waren die US-Truppen immer wieder mit den Gräueltaten der Nationalsozialisten konfrontiert worden, so als sie am 11. April 1945 aus dem Konzentrationslager Langenstein-Zwieberge bei Halberstadt die letzten zurückgelassenen, schwer kranken Häftlinge befreiten. Nicht mehr retten konnten die Amerikaner die meisten Häftlinge des Konzentrationslagers Rottleberode (Harz). Die SS hatte sie auf einen Todesmarsch in Richtung Altmark gezwungen. Am 13. April fielen fast alle bei Gardelegen einem Massaker zum Opfer, das nur 22 von 1 038 Häftlingen überlebten. Ab Ende Mai 1945 lösten britische Truppen die amerikanischen in der gesamten Region westlich von Elbe und Mulde als Besatzungsmacht ab, bevor auch sie Anfang Juli 1945, wie in den Vier-Mächte-Vereinbarungen vorgesehen, die Gebiete der Roten Armee übergaben.

Berlin – Einzug mit Hindernissen

Die Kriegsalliierten hatten die Aufteilung Berlins in Sektoren vereinbart, doch es war nicht festgeschrieben, dass der Sowjetunion der
symbolträchtige Einmarsch in die deutsche Reichshauptstadt vorbehalten sein sollte. Ohne Zweifel wäre es den amerikanischen Truppen
ein Leichtes gewesen, bei Magdeburg nicht Halt zu machen, sondern
die wenigen Kilometer nach Berlin weiter zu marschieren. Sie taten es
nicht, sondern überließen den Sowjets diesen Triumph. Am 29. März
1945 hatte Eisenhower ein Telegramm nach Moskau geschickt, in
dem er ankündigte, die Masse der amerikanischen Kräfte in den Raum
Erfurt–Leipzig–Dresden zu verlegen, ein anderer Teil sollte die »Alpenfestung« einnehmen. So sehr sich der sowjetische Diktator Stalin
von diesem Vorhaben angetan zeigte, so vehement protestierten die
Briten, die sich bereits auf die Eroberung Berlins eingestellt hatten.
Premierminister Winston B. Churchill teilte keinesfalls die Auffassung
Stalins, nach der Berlin seine vormalige strategische Bedeutung verloren habe.[16] Vielmehr, so Churchill am 31. März telegrafisch an Eisenhower, sei Berlin noch immer das Zentrum des Reiches und seine Einnahme von erheblicher psychologischer Bedeutung. Churchill: »Wir
sollten den Russen soweit östlich wie möglich die Hände schütteln.«[17]
Eisenhower jedoch blieb bei seiner Auffassung; für ihn hatte Berlin
hinter der Einnahme der »Alpenfestung« lediglich Platz 2 auf der Prio-
ritätenliste.

Eine Antwort auf die Frage nach dem Warum des Verzichtes auf
die Einnahme Berlins durch die Westalliierten findet sich bei Walter L.
Dorn. Er war als Leiter der Deutschlandabteilung des militärischen
US-Geheimdienstes OSS intimer Kenner streng geheimer militärischer Planungen und des Denkens der führenden Militärs, speziell des
Oberbefehlshabers der westalliierten Streitkräfte, Dwight D. Eisenhower. Unter Berufung auf diese Kenntnisse und »The Papers of
Dwight David Eisenhower« kommt Dorn zu dieser Erklärung: Der
General habe gegen den Widerstand der Briten und kaum koordiniert
mit Washington das strategische Ziel Berlin aufgegeben, Stalin eröffnet, er könne die Reichshauptstadt einnehmen und sich stattdessen

der Niederwerfung der vermeintlichen »Alpenfestung« zugewandt. Berlin sei für Eisenhower lediglich ein »geographischer Punkt« und Trümmerhaufen ohne militärische Bedeutung gewesen.[18] Daneben sollen nationale Empfindlichkeiten eine nicht unwichtige Rolle gespielt haben. Denn die für die Eroberung Berlins vorgesehenen westlichen Truppen hätten vom britischen Feldmarschall Bernhard Law Montgomery befehligt werden sollen, während die zur Eroberung der »Alpenfestung« bereit stehenden Truppen unter amerikanischem Kommando standen und ein Vorrücken der sowjetischen Truppen in den Alpenraum verhindern sollten. Durch den Verzicht auf die Einnahme Berlins durch Eisenhower konnte das »Detachement A1A1«, dem Dorn als politischer Berater angehörte und das für die Verwaltung des US-Sektors trainiert war, nicht seiner Spezialausbildung entsprechend eingesetzt werden. Auch die amerikanische Delegation für den Alliierten Kontrollrat musste in Frankfurt/Main auf den Beginn ihres Einsatzes warten.[19]

Die Amerikaner hatten zwar die Eroberung Berlins der Roten Armee überlassen, auf die ihnen zustehenden Rechte und auf ihren Sektor in der Stadt wollten sie aber keinesfalls verzichten. Vereinbart war, dass alle Alliierten jeweils etwa 25 000 Mann in Berlin stationieren sollten, doch der Einzug der Amerikaner nahm teilweise bizarre Formen an. So durfte am 23. Juni 1945 zwar ein US-Vorauskommando unter Führung von Oberst Frank L. Howley bei Dessau die Elbe überqueren, doch gestatteten die Sowjets die Weiterfahrt nur bis Babelsberg. Dort wurden die Amerikaner von den sowjetischen Truppen wie Gefangene behandelt. General Floyd L. Parks, Kommandeur der für die Besatzung Berlins vorgesehenen First Allied Airborne Army, entschied sich am 28. Juni, das Kommando nach Halle zurückzuschicken, wo sich das vorläufige Hauptquartier seiner Truppen befand.[20] Zu weiterer Untätigkeit verurteilt war damit vorerst das Detachement A1A1, das die US-Militärregierung in Berlin bilden sollte.[21] Als am 1. Juli ein amerikanisches Kommando – unter Führung wiederum von Oberst Howley – von Halle kommend den zugewiesenen US-Sektor besetzen wollte, wurde es von Rotarmisten mit der Begründung gestoppt, sie hätten die Stadt auf den Besatzungswechsel noch nicht vorbereitet. Howley dachte nicht daran, abzuziehen, und ließ für 85 Offiziere und 136 Angehörige des Detachements A1A1 im Grunewald Zelte aufschlagen. Oberst John J. Maginnis schrieb später, dieser Vorgang sei in der Geschichte unzweifelhaft der deprimierendste Einzug einer siegreichen Macht in die Hauptstadt einer geschlagenen Nation gewesen.[22]

Erst nach Besprechungen von Parks und Howley mit dem sowjetischen Stadtkommandanten General Alexander W. Gorbatow am 2. Juli wurde die Übernahme des US-Sektors für den 4. Juli, 24 Uhr, festgelegt. Nachdem dann am 2. Juli der Flugplatz Tempelhof unter US-Kontrolle stand und erste Flugzeuge dort landeten, traf das Hauptkontingent der US-Besatzungstruppen bis zum 6. Juli ein. Begleitet wurden es von zwei britischen und kleineren französischen Einheiten, wobei zu diesem Zeitpunkt noch völlig offen war, wo Frankreich seinen Sektor einrichten durfte.

Konfliktstoff: die ungeklärte Zugangsfrage

Schon die genannten Vorfälle deuteten die künftigen Schwierigkeiten für die westlichen Alliierten, sich ungehinderten Zugang nach Berlin zu verschaffen, an. Denn die Frage war bei allen Konferenzen der Siegermächte mehr oder weniger ausgeklammert worden. Dieses ungelöste Problem erwies sich als außerordentlich verhängnisvoll und führte bis zur Wiedervereinigung 1990 immer wieder zu Kontroversen zwischen den Großen Vier beziehungsweise zwischen der Bundesrepublik und der DDR. Der ungehinderte Zugang der westlichen Alliierten zu ihren Sektoren war weder im »Londoner Protokoll« vom 12. September 1944 erwähnt, noch spielte er im Abkommen über Ergänzungen zu diesem Protokoll vom 14. November 1944 eine Rolle. Wohl hatte der britische Premierminister Winston Churchill in einem Schreiben an US-Präsident Harry S. Truman am 18. April 1945 davon gesprochen, die westlichen Alliierten sollten sich erst dann aus den besetzten und den Sowjets zustehenden Gebieten zurückziehen, wenn in Berlin die Alliierte Kommandantur errichtet und die Versorgung der Westzonen mit Lebensmitteln aus der sowjetischen Besatzungszone gewährleistet sei, doch auch er war mit keinem Wort auf die Sicherung der Zugänge nach Berlin eingegangen.[23]

Einseitige, mit den bisherigen Absprachen nicht zu vereinbarende Maßnahmen der Sowjetunion in Wien und Osteuropa veranlassten neben Churchill das US-State Department, vor einem Rückzug der amerikanischen Verbände aus weiten Teilen Ostdeutschlands – das heißt aus Mecklenburg, Sachsen-Anhalt, Sachsen und Thüringen – zu warnen, bevor nicht wesentliche Fragen geklärt seien. Mit der Argumentation, eine Verzögerung des US-Rückzuges würde die amerikanische Öffentlichkeit nicht verstehen, ordnete Truman allerdings den Abzug zum 21. Juni an, der jedoch auf Stalins Wunsch auf den 1. Juli verlegt wurde. US-Gesandter Hopkins, der zuvor Gespräche in Moskau geführt hatte, unterbreitete im Anschluss der US-Regierung folgenden Vorschlag:

»Als eine Bedingung für unseren Rückzug sollten wir ein gleichzeitiges Einrücken unserer Truppen [in Berlin] verlangen auf Grund eines Abkommens zwischen den jeweiligen Kommandeuren, das uns auf vereinbarten Routen unbeschränkten Zugang zu unserem Gebiet in Berlin von Bremen und Frankfurt aus auf dem Luftweg, auf Schiene und Straße, gewährt.«[24]

»Eine Straße und eine Bahnlinie sind ausreichend«
Am 29. Juni 1945 bot die Sowjetunion den westlichen Alliierten einen permanenten freien Zugang nach Berlin über je eine Straße und eine Eisenbahnlinie an. Nach Auffassung des sowjetischen Oberbefehlshabers in Deutschland, Marschalls Georgij Konstantinowitsch Schukow, war das ausreichend, um eine Garnison von 50 000 Mann zu versorgen.[25] Demgegenüber hatten die Westmächte auf drei Eisenbahnlinien, zwei Straßen und ausreichende Luftstraßen gehofft. Schließlich einigte man sich, dass sich die westlichen Alliierten auf einer Straßenverbindung »unter den jeweilig festgelegten russischen Bestimmungen« ohne Einschränkungen bewegen konnten. General Lucius D. Clay behielt sich jedoch vor, die Angelegenheit im Kontrollrat zur

Sprache zu bringen, und hielt in seinen Notizen fest: »Ich entgegnete [Schukow], daß wir ja nicht die ausschließliche Benutzung dieser Strecken verlangten, sondern nur den Mitgebrauch ohne andere Beschränkungen als die normalen Verkehrskontrollen und -regeln, wie sie die sowjetische Verwaltung für ihre eigenen Zwecke errichte. General Weeks [britischer Oberbefehlshaber] unterstützte mich kräftig. Wir wußten beide, daß in dem von der Europäischen Beratungskommission ausgearbeiteten Übereinkommen Bestimmungen über den Zugang nicht enthalten waren. Bestimmte Routen wollten wir nicht akzeptieren, das hätte als Verzicht auf unser Zugangsrecht über sämtliche Wege ausgelegt werden können; aber die sowjetische Behauptung, die vorhandenen Strecken würden für Demobilisierungszwecke gebraucht, entbehrte nicht einer gewissen Logik. [...] Darum waren Weeks und ich damit einverstanden, vorläufig eine Fernverkehrsstraße, eine Eisenbahnstrecke und zwei Luftkorridore zugewiesen zu bekommen; wir behielten uns vor, die Frage im Alliierten Kontrollrat wieder aufzurollen. Wir waren uns, wie ich gestehen muß, damals nicht ganz im klaren darüber, daß die Bedingung einhelliger Zustimmung es dem sowjetischen Veto im Alliierten Kontrollrat erlauben würde, alle unseren künftigen Anstrengungen fruchtlos zu machen. Da von diesem Treffen kein Protokoll aufgenommen wurde, diktierte ich abends meine Notizen. Darin stand: ›Es wurde vereinbart, daß aller Verkehr – Luft, Straße, Schiene – [...] frei sein soll von Grenzkontrollen oder der Kontrolle durch Zollbeamte oder militärische Behörden.‹«[26]

Die sowjetische Seite betrachtete die Gesprächsergebnisse für sich als keinesfalls bindend. Zwar beschäftigte sich der Alliierte Kontrollrat im Zeitraum vom 10. August 1945 bis zum 7. Februar 1946 immer wieder mit dem Zugang nach Berlin, doch bezogen sich die Erörterungen ausschließlich auf Einzelaspekte. Der Zugang nach West-Berlin blieb damit zumindest zu Lande und auf dem Wasser eine unsichere Angelegenheit. Lediglich hinsichtlich dreier jeweils 32 Kilometer breiter Luftkorridore von Berlin nach Frankfurt, Bückeburg und Hamburg gab es konkrete Abkommen. Diese Luftkorridore hatten bis zur Wiedervereinigung Bestand und stellten bis zum 3. Oktober 1990 die einzigen nicht-kontrollierten Verkehrsverbindungen zwischen West-Berlin und Westdeutschland dar.

»Blockade« wenig überraschend

Das Fehlen verbindlicher Vereinbarungen über den sicheren Zugang der Westalliierten zu Lande und auf dem Wasser nach Berlin machte es der Sowjetunion relativ einfach, den Westen auf seine Standfestigkeit zu überprüfen. Was unter dem Namen »Blockade« bekannt werden sollte, kam für die Westalliierten und die Berliner nicht völlig überraschend.[27] Immer wieder hatte es kurzfristige Straßensperrungen gegeben, waren Züge und Schiffe aufgehalten worden. Zudem monierte die Sowjetunion zunehmend Verstöße westlicher Piloten gegen Sicherheitsvorschriften im Luftverkehr, um ein Alibi für eigene Störmanöver zu konstruieren. Die Situation eskalierte, als am 1. April 1948 je zwei amerikanische und britische Militärzüge an der Zonengrenze bei Helmstedt aufgehalten und dann zurückgeschickt wurden, weil die Besatzungen eine Inspektion durch sowjetische Kräfte ablehnten.

Der amerikanische Kriegsminister Kenneth Royall verwies auf einer Pressekonferenz am 2. April 1948 in Washington auf das Recht des freien Zuganges nach Berlin, doch erst General Clay zeigte Moskau die Grenzen der »Pressionspolitik« auf. Falls die Sowjets die Kontrolle des Luftverkehrs zwischen Berlin und Frankfurt fordern sollten, »werde [er] sich gegen alle Maßnahmen wenden, welche die Verkehrsfreiheit im Luftkorridor zwischen Berlin und den Westzonen beeinträchtigen«.[28]

Die Sowjetunion beschränkte sich in dieser Situation noch darauf, die Landverbindungen beziehungsweise den Schiffsverkehr zu behindern. Sie verlangte die Schließung der amerikanischen und britischen Hilfsstationen an der Autobahn Berlin–Helmstedt und unterband für zunächst drei Tage die Binnenschifffahrt zwischen Berlin und Westdeutschland. Die USA und Großbritannien reagierten mit der improvisierten »Baby-Luftbrücke« zur Versorgung ihrer Berliner Garnisonen und sammelten mit ihr Erfahrungen für die folgende, tatsächliche Luftbrücke. Am 4. April 1948 zeichnete sich eine Entspannung ab, von einer wirklichen Beruhigung der Lage konnte allerdings keine Rede sein. Der stellvertretende US-Außenminister Robert A. Lovett bekräftigte am 14. April, Amerika werde auf keines seiner Rechte in Berlin verzichten, und General Clay unterstrich seine Erwartung, dass der sowjetische Druck, der darauf abziele, die westlichen Alliierten aus Berlin zu verdrängen, fortgesetzt werde und ergänzte:»Aber wir werden uns nicht vertreiben lassen.«[29]

Antwort auf die Währungsreform

Am 24. Juni 1948 stoppte die Sowjetunion den Straßenverkehr zwischen Berlin und Westdeutschland. Die Blockade hatte begonnen. Ihr vorausgegangen waren die »Londoner Empfehlungen« der Sechsmächte-Konferenzen (USA, Großbritannien, Frankreich, Belgien, Niederlande, Luxemburg) vom 23. Februar bis zum 5. März 1948 sowie vom 20. April bis 1. Juni 1948 an der Themse. Die Regierungschefs der sechs Länder schlugen die Errichtung eines föderalistischen Bundesstaates auf dem Gebiet der drei Westzonen vor und ermächtigten die Ministerpräsidenten der westdeutschen Länder zur Einberufung einer verfassungsgebenden Versammlung. Formuliert wurden ferner die Grundzüge eines Besatzungsstatuts. Als so genannte »Frankfurter Dokumente« übergaben die westlichen Militärgouverneure am 1. Juli 1948 diese Empfehlungen den Ministerpräsidenten. Zu diesem Zeitpunkt war die Blockade Berlins bereits wirksam geworden, denn Stalin hatte einen weiteren Anlass für ihre Verhängung gefunden: die Währungsreform in den Westzonen vom 20. Juni 1948 und die Einführung der neuen Deutschen Mark auch im Westteil Berlins. Die Sowjetunion unterbrach die Straßenverbindung zwischen Berlin und Helmstedt mit der Begründung, die Elbbrücke bei Magdeburg sei nicht mehr befahrbar. In Washington fanden zahllose Besprechungen statt, um das weitere Vorgehen zu erörtern. Am Ende stand die Entscheidung, unbedingt in West-Berlin bleiben zu wollen. Nachdem General Clays Vorhaben, die Blockade mit Hilfe eines bewaffneten Konvois von Helmstedt aus zu durchbrechen, sich nicht durchsetzen ließ, fällte er seine – noch einsame – Entscheidung für eine Luftbrücke. Sie begann am 26. Juni unter dem Namen »Operation Vittles«, die Briten schlossen sich ihr am 30. Juni offiziell an. Frankreich konnte sich mit Flugzeugen nicht beteiligen, da diese nahezu komplett im Indochina-Krieg eingesetzt waren. Zum Erstaunen der amerikanischen Regierung und der Militärs, die gemeint hatten, die Luftbrücke lasse sich höchstens 45 Tage durchhalten, entwickelte sich daraus eine Aktion, die in die Geschichte eingegangen ist. Dies lag zum einen an den gewaltigen Transportleistungen im Rahmen der Luftbrücke, die noch keine modernen Großraumtransportflugzeuge und Blindflugeinrichtungen kannte. Einige nüchterne Zahlen stehen für die Dimension dieser Hilfsaktion: Die Verbände flogen insgesamt 2 342 257 Tonnen Versorgungsgüter in 279 114 Flügen nach Berlin, davon die Amerikaner in 190 951 Flügen 1 782 295 Tonnen und die britische Luftwaffe beziehungsweise zivile britische Fluggesellschaften in 88 163 Flügen 541 962 Tonnen. Die Frachten bestanden zu 67 Prozent aus Kohle, zu 24 Prozent aus Lebensmitteln und zu neun Prozent aus Rohmaterialien, Medikamenten, Zeitungspapier und anderem. Außerdem wurden 93 869 Menschen, zu einem großen Teil Flüchtlinge, alte Menschen und Kinder, aus der Stadt geflogen. Daneben haben Piloten wie der Amerikaner Gail Halverson die Luftbrücke durch menschliche Gesten unsterblich gemacht. Er warf Schokolade an kleinen Fallschirmen für die Berliner Kinder ab. Nunmehr sprachen die Berliner auch von »Rosinenbombern« und »Candy-Bombern«.

Für die West-Berliner waren die Amerikaner nach Ende der Blockade nicht mehr Besatzer, sondern Freunde und vor allem Garanten für die Freiheit des Westteils der Stadt.

Reservierte Haltung in Westdeutschland

Verbunden ist die Luftbrücke vor allem mit dem Namen Lucius D. Clay. Er musste sich nicht nur gegenüber seiner eigenen Regierung durchsetzen, sondern hatte nicht zuletzt die Widerstände der westdeutschen Länder zu überwinden, notfalls per Befehl. Denn mit der

Opferbereitschaft der Politiker in den westlichen Zonen war es nicht weit her. Viele hätten West-Berlin als teuren »Kostgänger« nur allzu gern der Sowjetunion überlassen.

Die Amerikaner verhängten eine »Gegenblockade«, die den Warenverkehr zwischen den westlichen Zonen und der sowjetischen Besatzungszone unterband. Getroffen werden sollte damit die Wirtschaft in der SBZ, doch auch die westdeutsche Wirtschaft litt unter der Maßnahme. Selbst der später als »Vater des Wirtschaftswunders« gefeierte Ludwig Erhard wurde bei Clay immer wieder vorstellig, um ein Ende der Gegenblockade zu erreichen. Clay jedoch verwies ihn jedes Mal konsequent in seine Schranken.

Nach 322 Tagen hob Moskau am 12. Mai 1949 die Blockade auf. In der Zwischenzeit war die Berliner Teilung vertieft worden, und die Westzonen beziehungsweise die »Ostzone« waren auf dem Weg, scheinselbstständige Staaten unter der Führung ihrer jeweiligen Siegermächte zu werden. In West-Berlin begannen die Menschen erst jetzt zu hungern, aber das nahmen sie hin im Bewusstsein, ihre Freiheit verteidigt zu haben.

Luftbrücke ein Pyrrhussieg?
Robert Murphy, Sonderberater von General Clay, wertete Blockade und Luftbrücke in seinen Erinnerungen »Diplomat unter Kriegern« folgendermaßen: »Nur wenige Beobachter schienen zu begreifen, daß unser Entschluß, uns ausschließlich auf die Luftbrücke zu stützen, einem Verzicht auf unsere schwer errungenen Rechte in Berlin gleichkam, einem Verzicht, dessen Folgen uns seitdem erheblich zu schaffen gemacht haben. Der kritische Punkt an der neuen Berlin-Regelung war, daß die amerikanische Regierung es unterlassen hatte, sich ihre legitimen Ansprüche auf Zugang nach Berlin auf der Straße und auf den Wasserwegen bestätigen zu lassen. Während der ganzen Blockade hatten die Russen den Westmächten die Benutzung eben dieser Zugangswege verweigert und der Zugang war unter den Bedingungen jener Vereinbarungen nicht besser abgesichert als vor der Blockade.«[30] Murphy bezog sich in seiner Kritik auf das so genannte »Jessup-Malik-

Abkommen«. Am 27. Januar 1949 hatte sich Stalin zu Verhandlungen mit den USA bereiterklärt, wobei die Währungsfrage und die Einbeziehung West-Berlins in den Geltungsbereich der Deutschen Mark keine Rolle mehr spielten. Immerhin waren diese Punkte die Hauptgründe Stalins für die Blockade gewesen. In New York trafen im März und April 1949 der Amerikaner Philip Jessup und der sowjetische Vertreter Jakob Malik zusammen und handelten das später nach ihnen benannte Abkommen aus, das die Aufhebung der Blockade zum 12. Mai und Außenministergespräche über die Berlin-Frage vierzehn Tage später in Paris vorsah. Lucius D. Clay, bei den Berlinern schon während der Luftbrücke zur Legende geworden, hatte zuletzt in Washington immer mehr an Einfluss verloren. Selbst über die Jessup-Malik-Gespräche wurde er nicht informiert.

Berlin-Krisen programmiert

Mit »Berlin (West)«, so die amtliche westliche Schreibweise, gab es nun ein »Schaufenster des Westens« oder – wie andere es sahen – einen »Pfahl im Fleisch« der im November 1949 aus der Taufe gehobenen Deutschen Demokratischen Republik – DDR. Weitere Konflikte waren programmiert. Eisenhower, der im März 1945 Berlin lediglich als »geographischen Punkt« betrachtet hatte, war – 1953 zum US-Präsidenten gewählt – fest entschlossen, die Freiheit Westdeutschlands und West-Berlins zu verteidigen und keinen Deut gegenüber Moskau zurückzuweichen. Für ihn war ein geteiltes Berlin eine ständige Bedrohung für den Weltfrieden. Doch alle Bemühungen, zu einer befriedigenden Berlin-Lösung zu kommen, scheiterten. So auf der Ost-West-Gipfelkonferenz vom 18. bis 23. Juli 1955 in Genf, dem ersten Zusammenkommen der einstigen vier Kriegsalliierten seit der Potsdamer Konferenz von 1945. Wenig befriedigendes Ergebnis dieser Konferenz war, dass der sowjetische Staats- und Parteichef Nikita Chruschtschow auf der Heimreise nach Moskau die »Zwei-Staaten-Theorie« verkündete und damit allen Annäherungsbemühungen eine Absage erteilte. Die Konfrontation kulminierte im November 1958 im so genannten Chruschtschow-Ultimatum. Zunächst hatte der Kreml-

Chef das Ultimatum in einer Rede in Berlin am 10. November 1958 formuliert und dann am 27. November in entsprechenden Noten an die übrigen Alliierten den Vier-Mächte-Status von Berlin für beendet erklärt und verlangt, West-Berlin in eine selbstständige politische Einheit umzuwandeln. Sollte der Westen, allen voran die USA, nicht auf das Verlangen eingehen, drohte Chruschtschow mit »einseitigen Maßnahmen«, unter anderem einer erneuten Blockade oder einem einseitigen Friedensvertrag mit der DDR.

In zähen Verhandlungen konnte ein Außenministertreffen für Mitte 1959 in Genf vereinbart werden, bei dem eine Interimslösung für Berlin gefunden werden sollte, was jedoch nicht gelang. Als Erfolg konnte Moskau allerdings verbuchen, die Berlin-Frage von der generellen Deutschland-Frage abgekoppelt zu haben.

US-Zurückhaltung beim Mauerbau

Die gleiche Zurückhaltung wie beim Juni-Aufstand 1953 erlegte sich Washington bei der nächsten großen Berlin-Krise im Jahr 1961 auf: beim Mauerbau. Präsident John F. Kennedy war keinesfalls von den Ereignissen überrascht worden. Er hatte bei seinem Wiener Treffen mit Chruschtschow am 3. und 4. Juni 1961 und dann in einer Fernsehrede am 25. Juni 1961 im Hinblick auf die US-Berlin-Politik als Kernpunkte lediglich die Freiheit West-Berlins einschließlich der Wahl des eigenen politischen Systems, die Anwesenheit westlicher Truppen in West-Berlin und deren ungehinderten Zugang zur ganzen Stadt genannt. Dieses Recht tasteten weder Sowjetunion noch DDR am 13. August 1961 an. Erst als alliierte Patrouillen nicht unkontrolliert nach Berlin (Ost) fahren durften, standen sich für kurze Zeit am »Checkpoint Charlie« in der Friedrichstraße sowjetische und amerikanische Panzer gegenüber. General Lucius D. Clay kehrte als Sonderbotschafter Kennedys noch einmal in amtlicher Funktion nach Berlin zurück. Doch da weder Moskau noch Washington an einer Eskalation interessiert waren, wurde die Mauer einerseits hingenommen, andererseits ließ Chruschtschow als Gegenleistung alle Berlin-Ultimaten verstreichen, ohne die Stadt erneut abzuriegeln.

Bewegung kam in die Berlin-Frage erst wieder im Zuge der neuen Ost-Politik des sozialdemokratischen Bundeskanzlers Willy Brandt. Allein schon, um Alleingänge Brandts zu verhindern, schaltete sich Washington intensiv in die deutsch-sowjetischen Gespräche ein und verhandelte parallel direkt mit Moskau. Ergebnis war ein »Vier-Mächte-Abkommen« über Berlin, unterzeichnet am 3. September 1971, in dem die Sowjetunion ihre Zuständigkeit für die Sicherheit des zivilen Verkehrs von und nach Berlin und die Bindung Berlins an die Bundesrepublik anerkannte. Im Gegenzug reduzierte Bonn seine Präsenz in Berlin, unter anderem durch den Verzicht auf Sitzungen der Bundesversammlung in der geteilten Stadt, die zur Wahl des Bundespräsidenten bis dahin immer wieder stattgefunden hatten.

Umjubelte Präsidenten-Besuche

Alle vier Alliierten hielten sich an die Vereinbarungen hinsichtlich des besonderen Status der Stadt, nach der jede Siegermacht in ihrem Sektor tun und lassen konnte, was ihr beliebte. Wenn die Sowjetunion Verstöße gegen den Vier-Mächte-Status dennoch zuließ, beispielsweise die Wehrpflicht auch für Ost-Berliner oder Paraden der Nationalen Volksarmee im sowjetischen Sektor, dann überreichten die westlichen Stadtkommandanten oder Botschafter ihrem östlichen Gegenüber zwar Protestnoten, aber mehr geschah nicht.

Psychologisch wichtig für die West-Berliner waren die Besuche amerikanischer Präsidenten, die es verstanden, die Bevölkerung mit wenigen Worten auf ihre Seite zu bringen. Legendär ist die Rede von US-Präsident John F. Kennedy am 26. Juni 1963 vor dem Rathaus Schöneberg. In Erinnerung geblieben ist sein damals viel umjubelter Satz »Ich bin ein Berliner«. Der im Übrigen als »Cowboy« verspottete vierzigste Präsident der USA, Ronald Reagan, schrieb sich in das Geschichtsbuch ein, als er am 12. Juni 1987 vor dem Brandenburger Tor forderte: »Mr. Gorbatschow, open that door, tear down this wall – Herr Gorbatschow, öffnen Sie das Tor, reißen Sie die Mauer nieder«.

Im selben Jahr wurde übrigens eines der markantesten Zeichen der Vier-Mächte-Hoheit in Berlin abgerissen: das Spandauer Kriegsverbre-

Berlin 1945: Der gesprengte Zoo-Bunker.

chergefängnis. Hier hatten NS-Verbrecher nach den Nürnberger Prozessen ihre Strafe verbüßt. Ihre Bewachung übernahmen monatlich abwechselnd die vier Siegermächte. Nach dem Suizid von Rudolf Hess, dem letzten Gefangenen von Spandau, im Jahr 1987 wurde das Zuchthaus abgerissen. Die Briten, in deren Sektor das Gefängnis lag, wollten keinen »Wallfahrtsort« für Rechtsradikale schaffen und ließen an diesem Ort ein Einkaufszentrum errichten.

Der Umgang mit den Besiegten

»Keine Hilfe von außen zu erwarten«

Nicht nur der Oberkommandierende Dwight D. Eisenhower hatte den Deutschen immer wieder gesagt, sie hätten mit Milde nicht zu rechnen.[1] Gleiches taten nach der Eroberung auch die amerikanischen Militärgouverneure kund. So in unmissverständlicher Weise der für Württemberg-Baden verantwortliche Oberst William Dawson. Er benannte am 8. April 1945 über Radio Stuttgart zum einen die Ziele der Militärregierung, nämlich die völlige Ausmerzung der nationalsozialistischen Partei und aller ihrer Gliederungen, und sagte weiter: »Die wirtschaftliche Rehabilitierung Deutschlands muß den lebenswichtigen Bedürfnissen entsprechen. Die Deutschen haben keine Hilfe von außen zu erwarten, die über das Mindestmaß hinaus geht, welches der Verhütung von Seuchen und einer Unordnung dient, die die Absichten der Militärregierung zunichte machen könnte.«[2]

Beim Vorgehen Amerikas gegenüber dem besiegten Land darf nicht übersehen werden, dass es neben seiner selbst gestellten Mission, die Demokratie nach Deutschland zu bringen, auch durchaus eigene handfeste Interessen hatte, Deutschland als »Ordnungs- und Aufbaufaktor« in Europa zu stabilisieren. Dass die USA dies beabsichtigen, lässt sich daraus ablesen, dass sich die für die Verwaltung des besiegten Landes gebildete »German Country Unit« an dem Aufbau der obersten deutschen Reichsbehörden orientierte. Offensichtlich hatten die USA zumindest bis zur Besetzung Deutschlands vor, deutsche Verwaltungsstrukturen in den Dienst des Besatzungsregimes zu stellen. Ursächlich hierfür dürfte die bis 1944 in Washington vorherrschende Meinung gewesen sein, Deutschland werde »als Ganzes implodieren« und weitgehend intakte Verwaltungsstrukturen könnten nach der Besetzung für einen demokratischen Wiederaufbau genutzt werden.

Diese Erwartung schlug sich im Übrigen auch in der »Proklamation Nr. 1« an die deutsche Bevölkerung vom September 1944 nieder, in der Eisenhower alle Beamten verpflichtete, nach der Besetzung bis auf Weiteres auf ihren Posten zu bleiben

»Deutschland – Feindesland«

Noch 1946 erhielt jeder US-Soldat, der in Deutschland Dienst tun musste, von der Armeeführung eine Broschüre, in der von Versöhnung und Milde gegenüber den Deutschen nicht einmal andeutungsweise die Rede war. In strengem Ton war dort unter anderem zu lesen: »So wie die deutschen Städte euch an Amerika erinnern mögen, so können euch die Menschen an Amerikaner erinnern lassen. Oberflächlich gesehen können sich Amerikaner und Deutsche ähnlicher sehen als etwa Franzosen oder Russen und Amerikaner. Deutsche Tatkraft und deutscher Fleiß, deutsche Rohranlagen und deutsche Zentralheizungen erinnern an euer eigenes Land. Gerade deshalb sollt ihr nicht vergessen, wie die Deutschen wirklich aussehen. Zentralheizung ist für Deutschland typisch, aber Buchenwald war es auch. Deutsche Reinlichkeit ist so sehr typisch, dass man Seife aus menschlichen Körpern gefertigt hat. Deutsche Medizin ist so hoch entwickelt, dass sie Menschen als Experimentierobjekte zu verwenden lernten. Die Nazi-Kunst schenkte der Welt Lampen aus menschlicher Haut. So sind die Amerikaner nicht.«[3]

Die Soldaten sollten – so das Fazit – nicht vergessen, dass Deutschland noch immer »Feindesland« sei und ihr Mitleid zurückhalten, selbst wenn hungrige Kinderaugen sie anschauten.

Diese Aussagen entsprachen den zwölf »Non-Fraternization«-Regeln, die Dwight D. Eisenhower schon am 12. September 1944 erlassen hatte, zu einem Zeitpunkt, zu dem amerikanische Truppen erstmals in Deutschland einmarschierten und damit engen Kontakt zur Zivilbevölkerung erhielten.[4] Grundlage für diese Regeln war die zwischen Amerikaner und Briten getroffene »Direktive CCS 551«, nach der den Truppen jegliche Verbrüderung mit den Deutschen untersagt war. Es verwundert kaum, dass nach den Non-Fraternization-Regeln die Heirat zwischen US-Soldaten und deutschen Frauen verboten war und dass Deutsche nicht eingeladen oder besucht werden durften. Ebenso durften GIs nicht mit Deutschen trinken, ihnen die Hand geben, in der Öffentlichkeit mit ihnen sprechen, sie besuchen oder sich besuchen lassen, ihnen Geschenke machen oder mit ihnen gemeinsam auf einer Kirchenbank sitzen.

Erste »Opfer« dieser Non-Fraternazition-Politik wurden übrigens nicht etwa Deutsche, sondern die US-Einheiten, die am 11. September 1944 nördlich von Trier als Vorhut deutschen Boden betreten hatten. Nicht nur die NS-Ideologen waren Meister der Propaganda gewesen, sondern auch die Alliierten nutzten sie als Instrument, um ihre Bevölkerung mit Berichten über die Erfolge der eigenen Armee zur weiteren Unterstützung des Krieges zu ermuntern und die Truppe in ihrem Kampf zu motivieren. So erschienen kurz nach der Eroberung des ersten deutschen Territoriums Fotos in der »Washington Post«, auf denen strahlende GIs zu sehen waren, umgeben von jungen, hübschen deutschen Mädchen, die ihnen Blumen schenkten und Kaffee eingossen.[5] General John H. Hilldring, Chef der Civil Affairs Division im US-Kriegsministerium, wandte sich sofort an General Julian C. Holmes vom G-5-Stab und wollte wissen, was gegen solche Fraternisierung unternommen werde. Auch General Eisenhower, zu dieser Zeit im Alliierten Oberkommando in Versailles, schrieb unverzüglich an den zuständigen Oberbefehlshaber der 12. Armeegruppe, solches Verhalten müsse im Keim erstickt werden.[6]

Fraternisierung war tabu, und entsprechend finden sich in der »Proklamation Nr. 1« der Militärregierung Deutschland zahlreiche entsprechende Verbote, deren Übertretung mit teilweise harten Strafen – bis hin zur Todesstrafe – geahndet werden konnten.[7] Spionage oder bewaffneter Widerstand gegen die alliierten Streitkräfte waren mit Höchststrafen – also der Hinrichtung – belegt. Aufgeführt als »andere Verfehlungen« waren, ein Schiff ohne Genehmigung der Militärregierung in Bewegung zu setzen, der Nicht-Besitz eines gültigen Personalausweises sowie die Aufforderung an einen Angehörigen der Besatzungstruppen zum Besuch von Orten – in der Regel Gaststätten –, die als »Off Limits« oder »Out of Bounds« gekennzeichnet waren. »Achtungswidriges Betragen gegenüber den alliierten Streitkräften« war ebenfalls unter Strafe gestellt. In Karlstadt im Maingebiet erließen sie am 15. Juni 1945 eine Anordnung, nach der alle deutschen Männer die amerikanische Flagge durch das Abnehmen der Kopfbedeckung zu grüßen hatten. Die Non-Fraternization-Politik erlebte der von den Amerikaner selbst eingesetzte erste Kasseler Oberpräsident Fritz Hoch am eigenen Leibe: Bei der Einführung in sein Amt verweigerte ihm der amerikanische Militärkommandant demonstrativ den Handschlag.

Plünderungen und Vorliebe für Wein und Schnaps

Häufig bringt man Übergriffe auf die zivile Bevölkerung mit den sowjetischen und französischen Besatzungstruppen in Verbindung. Gleichwohl kam es auch in der amerikanischen Besatzungszone in den ersten Tagen nach Beendigung der Kampfhandlungen zu Plünderungen, Vergewaltigungen und Misshandlungen. Sie sind durch zahlreiche Dokumente in örtlichen Archiven, Berichte von Zeitzeugen und besonders eine Darstellung über den Einmarsch der Amerikaner und Franzosen im nördlichen Württemberg, die 1957 im Auftrag der »Kommission für geschichtliche Landeskunde« herausgegeben wurde, belegt.[8] Bei den Schilderungen ist zu berücksichtigen, dass die amerikanischen Truppen trotz ihrer immensen materiellen Überlegenheit gegenüber der Wehrmacht nicht wussten, was sie bei ihrem Vormarsch erwarten würde.

Das Goebbelsche Ministerium für Volksaufklärung und Propaganda hatte nicht nur die Deutschen mit der Ankündigung neuer »Wunderwaffen« in die Irre geführt, sondern war bestrebt, mit Gerüchten über vermeintliche Festungsanlagen oder mit der Drohung mit »Werwolf-Aktivitäten« hinter den alliierten Linien die Kriegsverbündeten zu verunsichern. Abgesehen davon war ja speziell den amerikanischen Soldaten von ihrer Führung immer wieder geradezu eingehämmert worden, dass sie den Deutschen gegenüber keinerlei Mitleid empfinden dürften. Zudem hatte Eisenhower in seiner bereits erwähnten

»Proklamation Nr. 1« erklärt: »Die Alliierten Streitkräfte, die unter meinem Oberbefehl stehen, haben jetzt deutschen Boden betreten. Wir kommen als siegreiches Heer, jedoch nicht als Unterdrücker.«

Zahlreiche eher freundschaftliche Begegnungen waren die eine Seite, es kam aber auch zu Übergriffen. Bei dem Historiker Helmut Hirsch ist im Zusammenhang mit der Einnahme von Saarlouis darüber zu lesen: »Es fanden Verhöre in Anwesenheit von amerikanischen Offizieren statt. Ich vernahm von einer Frau, die in der Heinitzerstraße wohnte – ich sprach nur diese eine an –, daß sie im Bett überfallen worden sei. Es seien drei Soldaten auf sie eingedrungen, während ein vierter ihre alte Mutter bedrohte.«

Aus dem Raum Saarlouis wurden Vergewaltigungen und Morde durch amerikanische Soldaten gemeldet, und zwar in der Regel in den Tagen unmittelbar nach dem Einmarsch. Neben marodierenden GIs hatten es die besiegten Deutschen im Saarland und anderswo oft mit den freigelassenen ehemaligen Zwangsarbeitern, Displaced Persons – DPs genannt, zu tun, die sich an ihren vorherigen Peinigern rächten. Oft betrunken und bewaffnet, machten sie Jagd auf die Besiegten, plünderten und töteten – bisweilen wahllos – die Bewohner von einsamen Gehöften wie im saarländischen Etzenhofen.[9] Der Historiker Gerhard Heckmann verweist darauf, dass die US-Truppen zumindest anfangs wenig gegen die Ausschreitungen der DPs unternahmen, und begründet das so: »Das Wissen um die Vernichtungslager und die unmenschliche Behandlung der ›Fremdarbeiter‹ dürfte dabei eine Rolle gespielt haben. Auf das Ersuchen, gegen die Plünderer vorzugehen, soll Ende März ein amerikanischer Offizier in Neunkirchen geantwortet haben: ›We are not out to kill russians, we are out to kill germans‹.«[10]

Besonders gefährlich wurde die Situation für die deutsche Zivilbevölkerung immer dann, wenn versprengte Wehrmachts- oder SS-Angehörige noch meinten, Widerstand leisten zu müssen. Der Historiker Friedrich Blumenstock beschreibt Vorfälle aus dem nördlichen Württemberg, die durchaus keine Einzelfälle darstellen. In Schwäbisch Hall wurde ein Polizeiwachtmeister erschossen weil er Waffen nicht abgeliefert hatte. In Orlach (Kreis Schwäbisch Hall) wäre ein Bauer mit seiner Tochter beinahe erschossen worden, weil ein SS-Angehöriger aus einem Fenster seines Hauses das Feuer auf die Amerikaner eröffnete. Nur die Fürsprache eines ehemaligen französischen Zwangsarbeiters rettete ihn. Der Bevölkerung von Untereisesheim bei Heilbronn wurden strengste Strafen angedroht, nachdem ein US-Offizier beschossen worden war. Erst als sich herausstellte, dass ein deutscher Spähtrupp hierfür verantwortlich war, kam der Ort ungeschoren davon. Das Städtchen dem Erdbeben gleichmachen zu wollen, kündigte der Ortskommandant von Backnang an, nachdem ein amerikanischer Offizier angegriffen worden war.[11]

In höchste Lebensgefahr gerieten die Einwohner von Stuppach. Hier hatten Amerikaner am 6. April die blutigen Uniformteile eines Captains gefunden und gingen von einem Verbrechen aus. Der örtliche Militärkommandant drohte, sämtliche Männer aus dem Dorf erschießen, Frauen und Kinder vertreiben und den Ort niederbrennen zu lassen, wenn die Angelegenheit nicht innerhalb von drei Stunden geklärt sei. Da sich bald herausstellte, dass ein verwundeter Captain die Sachen selbst weggeworfen hatte, wäre die Gefahr für das Dorf vorüber gewesen, wenn es nicht zu einem weiteren Zwischenfall gekommen wäre. Im Haus des Dorfpfarrers hatten sich – ohne dessen Wissen – zwei junge SS-Angehörige versteckt und waren von einem amerikanischen Offizier entdeckt worden. Unverzüglich stellten die Amerikaner ein Standgericht zusammen. Der Pfarrer hatte vor dem Kirchenportal – eskortiert von GIs – Aufstellung zu nehmen und erwartete das Schlimmste. Nach ein paar Minuten zogen die US-Soldaten jedoch, ohne ein Urteil zu vollstrecken, ab. Um die Wehrmacht in den letzten Kriegstagen von der Beschießung der vorrückenden US-Streitkräfte abzuhalten, nutzen diese die deutsche Bevölkerung häufig als lebende Schutzschilde. In Ilshofen beispielsweise mussten die Einwohner den 7. April 1945 und die folgende Nacht auf den Dachböden ihrer Häuser zubringen. Der Wehrmacht war dies durch Funksprüche zwar mitgeteilt worden, dennoch schoss deutsche Artillerie in den Ort hinein, ohne allerdings größeren Schaden anzurichten.

Die US-Truppen hatten allen Grund, gegenüber den Besiegten vorerst noch misstrauisch zu sein. In Billingsbach waren am 17. April 1945, also eine Woche nach der Besetzung, zwei amerikanische Offiziere, die im Jeep ins Röthelbachtal fuhren, von deutschen Soldaten aus dem Hinterhalt getötet worden. Alle Billingsbacher hatten sich daraufhin am 18. April 1945 vor dem Rathaus einzufinden, 26 Männer wurden festgenommen.

Plünderungen in einem Ausmaß, wie sie in der sowjetischen oder französischen Zone vorkamen, gab es in der amerikanischen zwar nicht, doch auch hier konnte sich die zivile Bevölkerung keineswegs vor Übergriffen sicher fühlen, insbesondere dann nicht, wenn die Siegersoldaten auf der Suche nach Alkohol waren oder sich bereits betrunken hatten. So erschossen betrunkene US-Soldaten in Eberstadt zwei Einwohner und in Oberkessbach den stellvertretenden Bürgermeister. Mit dem Leben davon kam dagegen ein Bauer in Massenbach. Ihm hatte ein Soldat ein Messer in den Leib gerammt, weil er ihm keinen Schnaps geben wollte.

Uhren und Schmuck wurden ebenso Beute von GIs wie Orden, Auszeichnungen und ohnehin alles, was in irgendeiner Weise mit einem Hakenkreuz versehen war – eine merkwürdige Vorliebe, die viele Amerikaner bis heute nicht abgelegt haben. Einen schwarzen Tag hatte Crailsheim mit dem 7. April 1945 zu überstehen, an dem Geschäfte und Privathäuser Ziel plündernder Soldaten waren: »Alle Autos und Motorräder, die den amerikanischen Soldaten in die Hände fielen, wurden mitgenommen. Ein Optiker wurde gezwungen, seinen Kassenschrank zu öffnen, viele Goldringe, Armbanduhren und silberne Zigarettenetuis wurden ihm geraubt. Zu beklagen ist auch der Verlust der städtischen Münzsammlung, alle Gold- und Silbermünzen wurden gestohlen. Der Kassenschrank der evangelischen Kirchenpflege wurde auch erbrochen, während jedoch das Karfreitagsopfer (2 800 RM) unberührt blieb, wurden die dort verwahrten Schmuckstücke der Prinzessin Anna Ursula, eine schwere goldene Kette und ein Rubinring, geraubt.«[12] Immer wieder entfesselte Alkohol die Soldaten, wie der Sonnenwirt in Crailsheim leidvoll erfahren musste: »Der Wein stand 20 cm hoch, Bretter, die reingelegt waren, schwammen, alle Hähne standen offen, sie ließen den Wein einfach laufen. Im Ganzen wurde in der Sonne 45 000 l Wein, die für die Wehrmacht gelagert waren, gestohlen oder laufen gelassen. Die amerikanischen Soldaten waren sehr scharf auf Wein und Schnaps, den Most verschmähten sie. Betrunkene Soldaten verübten einzelne Vergewaltigungen. Auf die Vorstellungen des Bürgermeisters beim Ortskommandanten sagte ihm dieser auch Schutz gegen die Schwarzen zu. Sie durften abends nach 8 Uhr nicht mehr ausgehen.«[3]

Die Besiegten waren einer Vielzahl von Restriktionen unterworfen. Dazu gehörten das Verbot, Uniformen, Uniformteile oder nationalsozialistische Abzeichen zu tragen sowie der Besitz von Fotoapparaten oder Ferngläsern. Außerdem war es untersagt, sich Lebensmittel oder Ausrüstungsgegenstände aus amerikanischen Beständen zu besorgen. Die wenigen noch brauchbaren Wohnungen wurden für Zwecke der Besatzungsmacht beschlagnahmt, dasselbe galt für Mobiliar und Hausrat. Die Grenzen zwischen »ordnungsgemäßer« Requisition und verbotenem Plündern wurden keineswegs immer eingehalten, wie dieser Bericht aus dem saarländischen Friedrichsthal zeigt: »In den letzten acht Tagen wird die Bevölkerung stark beunruhigt, daß fast jeden Abend zwischen 20.30 bis 22.00 Uhr Trupps Soldaten in amerikanischer Uniform vorfahren und in die Häuser eindringen. Unter dem Vorwand, nach Nazis, Waffen und Munition zu suchen, begehren sie Einlaß in die Wohnungen und durchsuchen sie. [...] Waffen und Munition sind in keinem Fall gefunden worden dagegen machten die Leute nach der Durchsuchung die Feststellung daß ihnen Sachen fehlten. In einer Wohnung fehlen ein Brillantring und eine goldene Uhr.«[14] Dieselben Erfahrungen wurden in vielen Städten gemacht.

»Wir treffen sie alle!«

Werwolf-Aktionen im besetzten Land

Begleitet war der Einmarsch der Amerikaner von »Feme-Morden« des letzten Aufgebots der Nazis, der so genannten Werwolf-Organisation. Spektakulärster Fall war der Mord an dem politisch unbelasteten Juristen Franz Oppenhoff, den die Amerikaner als Aachener Oberbürgermeister eingesetzt hatten. Er wurde am 25. März 1945 von einem Mordkommando getötet, zu dem auch ein 14-jähriger »Hitlerjunge« und eine 16-jährige BDM-Führerin gehörten. Einer der Mörder, der Österreicher Sepp Leitgeb, kam bei seiner Flucht in der Eifel durch eine Mine ums Leben. Alle anderen Mitglieder des Kommandos wurden durch Briten aufgespürt und später vor ein deutsches Gericht gestellt.

Goebbels vermerkte den Mord in seinem Tagebuch unter dem 29. März 1945 und schrieb: »Erfreulich ist die Meldung, daß der von den Angloamerikanern in Aachen eingesetzte Bürgermeister Oppenhoff in der Nacht vom Dienstag zum Mittwoch von drei deutschen Partisanen erschossen worden ist. Ich glaube, daß den Bürgermeister Vogelsang von Rheydt in den nächsten Tagen dasselbe Schicksal treffen wird. Trotzdem bin ich mit der Arbeit unserer Werwolf-Organisation nicht zufrieden. Sie läuft erst sehr langsam an, und es scheint nicht der richtige Druck dahinter zu stehen. Ich werde beim nächsten Vortrag beim Führer evtl. versuchen, mir selbst die Organisation anzueignen. Ich würde ihr einen anderen Schwung verleihen, als sie ihn bisher besitzt.«[1]

Von den Zeitungen in den noch nicht besetzten Teilen Deutschlands wurden diese Morde als gerechte Strafe für den »Verrat am Führer« glorifiziert. Äußerst engagiert in dieser Form der »Berichterstattung« zeigte sich dabei die »Kölnische Zeitung«, die schon am 6. Dezember 1944 in einem Artikel unter der Überschrift »Warnung an alle: Verräter werden hingerichtet«, den Mord an dem Aachener Diplomkaufmann Fritz Göbel nicht nur gerechtfertigt, sondern ausdrücklich begrüßt hatte. Göbel habe es nach der Besetzung Aachens durch die Amerikaner verstanden, »sich an amerikanische Offiziere heranzumachen, um ihnen landesverräterische Dienste zu leisten.« Er habe an deren »Trinkgelagen« teilnehmen können: »Er hat sich dieser Gunst des Feindes aber nicht lange erfreut. Vor einigen Tagen wurde Göbel am Bahndamm in der Nähe des Reichsweges erschossen aufgefunden. Der verdiente Verrätertod hat ihn anscheinend auf dem Nachhauseweg von einem Gelage mit seinen amerikanischen Zechkumpanen ereilt. Bei der Leiche fand man einen handgeschriebenen Zettel mit der Aufschrift: ›Warnung an alle: So geht es Landesverrätern, die sich mit dem Feind einlassen! Wir treffen sie alle! Die Rächer deutscher Ehre‹.«[2] Damit nicht genug. In einem mit »RS« gekennzeichneten Kommentar war zu lesen:

»Ein Vorgang von lapidarischer Kürze: unter hundert Aufrechten eine verräterische Kreatur erkannt, verfolgt, gestellt und liquidiert. Dem Galgen, der ihn später hätte baumeln lassen, ist eine treffsichere Kugel vorausgegangen. Für eine bestimmte Gesinnung gibt es nur den Verrätertod. […] Wer nicht nach Charakter und Willen weiß, daß diejenigen auf deutschem Boden, die unsere Westprovinzen einäscherten und Zehntausende unserer Frauen und Kinder wehrlos umkommen ließen, unsere Feinde sind, die keines Wortes und keiner Hilfe würdig sind, der soll durch die tödliche Gewißheit abgeschreckt werden, daß er überall gesehen, überall bewacht und überall getroffen werden kann. Sündigt er, dann wird er ehrlos fallen. Die Rache ist schnell, radikal, erbarmungslos und gerecht. Sie ist der Selbstschutz derjenigen, die nicht dulden, daß wenige höhnend prassen, wo Millionen leiden und arbeiten. Hinter dem Namen steht unverwischbar das Todeskreuz. Vier Subjekte, die in kleinen Dörfern bei Aachen den Bürgermeister für den Feind spielen wollten, sind fast auf der Stelle gerichtet worden. Dem Verräter Fritz Göbel ist das gleiche Schicksal bereitet. So ist für jeden Deserteur in unserem Schicksal die Kugel gegossen und der Strick geflochten. Ein Entkommen gibt es nicht.«

»Bis zum letzten Atemzug deutsch bleiben«

Das Blatt fuhr mit seinen Mordaufrufen fort, als es am 7. Dezember 1944 über den Mord an dem Lehrer Velten berichtete und alle potentielle »Verräter« zugleich massiv bedrohte:

»Unbarmherzig rottet eine alleswissende Feme diejenigen Elemente in den feindbesetzten Westgebieten aus, die sich für Dienstleistungen für die Invasoren hergeben. In Mützenich hatten die Amerikaner den Lehrer Velten für die Erledigung der Bürgermeistergeschäfte gefunden. Dieser führte die von den amerikanischen Besatzungsbehörden erlassenen Dekrete durch und dehnte seine Liebedienerei dem Feinde gegenüber so weit aus, daß er nicht nur bereitwillig den besten Teil seiner Wohnung amerikanischen Stabsoffizieren zur Verfügung stellte, sondern mit diesen auch freundschaftliche Beziehungen unterhielt. Daran beteiligten sich auch seine Familienmitglieder.

In einer der letzten Nächte wurde das Wohnhaus des Lehrers Velten durch eine heftige Detonation erschüttert und in einer im ganzen Ort zu hörenden Explosion dem Erdboden gleichgemacht. Dabei kam der Verräter und dessen gesamte Familie ums Leben, ebenso die amerikanischen Offiziere.«[3]

Kaum ein Tag verging, an dem nicht von neuen Morden berichtet wurde, so auch am 10. Dezember 1944. Dieses Mal lautete die Überschrift »Neues Urteil der deutschen Feme in Würselen – Der Reichsbahnassistent Meurer gerichtet«. An ihm sei »für landesverräterisches Treiben die gerechte Todesstrafe vollzogen worden«.[4] Meurer, der sich einer amerikanischen Eisenbahnpioniereinheit zur Verfügung gestellt habe, sei in einem leeren Eisenbahnwaggon auf dem Bahnhof Würselen-Nord erschossen aufgefunden worden. An diesem Tag hieß es in einem Kommentar, alle wünschten das Ende des Krieges, aber niemand wolle ein Ende mit Schimpf und Schande. »Das Schicksal ist zu grausig mit uns verfahren und hat uns zu viele Opfer abverlangt, als daß nicht die Göttin der Geschichte den guten Frieden für uns schon bereithielte, der uns zugeschlagen wird, wenn wir bis zum letzten Atemzuge deutsch bleiben.«[5]

München: Eine Fünf-Millionen-Kubikmeter-Trümmerwüste.

Desinformation der US-Feindaufklärung

So groß die Furcht der Amerikaner vor einem Partisanenkampf in den besetzten Gebieten war, so wenig begründet war sie. Denn die »Werwölfe« gingen nur selten gegen die Alliierten vor, sondern ermordeten vorwiegend deutsche Zivilisten. Dabei glaubte die für die Feindaufklärung zuständige Generalstabsabteilung der Ersten US-Armee vermeintliche Erkenntnisse über einen massiven zu erwartenden Widerstand im Untergrund zu besitzen, die von Goebbels Propagandaministerium eifrig geschürt wurden. Der Reichsführer der SS, Heinrich Himmler, habe kleine Gruppen von besonders fanatischen Hitler-Jungen zusammenstellen und für den Partisanenkampf ausbilden lassen, meinten die US-Generalstäbler erfahren zu haben, überall in Deutschland seien geheime Waffenlager angelegt worden. In einem Papier der »European Civil Affairs Division – ECAD« war die Rede davon, Hauptquartier der Partisanen sei die SS-Kaserne in Bad Tölz, 1 500 von ihnen seien in der Ordensburg Sonthofen zusammengezogen worden. Junge Nazis würden mit den Papieren Toter ausgestattet und erhielten Zivilkleidung, um hinter den amerikanischen Linien Sabotageakte durchzuführen.[6] Zudem warnte das »Office of Strategic Services – OSS« vor Einzelaktionen von Untergrundkämpfern: »Wenn die Berichte über eine Nazi-Untergrund oder Maquis-Organisation[7] etwas übertrieben sein mögen, so ist es doch wahrscheinlich, dass Nazi-Briganten durch ganz Deutschland streifen werden, bereit, alle Personen, Militärs oder Zivilisten, zu ermorden, die versuchen, mit uns zusammenzuarbeiten.«[8]

Wie die oben zitierten Artikel aus dem Raum Aachen zeigen, war diese Befürchtung begründeter als die Sorge vor Angriffen gegen die Truppe. Dies zeigt auch der Fall des berüchtigten fanatischen Nazis, Architekten und Autors, des Werwolf-Führers Hans Zöberlein, der mordend durch Süddeutschland zog.[9] Nachdem seine Leute in Freudenstadt gewütet hatten, wanderten sie nach Penzberg bei München weiter, wo sie in der Nacht zum 28. April 1945 eintrafen. An diesem Tag hatte die »Freiheitsaktion Bayern – FAB«, die unter Führung von Rupprecht Gerngroß aus Angehörigen einer Dolmetscherkompanie und anderen militärischen und zivilen Gruppen bestand, die Freimanner Sendestation und den Reichssender Erding besetzt, die Wehrmacht zur Niederlegung der Waffen aufgefordert und erklärt, der Krieg sei für Bayern beendet. Gerngroß und seine Leute hatten die sinnlose Verteidigung Südbayerns verhindern und das Signal an die vorrückenden Amerikaner senden wollen, nicht alle Deutschen stünden hinter dem Nazi-Regime. Morgens um 5 Uhr ging Gerngroß selbst auf Sendung: »Achtung! Achtung! Sie hören den Sender der Freiheitsaktion Bayern. […] Arbeiter, schützt Eure Betriebe gegen Sabotage durch die Nazis! Sichert Arbeit und Brot für die Zukunft! Verwehrt den Funktionären den Zugang zu Euren Anlagen!« Anschließend verlas Gerngroß die Ziele der Freiheitsaktion, unter anderem den Aufbau eines Sozialstaates und die Wiedereinführung der Presse- und Versammlungsfreiheit. Nach wenigen Stunden wurden Gerngroß und seine Männer von der SS vertrieben, ein Teil seiner Männer starb bei dieser Aktion. Für Zöberlein war die Besetzung der Radiostation Anlass für blutige Rache. Unter seiner Führung wurden sechzehn

Penzberger gehängt oder erschossen, weil sie angeblich die Stadt an die Amerikaner hatten übergeben wollen. Ihnen wurden zur Abschreckung und Warnung an die übrigen Einwohner Schilder mit der Aufschrift »Werwolf« umgehängt. Zöberlein, der sich selbst als »Oberbayerischer Werwolf« bezeichnete, ließ außerdem durch sein etwa neunzig Mann starkes Kommando Flugblätter mit folgendem Wortlaut in Penzberg verteilen:

»Warnung an alle Verräter und Liebediener der Feinde!

Der Oberbayerische Werwolf warnt vorsorglich alle diejenigen, die dem Feinde Vorschub leisten wollen oder Deutsche und deren Angehörige bedrohen oder schikanieren, die Adolf Hitler die Treue hielten. Wir warnen! Verräter und Verbrecher am Volke büßen mit dem Leben und ihrer ganzen Sippe. Dorfgemeinschaften, die sich versündigen, am Leben der Unseren oder die weiße Fahne zeigen, werden ein vernichtendes Haberfeldtreiben erleben, früher oder später. Unsere Rache ist tödlich! Der Werwolf!« Zöberlein wurde 1948 zum Tode verurteilt, nach der Gründung der Bundesrepublik und der Abschaffung der Todesstrafe jedoch begnadigt und 1958 aus gesundheitlichen Gründen auf freien Fuß gesetzt. Er starb 1964 in München.

»Werwölfe« wurden in den letzten Kriegs- und in den ersten Nachkriegstagen in ganz Deutschland gesichtet. So wurde von den Amerikanern eine Baronin verhaftet, die zu NS-Zeiten wegen des Abhörens von »Feindsendern« in Gestapo-Haft gewesen war. Ex-Gestapo-Mitarbeiter hatten sie beschuldigt. Sie sollte nun »Werwölfin« gewesen sein, wurde am 24. August 1945 festgenommen und vom amerikanischen Geheimdienst CIC verhört, zunächst in der als Internierungslager dienenden Bremer Lettow-Vorbeck-Schule, dann in den Internierungslagern Ludwigsburg und Staumühle bei Paderborn [10]

Amerikaner und Briten »Freiwild«

Zumindest bevor die Amerikaner ihre Erfahrungen mit den besiegten Deutschen machen konnten, ging selbst Eisenhower davon aus, die Alliierten müssten sich auf einen längeren, verlustreichen Partisanenkampf einstellen. [11] Das brutale Vorgehen des »Werwolf« schien diese

Vermutung zu bestätigen, ebenso die Tatsache, dass am 1. April 1945 eine »Bewegung der nationalsozialistischen Freiheitskämpfer« einen »Werwolf«-Sender in Betrieb genommen hatte.[12] Jeder Bolschewist, Amerikaner oder Brite sei nunmehr »Freiwild«, der »Werwolf« werde sich niemals dem Feind beugen und umso gefährlicher sein, als er sich nicht an die »veralteten Vorstellungen einer sogenannten bürgerlichen Kampfführung« halten müsse. Schon am 24. April stellte der Sender seinen Betrieb ein, offiziell wurden die Sendungen zwei Wochen später von Hitlers Nachfolger als Reichsoberhaupt, Großadmiral Dönitz, untersagt.

Mit seinen Hasstiraden hatte der Sender die Deutschen ohnehin nicht mehr erreichen können, die nur eines herbeisehnten: das Ende des Krieges. Ungeachtet dessen hatte SS-Reichsführer Heinrich Himmler bereits im Herbst 1944 neben dem »Volkssturm« auch den Aufbau von Spezialkommandos für die Partisanentätigkeit befohlen und hierfür eine Anleihe beim Heidedichter Hermann Löns gemacht. In dessen Bauernchronik »Der Wehrwolf« waren diese Werwölfe Selbstschutz-Horden gewesen. Himmler nahm in einer Rundfunkrede am 18. Oktober 1944 Bezug darauf, als er sagte: »Wie die Werwölfe werden todesmutige Freiwillige dem Feinde schaden und seine Lebensfäden abschneiden.«[13] Vor allem Propagandaminister Joseph Goebbels begeisterte sich für die »revolutionäre« Kriegsführung und setzte alle Hebel in Bewegung, um die Bevölkerung dafür zu gewinnen, »die letzten bürgerlichen Eierschalen abzustoßen«.[14]

Mit dem Aufbau der Werwolf-Organisation hatte Himmler SS-Obergruppenführer Hans-Adolf Prützmann betraut. Dieser war vorher oberster Polizeichef in der Ukraine und in Kroatien gewesen und kannte sich daher mit der Partisanentätigkeit bestens aus. In Lagern der SS-Verbände von Otto Skorzeny, dem Leiter der Abteilung Sabotage im Reichssicherheitshauptamt, wollte Prützmann nun gegen Kriegsende fanatische SS- und SA-Leute, Wehrmachtssoldaten und Freiwillige zu Untergrundkämpfen ausbilden. Ihre Aufgabe sollte in Sabotageakten gegen die Alliierten bestehen und in der Abschreckung der deutschen Bevölkerung vor der Zusammenarbeit mit den Siegern.

Noch am 22. Februar 1945 hoffte die nationalsozialistische Führung, Werwölfe könnten das Blatt wenden. Entsprechend befahl das LIII. Armeekorps, »zum beschleunigten Aufbau einer Werwolf-Organisation [hat] die Div. die Auswahl von besonders bewährten, tapferen, als Führer von W-Truppen [Widerstands-Truppen] geprägten Soldaten aller Dienstgrade, die im feindbesetzten Gebieten beheimatet sind, [zu veranlassen].«[15] Allerdings: Soldaten fanden sich unter den von den Amerikaner festgenommen »Werwölfen« kaum, dagegen viele fanatisierte Jugendliche, so dass die 9. US-Panzerdivision am 22. April 1945 zu der Schlussfolgerung gelangte: »Der Fanatismus der Hitlerjugend ist eines der Haupthindernisse bei den Kehraus-Operationen in Deutschland.«[16] Dieser Einschätzung entspricht ein Vorfall, von dem beispielsweise das XXIII. US-Korps im Juni 1945 berichtete. Zwei Hitlerjungen hatten auf US-Posten geschossen und wurden daraufhin vom »General Court« zu fünfzehn Jahren Zwangsarbeit verurteilt.[17]

Bei dem selbst für die Alliierten unerwartet schnellen Vormarsch bis an den Rhein konnte es allein schon angesichts der knappen Zeit und der mangelnden Ressourcen gar nicht gelingen, eine funktionierende Werwolf-Organisation aufzubauen. Unter dem Datum »Dienstag, 27. März 1945« notierte Goebbels: »Ich bin jetzt dabei, in großem Stile die sogenannte Aktion Werwolf zu organisieren. Die Organisation Werwolf hat sich zum Ziel gesetzt, in den feindbesetzten Gebieten Partisanengruppen zu organisieren, viel Vorbereitung ist dafür noch nicht getroffen. Das ist darauf zurückzuführen, dass die militärische Entwicklung im Westen so abrupt vor sich gegangen ist, daß wir überhaupt keine Zeit dazu fanden. Im allgemeinen ist es ja auch in den ehemals von uns besetzten feindlichen Gebieten so gewesen, daß die Partisanentätigkeit erst nach einer gewissen Zeit anlief, dann aber auch sprungartig in die Höhe stieg. Ich will für unsere Werwolf-Organisation sowohl einen Sender freistellen als auch eine Zeitung herausgeben lassen, und zwar soll das Ganze offen geschehen. Wir wollen hier nicht hinter dem Berg halten und etwa Geheimarbeit betreiben. Im Gegenteil, der Feind soll ganz genau wissen, was wir planen und was wir tun.«[18]

Noch am 1. April hatte Goebbels seine »Werwolf«-Fantastereien nicht aufgegeben. Er sei an der Arbeit, den Werwolf-Sender zu organisieren, heißt es in seinem Tagebuch, und werde ihn [Horst] Slesina unterstellen. Dieser habe schon im Saar-Kampf erhebliche Erfahrungen gesammelt. Weiter: »Prützmann ist mit seiner Vorbereitung für die Werwolf-Organisation noch nicht allzu weit. Es scheint mir auch, daß die Arbeit bei ihm nur allzu schleppend vor sich geht. Er beklagt sich darüber, daß die Bevölkerung in den westdeutschen feindbesetzten Gebieten sich vorläufig passiv verhalte und gegen die Partei stehe. Aber das ist kein Grund, die Arbeit so langsam vonstatten gehen zu lassen. Man müßte diese jetzt sehr energisch angreifen. Ich glaube, ihr durch unsere Propaganda in dem neu zu errichtenden Werwolf-Sender mächtige Impulse zu geben.«[19] Tags darauf ist in den Tagebüchern zu lesen, die Werwolf-Tätigkeit habe das Feindlager in erheblichen Schrecken versetzt. »Man hat jetzt eine ausgesprochene Angst vor einem Partisanen-Deutschland, das – so wird auf der Feindseite vermutet – noch auf Jahre Europa in größte Unruhe versetzten könnte.« Goebbels mochte nicht verstehen, dass die Gegenseite keinerlei Anstalten machte, »von den geradezu verrückten Vernichtungsplänen gegen Deutschland irgendwie Abstand zu nehmen«.[20] Am 3. April klagte er, die Werwolf-Bewegung verfüge noch nicht über große Aktivität. Nun wolle er auch die Organisation langsam übernehmen. »Nicht nur, daß ich mich dafür geeignet halte, sondern ich glaube auch, daß die Werwolf-Organisation mit etwas Temperament und Enthusiasmus geführt werden muß. Sie darf nicht allein eine Frage der Organisation des SD sein. Mit Organisation ist jetzt nicht mehr viel zu schaffen. Dafür ist die Zeit schon viel zu weit fortgeschritten.«[21]

Die Aussichtslosigkeit aller Anstrengungen zum Aufbau der Werwolf-Organisation ist im Übrigen bei Klaus-Dieter Henke am Beispiel Frankens nachzulesen: »In Franken erhielt Obergruppenführer Martin, der Höhere SS- und Polizeiführer erst im Februar 1945 den Befehl Prützmanns zum Aufbau des ›Werwolf‹. Da er davon überzeugt war, den amerikanischen Truppen werde es nicht gelingen, bis in den Wehrkreis XIII vorzudringen, unternahm er nichts. Erst nach der

Hinrichtung eines Deutschen durch US-Truppen.

Rhein-Überschreitung der Alliierten betraute er einen seiner Brigadeführer mit dieser Aufgabe. Einige Tage später musste er ihn jedoch wieder zurückpfeifen, da ein vom ›Generalinspekteur für Spezialabwehr‹ in Berlin entsandter SS-Standartenführer eintraf, der Prützmann direkt unterstand. Mit einem guten Dutzend SS-Leuten der Region, mehreren SD-Angehörigen, einem Bannführer der HJ und zwei Frauen, die ihre nationalsozialistische Zuverlässigkeit vielfach unter Beweis gestellt hatten, machte er sich an die Arbeit. Er kam aber nicht weit, da die Amerikaner am 6. April Würzburg, zwei Wochen später Nürnberg besetzten. In München ging die Order Himmlers überhaupt gar erst Anfang April ein. SS-Obergruppenführer Freiherr von Eberstein betraute einen seiner Kriminalräte, der als Mitglied der Feldpolizei einschlägige Erfahrungen im Partisanenkampf gesammelt hatte, mit der Organisation der Guerillatruppe, jedoch nicht ohne diesem zu sagen, er halte das für nutzlos, weil es viel zu spät komme. Da

Himmler nun aber einmal den Befehl gegeben habe, bleibe wohl keine andere Wahl. Am 17. April trafen die ersten Unterlagen, Vorschriften, Einzeldirektiven und Propagandamaterialien zur ›Werwolf‹-Organisation aus Berlin an der Isar ein. Vierzehn Tage später fiel die bayerische Landeshauptstadt an die U.S. Army.«²²

Im Berliner Führerbunker begriff Goebbels derweil die Welt nicht mehr. Eine Stadt nach der anderen fiel den Amerikanern in die Hände, und nirgends mehr gab es wirkliche Gegenwehr. Im Gegenteil, wie Goebbels in seinen Eintragungen vom 4. April 1945 im Zusammenhang mit der Kapitulation Frankfurts klagte:»Der Feind bringt darüber Berichte, die einem die Schamröte ins Gesicht treiben. Die Amerikaner seien bei ihrem Einzug mit großen Demonstrationen empfangen worden. Die Parole der Frankfurter laute: ›Laßt uns küssen und gute Freunde sein.‹ Mit Küssen werden die Amerikaner schon – besonders bei den Frankfurter Frauen – einverstanden sein; aber was das Gut-Freund-Sein anbelangt, so hat es damit noch eine lange Weile. […] Gegen eine solche Gesinnung kann man nur durch die Werwolf-Gesinnung ankommen. Ich habe deshalb die Absicht, die Werwolf-Gesinnung nicht nur im Werwolf-Rundfunksender, sondern auch in einer für den Werwolf zu gründenden deutschen Zeitung zu vertreten. Die Werwolf-Gesinnung wendet sich bewußt an eine etwa zehnprozentige Minderheit von Aktivisten im deutschen Volke. Diese Aktivisten werden aber, wenn sie sich wieder zu Wort melden, den größten Teil des deutschen Volkes mit sich reißen.«²³

»Raubzug« im staatlichen Auftrag?

Collecting Points und Paperclip

Während Goebbels noch seinen Durchhalte-Fantasien nachhing, hatten die vorrückenden US-Truppen längst von großen Teilen des Deutschen Reiches im wahrsten Sinne des Wortes Besitz ergriffen. Vor allem in den Territorien, die sie bald wieder verlassen mussten, galt schnelles Handeln als das Gebot der Stunde. In der kurzen Zeit ihres Aufenthaltes in Mecklenburg, Sachsen-Anhalt, Sachsen und Thüringen waren die Amerikaner in hohem Maße an Patenten und anderen Unterlagen der wichtigsten Industriezentren interessiert, aber auch an Kunstschätzen. Bekannt ist der Raub des Quedlinburger Domschatzes. Am 17. April 1945 rückten US-Panzer gegen Quedlinburg vor, beschossen die Stadt und besetzten sie am 19. April. Als die Amerikaner am 9. Juni die Stadt den Engländern übergaben, waren Teile des weltberühmten Domschatzes verschwunden. Der amerikanische Oberstleutnant Joe T. Meador hatte sie gestohlen. Sie tauchten erst fünf Jahrzehnte später wieder auf, als dessen Angehörige versuchten, sie über das renommierte Auktionshaus Sotheby's zu verkaufen. Rund 2,6 Millionen Dollar öffentlicher deutscher Gelder kostete es, den Domschatz nach Quedlinburg zurückzuholen, wo er seit dem 19. September 1993 wieder zu bewundern ist.

Nicht nur in Quedlinburg raubten die Amerikaner in den ersten Tagen und Wochen nach dem Einmarsch Kunstschätze, sondern in ihrem gesamten Besatzungsgebiet. Zum einen waren es Soldaten, die sich »bedienten«, in erheblich größerem Umfang aber wurde in Regierungsauftrag requiriert, und zwar in der Regel gegen den Widerstand der eigens eingesetzten Kunstoffiziere der US-Armee. Dieses Vorgehen wurde ausführlich auf der 19. Sitzung der hessischen Landesregierung am 31. Januar 1946 besprochen. Anlass war eine Kunstausstellung in Wiesbaden mit der berühmten Büste der »Nofrete« als unbestrittenem Glanzpunkt. Eröffnet werden sollte die Ausstellung am 10. Februar, und Kultusminister Franz Böhm berichtete vom Besuch eines amerikanischen Offiziers der Abteilung für Kunstfragen, der ihm mitgeteilt habe, es werde eine Ausstellung mit Bildern und Skulpturen des Kaiser-Friedrich-Museums eröffnet, »die uns die Amerikaner nicht weggenommen haben«.[1] Es seien einige sehr schöne Gegenstände darunter, die die Amerikaner vor allem wegen ihrer Größe nicht hätten mitnehmen können. Oberst James R. Newman, der Militärgouverneur für Hessen, werde die Eröffnungsansprache halten.

Aufschlussreich ist Böhms folgender Bericht:

»Die amerikanischen Kunstoffiziere zeigten sich sehr bestürzt über den nächtlichen Abtransport der bedeutendsten Kunstwerke, den sie auf ungefähr 70 Millionen Dollar [tatsächlich waren es eher achtzig Millionen Dollar] veranschlagen. Es gibt in der amerikanischen Zone 35 Kunstschutzoffiziere, von denen haben 32 beim Hauptquartier Protest gegen die Verschleppung erhoben. Sie haben auch in den USA eine Pressekampagne vom Stapel gelassen, in der von der mysteriösen Überführung deutscher Bilder die Rede war.«

Die amerikanische Regierung habe daraufhin beteuert, die Bilder seien nur für kurze Zeit in die USA gebracht worden. Ein sofortiger Rücktransport empfehle sich aber aus witterungsbedingten Gründen nicht. Da außerdem diese Bilder zum größten Teil ins Kaiser-Friedrich-Museum in Berlin gehörten, bestehe die Gefahr, dass die Sowjets diese Schätze an sich nähmen. »Die hiesigen Kunstschutzoffiziere haben angedeutet, die außerordentlichen wertvollen Bilder der Berliner (u. a. Watteaus über 1 Million Mark) in die hiesigen Schlösser aufzuhängen und sie gegen Eintrittsgeld dem Publikum zugänglich zu machen.« Kunstgüter, die nicht nach Groß-Hessen gehörten, wollten die Amerikaner in »Collecting Points« treuhänderisch verwahren lassen.

Osterpause rettete die Nofretete
Im Hinblick auf den Umgang mit Kunst herrschte nach dem Zerbrechen der Vierer-Kriegskoalition weitgehend Einigkeit darüber, dass nach folgenden Kriterien vorgegangen werden sollte: Im Rahmen der

Restitution sollten alle Kunstgegenstände, die während des Krieges nach Deutschland gelangt waren, an ihre Herkunftsländer zurückgegeben werden, egal, ob sie auf legalem oder illegalem Weg nach Deutschland gebracht worden waren. Die Sowjetunion betrachtete zudem Kunst als Teil der ihr zustehenden Reparationsleistungen. Auf eine solche Auslegung verzichteten Amerikaner und Briten. Sie wollten das System des »Replacement-in-Kind« praktizieren, das heißt, Deutschland sollte für verschwundene oder zerstörte Kunstgegenstände mit eigenen »bezahlen«. Während die Anglo-Amerikaner dieses Prinzip nur auf herausragende Einzelwerke anwenden wollten, bestand Frankreich darauf, dass jedes einzelne gestohlene Kunstobjekt auf diese Weise entschädigt werden sollte.

Am konsequentesten verwirklichten die Sowjets die lange vorbereiteten Beutezüge. Allerdings hatten sie das »Pech«, dass die Amerikaner – und in geringerem Maß die Briten – in den von ihnen besetzten Teilen der späteren sowjetischen Besatzungszone bis zu ihrem Abzug in den ersten Juli-Tagen 1945 viele der wichtigsten Kunstobjekte längst sichergestellt und in den Westen geschafft hatten. Besonders ergiebig war in diesem Sinne der 17. April 1945 gewesen. An diesem Tag erreichte eine US-Kolonne von 29 Lastwagen die in Thüringen liegende Saline Merkers. Hier waren Schätze aus fünfzehn Berliner Museen eingelagert, die nun auf Trucks verladen und in den Westen gebracht wurden.

Die Gold- und Devisenreserven der Deutschen Reichsbank mit einem Wert von achthundert Millionen Reichsmark in Gold und 2,75 Milliarden Reichsmark in Papiergeld waren schon vorher von hier in das Reichsbankgebäude in Frankfurt am Main »transferiert« worden. Goebbels hatte in seinem Tagebuch am Montag, dem 9. April dazu vermerkt: »Eine traurige Nachricht kommt aus Mühlhausen in Thüringen. Dort sind in den Salzbergwerken unsere gesamten Goldreserven in Höhe von hundert Tonnen und dazu noch ungeheure Kunstschätze, u. a. die Nofretete, in die Hand der Amerikaner gefallen. [...] Ich erfahre bei Erkundigungen bei der Reichsbahn, dass man zwar etwas laxe Massnahmen ergriffen hat, um vor allem die Gold- und Kunstschätze nach Berlin zu transportieren; das ist aber bezeichnenderweise durch die Ostertage verhindert worden. Man könnte sich die Haare raufen, wenn man sich vorstellt dass die Reichsbahn Ostern macht und unterdes unser gesamter Goldvorrat vom Feind erobert wird.«[2]

Hätte Goebbels sich mit seinen Vorstellungen durchgesetzt, Gold und Kunstschätze in den letzten Tagen des Krieges nach Berlin zurückbringen zu lassen, dann wäre beides in die Hände der sowjetischen Truppen gefallen. Die Vermutung ist wohl zulässig, dass auch in diesem Fall das Gold für Deutschland verloren gewesen wäre, die Büste der Nofretete sich dagegen heute in St. Petersburg oder Moskau und nicht in Berlin befände.

Das »Unternehmen Goldcup«

Die Suche nach ausgelagerten Schätzen fand auf höchsten Befehl statt und lief zum großen Teil unter dem bezeichnenden Namen »Goldcup«. So gelangten im Rahmen der Aktion »Goldcup« die Akten des Auswärtigen Amtes, des Reichsarchivs, des Reichsgerichtsarchivs und des Preußischen Geheimen Staatsarchivs in die Hände der Anglo-Amerikaner, die sie zunächst in einem »Ministerial Collecting Center« in Fürstenhagen bei Kassel sammelten. Im März 1946 wurden sie als Grundstock des heute noch existierenden »Berlin Document Center« nach West-Berlin gebracht und dienten fortan als wichtige Quelle unter anderem bei Verfolgung von Nazis und deren Verbrechen.[3]

Im April 1945 plünderten dagegen Angehörige der 9. US-Armee ein Depot mit ausgelagerten Kunstwerken in einem Salzbergwerk in Grasleben, das eigentlich zur britischen Besatzungszone gehörte, und vernichteten vorsichtshalber die Inventarlisten. Aus Schloss Schwarzburg verschwanden Gemälde von Caspar David Friedrich, Lukas Cranach d.Ä., Franz von Lembach, Friedrich August Tischbein und eine Münzsammlung. Eine Handschrift des Aristoteles sowie eine Gutenberg-Bibel und 250 Briefe des Erasmus von Rotterdam wurden aus der Bibliothek der Universität Leipzig gestohlen.

Immense Schätze in den »Collecting Points«

Während in den Teilen Deutschlands, die die Amerikaner den Sowjets übergeben mussten, die Zeit drängte, hatten die US-Einheiten in ihrer – und in der britischen – Zone ausreichend Gelegenheit, nach Kunstgegenständen zu suchen. Ein Hauptaugenmerk richteten sie dabei auf die Depots, die NS-Reichsleiter Alfred Rosenberg angelegt hatte. Er war Chef des »Einsatzstabes Reichsleiter Rosenberg – ERR – «, der in allen von Deutschland besetzten Gebieten »herrenloses Kulturgut von Juden« geraubt und teilweise in Süddeutschland zusammengetragen« hatte. Solche Depots fanden Angehörige der 7. US-Armee Anfang Mai 1945 unter anderem bei Buxheim, Neuschwanstein und Herrenchiemsee. Hermann Göring, der in Kitzbühel vernommen wurde, verriet am 14. Mai 1945 die Verstecke seiner legendären Sammlung, die sich in einem Tunnel bei Berchtesgaden und Unterstein befanden. Als der amerikanische Kunstschutzoffizier Thomas C. Howe dort eintraf, fand er folgende Szene vor: »Allein die Gemälde füllten vierzig Räume. Vier Räume und ein breiter Korridor im Untergeschoß waren mit Skulpturen vollgestopft. In wieder einem anderen Raum stapelten sich die Teppiche, zwei weitere Räume enthielten Hunderte von leeren Rahmen. Es gab ein ›Gold-Zimmer‹, wo Gegenstände mit hohem Materialwert unter Verschluss gehalten wurden, und außerdem drei weitere Räume, in denen Fässer, Truhen, und Porzellankisten keinen Platz mehr ließen. Ein größerer Raum war ein Meer von Büchern und Zeitschriften, insgesamt elftausend. Eine kleine Kapelle auf dem Gelände war zum Überlaufen mit erlesensten Renaissancemöbeln angefüllt.«[4]

Für die Registrierung und den vorläufigen Schutz der häufig von Wasser und Salz angegriffenen Kunstwerke war die »Art Looting Investigation« zuständig. Ausgerechnet im »Haus der NSDAP« am Königsplatz in München wurde der »Central Fine Arts Collecting Point Munich« unter Leitung von Craig H. Smyth eingerichtet, der bis Ende Oktober 1945 bereits 13 619 Kunstgegenstände aus 38 Depots aufgelistet hatte. Im Sinne der Rückführung in die Heimatländer der Objekte trafen im September Beauftragte aus Frankreich, Italien, Holland, Belgien, Polen, aus der Tschechoslowakei und aus der Sowjetunion in München ein, um ihre Forderungen geltend zu machen. Als erstes wertvolles Objekt war am 21. August 1945 der Genter Altar der Gebrüder van Eyck nach Brüssel geflogen, dort restauriert und am 3. September dem belgischen Prinzregenten übergeben worden. Michelangelos »Madonna« kehrte nach Brügge zurück, und 634 Kisten mit Raubkunst des »ERR« wurden per Bahn am 25. Oktober 1945 von Neuschwanstein nach Paris auf den Weg gebracht. So weit es sich also um die Rückführung von Kunst in die Herkunftsländer handelt, kann die Arbeit von Smyth durchaus als erfolgreich bezeichnet werden. Schwieriger dagegen sah es mit der Verteilung der aus deutschen Museen und auch privaten Sammlungen stammenden Kunstschätze aus. Die meisten Museen waren zerstört. Eingerichtet wurden nun weitere »Collecting Points«, und zwar in Marburg und in Wiesbaden, die übrigens erst 1957 mit dem »Collecting Point« im Landesmuseum der hessischen Landeshauptstadt endgültig aufgelöst wurden.

Zur »Sicherstellung« in die USA
Viele Kunstwerke sind schon in den ersten Nachkriegsmonaten von den Amerikanern ihren ursprünglichen Besitzern im Ausland zurückgegeben worden. Viele verschwanden jedoch auch in den USA, und dies mit einer fadenscheinigen Begründung. Kunstwerke seien mangels geeigneter Unterbringungsmöglichkeit in Deutschland in die USA zu schaffen und dort bis zu einer möglichen Rückgabe zu verwahren, lautete die neue Politik. Betroffen von einem derartigen Befehl war als erstes der »Collecting Point Wiesbaden«, der bis zum 20. November 1945 202 Gemälde der Berliner Museen für den Transport vorzubereiten hatte. Die Kunstschutzoffiziere, denen es in der Mehrzahl um den Schutz von Kulturgut gegangen war, zeigten sich entsetzt. Walter Farmer schrieb seiner Frau: »Wir sind nicht besser und nicht schlechter als die Deutschen. Tatsache ist, dass wir viel von ihnen gelernt haben – an Unehrenhaftigkeit.«[5]

In seinem Protest führte sich nicht nur Farmer stark an die Raubzüge des »Einsatzstabes Reichsleiter Rosenberg« erinnerte. Es spricht für die US-Kunstschutzoffiziere, dass sie sich mit einem »Wiesbadener Manifest« an ihre politische und militärische Führung wandten. Darauf hatte sich auch, wie oben beschrieben, der groß-hessische Kultusminister Franz Böhm berufen. Einleitend hieß es in dem Schriftstück: »Wir, die unterzeichnenden Monuments-, Fine Arts- and Archives-Spezialkräfte der Vereinigten Staaten möchten unsere Überzeugung kundtun bezüglich des Abtransports von Kunstwerken aus dem Eigentum deutscher Einrichtungen und Staatsbürger in die Vereinigten Staaten zum Zwecke der Sicherheitsverwahrung. Wir sind einmütig der Auffassung, daß die Verbringung solcher Kunstwerke, ausgeführt von der Armee der Vereinigten Staaten auf Anweisung der höchsten nationalen Autorität einen Präzedenzfall begründet, der weder moralisch vertretbar, noch verständlich zu machen ist.

Seit Kriegseintritt der Vereinigten Staaten war es erklärte Politik der Alliierten Streitkräfte, soweit militärische Notwendigkeiten dies erlaubten, sämtliche Monumente, Dokumente oder sonstigen Gegenstände von historischem, künstlerischem oder archäologischem Wert vor Beschädigung durch Kriegseinwirkung zu bewahren. Der Krieg ist beendet und keinerlei Doktrin ›militärischer Notwendigkeiten‹ kann zur weiteren Sicherstellung der zum Abtransport vorgesehenen Gegenstände angerufen werden, da geeignete Depots in Betrieb genommen sind und unter Leitung sachkundigen Personals ihre Aufgabe erfüllen [...] Wir möchten darauf hinweisen, daß unseres Wissens keine historische Kränkung so langlebig ist und so viel gerechtfertigte Verbitterung hervorruft wie die aus welchem Grunde auch immer erfolgende Wegnahme eines Teils des kulturellen Erbes einer Nation, sei es auch, daß dieses Erbe als Kriegstrophäe aufgefaßt wird [...].«[6]

Dieser Protest bewirkte zunächst nichts. Am 7. Dezember 1945 erfuhren die Leser der »New York Times«, ein Kontingent von Gemälden im Wert von achtzig Millionen Dollar sei eingetroffen. Herkunft der Bilder und Gründe ihres Transports seien mysteriös, keiner der Offiziere am Pier habe Auskunft geben wollen. Es dauerte nicht lange, bis sich zeigte, was Medien in den USA zu erreichen vermögen. Zunächst veröffentlichte der in die USA zurückgekehrte Kunstschutzoffizier Charles Kuhn im »College Art Journal« einen kritischen Bericht über die »Sicherstellung«,[7] dann griff die »New York Times« am 7. Februar das Thema auf und veröffentlichte das »Wiesbadener Manifest«. Die Resonanz war durchschlagend. 95 Kunstexperten verfassten eine Resolution an Präsident Theodor Roosevelt und verlangten von ihm, den sofortigen, sicheren Rücktransport der Bilder nach Deutschland anzuordnen, Pläne für Ausstellungen in den USA zu stoppen und weitere Transporte aus Deutschland zu unterbinden.[8] Unter anderem der Abtransport der »Nofretete« in die USA, wo sie zwei Monate im Metropolitan Museum ausgestellt werden sollte, konnte so verhindert werden.

Zu erwähnen sind hier die Auseinandersetzungen zwischen der amerikanischen und der britischen Militärregierung. Die Briten befürchteten nicht zu Unrecht, Kunstgegenstände aus ihrer Zone würden von den Amerikanern nicht zurückgegeben, sondern in die USA gebracht. Am 8. November 1945 traf ein Ersuchen der britischen Militäradministration bei den US-Dienststellen ein, in dem die rasche Rückgabe von Kirchen- und Museumsschätzen an die inzwischen in der britischen Zone entstandenen Depots gefordert wurde.[9] General Clay lehnte nach einem Aktenvermerk der Alliierten Kontrollkommission vom 15. November 1945 das britische Ansinnen mit dieser Begründung ab: »General Clay hat zum Ausdruck gebracht, daß er die Rückgabe von Kunstwerken, die während der Phase der gemeinsamen militärischen Operationen erbeutet wurden und sich nun in amerikanischem Besitz befinden, zu diesem Zeitpunkt ablehnt. Er unterstreicht, daß die in amerikanischem Besitz befindlichen Kunstwerke von der US-Armee erbeutet wurden. Die Briten hätten ihrerseits die von der 21. Heeresgruppe erbeuteten Kunstwerke zurückbehalten und nichts davon in das gemeinsame Sammelbecken eingebracht. Aus diesem Grunde beabsichtigt Clay, sämtliche jetzt in den Händen der US-Armee befindlichen Kunstwerke in Besitz zu halten und, sofern sie hierzu geeignet erscheinen, zur Sicherheitsverwahrung nach Amerika zu schicken.«[10]

Wesentlich zur Lösung des Konfliktes trug der britische Militärgouverneur Sir Brian Robertson bei, der Clay einen Austausch der Kulturgüter vorschlug:

»Daher sollten wir den gegenseitigen Nutzen möglicher Übereinkünfte zwischen den Kommandanten unserer Zonen über den Austausch von Kunstwerken, Archiven, Kirchenschätzen und Museumsgütern bedenken. Meines Wissen beherbergen wir gegenwärtig umfangreiche Archive von Städten in der amerikanischen Zone, deren Rückkehr sicher von Nutzen wäre, während wir unsererseits gerne die Kirchenschätze aus der Nordrheinprovinz sowie die Bilder aus den Museen des nördlichen Rheinlands, Hannovers und Braunschweigs entgegennehmen würden.«[11] Nach vielen Schwierigkeiten, vor allem weil die Amerikaner nur einen mangelhaften Überblick über die Schätze in ihren »Collecting Points« besaßen, kam der Austausch dann zustande.

Peu à peu jedoch stellte sich heraus, dass mehr Schätze, als bis dahin bekannt, längst in die USA gebracht worden waren. In der Zeit der Berliner Blockade veranlasste Clay die Rückgabe des sieben Tonnen schweren Hohenzollern-Silbers nach Berlin, nicht ohne die Bemerkung, dies sei »hilfreich für uns.«, also für das Ansehen der USA.[12] Aus ähnlichem Grunde wohl bewog Clay den neuen US-Präsidenten Harry S. Truman im Februar 1948, die zur »Sicherstellung« in die USA gebrachten 202 Gemälde zurückzugeben.

Adenauers Einsatz für die »Kölner Schule«

Um den Verlust von Kunstgegenständen zumindest durch die amerikanische Besatzungsmacht kam – um ein Gegenbeispiel zu nennen – die Stadt Köln herum. Berühmteste Werke waren die Bilder der mittelalterlichen »Kölner Schule«, die während des Krieges in einem bombensicheren Keller in Süddeutschland aufbewahrt worden waren. Adenauer wollte sie so schnell wie möglich nach Köln zurückholen, schickte einen städtischen Leichenwagen zur Burg Hohenzollern und wenig später waren die Bilder wieder am Rhein. Nun allerdings kam der Befehl, sämtliche Kunstgegenstände aus deutschem Besitz abzuliefer. Adenauer fürchtete, die Alliierten könnten einen Teil der Bilder, wenn sie denn einmal abgeliefert waren, als Ersatz für im Ausland geraubte Kunstwerke behalten, und ignorierte die Anordnung. Erst als der amerikanische Gouverneur sein Ehrenwort gab, alle Kunstwerke würden, wenn sie deutschen Ursprungs seien, zurückgegeben, gab Adenauer nach. Der Gouverneur hielt sich an sein Wort, alle Bilder der »Kölner Schule« wurden nach sorgfältiger Prüfung der Stadt wieder übergeben.[13]

Elf Jahre mussten die deutschen Museen warten, bis sie ihre Kunstschätze endgültig zurückbekamen. 1956 begann der Rücktransport der Gegenstände, die sich noch in den »Central Collecting Points« in Wiesbaden und Celle befanden. 1957 konnten diese »Collecting Points« geschlossen werden, doch der Verbleib zahlreicher Kunstgegenstände bleibt weiter ungeklärt. Vielleicht wurden sie im Lauf der Wirren der letzten Kriegstage zerstört, möglicherweise lagern sie in bisher unbekannten Verstecken, vielleicht aber tauchen sie irgendwann auf einer Auktion wieder auf.

Auf der Suche nach Know how

Für die Sicherung von deutschen Erfindungen und technischen Entwicklungen hatten die Anglo-Amerikaner unter wesentlicher Beteiligung von General Clay die »Field Intelligence Agency Technical – FIAT« gebildet. Ihre Experten waren auf der Suche nach Patenten und Unterlagen über Produktionsverfahren und Techniken. Es handelte sich um unkontrollierten Diebstahl, doch als General Clay auf einer korrekten Buchführung über den Wert der Patente et cetera bestand und forderte, diese dem Reparationskonto anzurechnen, stieß er auf wenig Gegenliebe. Gegenüber dem Department of Commerce hatte Clay ausgeführt: »Wenn wir uns diese Informationen aneignen, ohne Buch zu führen, wäre es das gleiche wie die sowjetische Entnahme aus laufender Produktion und die französischen Reparationen außerhalb der Reparationen.«[14] Doch von Clays Mahnung unbeeindruckt konfiszierten die Amerikaner 346 000 deutsche Patente, darunter 146 000 Auslandspatente, 208 0 deutsche Warenzeichen und etwa

Das Leben ging weiter: ausgebombtes Haus in München, Stadtmitte.

50 000 neue Farbformeln. Allein die 1 500 t beschlagnahmtes For-schungsmaterial der Luftwaffe aus den Jahren 1933–1945 werden mit einem Wert von bis zu drei Milliarden Dollar beziffert.

Overcast und Paperclip

Neben dem Raub beziehungsweise der Requisition von Wert- und Kunstgegenständen und der Sicherstellung von Patenten richteten sich weitere Aktionen der Amerikaner auf die Zwangsevakuierung von Wissenschaftlern insbesondere aus dem Bereich der militärischen Forschung. Bekanntester Name ist hier Wernher von Braun, der in Peenemünde für die Nationalsozialisten an der Entwicklung der V 2 mitgewirkt hatte, wobei das V für »Vergeltungswaffe« stand. In den USA war von Braun dann, inzwischen eingebürgert, wesentlich am für Amerika erfolgreichen Wettlauf zum Mond beteiligt. Ohne ihn und seine Kenntnisse wäre den Amerikanern die Landung auf dem Mond 1969 wohl noch nicht gelungen. Die Ersparnisse durch ihr Wissen allein auf dem Gebiet der Raketenforschung bezifferte das US-Kriegsministerium 1947 mit beachtlichen 750 Millionen Dollar. Dazu hatten die USA nichtgestartete V2-Raketen aus Peenemünde sowie Raketenmotoren aus der unterirdischen Fertigungsanlage Dora-Mittelbau über den Atlantik bringen lassen.

Unter zwei Tarnnamen liefen die Aktionen, mit denen sich die USA Wissenschaftler und deren Kenntnisse sicherten. Bei der »Operation Overcast« ging es darum, in der Militärtechnik Anschluss an Deutschland zu gewinnen. Die USA hatten nach dem Ersten Weltkrieg ihre Arbeit auf diesem Gebiet vernachlässigt, was sich als schwerer Fehler erwies, beispielsweise bei der Entwicklung von Strahltriebwerken. Nach einem Papier des US-Generalstabes vom 6. Juli 1945 sollten 350 deutsche Wissenschaftler in die USA gebracht werden. Dies geschah unter dem Codenamen »Operation Paperclip«, wobei die Wissenschaftler ursprünglich nach einem halben Jahr nach Deutschland zurückkehren sollten. Da sich schnell zeigte, dass viele Forscher länger in Amerika bleiben würden, wurde diese Bestimmung bald aufgehoben. NS-Vergangenheit oder SS-Mitgliedschaft spielten keine Rolle mehr, entscheidend war nur noch – wie bei Wernher von Braun – die fachliche Qualifikation. Großzügige Regelungen wurden für den Nachzug der Familien gefunden. Am 13. September 1946 unterzeichnete Präsident Truman eine »Grundsatzerklärung«, die am 24. Oktober in Kraft trat und mit der die amerikanische Öffentlichkeit erstmals von der Anwesenheit von inzwischen rund tausend deutschen beziehungsweise österreichischen Forschern in den USA erfuhr.

Kriegsgefangene

Versprechen nicht gehalten

Weniger privilegiert wurden zur selben Zeit viele Kriegsgefangene behandelt. Amerikanische Truppen hatten zeitweise zwei Drittel des Deutschen Reiches besetzt: von Saarbrücken bis nach Passau, von Bremen bis nach Leipzig. Das US-Kriegsministerium selbst war davon überrascht, wie schnell der Vormarsch in den letzten Kriegsmonaten vonstatten ging. Den Wehrmachtsresten blieb keine Möglichkeit, sich abzusetzen, denn dann wären sie der vorrückenden Roten Armee in die Hände gefallen. Somit sah sich die US-Armee mit Kriegsgefangenen in einer Dimension konfrontiert, mit der sie zuvor nicht gerechnet hatte und mit der sie lange Zeit auch gar nicht fertig wurde.

Auf unzähligen Flugblättern hatten die Alliierten den Soldaten der Wehrmacht eine menschenwürdige Behandlung in der Gefangenschaft versprochen und sie zur Kapitulation aufgefordert. Tatsächlich hielten sich die USA bis zum 8. Mai 1945, dem Tag der Kapitulation, an die Regeln der Genfer Konvention. Immerhin befanden sich bis zu diesem Zeitpunkt US-Soldaten in deutscher Gefangenschaft, und diese sollten nicht zusätzlich durch Racheakte der deutschen Seite in Gefahr gebracht werden. Mit dem Tag der Kapitulation jedoch war es mit der Milde und dem korrekten Umgang mit den Gefangenen vorbei. Von der Erfüllung all der Versprechungen aus den Vormonaten konnte für lange Zeit nicht mehr die Rede sein.

Kriegsgefangene deutsche Soldaten sollten nach den Vorstellungen von Franzosen und Sowjets in großem Ausmaß als Zwangsarbeiter zum Wiederaufbau ihrer Länder eingesetzt werden, doch das widersprach allem Völkerrecht. Die gewünschten Gefangenen hätten zu einem erheblichen Teil von den USA geliefert werden sollen, doch innerhalb der US-Regierung gab es keineswegs nur Befürworter solcher Überlegungen.

Zunächst ist festzuhalten, dass auf der Konferenz von Jalta der Einsatz von Deutschen zur Zwangsarbeit beschlossen worden war. Hierauf beriefen sich die Verfechter derartiger Überlegungen. Zu einer ausgedehnten und kontroversen Debatte zwischen Angehörigen des amerikanischen Finanz-, des Kriegs- und des Außenministeriums über die Thematik war es am _. Mai 1945 und dann wieder am 3. Mai gekommen, wobei die Diskussionen unter dem Stichwort »Reparationen« geführt wurden. Es ging dabei um die Frage, ob man den Einsatz von Zwangsarbeitern mit einem oder anderthalb Dollar pro Tag auf die Reparationsforderungen anrechnen sollte. Allerdings scheute man sich, den Begriff »Zwangsarbeit« zu verwenden. Moralische Skrupel brachen auf, besser sollte von »Verwendung von Arbeitskräften« gesprochen werden. Kopfzerbrechen bereiteten die bereits vorliegenden Anforderungen Frankreichs und der Sowjetunion. Allein Paris reklamierte drei Millionen Arbeitskräfte, Moskau bis zu vier Millionen. Es sollten Kriegsverbrecher und Mitglieder der Gestapo, der SS, der SA, leitende Kollaborateure, fördernde und aktive Mitglieder der NSDAP oder der Verwaltung für die Zwangsarbeit in Betracht kommen. Die USA und Großbritannien würden dagegen keine Zwangsarbeiter benötigen.[1]

Zwangsarbeit nein – Arbeitseinsatz ja

Also kamen weitgehend Kriegsgefangene für den Einsatz als Zwangsarbeiter in Frage, wobei hier von Teilen der US-Regierung doppelzüngig argumentiert wurde. John W. Pehle, Mitarbeiter von Finanzminister Henry Morgenthau jr., meinte am 18. Mai 1945, es gehe bei den Kriegsgefangenen ja nicht um Bestrafung. Sie würden zwar zum Arbeiten eingesetzt, aber nicht um sie büßen zu lassen. Nach der Genfer Konvention sei dies das normale Los eines jeden Kriegsgefangenen.[2] Pehle vergaß zu erwähnen, dass die USA die Genfer Konvention, auf die er sich nun plötzlich berief, überhaupt nicht unterschrieben hatten.

Bundesrichter Robert H. Jackson bestand darauf, Zwangsarbeit dürfe es nur nach einem entsprechenden Urteil geben. Selbst wenn sie

Wachmann vor dem
Internierungslager
Petrisberg bei Trier.

Wachmann vor dem
Internierungslager
Petrisberg bei Trier.

als Reparation gewertet werde, müsse man eben so lange mit der Aufnahme dieser Reparationen warten, bis die rechtsstaatliche Grundlage hierfür gegeben sei. Immerhin gestand Jackson zu, Kriegsgefangene könnten in Deutschland selbst für einen kurzen Zeitraum zu
Arbeiten herangezogen werden, um beispielsweise Hungersnöte abzuwenden oder die für die Wirtschaft wichtige Kohle zu fördern, und
zwar unter amerikanischer Aufsicht. Ebenso würde es ihn nicht beun-
ruhigen, wenn man einige Kriegsgefangene nach Frankreich schicke,

das kein Zwangsarbeitersystem kenne, weil es sich nicht mit der freien Wirtschaft vertrage. Dasselbe gelte für England. Aber, so Jackson: »Ein Land, mit dem es sich gut vertragen würde, diese Leute zu nehmen, sie zu Sklavenarbeit zu zwingen und daraus ein wahres System der Menschenschinderei zu entwickeln, ist Rußland, das den Apparat dazu hat, daß es funktioniert, und ich sage Ihnen, jeder, der sich mit diesem Unterfangen liier-, wird früher oder später von den Menschen in Amerika angeprangert werden, weil sich ihnen bei den Berichten, die von dort zu ihnen gelangen, die Haare sträuben würden.«[3]

Ralph Bard, Unterstaatssekretär im Marineministerium, wollte mit dem Arbeitseinsatz von Kriegsgefangenen nicht warten, bis diese dazu auch verurteilt worden waren. Er meinte. »In der Zwischenzeit wird es auf dieser Basis gelöst: Das geschieht, indem man dann einfach zehntausend hierhin und dreitausend dorthin abordnet und so fort. Auf diese Art wird man mit dieser Situation schon fertig.«[4]

Wichtig in diesem Zusammenhang ist schließlich die Haltung von Unterstaatssekretär John McCloy, denn er wurde später erster Hoher Kommissar und erwies sich in dieser Funktion als ausgesprochener Freund Deutschlands. In der Sitzung vom 18. Mai 1945 erklärte er: »Wir haben dieser Auffassung über Arbeitsleistungen für Reparationen in gewissen Grenzen zugestimmt. Wie Mr. Bard sagte, wird es eine erhebliche Anzahl von Kriegsgefangenen geben, die den unmittelbaren Bedarf an Arbeitskräften decken wird. Einige der Kriegsgefangenen schicken wir in die Bergwerke. Das können wir in einem legalen Verfahren tun, unser Standpunkt geht aber dahin, daß wir den Einsatz von Arbeitskräften für Reparationszwecke so weit in den Bereich der Legalität bringen, daß wir uns von Konzentrationslagervorstellungen fernhalten.«[5] Auf Nachfrage lehnte es McCloy ab, deutsche Kriegsgefangene etwa zum Minenräumen in Frankreich einzusetzen, allerdings sei eine Arbeit in der Landwirtschaft oder in den Bergwerken Frankreichs denkbar. Erwähnenswert ist schließlich, dass McCloy in der Frage, ob man der Sowjetunion Kriegsgefangene überlassen solle, darauf beharrte, dies könne nur geschehen, wenn Moskau zusichere, sie nach den Regeln der Genfer Konvention zu behandeln: »Für unsere Regierung ist es ein feststehender Grundsatz, daß wir sie nicht gehen lassen, ohne die Versicherung zu haben, daß die Genfer Konvention eingehalten wird.«[6]

Bundesrichter Jackson sollte übrigens mit seinen Warnungen Recht behalten, insbesondere nachdem Berichte über die Zustände in französischen Kriegsgefangenenlagern die amerikanische Öffentlichkeit erreichten.

Der Trick mit den »Disarmed Enemy Forces«

Der Umgang mit den deutschen Kriegsgefangenen gehört keineswegs zu den Ruhmestaten in der amerikanischen Nachkriegsgeschichte. Die USA machten es sich einfach, indem sie völkerrechtswidrig ihren insgesamt 7,8 Millionen deutschen Kriegsgefangenen einen besonderen Status verliehen, den von Angehörigen der »Disarmed Enemy Forces«, Angehörigen entwaffneter feindlicher Streitkräfte also. Als Kriegsgefangene im Sinne der Genfer Konvention hätten die Wehrmachtssoldaten beispielsweise bei der Ernährung den eigenen Truppen gleichgestellt werden müssen. Ebenso hätten sie ausreichende Bekleidung und Unterkünfte bekommen und schnellstmöglich entlassen werden müssen. Schließlich wäre es den USA nach der Genfer Konvention untersagt gewesen, Kriegsgefangene an andere Staaten zu überstellen, wie dies in großem Umfang an Frankreich geschah. Nicht zuletzt hätte eine Versorgung der Kriegsgefangenen entsprechend der eigenen Truppen bedeutet, dass die Gefangenen besser gestellt gewesen wären als die deutsche Zivilbevölkerung. Für diese war als Mindestmaß eine tägliche Kalorienzahl von 1 500 vorgesehen, wenngleich diese keineswegs immer und überall erreicht wurde. Auf Antrag des Oberkommandos erlaubte daher das Washingtoner Kriegsministerium die oben genannte Einstufung als »Disarmed Enemy Forces«, was zu entsetzlichen Hungerskatastrophen in den Gefangenenlagern und in zahlreichen Fällen zur Unterstützung der Gefangenen durch die selbst darbende Zivilbevölkerung führte.

Relativ glimpflich kamen die deutschen Soldaten davon, die in Lager in den USA gebracht wurden. Es handelte sich um fast eine halbe

Millionen Soldaten, von denen die meisten Rommels Afrikakorps angehört hatten. Für sie waren rund fünfhundert Lager eingerichtet worden, wobei entlassene Soldaten berichteten, sie seien durchweg gut versorgt worden.

Anders sah es dagegen auf dem europäischen Kriegsschauplatz aus. Weil die USA aus ihrer eigenen Sichtweise gar keine »Kriegsgefangenen« hatten, pferchten sie sie anfänglich in überfüllten Lagern zusammen, ließen sie Wind und Wetter schutzlos ausgesetzt auf dem nackten Boden schlafen, gaben ihnen kaum Wasser oder etwas zu Essen, verweigerten den Verwundeten und Kranken medizinische Hilfe, so dass nach der Kapitulation Tausende deutscher Soldaten unter der »Obhut« der amerikanischen Besatzer starben. Ausdrücklich hatte das Oberkommando es verboten, Zelte oder Nahrungsmittel aus den Depots der Wehrmacht oder der US-Armee an die Gefangenenlager abzugeben. Ebenso wurde Vertretern des Internationalen Roten Kreuzes – IKRK – der Zugang in die Lager verwehrt.

Die Schrecken der Rheinwiesen-Lager

Eine traurige Bekanntheit haben in diesem Zusammenhang die so genannten Rheinwiesen-Lager erhalten. Die Lager Remagen und Sinzig, aber auch Orte wie Andernach, Miesenheim, Bretzenheim oder Rasselstein waren Schauplätze des Geschehens. Allein in Remagen waren mit Stichtag 8. Mai 1945 134 029 Gefangene, in Sinzig 118 563 Kriegsgefangene untergebracht. Das Lager Sinzig befand sich auf einem Gelände von nur 800 mal 3 000 Meter. Aufgeteilt war das Lager in 25 durch Stacheldraht abgeteilte Einzelcamps, die mit bis zu 7 000 Gefangenen, aufgeteilt wiederum in Tausendschaften, belegt waren. Einen Eindruck des Lageralltags vermittelt der nachfolgende Bericht: »Die wichtigste Handlung des Tages ist der Verpflegungsempfang. Der Campführer, ein Deutscher, zieht mit seinen ›Stäben‹ zum Verpflegungscamp. Jedes Mal, wenn die Kolonne einer Tausendschaft mit Kisten, Säcken und Packen beladen ins Camp zurückkehrt, recken sich ein paar tausend Hälse dem Eingang zu. Man schätzt und rechnet, ob die Portion heute doch etwas größer sein könnte. Vor der aus dem Blech aufgeschnittener Konservendosen zusammengebauten Hütte des Campführers empfangen die Hundertschaftsführer die Rationen, die diese wieder durch zehn teilen und dem Gruppenführer aushändigen. Nun umringen abgemagerte Gestalten den Gruppenführer. Er hat kein einfaches Amt, das er da ausübt. Er nimmt einen Löffel aus der Rocktasche, streicht ihn am schlammverklebten Rock sauber und beginnt auszugeben: 1 Löffel Grieß, Zucker, Milchpulver, Kaffee, Thunfisch, Tomatentunke, von allem einen Löffel. Was übrig bleibt, wird mit der Messerspitze aufgeteilt. Hin und wieder gibt es noch eine oder zwei rohe Kartoffeln.

Glück hat, wer eine Zeltplane oder eine Decke mit in die Gefangenschaft herüberretten konnte. Diese wenigen Glücklichen schließen sich in Gruppen von zwei bis zehn Mann zusammen. Sie bauen sich behelfsmäßige Zelte, hüllen sich darunter in ihre Wolldecken ein; nun sind sie wenigstens der Witterung nicht vollkommen schutzlos ausgeliefert. Diejenigen, die nichts zum Mitbenutzen und nichts zum gemeinsamen Gebrauch anbieten können, sind die ›Alleingeher‹. Mit dem Deckel einer Konservendose, einem spitzen Stein oder einem sonstigen Gegenstand graben sie sich ein Loch in die Erde, gerade so groß, dass der Körper etwa eine Handbreit unter der Erdoberfläche zu liegen kommt. Dann das wechselhafte Wetter im Mai 1945 mit tropischer Hitze, frostigen Nächten und wolkenartigen Regengüssen. 120 000 leiden, hungern, frieren und sterben.«[7]

Diese Beschreibung gibt die tatsächlichen Schrecken in den Gefangenenlagern der Amerikaner nur andeutungsweise wieder. Richtig ist: die Amerikaner hatten nicht damit gerechnet, in so kurzer Zeit so viele Gefangene zu machen. Die Internierungseinrichtungen – meistens wurden die vorher von den Nazis benutzten übernommen – reichten nicht aus. Provisorische Lager mussten eingerichtet werden, die im Grunde lediglich aus Stacheldraht und Wachtürmen bestanden und keinerlei Infrastruktur aufwiesen. So waren die Lager Remagen und Sinzig als Durchgangslager, als »prisoner of war transient enclosure – PWTE« gedacht und wurden bald aufgelöst. Ein großer Teil der Gefangenen wurde den Franzosen übergeben oder entlassen.

Bruch des Völkerrechts

Auf die »Abgabe« von Kriegsgefangenen an die Franzosen muss kurz eingegangen werden, denn hier brachen die USA und Frankreich Völkerrecht. Frankreich, das selbst kaum Gefangene gemacht hatte, hatte bei den beiden Alliierten USA und Großbritannien Kriegsgefangene reklamiert, die beim Wiederaufbau der zerstörten französischen Infrastruktur eingesetzt werden beziehungsweise in den Bergwerken arbeiten sollten. Kriegsgefangene an eine andere Gewahrsamsmacht zu überstellen war zwar nach der Genfer Konvention verboten, aber die USA hatten diese Konvention – wie erwähnt – ja nicht unterschrieben, und außerdem verfügten sie nach eigener Definition gar nicht über »Kriegsgefangene« im engeren Sinne. Schon am 23. Dezember 1944 hatten Washington und Paris ein Abkommen unterzeichnet, nach dem Frankreich einerseits ausreichend Gefangene als Arbeitskräfte bekommen sollte, andererseits Paris zusicherte, diese Gefangenen den Bestimmungen der Genfer Konvention entsprechend zu behandeln. Der Anteil von Unteroffizieren an dem »Gesamtpaket« sollte nicht größer als fünf Prozent sein, denn diese durften nicht zur Arbeit eingesetzt werden. Zwischen dem 22. Februar und Mai 1945 erhielten die Franzosen die ersten 35 000 Mann aus amerikanischen Beständen, dazu 15 000 von den Briten, die diesen völkerrechtswidrigen Handel aber bald einstellten. Weitere 50 000 Kriegsgefangene wurden von amerikanischer Seite im Juni und Juli 1945 überstellt, dann ein Kontingent von 228 000 Mann und bis September ein viertes mit 50 000 Soldaten. Da Frankreich den Gesamtbedarf jedoch mit 1,75 Millionen Gefangenen angegeben hatte, stand die Lieferung von rund 1,3 Millionen Soldaten noch aus. Eine derartige Forderung hatte Paris am 22. Juni 1945 an das amerikanische Hauptquartier gerichtet: Bis zum 1. September sollten weitere 50 000 Soldaten überstellt werden, dann noch einmal 500 000 bis zum 1. April 1946, die letzten 300 000 schließlich bis zum 1. Juli 1946. Die Übergaben gerieten jedoch im September 1945 ins Stocken. Aufgeschreckt durch Berichte des Internationalen Roten Kreuzes aus französischen Kriegsgefangenenlagern über mangelnde Versorgung, Krankheiten und zahlreiche Todesfälle, ver-

Gefangenenlager in den USA: Fort Polk.

langten die USA sogar die Rückgabe der arbeitsunfähigen, vom Tode bedrohten Gefangenen. 70 000 wurden ihnen bis Ende November 1945 zurückgegeben, 60 000 Gefangene, die eigentlich zur Übergabe an die Franzosen vorgesehen waren, wurden sofort entlassen. Damit war klar, dass Frankreich die reklamierten 1,75 Millionen Soldaten so oder so nicht bekommen würde. Paris reduzierte seine Forderungen auf 1,3 Millionen Gefangene, doch erst nachdem private Hilfslieferungen erlaubt wurden und der Gesundheitszustand vieler Gefangenen sich besserte, stimmte das US-Hauptquartier in Frankreich der Wiederaufnahme der Gefangenenlieferungen zu. Bis Mai 1946 erhielt Frankreich so weitere hunderttausend Arbeitskräfte. Eine besondere Enttäuschung bedeutete dies für jene Kriegsgefangenen, die zuvor in Lagern in den USA gewesen waren und sich nun im französischen Bolbec wieder fanden. Die amerikanischer Zusage, sie würden nach drei Monaten entlassen, hielten die Franzosen nicht ein.

Neben vielen anderen Konfliktpunkten zwischen Amerikanern und Franzosen führte gerade der Umgang mit den deutschen Kriegsgefangenen zu einem tiefen Zerwürfnis zwischen den beiden Kriegsalliierten. Man erinnere sich an die Aussagen von Unterstaatssekretär John McCloy im Mai 1945, der den Einsatz von Gefangenen zur Minenräu-

mung – da nach Paragraph 32 der Genfer Konvention völkerrechtswidrig – abgelehnt hatte. Aber ausgerechnet dafür mussten die den
Franzosen überstellten Gefangenen herhalten. Der Direktor des französischen Kriegsgefangenenwesens, Buisson, räumte sogar offiziell
ein, Paris weiche von der Genfer Konvention ab.

Proteste der US-Öffentlichkeit

Nach entsprechenden Berichten in US-Medien war es vor allem die
amerikanische Öffentlichkeit, die auf Rückgabe der Frankreich über-
gebenen Gefangenen und ihre Freilassung drängte. In langwierigen
Verhandlungen mit Frankreich versuchten die USA, Paris zur Freilassung der deutschen Kriegsgefangenen zu bewegen. Erst am 11. März
1947 verabschiedeten beide Seiten ein Memorandum, das eine monatliche Entlassung von 12 000 Gefangenen ab dem 1. Januar 1947 und
von monatlich 20 000 Gefangenen ab lem 1. März vorsah. Die letzten
Gefangenen sollten danach bis zum 1. Oktober 1947 entlassen sein,
doch verschob Paris diesen Termin auf das Ende des Jahres 1948. Vor
dem Länderrat hatte sich General Clay am 15. April 1947 noch optimistisch gezeigt und den Ministerpräsidenten vertraulich die Zahl
von monatlich 20 000 zu entlassender Gefangenen mitgeteilt.[8] Darauf
bestehe die amerikanische Militärregierung. Die Zahl solle im Lauf
der Zeit sogar noch erhöht werden, aber darüber gebe es noch keine
Angaben.

Der mühsame Weg zum Weststaat

Hessen, Bayern, Bremen

Ihre Pläne zur Zerschlagung Deutschlands in einen Nord- und einen Südstaat hatte die Regierung in Washington noch während des Krieges aufgegeben. Washington, London und Moskau setzten auf den Fortbestand Deutschlands als Einheit – wenn man von den an Polen und an die Sowjetunion fallenden Gebieten absieht. Frankreich hätte am liebsten die Zersplitterung in eine Vielzahl von kleinsten Teilstaaten gesehen, spielte aber unter den vier Siegermächten keine entscheidende Rolle. Die Aufteilung in vier Besatzungszonen wurde vollzogen, und der Alliierte Kontrollrat in Berlin sollte für ein einheitliches Vorgehen – beispielsweise im Bereich der Wirtschaftspolitik – sorgen.

Die Einigkeit unter den Alliierten hielt nicht lange an. Nachdem die wichtigsten Maßnahmen zur Wiederherstellung des öffentlichen Lebens und der Versorgung der Bevölkerung mit dem Notwendigsten eingeleitet waren, stellte die Sowjetunion am 9. Juli 1945 die übrigen Siegermächte mit der Bildung von fünf Ländern auf dem Gebiet ihrer Besatzungszone vor vollendete Tatsachen. Die Antwort der Amerikaner ließ nur bis zum 19. September auf sich warten. An diesem Tag wurden die Länder Bayern, Württemberg-Baden und Groß-Hessen per Deklaration aus der Taufe gehoben.[1] Die USA setzten dabei ihrer Tradition gemäß auf den föderalistischen Aufbau des künftigen Deutschland mit wirtschaftlich etwa gleich starken und damit überlebensfähigen Ländern. Die Entstehung Württemberg-Badens und Bremens, die diesem Prinzip widersprachen, sollte in erster Linie die ungestörte Versorgung der US-Truppen im Süden Deutschlands sicherstellen. Kurz gesagt: Die USA wollten beim Transport von Gütern und Truppen von Nord nach Süd nicht vom Wohlwollen des alliierten »Partners« Frankreich abhängig sein. So sollte die Autobahnverbindung von Karlsruhe nach Stuttgart Richtung Bayern eben unbedingt innerhalb des amerikanischen Einflussgebietes liegen. Dies erklärt die »Zweiteilung« des späteren Landes Baden-Württemberg in einen amerikanisch und einen französisch besetzten Teil.

Abgesehen von Bremen handelte es sich bei der amerikanischen Besatzungszone um einen geographisch fest gefügten Block, der durch »Proklamation Nr. 2« vom 19. September 1945 seine Form gefunden hatte. Zu ihm gehörte Bayern in den Grenzen von 1933 mit Ausnahme des am Bodensee gelegenen Kreises Lindau. Er war den Franzosen als Landbrücke von Baden nach Vorarlberg beziehungsweise Tirol überlassen worden. Der Staat Groß-Hessen umfasste Kurhessen und Nassau ohne einige Exklaven, die der französischen Zone angegliedert wurden: Hessen-Starkenburg, Oberhessen und der östlich des Rheines gelegene Teil von Rheinhessen.

So unumstritten die Bildung der Länder Bayern, Schleswig-Holstein oder Niedersachsen war, so sehr war es die Gründung der Länder in Deutschlands Westen beziehungsweise Südwesten. Am 3. April 1945 hatten die Franzosen Knielingen und Neureut eingenommen, einen Tag später Karlsruhe. De Gaulle stellte mit der eigenmächtigen Besetzung der Landeshauptstädte Karlsruhe und Stuttgart die Amerikaner vor vollendete Tatsachen, denn sein Oberkommandierender Jean de Lattre de Tassigny hatte die Städte zwar auf seine Weisung, aber gegen den Willen der Amerikaner eingenommen. Dass Frankreich diese Gebiete nicht würde auf Dauer behalten können, dürfte auch de Gaulle klar gewesen sein, doch meinte er, sie als Pfand in den Verhandlungen um die Räumung linksrheinischer Provinzen durch die USA einsetzen zu können.

Zunächst jedoch kam es zu einer ausgesprochen verworrenen Situation hinsichtlich der politischen Verwaltung in Deutschlands Südwesten. Im kampflos geräumten Karlsruhe setzte der französische Stadtkommandant den Deutschen Josef Heinrich als kommissarischen Bürgermeister ein. Am 1. Juni 1945 benannte die französische Militärregierung eine provisorische badische Landesregierung unter Führung von Alfred Bund, die in der Karlsruher Münze ihren Sitz fand. Als die Amerikaner einen Monat später einrückten, lösten sie

Oberbürgermeister Josef Heinrich ab und ersetzten ihn durch den SPD-Politiker Hermann Veit. Außerdem bildeten sie einen selbstständigen nordbadischen Landesbezirk, der unter Karl Holl von Mannheim aus verwaltet wurde. Am 11. Oktober 1945 zog die von den USA eingesetzte Landesbezirksverwaltung von Mannheim in die Karlsruher Hauptpost um. Damit war Karlsruhe Sitz von gleich zwei miteinander konkurrierenden badischen Landesverwaltungen. Am 29. Oktober wurde die Verwaltung für den nordbadischen Teil, nunmehr unter Führung Heinrich Köhler, aufgelöst. Die Landesverwaltung für den südbadischen Teil mit Alfred Bund an der Spitze verließ Karlsruhe ebenfalls und übernahm am 22. November 1945 in Freiburg im Breisgau ihren neuen Amtssitz.

Paris beanspruchte zwar ganz Baden für sich, doch die amerikanische Militärregierung war nicht bereit, das industriell geprägte Nordbaden gegen das ländliche Südwürttemberg einzutauschen. Die USA legten die badischen und württembergischen Teile der US-Zone zu »Nordwürttemberg-Nordbaden« zusammen. Gebildet wurde diese Mini-Land gemäß Eisenhowers erwähnter »Proklamation Nr. 2« vom 19. September 1945 als Württemberg-Baden, bestehend aus den Kreisen Aalen, Backnang, Böblingen, Crailsheim, Esslingen, Ludwigsburg, Mergentheim, Nürtingen sowie nördlich der Autobahn Karlsruhe-Stuttgart-Öhringen, Stuttgart, Ulm, Vaihingen und Waiblingen. Komplettiert wurde das Land durch den Landesbezirk Mannheim und die Kreise Bruchsal, Karlsruhe Stadt und Land sowie Pforzheim Stadt und Land.[2] Fünf Tage nach Erlass der Proklamation, am 24. September 1945, wurde die erste württemberg-badische Regierung unter Reinhold Maier vereidigt. Am 28. November 1946 trat die Verfassung von Württemberg-Baden in Kraft, die – mit einigen Änderungen – erst am 11. November 1953 durch die Verfassung des heutigen Landes Baden-Württemberg abgelöst wurde.

Hessen – ein Gebilde für die Zukunft gedacht

Der Grundstein für die spätere amerikanische Militärregierung in Hessen war am 15. September 1944 im französischen Rochefort-en-

Yvelines mit der Aufstellung des »Detachement E1A2« gelegt worden. Doch anders als ursprünglich geplant, wurde diesem Detachement nicht die Regierung der Region Saar-Pfalz-Rheinhessen zugewiesen, sondern die von Groß-Hessen.[3] An der Spitze stand Colonel James R. Newman, der nach Kriegsende am 18. Mai 1945 die erste deutsche Zivilregierung mit Hermann Heimerich an der Spitze für den Bereich der späteren Bezirke Tier, Koblenz, Saarland, Pfalz, und Rheinhessen einsetzte.

Mit drei Verwaltungen – für die Regierungsbezirke Kurhessen und Nassau und für den Bereich des »Volksstaates Hessen« – begann die Geschichte des heutigen Bundeslandes Hessen. Unmittelbar nach dem Einmarsch setzten die USA in Kassel den SPD-Politiker Fritz Hoch als Oberpräsidenten ein und in Wiesbaden den ehemaligen Reichsrundfunkkommissar Hans Bredow. Ludwig Bergsträsser wurde in Darmstadt Leiter der Regierung des »Volksstaates Hessen«. Die Umrisse des künftigen Landes Hessen waren mit diesen drei Gebieten keineswegs festgelegt, denn noch wurde mit Frankreich darüber verhandelt, wie dessen Besatzungszone aussehen sollte. Vom eigentlich hessischen Gebiet erhielten die Franzosen schließlich die linksrheinischen Städte Mainz und Worms zugesprochen – Mainz jedoch ohne die auf der rechten Rheinseite gelegenen Stadtteile. Außerdem wurden vier rechtsrheinische nassauische Kreise Frankreich als »Brückenkopf« zugestanden. Am 24. Juni 1945 begann das heutige Hessen Gestalt anzunehmen, indem zunächst die Länder Hessen-Nassau und Hessen gebildet wurden. Erste Erfahrungen hatte Ludwig Bergsträsser in einem Memorandum am 10. August 1945 zusammengefasst und der Militärregierung vorgelegt. Das Land Hessen sei zu klein, um wirkungsvoll regiert zu werden, schrieb er, eine einheitliche Regierung sei unmöglich, da zu viele Sonderverwaltungen innerhalb des Regierungsbezirks bestünden und eigenmächtig arbeiteten. Stattdessen empfahl er, die Gebiete des Regierungsbezirkes Wiesbaden und des Landes Hessen zusammenzulegen: »Aber auch dieses Gesamtgebiet erscheint noch verhältnismäßig klein und ist vor allen Dingen in seiner wirtschaftlichen Struktur einseitig. Es ist im Süden ausgesprochen industriell – Hanau, Offenbach, Frankfurt, Wiesbaden –, und der agrarische Teil ist nicht groß genug. Eine Abrundung nach wirtschaftlichen Gesichtspunkten führt dazu, daß man das Gebiet von Kurhessen mit diesem südlichen Gebiet verbinden muß. So entsteht dann ein in sich verhältnismäßig abgeschlossenes einheitliches Land, das geographisch alle Voraussetzungen erfüllt, um, wenn die Verwaltung in einer Hand liegt, einer glücklichen Entwicklung entgegenzugehen. [...] Es würde ein Gebilde, das nicht nur auf den Augenblick gedacht wäre, sondern die Zeit der Besetzung Deutschlands überleben würde. Man könnte es Provinz oder Föderativstaat nennen und könnte ihm den geschichtlich gerechtfertigten Namen Großhessen geben.«⁴

Dem Wunsch der Bevölkerung, mehr noch aber den Memoranden von US-Teams, die die Situation vor Ort erkundeten, entsprach General Dwight D. Eisenhower, indem er am 19. September 1945 die regionalen Militärregierungen auflöste und per Deklaration Hessen-Nassau mit den US-besetzten Teilen von Kurhessen und des Landes Hessen zu »Groß-Hessen« vereinigte. Da im Frankfurter I.G.-Farben-Hochhaus bereits die amerikanische Militärregierung ihren Sitz hatte, wurde Wiesbaden zur Hauptstadt des neuen Landes bestimmt. Erster Regierungschef wurde der parteilose Karl Geiler, der bis 1939 an der Heidelberger Universität gelehrt hatte, bevor er von den Nazis vertrieben wurde.

Gelungenes »Bayerisches Experiment«

Als die Amerikaner Deutschland besetzten, hatten sie mit Bayern Besonderes vor: Sie wollten hier früh eine zivile Regierung einsetzen – natürlich unter Kontrolle der Militärs –, und schon 1945 wurde vom »Bayerischen Experiment« gesprochen.⁵ Als erstes hatte am 15. Mai 1945 das »Regional Military Government E1F3« in München seine Arbeit aufgenommen, das am 1. Oktober 1945 vom «Office of Military Government for Bavaria – OMGBY« abgelöst wurde. Am 30. April waren die ersten US-Truppen in München einmarschiert – man muss eher sagen: sie befanden sich für sie selbst überraschend plötzlich in der Stadtmitte –, und obgleich die letzten Gefechte erst am 5. Mai beendet waren, setzten die Amerikaner schon am 4. Mai Karl Scharnagl als kommissarischen Oberbürgermeister ein. Dieser hatte die Geschicke der Stadt bereits von 1924 bis 1933 geleitet und war später von den Nationalsozialisten im Konzentrationslager Dachau inhaftiert worden. Dort hatte er Fritz Schäffer kennen gelernt und sah in ihm nun den geeigneten Mann, um die von den Amerikanern gewünschte Landesregierung zu bilden. Beide gehörten der Bayerischen Volkspartei an. Entscheidend für Schäffers Berufung zum Ministerpräsident war das Votum der Katholischen und der Evangelischen Kirche. Auf der den Amerikanern übergegebenen Vorschlagsliste von Kardinal Michael von Faulhaber war an erster Stelle Schäffers Name zu lesen. Seine Ernennungsurkunde zum Ministerpräsidenten – korrekt: »Temporary Minister-President for Bavaria« – erhielt Schäffer am 28. Mai aus der Hand von Oberst Arthur W. Keegan, dem Direktor der für Bayern zuständigen Militärregierung. Keegan machte bei dieser Gelegenheit deutlich, die neue bayerische Regierung könne nicht etwa selbstständig handeln, sondern sei eine weisungsgebundene Zivilregierung. In der ersten Ministerratssitzung am 8. Juni 1945 ging es weitgehend um Regularien wie die Form von Ernennungsurkunden, die Unterbringung der Ministerien, den Aufbau eines Kurierdienstes. Nur kurz gestreift wurden dagegen Fragen der Renten- oder der Ausgleichszahlungen für die Landwirtschaft.[6]

Bremen – Von der Enklave zum eigenständigen Land

Eine »Zwitterstellung« nahm für einige Zeit das Land Bremen ein. Am 26. April 1945 hatte die 2. britische Armee Bremen eingenommen. Die »European Advisory Commission« hatte bestimmt, dass Bremen als Nachschubhafen für die US-Truppen dienen sollte. Die Funktion Bremens als amerikanische Enklave war unumstritten, doch gab es zwischen beiden Alliierten noch einige Zeit Kontroversen darüber, wie dieser Begriff zu definieren und auszufüllen war. Bis in den April 1944 hatte US-Präsident Theodore Roosevelt darauf bestanden, eine Zone im Nordwesten Deutschland zu erhalten, einschließlich Bremens und Hamburgs. Die Briten wiederum sollten ihre Besatzungszone im Westen Deutschlands einrichten. Hauptmotiv für diese Haltung war, dass Roosevelt erhebliche Nachkriegsprobleme in Frankreich kommen sah, in die er die USA nicht verstricken wollte. Außerdem störte ihn die Vorstellung, dass die US-Truppen von den langen Nachschubwegen durch Frankreich abhängig sein sollten. Der Historiker Andreas Röpcke beschreibt detailliert die Überlegungen um die Einrichtung der Besatzungszonen im Nordwesten und Norden Deutschlands.[7] Demnach hatte US-Außenminister Edward R. Stettinius Roosevelt im Juli 1944 vorgeschlagen, den Süden zu besetzen, wenn dafür die Briten die Verantwortung für Frankreich, Italien und den Balkan übernähmen und die USA an Nutzung und Kontrolle der Nordwestzone teilhaben ließen. Für eine Sitzung der amerikanischen Stabschefs am 16. September 1944 hatte Admiral William D. Leahy ein Memorandum erarbeitet und die Notwendigkeit des Zugangs zu den deutschen Seehäfen und des Transits durch die britische Zone unterstrichen.

In dieser Situation hielt es General George C. Marshall, der spätere Außenminister, für erforderlich, einen bestimmten Hafen zu benennen, worauf hin das Memorandum mit dem Zusatz ergänzt wurde: »Control of the port of Bremen and the necessary staging areas in that immediate vicinity will be vested in the commander of the American zone.«[8] Eigentlich hätten damit unter den anglo-amerikanischen Verbündeten nur noch Details geklärt werden müssen, doch dem war nicht so.

So wollte John G. Winant, US-Botschafter in London, am 3. Oktober in einem Telegramm vom US-State-Department wissen, was unter »Kontrolle« der Häfen von Bremen und Bremerhaven zu verstehen sei: die Kontrolle der Transporteinrichtungen bei im Übrigen britischer Militärregierung oder die Verantwortung für die Militärregierung, was eine Statusänderung erforderlich mache. Für die US-Militärs stand es außer Frage, dass die Häfen unter ausschließlicher amerikanischer Kontrolle zu liegen hätten, doch nach unzähligen Besprechungen wurde diese Statusfrage Bremens und Bremerhavens in dem am 26. Juli 1945 unterzeichneten Zonenprotokoll offen gelassen.

Bremen selbst in Jalta ein Thema

Das Problem um Bremen beschäftigte die höchsten politischen und militärischen Spitzen selbst auf der Konferenz von Jalta am 5. Februar 1945 und führte zu folgendem Ergebnis: Die Städte Bremen, Wesermünde inklusive Bremerhavens, das Landgebiet Bremen sowie die Landkreise Wesermarsch, Wesermünde und Osterholz sollten unter vollständige amerikanische Kontrolle kommen, einschließlich der Militärregierung und der Verantwortung für Entwaffnung und Entnazifizierung. Es bestehe Einvernehmen darüber, dass die amerikanische Militärregierung in Übereinstimmung mit den Grundzügen der britischen Verwaltung handeln werde. Allerdings habe der amerikanische Kommandant das Recht zu Änderungen dieser Politik in Einzelfragen, wenn er dies aus militärischen Gründen für erforderlich halte.[9]

Diese Konstruktion konnte nicht zum Erfolg führen, zumal die amerikanische Militärregierung sich nicht nur an der britischen Politik zu orientieren hatte, sondern es in der Enklave auch eine Reihe von US-Dienststellen gab, deren Kompetenzen sich wiederum mit denen der Militärregierung überschnitten. Dazu zählten in erster Linie das US Port Command und die in Bremen stationierten Einheiten der 29. US-Infanteriedivision. Röpcke schreibt dazu: »[Es] hatte sich herausgestellt, dass im Verkehrsbereich das Detachement E2C2 für den Straßenverkehr verantwortlich zeichnete, das Transportation Corps von Bremen Port Command für die Bahn und für die Binnenschifffahrt die Civil Operations Section von Bremen Port Command in Zusammenarbeit mit der U.S. Navy. Eine amerikanische Instanz, die alle drei Teilbereiche überblickte, war in der Enklave nicht vorhanden.«[10]

Immerhin: Spezialeinheiten gelang es trotz des Kompetenzwirrwarrs, Hafenanlagen in Bremerhaven in kurzer Zeit so wieder herzustellen, dass am 6. Juni 1945 die »Black Warrior«, ein Schiff der Liberty Klasse, und am 22. Juni das erste Frachtschiff am weltberühmten Columbuskai anlegen konnte.[11] Im Verlauf der nächsten Monate kam es zu wesentlichen Veränderungen in der Struktur der Enklave. Mit Wirkung vom 10. Dezember 1945 wurden als Ergebnis amerikanisch-britischer Verhandlungen der Landkreis Wesermarsch an das Land Oldenburg und die Kreise Osterholz-Scharmbeck und Wesermünde an den Regierungsbezirk Stade zurückgegeben und damit britischer Hoheit unterstellt. Die Stadt Wesermünde, die am 10. März 1947 in Bremerhaven umbenannt wurde, blieb dagegen Bestandteil der Enklave. Zu massiven Verstimmungen zwischen Amerikanern und Briten kam es Anfang 1946 im Zusammenhang mit der Zukunft von Reichsbehörden, die in Bremen ihren Sitz hatten. Ohne im Einzelnen darauf einzugehen, soll das Ausmaß amerikanischer Verärgerung doch mit General Clays Äußerung »Maybe we need another Boston Tea Party« umrissen werden[12] – eine kaum verhohlene Drohung an die Briten, notfalls im Alleingang vorzugehen.

Seltsame Blüten des Dualismus

Die amerikanische Militärregierung wollte Bremen zu einem demokratischen Land in ihrer Zone werden und lassen und setzte in einem ersten Schritt auf diesem Weg eine 60-köpfige Bürgerschaft als Legislative ein, die am 17. April 1946 zu ihrer konstituierenden Sitzung zusammentrat. Der politische Dualismus brachte seltsame Blüten hervor, wie Bremens Senatspräsident Wilhelm Kaisen auf der konstituierenden Sitzung der Bremer Bürgerschaft am 17. April 1946 anmerkte. Die staatsrechtliche Struktur sei im Laufe der Monate des Öfteren Gegenstand längerer Auseinandersetzungen gewesen: »Von deutscher Seite waren es die Bestrebungen von Hannover, die darauf ausgingen, ein Land ›Niedersachsen‹ aufzurichten, indem sich die Provinz Hannover, die Länder Bremen, Oldenburg, Braunschweig und Lippe zusammenschlossen. Nachdem Oldenburgs Selbständigkeit von dem britischen Hauptquartier anerkannt ist, wird die Provinz Hannover wahrscheinlich ebenfalls selbständiges Land werden. Damit wäre die Frage ›Niedersachsen‹ als Land zunächst erledigt, nicht aber als Gebiet. Bremen ist im Gebietsrat der Region Hannover vertreten. Der Senat hat die Auffassung vertreten, daß Bremen jede Lösung auf eine größere Einheit unterstützen muß. Bremen selbst hat weder Wünsche auf Vergrößerung seines Gebietes, noch ist geneigt, um einer größeren Lösung willen Opfer zu bringen.«[13] Bremens Stellung sei, so

Kaisen, sehr eigenartig: »Es gehört sowohl zur amerikanischen als auch zur englischen Zone. Der Senatspräsident ist berechtigt, an dem Länderrat in Stuttgart teilzunehmen, wie auch an den Länderbesprechungen in der englischen Zone. Bremen hat auf Anforderung der höchsten Stelle des Amerikanischen Hauptquartiers einen ständigen Vertreter in Frankfurt am Main, der dort Verkehrs- und Hafeninteressen für Bremen wahrnimmt. Bremen ist andererseits ebenfalls Mitglied des Gebietsrates in der englischen Zone und hat hier ebenfalls einen Vertreter. Außerdem ist Bremen vertreten im Zonenbeirat der englischen Zone, der turnusgemäß in Hamburg tagt. Auch hier ist Bremen vertreten im Sekretariat, außerdem hat Bremen einen Vertreter in Berlin. Verbunden ist Bremen ferner mit dem Wirtschaftsrat in Minden und mit den Verkehrszentralen in Hannover und Bielefeld.«[14]

»Die Bremer sind keine Eroberer«

Sowohl Amerikaner wie Bremer drängten auf klare Verhältnisse. Am 15. April 1946 war mit der Bildung des »Office of Military Government for Bremen Enclave (US)« eine dauerhafte Organisationsform gefunden worden, die direkt der zentralen US-Militärregierung für Deutschland in Berlin – OMGUS – unterstellt war. Die Gründung des Landes Nordrhein-Westfalen durch die Briten veranlasste Kaisen, auf eine endgültige Lösung des Bremen-Problems zu drängen. Am 4. Juli 1946 hatte die Bürgerschaft die erste bremische Nachkriegsverfassung verabschiedet, am 19. Juli meldete sich Kaisen zu Wort und kritisierte erneut den bestehenden Dualismus. Die Verantwortlichen stünden vor der Entscheidung, ob Bremen ganz amerikanisch oder ganz britisch werden solle. Der Senat sei zu der Überzeugung gelangt, dass nur die Eingliederung Bremens in das amerikanische Besatzungsgebiet in Frage komme. Mit dem amerikanischen General Henry Parkman besprach Kaisen am 13. September 1946 die möglichen Pläne für die Gliederung der Länder im norddeutschen Raum. Parkman unterstrich, dass der staatliche Neuaufbau in der britischen Zone Teil der amerikanisch-britischen Abmachungen sei und führte folgende Varianten an:

»Ostphalen«, »Niedersachsen«, »Küstenzone«, Hamburg und Bremen als selbstständige reichsunmittelbare Stadtstaaten.

Gerade mit der Lösung Nummer 4 zeigte sich Bremen naturgemäß einverstanden und lehnte sogar auf die Frage von General Parkman eine Vergrößerung der Enklave unter anderem durch Teile Hannovers und Oldenburgs ab. Kaisen meinte, die Bremer seien keine Eroberer und wünschten keine vergrößerte Enklave, da diese nach einer Vereinigung der Zonen wirtschaftlich ohnehin nicht mehr erforderlich und der deutschen Zukunft auf lange Sicht abträglich sei. Die Bedeutung Bremens für die Amerikaner unterstrich Kaisen, indem er darauf hinwies, »daß, wenn diese sich ganz aus Deutschland zurückzögen, sie zuletzt aus Bremen fortgehen würden«.[15]

Der Status als »reichsunabhängige Hansestadt« wurde den Bremern am Rande der Ministerpräsidentenkonferenz der Länder der Bizone am 3. Oktober 1946 gewährt. OMGBR-Direktor Lieutenant Colonel Gordon Browning war Überbringer der Botschaft, die am 30. Oktober 1946 besiegelt wurde. An diesem Tag unterzeichneten die Generäle Lucius D. Clay für die USA und Sir Brian Robertson für Großbritannien das Abkommen, nach dem das Land Bremen aus der Taufe gehoben wurde. Ganz ohne Komplikationen ging dies nicht vonstatten, denn der Ministerpräsident des am 1. November 1946 gegründeten Landes Niedersachsen, Hinrich Kopf, wollte sich mit dem Verlust Wesermündes nicht abfinden. In der Bürgerschaftssitzung vom 28. November verteidigte Kaisen die Entscheidung der Anglo-Amerikaner: »Es war unvermeidlich, daß durch eine Vereinbarung des Generals Clay und des Generals Robertson der Stadtkreis Wesermünde Bremen angegliedert wurde, damit von Bremen aus auch die wesensgleichen Interessen Wesermündes wie auch des Stromes mit den bizonalen Stellen vertreten werden können.«[16]

Am 13. Oktober 1946 fanden in Bremen die ersten Bürgerschaftswahlen seit 1930 statt. Mit dem 1. Januar 1947 erhielt Bremen den Status eines selbstständigen Landes mit einer Staatsregierung, die allein der Kontrolle der amerikanischen Militärregierung unterstellt war.

Mit der »Proklamation Nr. 3« verfügte General Joseph T. McNarney am 21. Juni 1947 dann:

»An die Bevölkerung im amerikanischen Kontrollgebiet, einschließlich der Bremer Enklave

Ein Übereinkommen ist zwischen der amerikanischen und der britischen Militärregierung getroffen worden, wonach die Gebiete, welche am 8. Mai 1945 die Stadt Bremen, das Landgebiet Bremen und den Stadtkreis Wesermünde, einschließlich Bremerhaven, umfassten, zum Zwecke der Militärverwaltung der ausschließlichen Kontrolle des Kommandierenden Generals der amerikanischen Streitkräfte in Europa und Militärgouverneur (U.S.) unterstehen sollen. Im Hinblick auf dieses Übereinkommen erlasse ich, General Joseph T. McNarney, Kommandierender General der amerikanischen Streitkräfte in Europa und Militärgouverneur für Deutschland (U.S.), die folgende Proklamation:

Artikel I

Hiermit wird das folgende, von nun an als Land bezeichnete und unter einer Landesregierung stehende Verwaltungsgebiet gebildet:

BREMEN – bestehend aus der Stadt Bremen, dem Landgebiet Bremen und dem Stadtkreis Wesermünde, einschließlich Bremerhaven. [...]«[17] Von diesem Zeitpunkt an durften im Übrigen die Bremer Vertreter vollberechtigt an den Sitzungen des Länderrates in Stuttgart teilnehmen, nachdem sie zuvor den Status von Gästen innehatten. Die erste Nachkriegsverfassung wurde überarbeitet, am 12. Oktober 1947 in einem Volksentscheid bestätigt, so dass dann am 21. Oktober die »Landesverfassung der Freien Hansestadt Bremen« in Kraft treten konnte.

Länderrat – Antwort auf sowjetisches Vorpreschen

Der 13. September 1945 markiert ein wichtiges Datum in der Geschichte der deutschen Teilung, denn an diesem Tag verkündete die sowjetische Militärregierung die Einrichtung von Zentralverwaltungen in ihrer Besatzungszone. Die getrennte Entwicklung in den vier Zonen nahm ihren Lauf, auch wenn die Alliierten noch immer an der Fiktion eines Deutschland als Ganzem festhielten und der Kontrollrat über Vier-Mächte-Regelungen für das gesamte Land wachen sollte. Als Antwort auf das sowjetische Vorgehen hob die US-Militärregierung den »Länderrat« aus der Taufe. Am 17. Oktober 1945 beorderte General Lucius D. Clay die Ministerpräsidenten der amerikanischen Besatzungszone nach Stuttgart, beauftragte sie, unverzüglich einen Organisationsplan für ein gemeinsames Sekretariat zu entwerfen und genehmigte ihn noch am selben Tag. Aufgabe dieser Einrichtung war es, im Rahmen der Richtlinien der Besatzungsmacht die über das Gebiet eines Landes hinausreichenden Fragen gemeinschaftlich zu lösen, Schwierigkeiten im Verkehr der Länder untereinander zu beseitigen und die wünschenswerte Angleichung der Entwicklung auf den Gebieten des politischen, sozialen, wirtschaftlichen und kulturellen Lebens sicherzustellen.

Auf der konstituierenden Sitzung in Stuttgart bekräftigte Clay, die USA wollten den Deutschen so schnell wie möglich die Verantwortung für die Selbstverwaltung zurückgeben. Das amerikanische Personal in Deutschland solle in den nächsten zweieinhalb Monaten reduziert werden. Ausgenommen blieben nur die Kräfte, die für die Überwachung und für die Gewährung der Sicherheit benötigt würden. Auf der Gemeindeebene sollten Wahlen im Januar 1946 stattfinden. Ihm sei klar, dass dies einige für zu früh hielten, doch seien die USA überzeugt, dies sei der einzige Weg, den Demokratisierungsprozess in Deutschland voranzubringen. Zum frühestmöglichen Zeitpunkt solle es wieder eine freie Presse und einen freien Rundfunk geben. Auch wenn die Kompetenzen auf der Länderebene gestärkt würden, gingen die USA weiter von Deutschland als wirtschaftlicher Einheit aus. Unterstützt werde die Einrichtung einer zentralen Verwaltung für Finanzen, Industrie, Transportwesen, Kommunikation und Außenhandel. Wünschenswert seien solche Verwaltungsstellen auch für die Bereiche für Ernährung, Landwirtschaft und Arbeit. Nachdem in den Zonen nunmehr Länder gegründet worden seien, sei es essentiell, zu einer engen Zusammenarbeit auf der Ebene der Regierungen zu kommen, vor allem auf den Gebieten der Post und des Transportwesens.[18]

Die Militärregierung wolle, so Clay weiter, nicht eine Hauptstadt für die Besatzungszone einrichten. Deshalb schlage die US-Militärregierung Stuttgart als Interims-Sitz für das »council of minister presidents«, also den Länderrat, vor. Es könnten ein kleines Sekretariat und ein Stab eingerichtet werden, denen die Ministerpräsidenten Aufgaben zuwiesen. Ein kleiner amerikanischer Stab werde beigeordnet, um die Arbeit zu überwachen und Übereinstimmung mit der offiziellen amerikanischen Politik sicherzustellen.

Am Rande sei erwähnt, dass dieses »kleine« Büro des Länderrates im Mai 1946 siebzig Mitarbeiter zählte und es bis zum September auf 21 Ausschüsse, sechzig Unterausschüsse, auf eine Vielzahl von Arbeitsstäben und Verbindungsstellen in den Landesregierungen sowie an den Sitzen der Zentralverwaltungen der britischen Zone brachte. Zurückzuführen ist diese Entwicklung auf die zunehmenden Aufgaben, nicht zuletzt jedoch auf den Hang der Deutschen zur Bürokratie und zur »Auschusseritis«, die der stellvertretende hessische Ministerpräsident Werner Hilpert am 2. April 1946 vehement beklagte.[19]

Bei der konstituierenden Länderratssitzung ging es um die Frage, ob nicht, wie vom hessischen Ministerpräsident Karl Geiler angeregt, Heidelberg endgültiger Sitz dieses Gremiums werden sollte. Ihm widersprach der bayerische Ministerpräsident Wilhelm Hoegner. Er fürchtete eine »Oberregierung«, die durch die Länderchefs überwacht werden müsse. Wichtiger aber war die Feststellung des Clay-Vertreters James K. Pollock[20], nach der sich die Militärregierung für Stuttgart entschieden habe und für Heidelberg andere Pläne verfolge.[21] Erste Auseinandersetzungen unter den Ländern gab es in der Frage der Organisation des Sekretariats, an dessen Spitze ein Generalsekretär stehen sollte. Bayern fürchtete Einbußen seiner »Souveränität«, und so ließ Wilhelm Hoegner seine Kollegen sofort wissen: »Bayern führt einen jahrhundertelangen Kampf gegen die Zentralgewalt des Reiches. Ich muß als Bayer gegen die Schaffung einer neuen Zentralgewalt scharf Stellung nehmen. In dem Sekretariat soll jedes einzelne Land seine Vertreter haben.« Erich Roßmann, Generalsekretär des Länderrates, sprach am zweiten Jahrestag der Gründung dieser Einrichtung davon, es habe aus dem Nichts »eine Art Reichsministerium im Kleinen«[22] aufgebaut werden müssen.

»Verbündete – keine Vasallen«

Auf der zweiten Sitzung des Länderrates, am 6. November 1945, ließ es sich der bayerische Ministerpräsident Wilhelm Hoegner nicht nehmen, Worte des letzten bayerischen Königs Ludwig III. gegenüber Kaiser Wilhelm II. in Erinnerung zu rufen. Die deutschen Bundesstaaten seien Verbündete, keine Vasallen, hatte dieser gesagt, und entsprechend erwartete Hoegner von den Amerikanern, nicht von oben herab, sondern als gleichberechtigte Verbündete behandelt zu werden.[23] Am 13. November waren in der »Süddeutschen Zeitung« dann unter der Überschrift »Föderalismus, Unitarismus, oder Separatismus« diese Sätze aus Hoegners Feder zu lesen: »Wir wollen Deutsche sein und bleiben, jedoch kraft freiwilliger Einordnung in ein größeres Deutschland, nicht durch einen Befehl von Berlin. Vor allem aber wollen wir wieder unsere eigenen Herren im ›Gasthaus zum Bayerischen Löwen‹ sein.«[24]

Bayern – dies hat sich bis heute fortgesetzt – pochte immer wieder auf seine herausgehobene Stellung unter den deutschen Ländern und das in einem Maß, das General Clays Geduld überstrapazierte. Auf der Länderratssitzung vom 4. Dezember 1945 bemerkte er denn auch, die Amerikaner seien besorgt über den sich entwickelnden ausgeprägten Nationalstolz.[25] Der Länderrat müsse Deutschland und der Welt seine Bereitschaft und seine Fähigkeit zur Selbstverwaltung zeigen. Wenn die Länder nicht an einer einheitlichen Front festhielten, hätten sie keinerlei Chance auf einen Erfolg. Die Amerikaner vertrauten darauf, dass die Angesprochenen dies in ihrem Gedächtnis behielten.

Vorbereitungen für den »Weststaat«

Nachdem offenkundig geworden war, dass es zu einem demokratischen Gesamtdeutschland nach westlichen Vorstellungen wegen der ablehnenden Moskauer Haltung nicht kommen würde, waren die

USA bei der Bildung eines westdeutschen Staates die treibende Kraft. Da insbesondere US-Botschafter Robert Murphy den Bruch zwischen den USA und der Sowjetunion und damit eine Aufteilung Deutschlands für unausweichlich hielt, hatten er und General Lucius D. Clay ein Papier erarbeitet, das Grundlage der amerikanischen Delegation für die Gespräche auf der Londoner Vor- und Hauptkonferenz der Außenminister der vier Siegermächte im November 1947 war. Schon am 29. Oktober 1947 hatte Clay auf einer Pressekonferenz in Frankfurt angekündigt, falls die Londoner Konferenz scheitern würde, könnten die schon bestehenden bizonalen Behörden die Grundlage für die Bildung einer provisorischen Regierung der Westzonen werden.[26] Sein dann vorgelegter »Plan für die Errichtung einer westdeutschen Republik« umfasste diese drei Kernpunkte:

- Schaffung einer provisorischen Regierung Westdeutschlands, die nicht gewählt, sondern von der amerikanischen und britischen Besatzungsmacht bestimmt werden sollte. Die acht Ministerpräsidenten der Bizone sollten dieser Regierung angehören.
- Ebenso sollten die drei Ministerpräsidenten der französischen Besatzungszone – das Saarland war also ausdrücklich ausgeschlossen – in eine solche provisorische westdeutsche Regierung aufgenommen werden.
- Nach Ausarbeitung einer Verfassung für eine Trizone sollte die Bevölkerung Westdeutschlands in einem Volksentscheid über die Annahme entscheiden. Danach waren Parlamentswahlen für die Körperschaften einer neuen westdeutschen Republik vorgesehen.[27]

Der britischen Parlamentstradition entsprechend, hätte die Londoner Regierung zwar lieber gesehen, bereits die erste Führung eines westdeutschen Staates wählen zu lassen, statt sie zu bestimmen, doch signalisierte Francis Aurigier Pakenham, 7. Lord of Longford, am 11. November 1947 im Oberhaus, Großbritannien könne eine solche Lösung als »nächstbeste« akzeptieren.[28] Um die Befürchtungen Frankreichs und anderer Nachbarländer vor einem wieder erstarkenden

Deutschland zu zerstreuen, zeigte sich die US-Regierung bereit, auf der Londoner Konferenz auch die im Juni 1946 von Außenminister James Francis Byrnes in Stuttgart angeregte vierzigjährige Demilitarisierung Deutschlands auf die Tagesordnung zu bringen, während sein Amtsnachfolger George Carlett Marshall vor Beginn der Konferenz als Beitrag zur Beschwichtigung die Diskussion über einen »anti-deutschen Pakt« in Aussicht stellte.

Marshall verfolgte im Wesentlichen die Deutschlandpolitik seines Vorgängers Byrnes: Deutschland sollte im Herzen Europas eine neutralisierte Zone darstellen, in der nie wieder eine Diktatur entstehen und von der nie wieder ein Krieg ausgehen könnte. Dieses Ziel wollten die USA nicht durch die Zerstörung Deutschlands als Industriestaat erreichen, sondern durch die Schaffung eines Systems anhaltender internationaler Überwachung. Die Pläne des früheren US-Finanzministers Henry Morgenthau jr. waren längst verworfen. Im US-Außenministerium hieß es damals in diesem Zusammenhang, Deutschland müsse so wie die Atomenergie behandelt werden: als ein Faktor, der einer großen Machtentfaltung fähig sein – im Guten wie im Schlechten – und deshalb ständig überwacht werden müsse.

Daneben ging es den USA um die Dezentralisierung Deutschlands. Zwar sollte die politische Einheit des besiegten Landes nicht aufgegeben werden, doch an die Stelle einer übermächtigen Reichsregierung sollte die Schaffung eines Bundesstaates mit einem Maß an Dezentralisierung treten, das für eine Neutralisierung Deutschlands erforderlich war. Im State Department wurden entsprechend Pläne erarbeitet, die einen Bundesrat und ein gewähltes Parlament mit beschränkten Vollmachten sowie Länderregierungen mit einem Maximum an politischer Macht vorsahen. Des Weiteren sollte die deutsche Wirtschaft in die Lage versetzt werden, dass die Deutschen sich selbst auf einem angemessenen Lebensstandard versorgen, Reparationen leisten und die Kosten für die Besatzungstruppen aufbringen könnten. Schließlich sollten die endgültigen Grenzen Deutschlands in einer Weise festgelegt werden, die Deutschland und der Welt insgesamt einen dauerhaften Frieden garantierte.[29]

Starke Stellung für den Länderrat

In den vier Besatzungszonen verlief die politische Entwicklung völlig unterschiedlich, beispielsweise in der Frage der Zulassung von Parteien. Hier war die Sowjetunion Vorreiter. Sie erlaubte bereits am 10. Juni 1945 die Bildung antifaschistischer Parteien. In der amerikanischen und britischen Zone dauerte es bis zum Frühjahr 1946, bis sich eine Parteienlandschaft zu bilden begann, während sich die französische Besatzungsmacht am schwersten tat und in ihrer Zone der Prozess der Parteienbildung erst Ende 1946 abgeschlossen war.

Kennzeichnend für die Länder der amerikanischen Zone war, dass den Ministerpräsidenten – immer unter dem Vorbehalt, dass sie anfangs lediglich ernannt waren und die Sieger ohnehin stets das letzte Sagen hatten – eine relativ starke Stellung eingeräumt wurde. Sie waren das Bindeglied zur Militärregierung und im Grunde deren einziger Ansprechpartner. Innerhalb ihrer jeweiligen Landesregierungen waren sie daher primus – jedoch keineswegs inter pares. Die Amerikaner sprachen mit ihnen und nicht etwa mit den Repräsentanten der Parteien, die in der britischen Zone erheblich größere Bedeutung hatten. Konrad Adenauer oder Kurt Schumacher beispielsweise waren nie Ministerpräsidenten, hatten jedoch gegenüber der britischen Militärregierung erheblich größeren Einfluss als etwa Nordrhein-Westfalens Ministerpräsident Rudolf Amelunxen oder der Niedersachse Hinrich Wilhelm Kopf. Demgegenüber spielten in der jungen Bundesrepublik die Regierungsmitglieder der US-Zone eine größere Rolle als die dortigen Parteienvertreter. Genannt sei nur der Bayer Fritz Schäffer, der später einer der bedeutendsten Finanzminister der Bundesrepublik Deutschland wurde.

Die Unterschiede in der Behandlung der Besatzungszonen zeigen sich auch hieran: Während die Sowjetunion bereits am 9. Juli 1945 fünf Länder mit den entsprechenden Regierungen in ihrer Zone aus der Taufe gehoben hatte und ihnen am 22. Oktober 1945 Gesetzgebungskompetenzen einräumte, richtete die britische Militärregierung in ihrem Besatzungsgebiet erst im Sommer 1946 so genannte Zentralämter ein, die die Aufgaben der früheren Reichsministerien übernahmen. Paris wiederum verfolgte konsequent die Politik der Kleinstaaterei und ließ erst im Frühjahr 1947 gemeinsame Konferenzen der Minister ihrer Zone zu. Den Vorsitz hatte dabei stets ein französischer Vertreter. Das Saarland war von den Treffen ausgeschlossen, da Frankreich es nicht als Teil seiner Besatzungszone ansah.

Die US-Militärregierung dagegen hatte mit dem Länderrat ein Instrument geschaffen, mit dem sich die Deutschen zwar nicht selbst verwalten und regieren konnten, dem aber im Vergleich zu den anderen Besatzungszonen erhebliche Mitsprache-, teilweise sogar Mitbestimmungsrechte eingeräumt wurden.

So gab es beispielsweise in der britischen Besatzungszone den »Zonenbeirat«, der sich auf eine rein beratende Funktion beschränken musste. Der Gouverneur der französischen Zone lud zwar die Ministerpräsidenten seines Machtbereiches bisweilen zu Besprechungen ein, die allein der Information dienten, und in der sowjetischen Besatzungszone ging es bei vergleichbaren Treffen um den bloßen Befehlsempfang. Neidisch blickten die Regierungen der anderen Zonen also auf den Länderrat, was besonders deutlich wurde, als am 5. Februar 1946 erstmals die Oberpräsidenten Robert Lehr aus Düsseldorf und Hinrich Wilhelm Kopf aus Hannover, also aus der britischen Zone, an einer Sitzung des Gremiums teilnahmen, wenn auch nur als Gäste.[30] Der hessische Ministerpräsident Karl Geiler gab auf der Sitzung seines Kabinetts am 11. Februar die Stimmung bei dieser Begegnung wieder und bemerkte eingangs, »bei den norddeutschen Herren [sei] der Reichsgedanke mit einer Wärme vertreten [worden], die wirklich erfreulich war, während der bayerische Ministerpräsident sich einer merkwürdigen Zurückhaltung befleißigte, die sogar so weit ging, daß er am Abend des ersten Zusammenseins auch nicht am Abendessen teilnahm und sich auch nach der Aussprache mit sämtlichen Herren zurückzog«.[31]

Zufriedenheit über die von den Amerikanern gewährte relative Selbstständigkeit schwang in Geilers Worten mit, als er die Reaktion der Gäste aus der britischen Zone schilderte. Die beiden Oberpräsidenten, aber auch die die britischen Offiziere seien »vom Stand unserer Organisation [dem Länderat] auf stärkste beeindruckt: ›Erstens hat es geradezu den Neid der englischen Herren erregt, wie die Länder bei uns stehen, die im englischen Bezirk längst nicht die Selbständigkeit haben wie wir. […] Zweitens war man aber auch von der Institution sehr beeindruckt.‹« Oberpräsident Lehr fasste seine Eindrücke folgendermaßen zusammen: »Gleich beim Eintreffen fiel angenehm auf, daß der Verkehr mit der Amerikanern ein lebendiger und vom Geiste besten Einvernehmens beseelt war. Die amerikanischen Offiziere, an ihrer Spitze Dr. Pollock, gaben sich ungezwungener Weise und waren sowohl in den Besprechungen wie als Gastgeber von verbindlicher und liebenswürdiger Haltung. Die gleiche Haltung nahmen sie auch uns gegenüber ein und haben durch die Gestellung eines Geleitwagens, sowie durch die Einladung zum Nachmittagskaffee in Stuttgart und zum Lunch in Frankfurt uns noch eine besondere Höflichkeit erwiesen.«[32]

Wirtschaftsrat als »Quasi-Regierung«

Am 1. Januar 1947 trat ein zwischen den Außenministern James F. Byrnes und Lord Ernest Bevin ausgehandeltes Abkommen in Kraft, das regionale Bipartite Groups, also Zweizonen-Kontrollgruppen vorsah. Oberste Instanz war das Bipartite Board, das nach dem Anhang A zur Proklamation Nr. 5 aus den Militärgouverneuren Großbritanniens und Amerikas oder deren Stellvertretern bestand, die Gesetze des Wirtschaftsrates überprüfte und genehmigte oder Anweisungen an ihn erteilte. Untergeordnet waren das Bipartite Control Office mit einem britischen und einem amerikanischen Vorsitzenden und die paritätisch besetzten Bipartite Panels.

Wie sehr der Name »Wirtschaftsrat« in die Irre führte, wird nicht nur aus seinen Aufgaben deutlich, sondern auch aus seiner Zusammensetzung, die im »Anhang A« der Proklamation festgelegt wurde. Danach bestand der Wirtschaftsrat aus 52 Mitgliedern, die durch die Landtage zu wählen waren. Mitglieder von Landtagen hatten im Fall ihrer Wahl ihr Landtagsmandat niederzulegen. Je 750 000 Einwohner war ein Mitglied für den Wirtschaftsrat zu wählen, und zwar »im Verhältnis zur Verteilung der politischen Meinung in jedem Land, wie sie sich bei der allgemeinen Abstimmung in den letzten Jahren für das ganze Land ergeben hat«.

Zunächst ging es um die Einrichtung eines gemeinsamen Ernährungsausschusses mit Sitz in Bad Kissingen. Ferner wurden ein Interzonenausschuss für Finanzen und ein bizonaler Verkehrsausschuss ins Leben gerufen, wobei die Ministerpräsidenten von Bayern, Groß-Hessen und Württemberg-Baden auf der außerordentlichen Länderratssitzung in einer Entschließung jedoch dieses zu Protokoll brachten: Jeder Schritt, der auf dem Wege der wirtschaftlichen Einheit Deutschland vorwärts führe, sei zu begrüßen. Sie hielten es aber für dringend erforderlich, nichts unversucht zu lassen, um diese wirtschaftliche Einheit zwischen allen vier Zonen herbeizuführen. Der Zusammenschluss nur zweier Zonen reiche nicht als Grundlage, um die brennendsten Zentralprobleme zu lösen. Der engere Zusammenschluss nur der amerikanischen und der britischen Zone dürfe deshalb nur provisorischen Charakter haben und den Weg in die Vereinigung aller vier Zonen nicht verbauen.[33] Um den Zoneninteressen gerecht zu werden und nicht eine provisorische Hauptstadt entstehen zu lassen, wurden die nun gemeinsamen Ausschüsse an verschiedenen Orten der Bizone untergebracht. Minden erhielt den Zuschlag für den Wirtschaftsausschuss. Da unter den Ministerpräsidenten keine Einigung über den Sitz des Verkehrsausschusses herbeizuführen war, warfen die Amerikaner eine Münze, die den Ausschlag für Bielefeld gab.

Angebahnt hatte sich die Zusammenführung von amerikanischer und britischer Zone schon bei den ersten Sitzungen der Pariser Tagung der Außenminister vom 25. April bis zum 16. Mai 1946, und dann wiederum in Paris, als US-Außenminister James F. Byrnes am 12. Juli 1946 seinem sowjetischen Kollegen Wjatscheslaw Michailowitsch Molotow gemeinsame Zentraleinrichtungen für alle vier Besatzungszonen offerierte. Nicht nur Frankreich stand solcher Vorstellung ablehnend gegenüber, auch Moskau wies den Vorschlag zurück. In einem letzten Versuch, zu einem gemeinsamen Handeln zu kommen, schlug General McNarney, der Eisenhower als Oberkommandierender gefolgt war,

im Alliierten Kontrollrat die Bildung einer einheitlichen Wirtschaftseinheit vor, fand damit jedoch weder die Zustimmung der Sowjetunion noch Frankreichs. Lediglich Sir William Sholto Douglas als britischer Militärgouverneur stimmte am 30. Juli 1946 grundsätzlich zu.
Damit war der künftige gemeinsame Weg von Amerikanern und Briten vorgezeichnet. Zwar kündigte General Clay schon am 6. August
1946 die wirtschaftliche Verschmelzung der beiden Zonen an, doch
zog sich die Verwirklichung dieses Vorhabens bis zum 1. Januar 1947
hin. Gegründet wurden nun unter dem Dach von Bipartite Panels mit
Sitz in Berlin regionale Bipartite Groups. Diese Interzonenausschüsse
waren paritätisch zusammengesetzt, allerdings fehlte ihnen jede Gesetzgebungskompetenz, so dass die Panels und Boards weitgehend
wirkungslos blieben. Dies kam jedoch nicht von ungefähr, denn in dieser Phase hatten Washington und London noch den Eindruck vermeiden wollen, sie hielten nicht mehr an der Einheit Deutschlands fest.
Konsequenterweise warteten Amerikaner und Briten die Moskauer
Außenministerkonferenz vom 10. März bis 24. April 1947 ab, und erst
als deren Scheitern feststand, forcierten beide Besatzungsmächte den
Zusammenschluss ihrer Zone zu einer wirklichen »Bizone«.

Gerade dieses Scheitern sowie die zunehmende Einbeziehung des
Saarlandes in das französische Wirtschafts- und Finanzsystem führte
nun auch bei westdeutschen Ministerpräsidenten zu der Überzeugung, die Zeit für die Bildung einer »deutschen Staatengemeinschaft«
sei günstig. Im Jahr zuvor hatten sie noch Bedenken gegen die Bildung
einer solchen Bizone geäußert, so auf der außerordentlichen Tagung
des Länderrats am 21. August 1946.[34] Die Minister für Ernährung und
Landwirtschaft der Länder Bayern, Groß-Hessen und Württemberg-
Baden und die Vertreter des Zentralamtes für Ernährung der britischen Zone hatten auf Anordnung der Besatzungsbehörden Vorschläge für den Aufbau einer gemeinsamen Verwaltung für Ernährung und
Landwirtschaft ausgearbeitet, doch hielt beispielsweise der bayerische
Ministerpräsident Wilhelm Hoegner eine gemeinsame Verwaltung
für verfrüht, da es auf britischer Seite keine entsprechenden Verhandlungspartner gebe. Groß-Hessens Regierungschef Karl Geiler fürchte-

te, eine »partielle Lösung der beiden Zonen allein« könne unangeneh-
me Konsequenzen für die russische Zone nach sich ziehen. Die Menschen dort könnten sich »abgeschrieben« fühlen.

Jetzt aber gingen die Ministerpräsidenten der US-Zone zu Recht davon aus, dass es nicht mehr lange dauern werde, bis die amerikanische
Militärregierung zumindest die britische und die amerikanische Zone
vereinigen würde. Sie wollten nicht bloßes »Objekt« sein, sondern die
Entwicklung beeinflussen. So befassten sich Vertreter aus Bayern,
Württemberg-Baden, Hessen und Württemberg-Hohenzollern am
20. Mai 1947 im Büro für Friedensfragen in Ruit mit dem Entwurf eines »Vertrages über die Bildung eines Deutschen Staatenbundes«.[35]
Geplant war offensichtlich, diesen Entwurf bei der für den 6. und
7. Juni 1947 geplanten Münchener Konferenz der Ministerpräsidenten
aller vier Besatzungszonen vorzulegen, falls dort die Frage der deutschen Einheit angesprochen werden sollte. Da dieser von Hermann
Louis Brill formulierte, weit reichende Entwurf kaum bekannt ist, sollen die wesentlichen Teile nachfolgend wiedergegeben werden:

»Art. 1. Die Länder Bayern, Württemberg-Baden, Hessen, Bremen
des amerikanischen Besatzungsgebietes, Nordrhein-Westfalen, Niedersachsen, Schleswig-Holstein, Hamburg des britischen Besatzungsgebietes, die Stadt Berlin, soweit die Interessen des amerikanischen,
britischen und französischen Sektors des Berliner Stadtgebietes in Frage kommen, die Länder Südwürttemberg, Südbaden und Rheinpfalz
des französischen Besatzungsgebietes vereinigen sich zu einer Gemeinschaft mit dem Zwecke, auf den Gebieten der Industrie-Wirt-
schaft, des Handels, der Landwirtschaft und Ernährung, des Verkehrs,
des Post- und Fernmeldewesens, der Finanzen und der Arbeit gemeinsame Regelungen so lange zu schaffen, als nicht die Bildung eines gesamtdeutschen Staatenbundes möglich ist.«

Im Verlauf der Besprechung wurde Artikel 21 in der nachfolgenden
Form verändert, um die ostdeutschen Länder nicht von einer Beteiligung an dem Staatenbund auszuschließen:

»Die deutschen Länder [...] vereinigen sich zu einem öffentlich-
rechtlichen Verband mit dem Zwecke, auf den Gebieten der gewerb-

lichen Wirtschaft, der Landwirtschaft und Ernährung, des Verkehrs, des Post- und Fernmeldewesens, der Finanzen und der Arbeit gemeinsame Regelungen so lange zu schaffen, als nicht die Wiederherstellung einer gesamtdeutschen Staatsgewalt möglich ist.«

Auf der Münchener Konferenz wurde die Thematik nicht behandelt: sie war ohnehin die letzte, an der die Ministerpräsidenten aller Besatzungszonen teilnahmen, denn die ostdeutschen Regierungschefs verließen die Konferenz vorzeitig.

Erster Präsident des Wirtschaftsrates wurde der hessische CDU-Politiker Erich Köhler, sein Stellvertreter Georg August Zinn von der SPD. Zwar bedurften die Gesetze des Wirtschaftsrates weiterhin der Zustimmung des »Bipartite Board«, doch muss seine Gründung als Schritt auf dem Weg zu einem westdeutschen Staat betrachtet werden. So waren die Länder der amerikanischen und britischen Zone verpflichtet, die Wirtschafsrat-Gesetze auszuführen. Mithin ist der Rat als erste Zentralinstanz innerhalb der Westzonen anzusehen.[36] Ebenfalls am 28. Juni 1947 tagte erstmals der aus acht Mitgliedern bestehende Exekutivrat unter dem Vorsitz des Darmstädter Oberbürgermeisters Ludwig Metzger. Koordiniert wurden die Arbeiten von einem Generalsekretariat mit Heinrich Troeger an der Spitze. Schließlich gehörten zur deutschen Verwaltung der Bizone fünf vom Exekutivrat vorgeschlagene und vom Wirtschaftsrat gewählte Direktoren.

Kurz vor der Gründung des Wirtschaftsrates hatte die US-Militärregierung übrigens die Rechte der Länder in ihrer Zone gestärkt. Mit der »Proklamation Nr. 4« vom 1. März 1947 übertrug General Joseph T. McNarney den Ländern Groß-Hessen, Württemberg-Baden und Bayern weitreichende Vollmachten, nachdem in diesen Ländern demokratische Verfassungen verabschiedet worden waren, sowie – unter Vorbehalt – der Bremer Landesregierung. Den Ländern wurde die »volle gesetzgebende, vollziehende und richterliche Gewalt [übertragen], die lediglich durch die folgenden, von dem stellvertretenden Militärgouverneur in den die Verfassungen einschränkenden Schreiben gemachten Vorbehalten eingeschränkt ist:

a) Internationale Vereinbarungen, an denen die Vereinigten Staaten beteiligt sind;

b) Vier-Mächte-Gesetzgebung;

c) Befugnisse, die der Militärregierung zur Verwirklichung grundlegender Ziele der Besatzungspolitik vorbehalten sind«.[37]

Man mag heute einwenden, dass die völlige Abhängigkeit von der Militärregierung letztlich bestehen blieb, doch darf nicht übersehen werden, dass diese wenigstens doch teilweisen Vollmachten den Ländern weniger als zwei Jahre nach der bedingungslosen Kapitulation eingeräumt wurden. Reorganisiert wurde der Wirtschaftsrat schon nach relativ kurzer Zeit. Durch die »Proklamation Nr. 7« vom 9. Februar 1948, auch als »Frankfurter Statut« bekannt, wurde die Mitgliederzahl verdoppelt, die Gesetzgebungskompetenz erweitert. Vor allem bekam der Wirtschaftsrat nun die Möglichkeit eigener Einnahmen, unter anderem durch Zölle und Verbrauchsabgaben und Anteile an der Einkommen-, Lohn- und Körperschaftssteuer. Gleichzeitig löste ein »Länderrat«, nicht zu verwechseln mit dem der US-Besatzungszone, den Exekutivrat ab, und für das Direktorium wurde das Instrument des Verwaltungsrates geschaffen. Aufgelöst wurden diese Gremien – um der Zeit vorzugreifen – am 1. September beziehungsweise 21. September 1949 mit der Konstituierung der Bundesrepublik Deutschland.

Warnung vor deutscher Teilung

Ab Mitte 1948 sollte ein »Parlamentarischer Rat« eine vorläufige Verfassung für den künftigen Weststaat erarbeiten. Grundlage dieser Verfassung sollten die so genannten »Frankfurter Dokumente« sein, die die drei westlichen Militärgouverneure den Ministerpräsidenten ihrer Besatzungszonen in feierlicher Form am 1. Juli 1948 in der Main-Metropole übergeben hatten. Im Wesentlichen ging es in diesen Dokumenten um folgende Aspekte:

Die Ministerpräsidenten wurden ermächtigt, richtiger: aufgefordert, eine verfassunggebende Versammlung einzuberufen. Die zu erarbeitende demokratische Verfassung sollte sich an einer Regierungsform föderalistischen Typs orientieren, die Wiederherstellung der deutschen Einheit ermöglichen, die Rechte der beteiligten Länder schützen, eine angemessene Zentralinstanz einrichten und Garantien der individuellen Rechte und Freiheiten enthalten. Schließlich wurden die Zuständigkeiten einer künftigen deutschen Regierung und die Art der Beziehungen zu den Alliierten festgelegt. Vom 8. bis 10. Juli berieten die Ministerpräsidenten die »Frankfurter Dokumente« auf der nach dem Tagungshotel benannten Koblenzer »Rittersturz-Konferenz«. Unter Hinweis auf diese Zusammenkunft gab der bayerische Regierungschef Ehard die Stimmung unter seinen Amtskollegen so wieder: Ein Weststaat und eine entsprechende Verfassung bedeuteten eine »absolut sichere Trennung vom Osten«. Es gebe verlässliche Anzeichen, dass die Sowjets sofort mit einem Oststaat antworten würden. Um die Verantwortung von deutscher Seite abzuschieben, habe man sich darauf geeinigt, dass man keine Verfassung, sondern lediglich ein Organisationsstatut wolle. Man wolle keinen Weststaat, aber ein sichtbar als Provisorium angelegtes Exekutivorgan. Wenn Bayern dennoch für die Bildung einer »Art Westregierung« und damit letztlich für einen Weststaat plädiere, dann vor allem im Hinblick auf die Länder der französischen Besatzungszone, also Baden, Württemberg-Baden, Rheinland-Pfalz und das Saarland. Denn, so Ehard am 12. Juli 1948: »Wenn wir das neue Organ hätten, käme die Frankfurter Verwaltung in Wegfall. Die Franzosen würden sich, darüber müsse man sich klar sein, der Bizone in keiner Weise anschließen. Sie würden vielleicht in einigen Maßnahmen konform gehen. Er halte es für notwendig, dass man zu einer Art Westregierung komme, mit allen Rechten, die notwendig seien, um eine aktionsfähige Bundesregierung bilden zu können. Es gebe keinen anderen Weg, eine Verbindung mit der französischen Zone zu schaffen.«[38]

Nach intensiven Diskussionen gaben die Militärgouverneure ihre Zustimmung zu einem »Parlamentarischen Rat«, der am 1. September 1948 im Gebäude der Pädagogischen Akademie in Bonn zu seiner ersten Sitzung zusammenkam. Ihm gehörten 65 Mitglieder an: je 27 von CDU/CSU und SPD, fünf der Freien Demokraten, und je zwei der Deutschen Partei, des Zentrums und der KPD. Nach relativ kurzer

Zeit, am 23. Mai 1949, wurde das Grundgesetz in Anwesenheit der Militärgouverneure unterzeichnet. Bayern hatte ihm zwar nicht zugestimmt, doch war die erforderliche Zweidrittel-Mehrheit der Länder dennoch erreicht.

Gegründet war die Bundesrepublik Deutschland damit noch nicht. Dies geschah erst am 7. September 1949 durch die Konstituierung von Bundestag und Bundesrat. Von echter Souveränität war der neue Weststaat noch weit entfernt, denn er unterlag den Bestimmungen eines Besatzungsstatuts und der Aufsicht Hoher Kommissare der drei Westmächte. Dieses Statut, am 8. April 1949 von der Außenminister-konferenz der USA, Großbritanniens und Frankreichs in Washington proklamiert und dem Parlamentarischen Rat in Bonn am 10. April 1949 übermittelt, enthielt diese Kernpunkte: Die drei Regierungen würden die oberste Gewalt beibehalten und folgende Ziele verfolgen. Das deutsche Volk solle während des Zeitraumes, in dem die Fortdauer der Besetzung notwendig sei, das damit zu vereinbarende größtmögliche Maß an Selbstregierung genießen. Abgesehen von den im Statut beschriebenen Beschränkungen wurde dem Bund und den ihm angehörenden Ländern volle gesetzgebende, vollziehende und richterliche Gewalt gemäß dem Grundgesetz und den Länderverfassungen zugestanden. Ausdrücklich behielten sich die drei Westmächte Befugnisse auf den Gebieten der Abrüstung und Entmilitarisierung vor. Außerdem erwarteten sie, »daß die Besatzungsbehörden keinen Anlaß haben werden, auf anderen Gebieten als auf den ihnen oben vorbehaltenen einzugreifen«.[39] Die Besatzungsbehörden behielten sich indessen das Recht vor, auf Weisung ihrer Regierung die Ausübung der vollen Gewalt ganz oder teilweise wieder zu übernehmen, wenn sie dies als wesentlich ansähen für die Sicherheit oder die Aufrechterhaltung der demokratischen Regierung oder als Folge der internationalen Verpflichtungen ihrer Regierungen.

Besatzungsstatut als »absolutes Diktat«

Bayerns Ministerpräsident Hans Ehard sprach denn auch auf der Ministerpräsidentenkonferenz am 11. und 12. Februar 1949 in Hamburg davon, das Besatzungsstatut werde einen schweren Schock für die Bevölkerung bringen, denn es handele sich bei ihm um ein »absolutes Diktat«.[40] Wenngleich das Besatzungsstatut zwangsläufig den westlichen Siegermächten zahlreiche Rechte einräumte, wurden doch viele Kompetenzen auf die deutsche Seite verlagert. Hamburgs Bürgermeister Max Brauer rief auf einer Besprechung der Ministerpräsidenten am 12. April 1949 in Bonn dies in Erinnerung: »Es heißt, die psychologische Wirkung des Besatzungsstatuts sei in der Öffentlichkeit schlecht. Ich kann das nicht sagen. Man muß wissen, wie die Situation von 1945, 46, 47, 48 war. Können die Deutschen Wünsche haben und was können sie wünschen? Es ist klar, daß wir die Souveränität haben wollen, das ist ein Entwicklungsprozeß. Was aber wird der Stunde gerecht? Ich habe das Gefühl, daß es sich so entwickelt, wie es sich bei uns in Hamburg entwickelt hat. Dort beschränkt sich der Gouverneur auf die Rolle, Kontrolle zu üben, nicht mehr; keine Eingriffe. Vorprellende untergeordnete Instanzen wurden zurückgepfiffen. Hier im Statut ist festgelegt, daß Legislative und Exekutive eine Sache der Deutschen ist. Ein unerhörtes Plus, man kann das nicht scharf genug feststellen, die Summe von Beschränkungen ist eine Selbstverständlichkeit. Es ist doch ganz klar, daß eine Besatzungsarmee [um] die eigene Sicherheit besorgt ist. Wenn man diese Dinge überlegt, nimmt das viel aus dem Besatzungsrecht heraus.«[41]

Flüchtlinge

Hypothek und Gewinn

Das Flüchtlingsproblem war eines der größten, das die neu geschaffenen Länder der Westzonen zu lösen hatten. Besonders betroffen waren Schleswig-Holstein, Bayern, Hessen und Württemberg-Baden. Dagegen waren sich die französische Militärregierung und die deutschen Minister- beziehungsweise Staatspräsidenten des Saarlandes, von Rheinland-Pfalz, Baden und – mit Abstrichen – von Württemberg-Hohenzollern weitgehend darin einig, auf ihren Territorien möglichst wenig Flüchtlinge aufzunehmen.

Der Flüchtlingsstrom aus Deutschlands Ostgebieten setzte Ende 1944 ein. Er bestand zunächst zu einem großen Teil aus »Volksdeutschen«, die während des Krieges in der Tschechoslowakei, in Jugoslawien, Ungarn und in Russland zumeist bereitwillig in der Wehrmacht gedient und die deutschen Eroberer auch im Übrigen weitgehend unterstützt hatten, fühlten sie sich doch durch sie »befreit«. Es war nicht überraschend, dass nach dem Krieg in diesen Ländern eine heftige Reaktion gegen diese Deutschen losbrach, die von der einheimischen Bevölkerung als willige Werkzeuge Hitlers betrachtet wurden. Hinzu ergab sich die Möglichkeit, durch Denunziation an das Hab und Gut dieser Deutschen zu gelangen. George Weisz, Leiter der Flüchtlingsabteilung von OMGUS, Nürnberg, beschrieb 1948 die Situation in den durch die sowjetischen Truppen eroberten Gebieten: »Sobald die deutschen Truppen aus einem Gebiet geworfen waren, ging die eingesessene Bevölkerung daran, Rache an den deutschen Minderheiten zu nehmen, bisweilen glichen die Exzesse in ihrer Rücksichtslosigkeit der Behandlung, die die Deutschen gegenüber Polen und Juden anwandten. Um dieser unmenschlichen Behandlung der deutschen Minderheiten ein Ende zu machen, entschieden die Alliierten in Potsdam, dass Deutschland diejenigen aufnehmen müsse, die von denjenigen

Ländern ausgewiesen würden, die von ihren Minderheiten verraten worden waren. Polen, die Tschechoslowakei und Ungarn erhielten Gelegenheit, ihre Minderheiten – so die Sprachregelung der Siegermächte – in ›ordentlicher und humaner Weise‹ auszuweisen. Infolgedessen wies der Kontrollrat im November 1945 der amerikanischen Zone 1,75 Millionen Deutsche aus der ČSR und 500 000 Donauschwaben aus Ungarn zu. Der Britischen Zone wurden 1,5 Millionen Deutsche aus Polen zugewiesen, während die russische Zone 0,75 Millionen Sudetendeutsche aus der ČSR und 2 Millionen Deutsche aus Polen aufnehmen sollte. Die französische Zone sollte 75 000 Deutsche aus Österreich aufnehmen.«[1]

Grundlage für diese Ausweisungen war das Potsdamer Abkommen vom 2. August 1945, in dem es in Artikel XIII unter anderem hieß, die drei Regierungen – Washington, London und Moskau – hätten anerkannt, »daß die Überführung der deutschen Bevölkerung oder Bestandteile derselben, die in Polen, Tschechoslowakei und Ungarn zurückgeblieben sind, durchgeführt werden muß. Sie stimmten darin überein, daß jede derartige Überführung, die stattfinden wird, in ordnungsgemäßer und humaner Weise erfolgen soll. Da der Zustrom einer großen Zahl Deutscher nach Deutschland die Lasten vergrößern würde, die bereits auf den Besatzungsbehörden ruhen, halten sie es für wünschenswert, daß der alliierte Kontrollrat in Deutschland zunächst das Problem unter besonderer Berücksichtigung der Frage einer gerechten Verteilung dieser Deutschen auf die einzelnen Besatzungszonen prüfen soll«.[2]

Mit dem Potsdamer Abkommen hatte die Vertreibung von Millionen Deutscher zwar die Zustimmung der Siegermächte erhalten, beschlossene Sache war sie aber bereits lange zuvor gewesen. So war die US-Regierung schon 1943 der Überzeugung, nur durch eine Zwangsumsiedlung der Deutschen entsprechend dem Modell des griechisch-türkischen Bevölkerungsaustausches nach den Balkankriegen 1912/13 könne der Frieden in Europa dauerhaft gewährleistet werden.[3] Auch das britische Außenministerium hatte 1944 Planungen abgeschlossen, nach denen etwa zehn Millionen Deutscher ihre Heimat verlassen müssten, und hierfür einen Zeitraum von fünf Jahren veranschlagt, um die Aufnahmegebiete nicht zu überlasten. Auf der Konferenz von Jalta im Februar 1945 nannte der britische Premierminister Winston Churchill die Zahl von neun Millionen umzusiedelnder Deutscher, und in einer Rundfunkansprache zu den Ergebnissen von Potsdam erklärte der amerikanische Präsident Harry S. Truman am 9. August 1945: »In dem Gebiet östlich der Curzon-Linie[4] leben über 3 Millionen Polen, die Polen zurückgegeben werden müssen. Sie brauchen Siedlungsraum. Das neue Gebiet im Westen wurde früher von Deutschen bevölkert. Die meisten von ihnen aber haben das Gebiet schon angesichts der herannahenden sowjetischen Invasionsarmee verlassen. Wir wurden informiert, daß nur etwa 1,5 Millionen zurückgeblieben sind. Das Gebiet, das Polen zur Verwaltung übergeben wurde, wird Polen eine bessere Erhaltung seiner Bevölkerung ermöglichen. Es wird eine kürzere und leichter zu verteidigende Grenze zwischen Polen und Deutschland gewährleisten.«[5]

Flüchtlingswelle nach dem 8. Mai

Zunächst waren die Deutschen aus dem Ostteil des Deutschen Reiches und aus den von der Wehrmacht geräumten fremden Ländern in die vom Vormarsch der gegnerischen Truppen scheinbar weniger bedrohten Gebiete geflohen. Das galt für Schleswig-Holstein, Thüringen und Bayern. In Thüringen beispielsweise hatte die Zahl von Flüchtlingen, Evakuierten und Verschleppten Anfang 1945 die 800 000-Marke überschritten, bevor dann nach der Kapitulation vom 8. Mai das Land von Flüchtlingen geradezu überschwemmt wurde. Im Juli und August 1945 wurden über 200 000 zusätzliche Flüchtlinge registriert, bis Oktober waren es dann etwa weitere 350 000, bis März 1946 schließlich fast noch einmal eine halbe Million. Eine Volkszählung vom Oktober 1946 ergab für Thüringen 2,9 Millionen Einwohner. Diese Zahl lag um eine halbe Million über der der Vorkriegszeit, obwohl 300 000 Thüringer im Krieg gefallen waren oder sich in Gefangenschaft befanden.[6]

Eine zusätzliche Flüchtlingswelle hatte auch Niedersachsen zu bewältigen, nachdem die Amerikaner die von ihnen eroberten Teile Thüringens, Westsachsens, Sachsen-Anhalts und Mecklenburg-Vorpommerns geräumt und der sowjetischen Armee übergeben hatten. Lebten auf dem Gebiet der Westzonen 1936 etwa 36 Millionen Einwohner, waren es Mitte 1949 38,2 Millionen Einheimische zuzüglich 9,3 Millionen Menschen, von denen allein 7,3 Millionen Flüchtlinge waren. Bei den Übrigen handelte es sich um 885 000 aus der sowjetischen Besatzungszone Evakuierte und um etwa 1,1 Millionen Ausländer.

Es liegt auf der Hand, dass die Eingliederung einer so hohen Zahl von Menschen selbst für ein Land mit blühender Wirtschaft außerordentlich schwierig gewesen wäre. Umso größer gestaltete sich das Problem in dem wirtschaftlich am Boden liegenden Deutschland. Das reale Sozialprodukt in den Westzonen war nach Berechnungen des Statistischen Amtes des Vereinigten Wirtschaftsgebietes im zweiten Halbjahr 1948 – ohne die Auslandshilfen – auf 387 Mark je Kopf der Bevölkerung gesunken gegenüber 698 Reichsmark 1938.[7]

Mit Stichtag 1. Mai 1948 hatten in der amerikanischen Besatzungszone 3,1 Millionen Vertriebene Zuflucht gefunden, und zwar 1,75 Millionen Sudetendeutsche, 200 000 Donauschwaben, 200 000 sonstige Volksdeutsche und 950 000 aus den Gebieten östlich von Oder und Neiße. Hinzu kamen etwa 400 000 Deutsche aus den anderen Besatzungszonen in Deutschland. Bezogen auf Bayern schrieb Weisz: »Es bestehen zwei verschiedene und klare Hauptprobleme hinsichtlich der Ausgewiesenen-/Flüchtlings-Frage. Das dringendste betrifft die ununterbrochene unerlaubte Einwanderung von Personen aus der Tschechoslowakei, Ungarn, Österreich und Jugoslawien und aus den anderen besetzten Gebieten Deutschlands. Im Hinblick auf die überfüllten Wohnverhältnisse und die begrenzten Lebensmittelzufuhren bedeutet der tägliche illegale Zustrom von 400 bis 600 Personen eine ernsthafte Behinderung für den Wiederaufbau der wirtschaftlichen, sozialen und politischen Verhältnisse in Deutschland. Die deutschen Behörden müssten berechtigt sein, drastischere Maßnahmen zu ergreifen, um diesen Menschenstrom abzudämmen.«[8]

Sanitäter der 1. US-Army kümmern sich hier in Rheinbrohl um befreite russische Kriegsgefangene. Aufnahme vom 20. März 1945.

Das zweite Hauptproblem liege in der Assimilierung der schon jetzt
in der US-Zone lebenden Ausgewiesenen und Flüchtlinge. Ein wirklicher Erfolg könne nur eintreten, wenn hinreichende Wohnmöglich-
keiten und ausreichend Arbeitsplätze geschaffen werden könnten. Die
Neuankömmlinge seien auf der Grundlage des vorhandenen Wohn-
raumes zwar so gleichmäßig wie möglich verteilt worden, aber es sei
nicht möglich gewesen, der Aufnahme der Flüchtlingsarbeiter in Industrie und Wirtschaft die nötige Beachtung zu geben. Weisz: »Diese
Leute bedeuten für Deutschland eine ungeheure Belastung, die nur
dann in einen Gewinn umgewandelt werden kann, wenn ihre technischen Kenntnisse und Erfahrungen in der grösstmöglichen Weise genutzt werden können«.

US-Lob für Hessen, Tadel für Bayern

Die meisten Flüchtlinge blieben, solange der Zustrom nicht gelenkt
wurde, in den Auffangländern, also im Wesentlichen in der britischen

131

und der amerikanischen Besatzungszone hängen. Bemerkenswert ist, dass das kleine Württemberg-Baden nach Schleswig-Holstein die Hauptlast des Flüchtlingsproblems zu tragen hatte. Hier wurden in den ersten Nachkriegsjahren rund 700 000 Flüchtlinge, dazu 140 000 Evakuierte und Ausländer aufgenommen. Nach einer Unterlage des Statistischen Landesamtes Württemberg kamen am 1. Januar 1949 auf einen Quadratkilometer in Schleswig-Holstein 58,6 Flüchtlinge, 43,5 in Württemberg-Baden, 37,3 in Niedersachsen, 30,6 in Hessen, 30,7 in Nordrhein-Westfalen und 27,2 in Bayern Flüchtlinge. Rechnet man Evakuierte und Ausländer – in der Regel »Displaced Persons«, also ehemalige Zwangsarbeiter – hinzu, ergibt sich dieses Bild: 71,2 in Schleswig-Holstein, 53,5 in Württemberg-Baden, 48,6 in Niedersachsen, 40,4 in Hessen, 36,3 in Nordrhein-Westfalen und 36,1 Flüchtlinge pro Quadratkilometer.[9] in Bayern

Diese Übersicht muss allerdings mit Vorbehalten betrachtet werden, denn sie sagt nichts über die »Wohndichte« beispielsweise in den Regionen mit vielen Großstädten aus. Dazu gab es eine dritte Zählweise: Bayern zählte mit Stichtag 15. Mai 1946 eine »Nährmittelbevölkerung« von 8 160 741 Menschen.[10] In dieser Zahl waren 6 471 150 »wirkliche« Bayern enthalten, 41 848 Evakuierte aus Groß-Hessen und Württemberg-Baden, 31 714 aus der französischen, 116 843 aus der britischen, 108 189 aus der sowjetischen Besatzungszone sowie 84 954 aus Berlin. Zu versorgen waren ferner 529 080 Flüchtlinge aus den polnischen besetzten Gebieten, 432 963 aus der Tschechoslowakei, Österreich und dem sonstigen Ausland und schließlich 344 000 Ausländer, zumeist ehemalige Zwangsarbeiter.

Um das Flüchtlings- und Vertriebenenproblem in den Griff zu bekommen, hatte OMGUS die Professoren C. A. MacCartney, Oxford, und Julius Isaac, London, mit entsprechenden Untersuchungen beauftragt. MacCartney befasste sich ausschließlich mit der Situation in der US-Zone und kam nach Besuchen in München, Stuttgart und Wiesbaden und Gesprächen mit deutschen Politikern und Flüchtlingsführern sowie mit Unterstützung amerikanischer Dienststellen unter anderem zu diesen Ergebnissen:

»Es ist eine allgemein anerkannte Tatsache, dass von den drei Ländern die Lage in Hessen in jeder Hinsicht am besten ist, am schlechtesten in Bayern, während Württemberg-Baden zwischen den beiden, jedoch näher zu Hessen steht. Wie uns berichtet wurde, war in Hessen – zumindest bis zur vergangenen Woche – die grosse Mehrzahl der Flüchtlinge beschäftigt. Sie waren so gut wie ausnahmslos in Privathäusern untergebracht, und es bestand jedenfalls keine politische oder soziale Diskriminierung ihnen gegenüber. Es wurde mir versichert, dass in Hessen nicht nur keine Partei bestand, die der Bayernpartei entsprochen hätte, sondern dass auch keine Tendenz bestände, eine solche Partei zu gründen.«[11]

Statt »Saupreuße« nun »Sauflüchtling«

Völlig anders stellte sich für MacCartney die Lage in Bayern dar: »In Bayern lebt ein beträchtlicher Teil der Flüchtlinge noch in Lagern und Baracken. Es herrscht noch eine nicht unbeträchtliche Arbeitslosigkeit. Die letzten Wahlen brachten eine hohe Stimmenzahl für die Bayern-Partei, deren Programm zu einem großen Teil in unverhüllter Weise gegen die Flüchtlinge gerichtet ist. Aber auch außerhalb dieser Partei war die Haltung der Bevölkerung – von der höchsten bis zur niedrigsten Klasse – weitgehend flüchtlingsfeindlich. Es wurde mir berichtet, dass bei den Bayern jetzt die Beschimpfung ›Geh zu den Flüchtlingen‹ üblich ist und dass ›Sauflüchtling‹ teilweise das traditionelle ›Saupreuße‹ als Beschimpfung ersetzt. Seine Eminenz Kardinal Faulhaber selbst sagte mir geradeheraus, dass Bayern keinerlei zusätzliche Bevölkerung außer der eingeboren assimilieren könne. Die einzige Lösung für das Flüchtlingsproblem wäre daher die Auswanderung. Er äußerte diese Meinung auch in einem kürzlich erschienenen Hirtenbrief, und ich hörte, dass der bayerische Ministerpräsident kürzlich die gleiche Ansicht vertrat. Nur in Bayern hörte ich die Meinung, dass die Anwesenheit von Ausgewiesenen, die nicht in den traditionellen Rahmen – sozial und wirtschaftlich – passen, unwillkommen ist; das agrarische Bayern wünsche keine Industriearbeiter, die entweder rot oder braun wären, es könne nur schwarze brauchen.

Die Ausgewiesenen ihrerseits sprachen oft bitter über die Bayern, sowohl über die Bevölkerung wie auch über die Behörden, und ich hörte von den Führenden unter ihnen, dass der Extremismus – in der Ausübung oder potentiell – unter ihren Landsleuten noch verhältnismäßig weit verbreitet ist.«

Wiederholt musste die amerikanische Militärregierung eingreifen, um die Rechte der Flüchtlinge zu schützen. Münchens Oberbürgermeister Wimmer beispielsweise bekam im August 1948 entsprechende Kritik von Militärgouverneur Kelly zu hören. Der Oberst monierte, die der Bayernpartei angehörenden Mitarbeiter des städtischen Wohnungsamtes hätten angedeutet, alle Nichtbayern aus Räumen und Häusern Münchens zu vertreiben. Wimmer mochte das Verhalten nur mit der Überbelastung der Mitarbeiter und damit entschuldigen, dass 1948 840 075 Parteien sich im Wohnungsamt gemeldet hätten.

Für Württemberg-Baden konstatierte Professor McCartney, dass dort der Grad der wirtschaftlichen Eingliederung relativ weit vorangeschritten sei. Das Land habe eine vernünftige Politik verfolgt, wo immer möglich die Lücken in seiner Wirtschaftsstruktur zu schließen, um damit nicht zuletzt die wirtschaftliche Selbstständigkeit zu stärken. Die Zahl der Einheimischen, die davon ausgehe, dass die Flüchtlinge dauerhaft blieben, sei verhältnismäßig hoch. Ähnliches gelte für die Flüchtlinge, die – wie auch in Hessen – eine realistische Haltung einnähmen und aus ihrem Schicksal das bestmögliche machen wollten. Dieser Prozess habe in Bayern hingegen kaum begonnen.

Zur Befindlichkeit der Flüchtlinge und Ausgewiesenen selbst fand MacCartney heraus, dass die Sehnsucht, in die alte Heimat zurückzukehren, noch stark verbreitet sei. In Wiesbaden hätten ihm Flüchtlingsvertreter gesagt, neunzig Prozent der Vertriebenen wollten zurückkehren, in München wurde ihm die Zahl von hundert Prozent genannt. Als besonders bemerkenswert stellte MacCartney in seinem Bericht heraus, dass sich die Flüchtlinge aus allen Herkunftsländern und -plätzen »freiwillig in vollständiger Solidarität zusammengeschlossen haben, um ihre gemeinsamen Interessen zu verteidigen«.

Erforderlich sei eine Neuverteilung der Flüchtlinge und zwar auf bi- oder möglichst sogar auf trizonaler Basis, um die Ungleichheiten zu beseitigen, die durch die ursprüngliche, schnelle Verteilung der Flüchtlinge entstanden seien. Im Übrigen könne das Flüchtlingspro- blem nur durch Entscheidungen der internationalen Politik gelöst werden. Wenn die alliierte Politik Deutschland und dessen Bevölke- rung keine einigermaßen befriedigende wirtschaftliche Entwicklung ermögliche, dann könnten die Flüchtlinge auch nicht im erforderli- chen Maße eingegliedert werden. Wenn es nicht zu Gleichheit und Gerechtigkeit zwischen Einheimischen und Flüchtlingen komme, werde es keine Assimilierung geben, egal, welche Politik ganz Deutschland gegenüber gewählt werde.

Zaghafter Zonenausgleich

Die von MacCartney angesprochene Umverteilung der Flüchtlinge in- nerhalb der westlichen Besatzungszonen beschäftigte die Militärbe- hörden und die deutschen Stellen ständig, wobei die einen Länder Flüchtlinge abgeben, die anderen sie aber nur begrenzt oder gar nicht aufnehmen wollten. Zudem ging es im Grunde immer wieder aus- schließlich um einen Austausch innerhalb der amerikanischen und britischen Zone. Aus der sowjetischen Besatzungszone strömten die Menschen weiter in Richtung Westen, und die Franzosen weigerten sich hartnäckig, auf diesem Gebiet einen solidarischen Beitrag zu leis- ten. Sie kamen aber letztlich nicht umhin, wenigstens die Bürger wie- der aufzunehmen, die aus ihrer Besatzungszone stammten und wäh- rend des Krieges in die jetzige US-Zone verschlagen worden waren. Am 1. Juni 1946 ordnete die Militärregierung für Bayern die Rückfüh- rung der Evakuierten in die französische Besatzungszone an und leg- te folgende Grundsätze fest: Bleiben durften »nur wirkliche (bona fi- de) Einwohner der amerikanischen Besatzungszone. Ein deutscher Bürger, der nach dem 8. Mai 1945 aus persönlichen Gründen oder nach dem 1.9.1939 in die US-Zone aus Gründen gezogen ist, die un- mittelbar oder mittelbar mit Deutschlands Kriegsführung oder dem Verlauf des Krieges in Verbindung standen, ist kein ›wirklicher‹ Einwohner. Es ist daher unangebracht, diese Personen in der Zone der Vereinigten Staaten zu behalten, nachdem die Aufnahme dieser Evakuierten innerhalb der Zone ihrer Heimat angeordnet ist«.[12]

Aufgeschoben werden durfte die Rückführung nur bei »unabkömmlichen« Beamten und Angestellten der Verwaltung, der Industrie, der Landwirtschaft und der sozialen Fürsorge, bis für sie qualifizierter Ersatz bereit stand. Ähnliches galt für chronisch Kranke, stillende Mütter und Frauen ab dem 5. Monat der Schwangerschaft »bis zu dem Zeitpunkt, an dem sie reisefähig sind«. Eine weitere Sonderregelung galt für »deutsche Männer oder Frauen, die mit ›wirklichen‹ Einwohnern der US-Zone verheiratet sind, und solche Personen, die zwar nicht ›wirkliche‹ Einwohner der US-Zone sind, aber unmittelbar zu dem Unterhalt eines oder mehrerer nächster Familienangehöriger, die ›wirkliche‹ Einwohner der US-Zone sind, beitragen«. In keinem Fall durften Familien auseinander gerissen werden.

Für die Organisation der Rückführung waren die deutschen Stellen des Flüchtlingswesens verantwortlich, die Eisenbahntransporte über die Grenzstationen Neu-Ulm, Karlsruhe und Wiesbaden in die französische und über Volkmarsen in die britische Zone zu organisieren hatten. Die Züge mit in der Regel vierzig Waggons – je zur Hälfte für Personen beziehungsweise deren Hausrat – wurden von einem Arzt und drei Krankenschwestern begleitet. Wer der Aufforderung zur Rückführung nicht folgte, sollte am 1. September 1949 Wohnrecht, Lebensmittelzuteilung, Arbeitsgenehmigung und Fürsorgeleistungen verlieren.

Erschwert wurde der Flüchtlingsaustausch durch Differenzen unter den Ländern der Westzonen, die sich auf die oben genannten unterschiedlichen Statistiken beriefen und natürlich die für sie jeweils vorteilhafteste ins Feld führten. Da konnte es durchaus als Erfolg gelten, dass sich die bizonale Arbeitsgruppe für Flüchtlingsfragen nach einer Sitzung im Flüchtlingslager Würzburg-Heidingsfeld am 6. November 1947 darauf einigte, Schleswig-Holstein um 300 000 Flüchtlinge zu entlasten, von denen Nordrhein-Westfalen 180 000, Niedersachsen 100 000 und Bremen und Hamburg je 10 000 aufnehmen sollten. Eben-

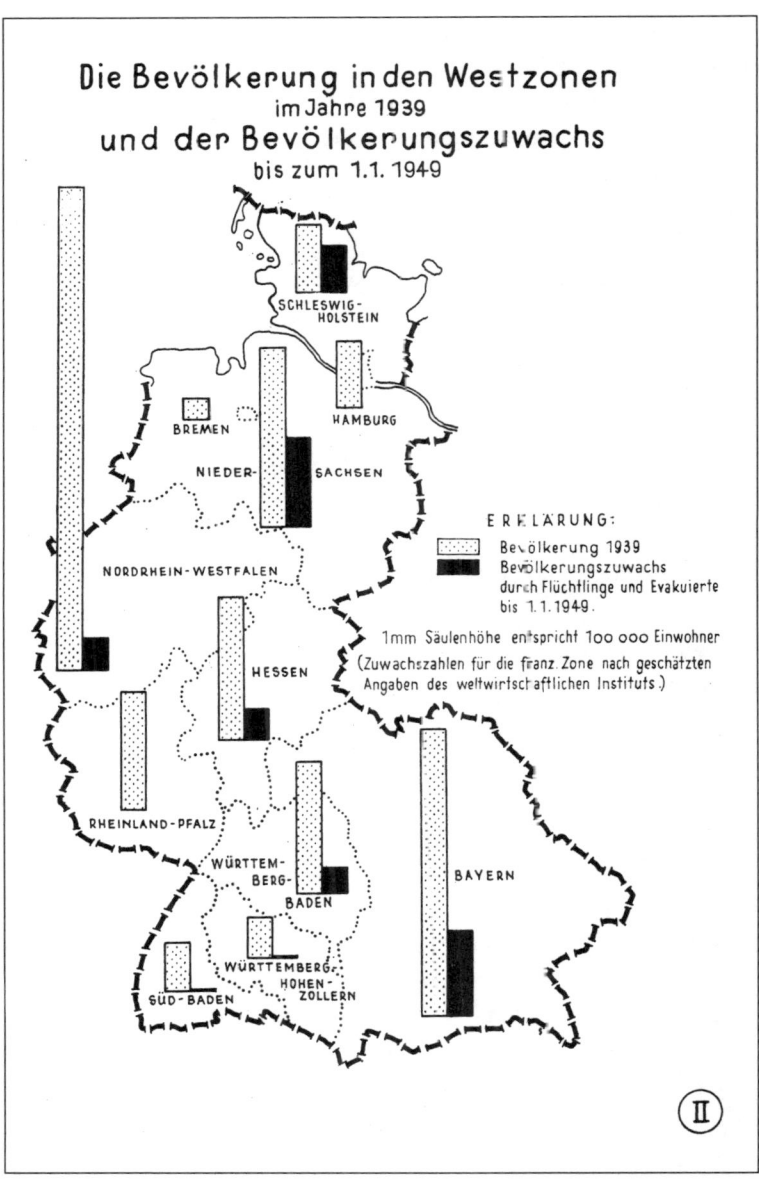

Die Bevölkerung in den Westzonen
im Jahre 1939
und der Bevölkerungszuwachs
bis zum 1.1. 1949

SCHLESWIG-HOLSTEIN

BREMEN

HAMBURG

NIEDER- SACHSEN

ERKLÄRUNG:

Bevölkerung 1939
Bevölkerungszuwachs
durch Flüchtlinge und Evakuierte
bis 1.1.1949.

NORDRHEIN-WESTFALEN

1mm Säulenhöhe entspricht 100 000 Einwohner
(Zuwachszahlen für die franz. Zone nach geschätzten
Angaben des weltwirtschaftlichen Instituts.)

HESSEN

RHEINLAND-PFALZ

WÜRTTEM-BERG-BADEN

BAYERN

WÜRTTEMBERG-HOHEN-ZOLLERN

SÜD-BADEN

Ⅱ

Diese Statistik zeigt: Die Bizone hatte immense Flüchtlingsströme zu integrieren, die Länder
im französischen Herrschaftsbereich waren davon nur mäßig betroffen.

137

so kam man überein, dass auch aus Bayern 300 000 Flüchtlinge ausgesiedelt, 200 000 von ihnen in Württemberg-Baden und der Rest in Hessen eine neue Heimat finden sollten.[13]

Die amerikanische Seite sah wohl die Schwierigkeiten, mit der die Länder ihrer Besatzungszone bei der Aufnahme von Flüchtlingen zu kämpfen hatte, allerdings fand General Clay am 4. Dezember 1947 vor dem Plenum des Länderrats sehr deutliche Worte: »These people are with you. They must be absorbed and your good citizenship in the future depends on the manner in which you absorb them.«[14]

Sorge um den Bier-Nachschub

In einem Referat über die Flüchtlingsnot ging der bayerische Staatssekretär Wolfgang Jaenicke weit in der Geschichte zurück. Die Völkerwanderung »als Folge des Einbruchs der asiatischen Welle um 400 n. Chr. [...] ist ziffernmäßig mit dem heutigen Geschehen überhaupt nicht zu vergleichen«[15], erklärte er. Man wisse, dass die erste Volkszählung des Karolingerreiches, die etwa vierhundert Jahre nach der Völkerwanderung stattgefunden habe, für Deutschland, Oberitalien und Frankreich eine Einwohnerzahl von 2,5 Millionen ergeben habe, das entspreche der augenblicklichen Einwohnerzahl des Regierungsbezirkes Oberbayern.

Von der Gesamtbevölkerung von neun Millionen Menschen in Bayern seien 26,6 Prozent »Ortsfremde«. Besonders ging der Staatssekretär auf die von der Tschechoslowakei Ausgewiesenen ein. Anfangs habe die ČSR fast ausschließlich Frauen und Kinder geschickt, nur elf Prozent seien arbeitsfähige Männer gewesen. Sie hätten fünfzig Kilogramm Gepäck und fünfhundert Reichsmark mitnehmen dürfen, lediglich bei 120 000 Antifaschisten sei eine Ausnahme gemacht worden, da diese auch Möbel und Hausrat in den Westen hätten mitnehmen dürfen. Die Auswirkungen der Flüchtlingswelle beschrieb Jaenicke so: »Bayern ist zurzeit die Haupternährerin des nordwestlichen Deutschlands. Immer tiefer sinkt – durch die übermäßigen Abgaben – der Lebensstandard der Bauern. Schon ist der Wegfall des flüssigen Brotes – des Bieres – angeordnet, unsere Wälder werden in katastrophaler

Weise abgeholzt, um an der Ruhr ihre Weiterarbeit zu ermöglichen. Auf der anderen Seite haben wir eine Kohlenkatastrophe, die unser ganzes Leben dort zum Erliegen zu bringen droht. Warum? Weil alle diese kostbaren Gebiete östlich der Oder und Neisse ihre enormen Überschüsse nicht mehr an das hungernde Westdeutschland geben können.«

Daneben sei es trotz aller Anstrengungen und äußerster Beschränkung des Bedarfes für die einheimische Bevölkerung lediglich gelungen, je hundert Flüchtlingen 28 Betten, 6,4 Matratzen oder Strohsäcke, 0,46 Tische, 2,8 Herde und Öfen, 18 Wolldecken, 1,55 Stück Textilien und 57 Paar Schuhe zu beschaffen. Neben den Problemen bei der Unterbringung und Versorgung nannte Jaenicke schließlich die Schwierigkeiten bei der Beschaffung von Arbeitsplätzen für die Flüchtlinge. Neben den materiellen Fragen wiege »die kulturelle und seelische Betreuung dieser entwurzelten Menschen, die kein eigenes Buch ihr eigenes nennen(sic), und die sich in einer seelischen Zerrissenheit sondergleichen befinden«, ebenso schwer wie auch die Zusammenführung zerrissener Familien. Jaenicke abschließend: »Wir alle haben den Krieg verloren, schuldig oder unschuldig. Aber diese Menschen tragen am härtesten von uns, mehr auch als alle Evakuierten und Ausgebombten, denn sie haben das verloren, was durch nichts in der Welt ersetzt werden kann, was tausendfältig im Herzen eines Menschen wiedererklingt: ihre Heimat.«

Hessen: Bei den »Mischehen« an der Spitze

In Hessen galt die Integration von Flüchtlingen als besonders gelungen, was auch Berichte des Hessischen Landesflüchtlingsamtes immer wieder bestätigen. Exemplarisch kann hier der Wochenrapport vom 30. Dezember 1947 herangezogen werden, der sich mit den »Heiraten zwischen Flüchtlingen und Einheimischen« beschäftigte. Im gesamten Land Hessen – mit Ausnahme der Stadt Kassel und des Landkreises Alsfeld, für die noch keine Ergebnisse vorlagen – hatten im Zeitraum vom 1. Oktober 1946 bis zum 31. Oktober 1947 5 909 »Flüchtlingsmänner« eine Einheimische geheiratet, 2 160 »Flüchtlingsfrauen« einen Hessen. 17,9 Prozent aller im genannten Zeitraum geschlossenen Ehen waren damit Heiraten zwischen einem Flüchtling und einem einheimischen Partner. Während in Hessen je 1 000 Einwohner eine monatliche Heiratsziffer von durchschnittlich 11,64 registriert wurde, lag die Zahl bei den »Mischehen« bei 14,5 und überstieg damit die allgemeinen Heiratsziffern. Obwohl in Frankfurt und Wiesbaden Flüchtlinge nur vier Prozent der Gesamtbevölkerung ausmachten, registrierten sie mit 644 beziehungsweise 444 die meisten »Mischehen«. Nur aus damaligen Traditionen heraus verständlich ist eine weitere Feststellung in dem Bericht: »Bei 69,35 % der Ehen ist der Mann Flüchtling, bei 30,65 % die Frau. Da zu einer Ehe eine gewisse Aussteuer gehört, die nach altem bürgerlichen Brauch von der Frau beigebracht werden muss, erklärt sich diese zunächst auffallende Missverhältnis von selbst.«[16]

Größte Chancen bei den hessischen Frauen hatten Handwerker, die vierzig Prozent der heiratenden Flüchtlinge ausmachten. Viele einheimische Handwerker waren aus dem Krieg nicht zurückgekehrt, ihre Frauen waren nun Witwen. Zudem fehlte heiratsfähigen Mädchen der einheimische, einheiratende Ehepartner. Der Flüchtlingshandwerker füllte hier gewissermaßen eine Lücke. Bei den Hessinnen gefragt waren ferner Facharbeiter (14 Prozent) sowie Hilfsarbeiter mit dreizehn Prozent, wobei sich hinter dieser Bezeichnung die unterschiedlichsten Berufe, häufig hoch qualifiziert, verbargen. Auch wenn es im Vergleich zu anderen Ländern den Flüchtlingen in Hessen relativ gut ging, Probleme gab es dennoch zuhauf. Überprüfungen in neunzehn hessischen Gemeinden ergaben, dass 65 Prozent aller Flüchtlingsfamilien in nur einem Raum wohnten, nur zwanzig Prozent durften die Waschküchen mitbenutzen. Wenngleich die meisten Flüchtlinge mit ihren Quartiergebern gut auskamen, gab es doch immer wieder Querelen. In der Reihenfolge der Häufigkeit ging es darum, dass Eigentümer beschlagnahmte Zimmer oder geliehene Gegenstände zurückforderten, Flüchtlinge beschimpften und ihnen Besuche verboten, Haustürschlüssel verweigerten oder die Arbeitskraft der Flüchtlinge ausbeuteten. Generell schlecht war die Ausstattung mit Möbeln, nur siebzig Prozent verfügten über ein eigenes Bett, wobei die amerikanischen Behelfsbetten bereits mitgezählt waren. Ohne Ausnahme fehlten allen Eimer, Waschschüsseln, Wannen, Teller und Essbesteck. Das wenige, was vorhanden war, hatten die meisten bei der Flucht mitnehmen können.[17]

Bis Dezember 1946 hatten in Groß-Hessen knapp 400 000 Vertriebene Zuflucht gefunden: in den Kreisen des Regierungsbezirks Wiesbaden 153 779, davon mit 20 126 die meisten in Wetzlar. 120 812 Vertriebene waren im Regierungsbezirk Kassel untergekommen, und 127 265 im Regierungsbezirk Darmstadt.[18] Bei einer Gesamtbevölkerung Hessens von 4,29 Millionen Einwohnern stammten mit Stichtag 14. August 1949 396 348 aus der Tschechoslowakei, 198 775 aus Polen, 27 412 aus Ungarn, 6 775 aus Österreich, 4 171 aus Rumänien und 18 817 aus sonstigen Ländern. Aufgenommen hatte Hessen ferner 48 137 Flüchtlinge aus der Sowjetischen Besatzungszone, 214 037 aus der britischen beziehungsweise französischen Besatzungszone und 29 184 Ausländer, vornehmlich Displaced Persons.[19] Dies bedeutete: Etwas über zwanzig Prozent der Gesamtbevölkerung war nach dem Krieg innerhalb kürzester Zeit nach Hessen gekommen, mussten Wohnungen erhalten, Verpflegung und nach Möglichkeit auch Arbeit.

US-Veto gegen »Flüchtlingsparteien«

In Bayern lebten nach einem Tätigkeitsbericht des Hauptausschusses der Flüchtlinge und Ausgewiesenen Ende 1947 neben 6 727 897 einheimischen Bewohnern 1 802 933 Flüchtlinge und Ausgewiesene.[20] Schon kurz nach dem Eintreffen der ersten Flüchtlinge im Juni 1945 entstanden Organisationen zur Selbsthilfe, nämlich die »Hilfsstelle für Flüchtlinge aus den Sudetengebieten« und die »Hilfsstelle für Flüchtlinge aus den Südoststaaten«. Beide Einrichtungen bemühten sich in erster Linie darum, Familien zusammenzuführen und die Eingewöhnung in der neuen Heimat zu erleichtern. Zwar mussten die beiden Hilfsstellen auf Anordnung der amerikanischen Militärregierung ihre Arbeit schon bald wieder beenden, doch wies der Direktor der Militärregierung für Bayern, General Walter H. Mueller, am 11. Juli 1946 den bayerischen Ministerpräsidenten Wilhelm Hoegner an, dass die Flüchtlinge und Ausgewiesenen unmittelbar in allen Ausschüssen vertreten sein mussten, die sich mit Flüchtlingsangelegenheiten befassten, sowie in beratenden Ausschüssen, die mit Wohnungs-, Wohlfahrts- und Arbeitsfragen und Regierungsstellen zu tun hatten. Eine Besonderheit des bayerischen Umganges mit den Flüchtlingen stellte die Bildung eines »Hauptausschusses für das Flüchtlingswesen dar«, der am 24. Juli 1946 erstmals zusammentrat. Er bestand aus fünfzehn Flüchtlingen und Ausgewiesenen, von denen fünf der CSU, fünf der SPD und je einer der WAB, der KPD und der FDP angehörten und die übrigen parteilos waren. Es ist durchaus bemerkenswert, dass die amerikanische Militärregierung neben der staatlichen Flüchtlingsverwaltung die Gründung dieses Hauptausschusses genehmigte, der nicht nur aus Steuermitteln finanziert wurde, sondern sich als eine unabhängige Flüchtlingsvertretung verstand. Allerdings untersagte General Lucius D. Clay für die Militärregierung die Gründung politischer Flüchtlingsparteien, so der »Wirtschaftlichen Flüchtlingspartei«, die sich im Juni 1946 um die Lizenz für Niederbayern und die Oberpfalz beworben hatte. Im Hinblick auf ihre politische Stellung hatten Flüchtlinge erhebliche Nachteile hinzunehmen. Niemand konnte zwar gezwungen werden, in die sowjetische Besatzungszone zurückzukehren, doch war nach der bayerischen Gemeindeordnung sowie nach dem Wahlgesetz zur verfassungsgebenden Landesversammlung eine einjährige Aufenthaltsdauer in Bayern Voraussetzung für den Erhalt des Wahlrechtes. Bei den Kommunalwahlen im Januar und April 1946 sowie bei der Wahl zur verfassungsgebenden Landesversammlung im Juni 1946 blieben die meisten Flüchtlinge also außen vor.

Bei den bayerischen Landtagswahlen am 1. Dezember 1946 konnten die Flüchtlinge zwar nicht mit einer eigenen Partei antreten, doch waren sie mit Kurt Weidner, Ewald Bitom, Alfred Noske und im Senat mit Erika Vogl direkt im Parlament vertreten. In keinem anderen Land der Westzonen, geschweige denn der sowjetischen Besatzungszone waren die Flüchtlinge politisch derart aktiv wie in Bayern. Der Hauptausschuss hatte Gewicht in den Beiräten des Staatsbeauftragten sowie der Regierungspräsidenten bis hinunter auf Kreisebene. Daneben standen Flüchtlingsvertrauensleute in enger Verbindung mit örtlichen Dienststellen der Besatzungsmacht und der deutschen Verwaltung. Im bayerischen Siedlungsrat wirkten Flüchtlingsvertreter ebenso mit wie in einer Vielzahl von Ausschüssen nahezu aller Ministerien der bayerischen Staatsregierung. Die in Bayern untergebrachten Flüchtlinge waren nach Gründung des Vereinigten Wirtschaftsgebietes auch treibende Kraft bei der Gründung des »Beirates von Flüchtlingsvertretern der einzelnen Länder der Bizone bei der Arbeitsgemeinschaft der deutschen Flüchtlingsverwaltungen«, über den sie ihre Interessen gebündelt gegenüber den amerikanischen und britischen Dienststellen durchzusetzen versuchten.

In der Wirtschaft die treibende Kraft

Trotz der in der Bevölkerung vorhandenen Ressentiments gelang es den Flüchtlingen in ungewöhnlicher Weise, in Bayern und besonders in der bayerischen Wirtschaft Fuß zu fassen, wie das nachfolgende Zitat aus dem »Tätigkeitsbericht« beweist:

»Im Lande Bayern befinden sich rund 28 000 selbständig gewesene Unternehmer. Für diese mußte eine Regelung ihrer Berufseingliederung getroffen werden, noch bevor das Flüchtlingsgesetz herauskam. Im September 1945 wurde an das bayer. Staatsministerium für Wirtschaft eine Eingabe, betreffend Einschaltung der Ausgewiesenen in Handel und Handwerk, eingebracht. Die Gründe für die Eingabe liegen darin, daß die einheimischen Unternehmer in den neu ins Land gekommenen einen Konkurrenten sehen und die unteren Gewerbebehörden ein volkswirtschaftliches Bedürfnis für die Errichtung von Flüchtlingsbetrieben nicht anerkennen wollten. Diese negativen Momente mußten ausgeschaltet werden. Deshalb wurde als begutachtende Stelle der Hauptausschuß eingeschaltet und für die Anerkennung des volkswirtschaftlichen Bedürfnisses wurden für die Gewerbebehörden feste Normen aufgestellt: Durch achtmonatiges Verhandeln konnte am 18.4.1947 die Ministerialentschließung Nr. W III/113894 Dr. Mü/H, betr.: Einschaltung von Flüchtlingen in die gewerbliche

Wirtschaft (Handel und Handwerk) erreicht werden. Damit waren eine Rechtsgrundlage und eine praktische Handhabe für die Verwaltungsbehörden einerseits und für die Überprüfung durch die Flüchtlingsvertretungen andererseits gegeben.«[21]

Das Ergebnis all dieser Bemühungen konnte sich sehen lassen. Bis zum 31. Dezember 1947 hatten Flüchtlinge und Ausgewiesene 1 936 Industrie-, 459 Großhandels- und 1 736 Einzelhandelsbetriebe gegründet. Außerdem hatten sich 538 Handelsvertreter selbstständig machen dürfen. Ähnliches galt für die Eingliederung von Ärzten. Hier praktizierten Ende 1947 345 Ärzte (51,3 Prozent der geflohenen Ärzte) wieder, dazu verdienten sich 212 Flüchtlings-Zahnärzte in eigener Praxis ihren Lebensunterhalt. Von 8 100 in Frage kommenden Volksschullehrern unterrichteten 5 700, von 1 850 Lehrern an höheren Schulen 790. Anders sah die Situation bei den Professoren aus. Bis Jahresende 1947 hatten von 160 ordentlichen und außerordentlichen Professoren, Dozenten und Assistenten lediglich sechs einen Lehrauftrag erhalten. Vor Schwierigkeiten standen Richter und Staatsanwälte besonders aus dem Sudetenland. Sie sollten – anders als diejenigen aus den Gebieten östlich von Oder und Neiße – in sechsmonatigen Kursen auf eine mögliche Aufnahme in den Staatsdienst vorbereitet werden. Erwähnt werden soll auch, dass in den vier Regierungsbezirken Unterfranken, Mittel-Oberfranken, Oberpfalz-Niederbayern und Schwaben Flüchtlingen 360 Siedlerstellen mit einer Gesamtfläche von 2 700 Hektar zugewiesen wurden, Einheimischen dagegen nur 160 mit einer Gesamtgröße von 1 640 Hektar. Grundlage hierfür war die Mitte 1946 auf Anweisung der Militärregierung beschlossene Bodenreform, nach der Grundbesitz von mehr als hundert Hektar – mit einigen Ausnahmen – enteignet werden sollte, um »Siedlungsland« zu gewinnen.

Auf der einen Seite machten Unterbringung und Versorgung der Flüchtlinge den bayerischen Behörden zu schaffen, auf der anderen Seite aber waren sie für die Wiederherstellung normaler Verhältnisse längst unentbehrlich geworden. Von 20 000 Volksschullehrern waren in Bayern Ende 1947 5 500 Flüchtlinge und von 3 200 Mittelschullehrern etwa 1 000.

Gerade in Bayern traten Flüchtlinge, und dies ist bemerkenswert, durchaus selbstbewusst auf. Schon 1947 präsentierten sie sich und ihre Arbeit in Leistungsschauen in mehreren bayerischen Landkreisen; so bei einer Neubürgermesse in Passau oder bei Ausstellungen der Flüchtlingsbetriebe in Freising, Augsburg, Nördlingen, Pfaffenhofen, Vilsbiburg und Memmingen, bei denen nicht nur Inlands- sondern auch erste Exportaufträge erteilt wurden. Das Wohlgefallen des Ministerrates fanden die Flüchtlinge mit ihren Aktivitäten nicht immer. Im Mittelpunkt der Kritik stand insbesondere Egon Herrmann, der als Vorsitzender des Lagerausschusses Dachau den Versuch unternahm, sich zum Sprecher aller Flüchtlingslager in Bayern zu machen. Der Ministerrat wies diesen Anspruch zurück und verhängte ein Redeverbot. Nicht verhindern konnte die Regierung dagegen die Bildung eines »Notparlaments der Flüchtlinge«, das zwar keine gesetzgeberische Funktionen, wohl aber erheblichen Druck auf den Ministerrat ausüben konnte.

Im Jahr 1948 erhöhte sich in Bayern die Zahl der Flüchtlinge auf 1,883 Millionen, nicht zuletzt bedingt durch die Ausweisung von Sudetendeutschen aus der Tschechoslowakei. Nach der kommunistischen Machtübernahme in Prag flohen zudem Tausende so genannter »Nationaltschechen« und fanden Zuflucht in Bayern. Hinzu kamen noch kleinere Gruppen von Flüchtlingen aus Dänemark.

Außerdem hielt der Zustrom von so genannten »Einzelgrenzgängern« aus der sowjetischen Besatzungszone nach Bayern an. Staatssekretär Jaenicke beklagte in der Sitzung des bayerischen Ministerrates am 24. November 1947, dass solche Flüchtlinge nahezu ungehindert in die britische und von da aus in die US-Zone gelangen könnten. Das Flüchtlingslager in Allach, das für diesen Personenkreis eingerichtet war und eine Kapazität von 800 Plätzen hatte, beherbergte zu diesem Zeitpunkt weit über 2000 Ostzonen-Flüchtlinge. In den bayerischen Auffanglagern warteten insgesamt 24000 SBZ-Flüchtlinge auf ihren Weitertransport. Jaenicke ging sogar davon aus, dass in der nächsten Zukunft bis zu drei Millionen Menschen die Ostzone verlassen und in den Westen strömen könnten.[22] Die bayerische Regierung erwog ernsthaft, den größten Teil der Flüchtlinge in die sowjetische Besatzungszone zurückzuschicken. Dies würde zwar einen Sturm der Entrüstung hervorrufen, darüber war man sich klar, aber dies sei hinzunehmen, da höchstens fünf Prozent dieses Personenkreises tatsächlich politisch verfolgt sei.

Hoffen auf die wirtschaftliche Einheit

Einen Sonderfall stellten die genannten »Einzelgrenzgänger« dar, sprich Flüchtlinge aus der sowjetisch besetzten Zone. Ursprünglich hatte die US-Militärregierung angeordnet, dass diese in Sammeltransporten in den sowjetischen Herrschaftsbereich zurückgeschickt werden sollten, was sich jedoch in der Praxis als undurchführbar erwies. Darauf machte der bayrische Ministerpräsident Hans Ehard in der Sitzung des Länderrats am 1. und 2. Dezember 1947 den amerikanischen stellvertretenden Militärgouverneur Georg P. Hays aufmerksam. Dieser erklärte daraufhin, es gebe nur die Möglichkeiten, entweder diese Grenzgänger so schwer zu bestrafen, dass sie es nicht mehr wagten, über die Grenze zu gehen, oder in Übereinstimmung mit der sowjetischen Militärregierung die Ausweitung des Grenzgängertums zu verhindern. Er, Hays, werde sich mit den Engländern in Verbindung setzen, um zu einer Lösung zu kommen. Sehr viel Hoffnung habe er nicht. Die Frage sei, wie man Leute, die aus politischen Gründen überträten, von anderen illegalen Grenzgängern unterscheiden wolle. Hays fasste zusammen, es gebe zwei Wege: »1. dass die Russen sich bereit erklärten, die Leute zurückzunehmen; aber er wisse nicht wie man eine solche Bereitwilligkeit erreichen könnte, 2. die Grenzen abzuriegeln. Das erfordere jedoch zu viel Personal. Die Leute sollten in dem Ausmaß zurückgeschickt werden, als die Russen bereit seien, sie anzunehmen. Dabei kämen natürlich nur die Personen in Betracht, die nicht aus politischen Gründen herübergekommen seien.«[23]

Wenn bei der anstehenden Londoner Konferenz die politische und wirtschaftliche Einheit, »wie man bestimmt hoffe«, erreicht werde, werde sich auch dieses Problem vollkommen vereinfachen. Die Bewegungsfreiheit beim Überschreiten der Grenze stehe in einem engen

Zusammenhang mit dem Handel von Waren zwischen den Zonen. Solange die Vereinigten Staaten Waren der verschiedensten Art nach Deutschland schickten, bestehe immer die Gefahr, dass diese Waren in Teile Deutschlands gelangten, für die sie nicht bestimmt gewesen seien. Jedenfalls zeige die Diskussion, dass es sich um ein Regierungsproblem handele, das von den in London vertretenen Regierungen gelöst werden müsse.

Schacher um die Flüchtlingsaufnahme

Mit der Währungsreform um Juni 1948 verschlechterte sich die Situation der Flüchtlinge dramatisch. Insbesondere Flüchtlingsbetriebe litten unter Finanzierungsschwierigkeiten. Hungerstreiks in den Flüchtlingslagern waren die Folge. Zu dieser Zeit befanden sich noch rund 110 000 Flüchtlinge in insgesamt 248 bayerischen Flüchtlingslagern. Außerdem gab es sechs Grenzlager in Hof-Moschendorf, Hof-Nord, Schalding, Piding, Furth i. Wald und in Wiesau. Sorgen bereiteten der bayerischen Regierung im September 1948 Meldungen, nach denen die Prager Regierung rund 30 000 Sudetendeutsche zwangsweise nach Bayern abschieben wollte. Um dieses zu verhindern, nahm die Staatsregierung Kontakt mit der Besatzungsmacht auf, doch war diese, wie Staatsminister Ankermüller auf der Ministerratssitzung vom 27. September 1948 berichtete, »ziemlich unbestimmt« gewesen.[24] Eine wirkliche Absperrung der Grenze zur Tschechoslowakei sei unmöglich. Hinzu kam, dass auch aus der britischen Zone 17 000 illegale Flüchtlinge, die aus der sowjetischen Besatzungszone gekommen waren, nach Bayern abgeschoben wurden, »aus politischen Gründen«, wie Ankermüller vermutete.

Ein Flüchtlingsausgleich unter den Ländern der US-Zone, auf den Bayern seit 1946 drängte, kam jedoch nicht mehr zustande, nachdem Anfang 1949 bei der Verwaltung des Vereinigten Wirtschaftsgebietes das Amt für Fragen der Heimatvertriebenen gebildet worden war und es damit zu einer Kompetenzverlagerung kam. Bayern konnte dennoch Flüchtlinge abgeben, und zwar in die französische Zone. Nach langem Zögern hatten Militärgouverneur General Jean Marie Koenig und die

Ministerpräsidenten der französischen Zone dem Druck von Amerikanern und Briten nachgeben müssen. Im Verhältnis 2:1:1 sollten Schleswig-Holstein, Niedersachsen und Bayern insgesamt 300 000 Flüchtlinge an die Länder der französischen Zone – mit Ausnahme des Saarlandes – abgeben können. Allerdings wollten die Ministerpräsidenten der Französischen Besatzungszone dieses nicht umsonst tun. Nachdem es zunächst den Anschein hatte, als würden Rheinland-Pfalz, Baden und Württemberg-Hohenzollern wenigstens die ersten 120 000 Flüchtlinge ohne Bedingungen übernehmen, bestanden diese Länder darauf, dass die Transportkosten und Fürsorgesätze für vier Monate getragen würden. Schließlich kam eine Einigung zustande, nach der die abgebenden Länder die Transportkosten trugen und den übernehmenden Ländern ein Betrag von 200 DM pro Kopf als zinsloses Darlehen gewährt wurde. Bayern kostete diese Regelung rund 6,4 Millionen DM.[25]

Integration weitgehend gelungen

Insgesamt war die Integration der Flüchtlinge und Vertriebenen eine Mammutaufgabe, die weitgehend erfolgreich bewältigt wurde. Allerdings kam zum Ende der US-Militärregierung dort eine gewisse Skepsis hinsichtlich der politischen Ausrichtung dieser Gruppen auf, die General Clay 1950 so beschrieb: »Schon haben sie politische Gruppen, hauptsächlich reaktionärer Art gebildet, die die Heimkehr wünschen und fordern. In einem überbevölkerten Land mit begrenzter Wirtschaftsmöglichkeit können sie ganz zweifellos Unruhe verursachen. Sicher haben die deutschen Stellen dieses Problem nicht richtig bewältigt und sind zu keinem Programm gekommen, das auf weite Sicht Möglichkeiten zur Lösung geboten hätte. [...] Wir dürfen das Problem weder vergessen, noch es leichtfertig als deutsche Angelegenheit abtun. Um eines stabilen und friedlichen Europas willen muß es gelöst werden.«[26]

Ex-Zwangsarbeiter als »Landplage«

Kurz soll hier auf ein weiteres Problem eingegangen werden, das der ehemaligen Zwangsarbeiter. Der Umgang mit ihnen wird nur aus der damaligen Situation heraus verständlich und betraf alle westdeutschen Länder gleichermaßen. Auf Anordnung der Militärregierungen mussten die befreiten Zwangsarbeiter bevorzugt versorgt werden, erhielten doppelte Lebensmittelrationen im Vergleich zu Deutschen, dazu Kleidung und Heizmaterialien. Viele der ehemaligen Zwangsarbeiter kehrten zurück, doch vor allem etwa 550 000 Polen und Russen wollten in Deutschland bleiben, da sie fürchteten, wegen »Kollaboration« in ihren Heimatländern verhaftet zu werden. Von den deutschen Politikern wäre angesichts der Geschicke dieser Fremdarbeiter ein besonderes Verständnis für deren Lage zu erwarten gewesen, doch davon konnte keine Rede sein, im Gegenteil. Hessens Wiederaufbauminister Gottlob Binder verlangte bereits auf der ersten Sitzung des Kabinetts am 19. Oktober 1945 ihre »rasche Entfernung«: »Wir haben doch noch eine große Zahl von Polen und Fremdarbeitern, die eine Landplage darstellen. Es ist sonst einfach unmöglich, die Unterkünfte [für die erwarteten Flüchtlinge] bereitzustellen. Wir haben auch keine Verpflichtung, diese Fremdarbeiter zu ernähren. Jetzt stellen sie auch noch die großen Anforderungen von Lohnausgleich und behaupten, sie hätten schlechtere Löhne bekommen, sie belästigen die Bauern und Handwerker in unerträglichem Maße.«[27]

Forderungen, die vor dem 30. März 1945 entstanden seien, sollten zunächst nicht erfüllt werden, von diesem Zeitpunkt an gälten selbstverständlich für diese Arbeiter dieselben Löhne wie für die deutschen. Binder weiter: »Aber die Mehrzahl will natürlich gar nicht arbeiten, sie stehlen und brandschatzen, und es kommen auch Morde vor. Raum- und verpflegungsmäßig könnte das ein Ausgleich sein, wenn wir die anderen [gemeint waren Flüchtlinge] aufnehmen müssen, dass man uns von diesen befreit.«[28]

Innenminister Hans Venedey regte auf der folgenden Sitzung am 24. Oktober 1945 Gespräche zwischen den Amerikanern und der Schweiz an. Dort habe man mit der Aufnahme großer Zahlen von Fremdarbeitern gerechnet und sich durch die Errichtung von Barackenstädten mit eigenen Bäckereien, Sanatorien, Entbindungsanstalten und so weiter darauf vorbereitet. Da die Fremdarbeiter jedoch nicht in dem erwarteten Maß in die Schweiz gegangen seien, sollte man »versuchen, das Problem zu lösen, und die Polen hier auszuschiffen, so daß man von dieser Belastung befreit wäre und damit die anderen etwas leichter tragen könnte«.[29] Die Aussichten hier waren jedoch gering, denn der hessische Ministerpräsident Karl Geiler berichtete von einem Gespräch mit dem amerikanischen Militärgouverneur Oberst James R. Newman. Dieser habe ihm gesagt: »Die Polen wollen nicht zurück. Wir können sie nicht zwangsweise zurücktransportieren.«[30] Erstmals nannte Minister Gottlob Binder, der nicht nur für den Wiederaufbau, sondern auch für die politische Bereinigung zuständig war, konkrete Zahlen. Allein im Regierungsbezirk Wiesbaden waren rund 27 000 ehemalige Fremdarbeiter registriert, so in Wetzlar 9 700, in Wiesbaden 1 500, in Gießen 2 000, in Frankfurt 751, in Darmstadt 3 800. »Im Kreis Usingen sind etwa 400 polnische Intellektuelle, die dort verpflegt werden, keine Tätigkeit haben, ein sehr hohes Taschengeld beanspruchen, ich glaube 50 RM monatlich, sie wollen 150 RM haben. Der Landrat weiß nicht, wo das Geld herkommen soll.«[31] Ein großer Teil der Betroffenen sei in Lagern untergebracht, die anderen lebten »in freier Wildbahn«. Die Amerikaner verlangten nun noch vor dem Winter ihre Unterbringung in den Wohnungen deutscher Familien, während diese in Kasernen umquartiert werden sollten. Das müsse unter allen Umständen vermieden werden, da es von einer politischen Auswirkung sei, die man sich gar nicht vorstellen könne.

Harte Haltung der Militärregierung bei den DPs

Eine wichtige Rolle spielte die Ausländerfrage im alltäglichen Leben insofern, als es häufig zu Übergriffen kam, auch gegenüber amerikanischen Soldaten. Auf diese Situation ging Ministerpräsident Karl Geiler ein, als er am 8. November 1945 von der Länderratssitzung berichtete, die zwei Tage zuvor in Stuttgart stattgefunden hatte. General Clarence L. Adcock habe zunächst »in sehr ruhiger, aber bestimmter Weise Klage darüber geführt, daß bereits wiederholt amerikanische Soldaten Mißhandlungen ausgesetzt gewesen seien. Die amerikanische Militärregierung sähe sich gezwungen, in Fällen, in denen der Täter nicht ausfindig gemacht werden könne, exemplarisch vorzugehen, z. B. durch Räumung der Stadtteile oder Ortschaften, in denen solche Fälle aufgetreten seien«.[32]

Die Kabinettsrunde war sich einig in der Einschätzung, dass für solche Übergriffe in der Regel nicht die einheimische Bevölkerung verantwortlich zu machen sei. Finanzminister Wilhelm Mattes meinte, es sei nicht möglich, der deutschen Bevölkerung allein die Verantwortung zuzuschreiben, wenn Täter nicht festgestellt würden, zumal sich Amerikaner und Ausländer häufig außerhalb der Polizeistunde träfen. Justizminister Georg August Zinn ging gar so weit zu sagen: »Wenn der Täter nicht festgestellt ist, kann man bei Amerikanern vermuten, daß es sich um Ausländer handelt. Denn nur die Ausländer sind im Besitz von Waffen. Gerade in der Kasseler Gegend wird die Bevölkerung sehr von den Ausländern terrorisiert. Tag und Nacht kommt es zu Schießereien. Dann werden die Amerikaner geholt und die Wälder durchkämmt. Bei einer Reihe von Auftritten gegen amerikanische Soldaten ist es sogar erwiesen, daß es sich bei den Tätern um Ausländer handelt.« Wegen des »Eindrucks auf die Amerikaner« halte er es für ratsam, eine Erklärung an die Bevölkerung zu richten und sie zur Zurückhaltung aufzufordern.

Wie der Nachkriegsalltag in dieser Beziehung aussah, ist auch den Berichten des Münchener Polizeipräsidenten zu entnehmen. Am 16. Juli 1945 wurde dem zuständigen »Public Safety Officer« der Militärregierung beispielsweise gemeldet: »Bei einem Transport von Ausländern auf amerikanischen Kraftwagen in der Ungererstraße vergnügten sich die Ausländer damit, deutschen Radfahrern im Vorbeifahren mit Stöcken die Hüte vom Kopf zu schlagen. Bei dieser Gelegenheit stürzte ein Radfahrer, geriet unter einen amerikanischen Lastkraftwagen und wurde sofort getötet. Die Kolonne setzte ihren Weg fort.«[33]

Am 13. August 1945 klagte der Münchener Polizeipräsident, in den Außenbezirken der Stadt sei mit einer Besserung der Sicherheitslage nicht zu rechnen, so lange die Ausländer nicht abtransportiert worden seien. In Milbertshofen seien vier Polen in eine Wohnung eingedrungen. Gruppen von fünf bis acht Ausländern hätten im Perlacher Forst mit schussbereiter Pistole Fahrradfahrer gezwungen, ihre Räder, Uhren und Geld herauszugeben. In vierzehn Tagen habe es sechzehn solcher Überfälle gegeben. Polen seien in Solln in das Schlafzimmer eines Werkmeisters eingedrungen, hätten mit vorgehaltener Pistole das Ehepaar in Schach gehalten und Fahrräder, Herrenanzüge, Damenkleider und Schmuck geraubt. Das Ehepaar sei im Luftschutzkeller des Hauses eingesperrt worden und habe sich erst nach Stunden befreien können.[34] Am 24. August verließ während eines Halts am Bahnhof Lochhausen ein Trupp sowjetischer Soldaten einen Zug und raubte ein in der Nähe gelegenes Wochenendhaus aus, und die im Deutschen Museum in München untergebrachten DPs hatten sich nach Erkenntnissen der Polizei auf Fahrraddiebstähle und Einbrüche spezialisiert.

Doch in der Frage des von deutscher Seite gewünschten zwangsweisen Abtransports der ehemaligen Fremdarbeiter blieben die Amerikaner hart. Sie lehnten einen entsprechenden Antrag des Flüchtlingsausschuss des Länderrates im November 1945 ab und ließen sich auch nicht durch erste Demonstrationen gegen die Ausländer in Höchst von ihrem Weg abbringen; ebenso wenig dadurch, dass ihnen vorgerechnet wurde, mit den dann frei werdenden Mitteln könnten eine Million deutscher Flüchtlinge versorgt werden.[35]

Entnazifizierung

Fehlschläge in allen vier Zonen

Die Entnazifizierung der deutschen Bevölkerung, die Säuberung von Behörden und Wirtschaft gehört zu den vordringlichsten Aufgaben, die sich alle vier Alliierten vorgenommen hatten, die sie jedoch sehr unterschiedlich in Angriff nahmen. Die Franzosen gingen häufig sehr pragmatisch vor. Mit anderen Worten: Nazis, die sie in wichtigen Funktionen brauchten, beließen sie in ihren Ämtern. Hinzu kamen weitere Interessen: Um beispielsweise die Nord- und Südbadener für die Bildung eines einheitlichen Landes Baden – unter Einbeziehung von Württemberg – unter französischer Kontrolle zu gewinnen, was den Intentionen der Amerikaner widersprach, wollte die französische Militärregierung die verantwortlichen deutscher Politiker im Südwesten mit der Zusage ködern, bei der Entnazifizierung behutsam vorzugehen. Auch die Briten waren nicht für ein konsequentes Vorgehen gegen Nationalsozialisten bekannt.

In der sowjetischen Besatzungszone wurden alle NSDAP-Mitglieder und Sympathisanten rigoros aus ihren Ämtern entlassen, konnten aber teilweise – dann als vermeintlich gewandelte Mitglieder der SED – höchste Ämter in der Verwaltung wie auch in der Kasernierten Volkspolizei (KVP), später dann der Nationalen Volksarmee (NVA), in Parteigremien und in der Wirtschaft einnehmen.

Irrtümer nach dem Einmarsch

In der ersten Zeit nach der Einnahme deutscher Gebiete beschränkte sich die US-Besatzungsmacht darauf, die Spitzen der kommunalen Verwaltung – vom Landrat bis zum Bürgermeister – zu entlassen und durch politisch Unbelastete zu ersetzen, soweit solche überhaupt gefunden wurden. Das Beispiel Saarbrückens zeigt, dass es dabei häufig zu Fehlentscheidungen kam. Der zunächst von den Amerikanern eingesetzte Bürgermeister Hornett entpuppte sich sehr schnell als SS-Hauptmann und wurde eiligst durch den Nudelfabrikanten Heinrich Wahlster ersetzt.[1]

Welchen Irrtümern die Amerikaner im Umgang mit Nationalsozialisten zumindest anfänglich unterlagen, lässt sich am Beispiel Leipzigs ablesen. In der Stadt gab es eine starke antifaschistische Organisation, die aus Kommunisten, Sozialdemokraten und Angehörigen mittelständischer Parteien bestand. Walter L. Dorn, der sich während der kurzen Zeit der amerikanischen Besetzung Leipzigs dort aufhielt, erfuhr in Gesprächen, dass dieser Kreis beabsichtigt hatte, nach dem vollständigen Zusammenbruch der NSDAP die Parteigeschäftsstellen zu besetzen, die führenden Nazis festzunehmen und die kargen Nahrungsmittelvorräte zu beschlagnahmen. Die Wirklichkeit nach dem Einmarsch sah anders aus: »Unsere Leute kamen aber natürlich in diese Lage mit Instruktionen, [...] die einer unabhängigen Aktion Deutscher gegen die Nazipartei keinen Raum ließen. Dafür war nur die Militärregierung zuständig. Derweil war die Polizei der Stadt immer noch hundertprozentig Nazi. Major E[aton] hatte aber wenigstens den einen klugen Gedanken gehabt, einen Sozialdemokraten zum Polizeipräsidenten zu ernennen. Ich erinnere mich des Morgens, an dem ich den Polizeipräsidenten zu einer Besprechung über die Lage besuchte. Zu meinem Schrecken nahm er mich zur Seite und sagte: ›Bitte sprechen sie nicht so laut, weil meine ganze Polizei aus Nazis besteht. Ich habe keinerlei Kontrolle über meine Polizei. Ich habe keine Autorität über sie. Ich kann nichts tun. Ich bin absolut ohnmächtig.‹ Derweil war jedoch die öffentliche Sicherheit durch gelegentliche Besetzungen von NSDAP-Geschäftsstellen seitens der antifaschistischen Organisation in Frage gestellt worden. Auf den Rat einiger Polizisten hin ließ [der Offizier für öffentliche Sicherheit] auf diese Anti-Nazi-Organisation Jagd machen, ihre Literatur einziehen und warf 350 von ihnen ins Gefängnis. Unter Verwendung der Nazipolizei.«[2]

Ähnliches ereignete sich auch in den übrigen Landesteilen. Im Januar 1945 traf in der Kaiser-Stadt Aachen eine Gruppe von Experten der Psychological Warfare Division ein, um sich vor Ort ein Bild zu machen. Was sie vorfanden, war geradezu absurd: Neben dem später ermordeten Oberbürgermeister Oppenhoff gab es weitere neun Bürgermeister, von denen einer NSDAP-Mitglied gewesen war. Sie herrschten über 67 verschiedene Ämter mit 750 städtischen Angestellten. Von 72 Angestellten in Schlüsselfunktionen waren 22 ehemalige Parteigenossen. Da der für die Lizensierung zuständige Angestellte ebenfalls ein Ex-PG war, hatten überdurchschnittlich viele NSDAP-Mitglieder oder Sympathisanten neue Geschäfte eröffnen dürfen.[3]

»Automatical arrest« als unwirksame Keule

Schon im Oktober 1944 hatte das amerikanisch-britische Oberkommando (SHAEF) eine Liste von Personen aufgestellt, die unmittelbar nach dem Einmarsch der Alliierten im Rahmen eines »automatical arrest« verhaftet werden sollten. Betroffen waren NS-Funktionäre und Amtsinhaber in ganz Deutschland, wobei die Alliierten von folgenden Schätzungen ausgingen:

1. Geheime Staatspolizei 15 000
2. Sicherheitsdienst der SS (SD) 15 000
3. Beamte der Polizei 530
4. Funktionäre der NSDAP
   a) Funktionäre der Partei auf Reichs-, Gau- und Kreisebene bis zum Amt des Kreishauptstellenleiters
   b) Alle anderen Parteimitglieder, die den Rang eines Bereichsleiters bekleiden, 30 000
5. Offiziere der para-militärischen Organisationen
   Waffen-SS (alle Offiziere) 60 000
   Allgemeine SS (alle Offiziere) 8 000
   SA (Offiziere von Stammführer aufwärts) 20 000
   NSKK (Offiziere vom Staffelführer aufwärts) 10 000
   NS-Fliegerkorps (Offiziere vom Sturmbannführer aufwärts) 5 000
   RAD (Mitglieder des Führungsstabes) 250
6. Öffentliche Beamte
   a) Reichsminister 40
   b) Staatssekretäre 40

c) Minister der Länderregierungen 30

d) Oberpräsidenten und Reichsstatthalter 30

e) Leiter anderer oberster Reichsbehörden (Reichskommissare, Inspekteure und Abteilungsleiter des Amtes für den Vierjahresplan usw.) 30

f) Leiter bestimmter Reichsinstitutionen, wie der Reichsbank, der Reichsversicherungsanstalt, des Obersten Verwaltungsgerichtshofes, des Reichsgesundheitsamts, des Obersten Kriegsgerichts, der Präsident des Volksgerichtshofs 20

g) Alle Reichstreuhänder der Arbeit 40

h) Alle folgenden Funktionäre des Reichsnährstandes. Alle Bauernführer auf Kreisebene und darüber; die Präsidenten der Hauptvereinigungen, der Wirtschaftsverbände und der Unterverbände, Präsidenten der Landesernährungsämter und der Kreisernährungsämter und ihre Stellvertreter

i) Die Leiter der Militär- und Zivilverwaltungen in den besetzten Gebieten und Ländern 3 000

j) Regierungspräsidenten 40

k) Landräte 700

l) Oberbürgermeister von Städten mit mehr als 100 000 Einwohnern 95

m) Beamte des Reichspropagandaministeriums und seiner regionalen Untergliederungen sowie die Leiter seiner Hilfsorganisationen 300

n) Alle hohen Beamten (vom Ministerialrat an aufwärts) in Speers Reichsministerium für Rüstung und Kriegsproduktion sowie die Vorsitzenden der Hauptausschüsse und Ringe desselben Ministeriums 70[4]

»Eine fragwürdige Gerechtigkeit«

Da der Alliierte Kontrollrat in Berlin erst im Januar 1946 mit der Direktive Nr. 24 eine Weisung zu einem einheitlichen Vorgehen bei der Entnazifizierung in allen vier Besatzungszonen beschloss, aber selbst diese sehr unterschiedlich gehandhabt wurde, gingen die Besatzungs-

Karikatur in einer Broschüre der US-Militärregierung aus dem Jahr 1946.

mächte in ihren Verantwortungsgebieten weiterhin mehr oder weniger nach eigenem Ermessen vor, wobei es jedoch zu wesentlichen Unterschieden von der Länder- bis hinunter zur Ortsebene kam. Grundlage für das Vorgehen innerhalb der amerikanischen Zone sollte eigentlich die Direktive »JCS 1067« bilden, in deren Endfassung vom 26. April 1945 es hieß: »Alle Mitglieder der Nazipartei, die nicht nur nominell in der Partei tätig waren, alle, die den Nazismus oder Militarismus aktiv unterstützt haben, und alle anderen Personen, die den alliierten Zielen feindlich gegenüberstehen, sollen entfernt und ausgeschlossen werden aus öffentlichen Ämtern und aus wichtigen Stellungen in halböffentlichen und privaten Unternehmungen.«[5] Die Entnazifizierung sollte alle Lebensbereiche umfassen, was besonders für das Erziehungswesen galt. Es ist bemerkenswert, dass die Amerikaner für die Umerziehung der Deutschen den Begriff der »reeducation« wählten, der aus dem Bereich der Psychiatrie stammt.

Wie diese »reeducation« im Einzelfall verlaufen konnte, wurde an der Führung der Essener Stadtverwaltung demonstriert. Gerade in den letzten Kriegstagen hatten SS und Gestapo Tausende von KZ-Häftlingen oder Zwangsarbeiter auf Todesmärsche geschickt oder in den Lagern selbst ermordet. In Essen beispielsweise waren die Amerikaner am 30. April 1945 auf die in einer Grube verscharrten Leichen von 34 getöteten russischen Zwangsarbeitern gestoßen. Um den Deutschen die Schwere ihrer Verbrechen vor Augen zu führen, ließ Essens Stadtkommandant, Oberst Edson D. Raff, vierzig städtische Beamte zu dem Fundort fahren, wo sie von amerikanischen Soldaten umstellt wurden. Der damalige Essener Stadtrat Hugo Vespohl beschrieb das anschließende Geschehen folgendermaßen: »Dann beginnt die Demütigung. Bei den inzwischen aufgereihten Toten müssen Russel [der neu ernannte Essener Verwaltungschef] und seine Untergebenen hinknien und sich eine lange Strafpredigt im improvisierten Gottesdienst anhören. Der Verwesungsgeruch zwischen den Reihen der Hingemordeten war sehr stark. Anschließend ist die Beisetzung. Wir mußten in die durch Verwesung mit Feuchtigkeit durchtränkten Kleidungsstücke hineingreifen und jeweils zu zweien oder dreien die Toten in Richtung der aufgeworfenen Gräber bewegen. Hilfsmittel waren nicht erlaubt. Obwohl die Amerikaner bei Verweigerung wohl kaum geschossen hätten, taten die Verwaltungsbeamten das, was sie gewohnt waren: Sie überwanden ihren Ekel, gehorchten ohne Ausnahme und versuchten offenbar nicht einmal, das Unzumutbare abzulehnen.«[6]

Bis August 1945 waren in der US-Zone 80 000 Personen als NSDAP-Mitglieder oder Sympathisanten verhaftet und in Internierungslager gebracht worden. Weitere 70 000 hatten das Glück, zwar ihre Ämter und Funktionen verloren zu haben, aber weiter in Freiheit zu sein. Die Zustände in den US-Internierungslagern waren im Vergleich zu den Kriegsgefangenenlagern der Amerikaner auf deutschem Boden durchaus erträglich. Bis zu 28 000 Personen waren beispielsweise im Lager Darmstadt, einem von elf in der US-Zone, untergebracht, darunter im Frühsommer 1946 12 000 Kriegsgefangene. Eugen Kogon, selbst von 1939 bis 1945 als Gegner der Nationalsozialisten im Konzentrationslager, beschrieb die dortige Situation in dem 1947 erschienenen Beitrag »Der Kampf um Gerechtigkeit«: »Ernährt werden sie mit 1 700 Kalorien täglich verhältnismäßig gut; nur eintönig und geschmacklos ist das Essen: immer Haferflocken, Grieß, Nudeln (mit oder Bohnen und Erbsen). Für Kranke und Schwerarbeiter gibt es Zulagen bis zu weiteren 700 Kalorien täglich. Aber nur die wenigsten Internierten dürfen nach den amerikanischen Sicherheitsverfügungen außerhalb des Lagers arbeiten; lediglich 150 Mann sind im Wiederaufbau tätig. Etwa 3 400 Mann arbeiten in der Lagerselbstversorgung, deren eigene Verwaltung, ganz formal-demokratisch aufgebaut – mit hochtrabenden Titel wie ›Oberbürgermeister‹, ›Bürgermeister‹, ›Stadtrat‹ und so fort –, zum vollen Vorteil der unmittelbar Beteiligten und zum ausreichend bis mäßigen Vorteil der mittleren Beteiligten reicht. Das Internationale Rote Kreuz hat im Lager Darmstadt mit einiger Mühe 14 Fälle leichter Unterernährung festgestellt. 121 Mann sind zwischen dem 1. November 1946 und dem 5. März 1947 geflohen. Innerhalb von 13 Monaten starben 43 Patienten, keiner davon an Lungenentzündung oder Grippe, alle an anderen Krankheiten. Und dies während des strengsten Winters seit fünfzig Jahren. Unter amerikanischer Verwaltung kamen drei Selbstmorde vor, seit dem 1. November 1946 [als das Lager unter deutsche Verwaltung gestellt wurde] keiner mehr.«[7]

Zwischen 19 und 26 Millionen Mark jährlich musste das Land Hessen für den Unterhalt der Internierungslager aufbringen, doch Kogon meinte: »Kaum ein Nationalsozialist wird in einem Internierungslager zum Demokraten. Die Haft wird meist als Rache und Vernichtungswille empfunden. [...] Der Aufwand für sie ist ungeheuerlich. Verlust an Arbeitskraft, Materialverbrauch – Im Darmstädter Lager allein monatlich 500 000 Liter Benzin, 110 000 Kilowattstunden Strom, während des Winters täglich 230 Kubikmeter bestes Nutzholz als Brennmaterial usw. usw. – Geld, das in die Hunderte von Millionen geht, keine ›Umerziehung‹, im Gegenteil: politische Verschlimmerung – das alles für eine fragwürdige ›Gerechtigkeit‹ und eine gleicherweise fragwürdige ›Sicherheit‹, da ja vier Fünftel nach der in die Wege geleiteten Abwicklung ohnehin entlassen werden müssen.«[8]

Offensichtlich waren die Verhältnisse in den Lagern sehr unterschiedlich, denn als so angenehm beschrieben Inhaftierte des Lagers Moosburg ihre damalige Situation nicht.[9] Die Nationalsozialisten hatten das Lager als »Kriegsgefangenen-Mannschafts-Stammlager (Stalag) VII A« für zehntausend Mann eingerichtet; bei Kriegsende waren hier 80 000 Gefangene zusammengepfercht. Nach der Befreiung durch amerikanische Truppen diente es bis 1948 als »Civilian Internment Camp No. 6«. Bis zu 12 000 deutsche Gefangene waren nun hier untergebracht, die meisten im Rahmen des »automatical arrest«. Das Lager war mit einem doppelten Stacheldrahtzaun gesichert, die einzelnen Blocks ebenfalls durch Stacheldraht voneinander getrennt. Zu den Häftlingen zählte Friedrich Alfred Beck, der am 28. Juni 1945 in seinem Tagebuch notierte: »Gestern abend waren einige Kameraden zu einer leerstehenden Bracke gegangen, um brauchbares Material zu besorgen. Der amerikanische Posten hat auf die Männer geschossen. Nun wurde mitgeteilt, daß unser ganzer Block – mindestens 1 000 Mann – für das ›Organisieren‹ der Kameraden mit völligem Essenentzug für drei Tage bestraft werden soll.«[10] Am 8. Juli 1945 schrieb er: »Beim gestrigen Appell ist eine Reihe von Kameraden in der Front zusammengeklappt. Und gerade jetzt bringen sie einen in unsere Baracke, der auch ohnmächtig wurde. Schwäche infolge Nahrungsmangel wird die Ursache sein.«[11]

Besonders trübe gestaltete sich das Weihnachtsfest 1945, wie ebenfalls den Tagebucheintragungen zu entnehmen ist: »Die Weihnachtszeit hat allerlei Hoffnungen auf Sonderzuteilungen erweckt, aber wir wurden enttäuscht. Nur diese Sonderzuteilung: Je Person zusätzlich ein achtundzwanzigstel – man lese richtig: ein achtundzwanzigstel – Brot, dazu heute abend 2 gr. Tee für jeden [24. Dezember 1945] Die Verpflegung ist nie so schlecht gewesen wie in den Weihnachtstagen: beide Male eine schmutzig graue Suppe, in der nur einige Reste von Kartoffelschalen schwammen. Fast alle Kameraden haben von diesem scheußlichen Zeug Magen- und Darmschmerzen bekommen [26. Dezember 1945].«[12]

Um nicht missverstanden zu werden: Bei der Schilderung solcher Verhältnisse geht es nicht etwa um falsch verstandenes Mitleid für zu Recht inhaftierte Nazis und ihre Helfer. Aber es darf nicht übersehen werden, dass besonders die Amerikaner im Rahmen ihres »automatical arrest« willkürliche Verhaftungen vorgenommen haben. Es genügte der Bestandteil »Rat« in der Bezeichnung »Studienrat«, um hinter dem Stacheldraht der Internierungslager zu landen, auch eine Denunziation, die auf ihren Wahrheitsgehalt erst gar nicht überprüft wurde, war ausreichend.

Jahrelanges Warten auf die Aburteilung

Im Münchener Kardinalerzbischof Michael Faulhaber hatten die Internierten einen wichtigen Fürsprecher. Gemeinsam mit dem Erzbischof von Freiburg, Conrad Gröber, und dem Vorsitzenden des Rats der Evangelischen Kirche in Deutschland, Theophil Wurm, schrieb er am 24. Dezember 1946 einen offenen Brief »an die Christen in den Vereinigten Staaten von Amerika«. Darin hieß es, es werde keinen Deutschen geben, der nicht die Aburteilung all derer wünschen müsste, die sich Verbrechen hätten zu Schulden kommen lassen: »Wir können aber nicht verstehen, daß so viele Frauen und Männer, denen kein Verbrechen nachgewiesen werden kann, so lange in Haft gehalten werden, ohne daß Vorbereitungen für ein geordnetes Verfahren getroffen werden.«

Unter den Internierten befänden sich »Beamte, Ärzte, Gelehrte, Offiziere von hervorragenden Eigenschaften und völlig einwandfreier Haltung, selbst viele Tausende von Frauen und Müttern, die der NSDAP angehörig im Rahmen der Partei eine sozial caritative Arbeit geleistet haben, aber nicht propagandistisch hervorgetreten sind. Manche von ihnen haben hinter dem Stacheldraht Kinder geboren. Viele sind von ihren Kindern getrennt und sorgen sich um sie, da sie ohne elterliche Aufsicht und Fürsorge allerlei leiblichen und seelischen Gefahren ausgesetzt sind. Unter den männlichen Insassen befinden sich nicht wenige Amputierte, deren Festhaltung als eine besondere Härte erscheinen muß.«[13]

Auch die Regierung von Groß-Hessen kritisierte die Zustände im oben bereits erwähnten »Interniertenlager 91« in Darmstadt, das sie Mitte September 1946 übernahm. Vor dem Länderrat der US-Zone gab der Minister für politische Bereinigung, Gottlob Binder, am 10. September 1946 zu Protokoll: »Was die Aburteilung der Insassen des Lagers angeht, so möchte ich es auch an dieser Stelle nicht unterlassen, darauf hinzuweisen, daß ich es nicht für richtig hielte, alle Insassen des Lagers sozusagen hinter verschlossenen Türen, hinter dem Stacheldraht abzuurteilen. [...] Was die künftige Organisation des Lagers anbetrifft, so möchte ich erklären, daß ich von diesem Typ der großen Sammellager so schnell wie möglich abkommen möchte und daß ich statt dessen den Typ des kleinen Arbeitslagers anstrebe, welches in der Nähe des Arbeitsplatzes der Inhaftierten liegt und nicht mehr als 100 bis 200 Personen umfassen soll. Ich habe bereits 9 Lager annähernd aufnahmebereit. Davon wird ein Teil solche Personen aufnehmen, die in der Nähe zerstörter Großstädte Aufräumungsarbeiten zu machen haben, einige andere werden in der Nähe von Kalk-, Kali- und Braunkohlevorkommen liegen. Eines schließlich in der Nähe größerer Eisenbahnbauarbeiten. Es wird mein besonderes Bestreben sein, daß diese Lager den genauen Gegentyp des Konzentrationslagers darstellen. Hier sollen Menschen nicht vernichtet, sondern für eine demokratische Mitarbeit unter absolut menschenwürdigen Verhältnissen umerzogen werden.«[14]

Fragebogen und jede Menge »Persilscheine«

Mit der USFET-Direktive vom 7. Juli 1945 hatte die US-Militärregierung einen umfassenden Fragebogen eingeführt. Zu 131 Punkten sollten alle Bewohner der US-Zone, die 18 Jahre oder älter waren, Antworten geben. Ergaben sich bei der Auswertung auch nur die geringsten Anhaltspunkte für eine NSDAP-Mitgliedschaft, die über die rein nominelle hinausgegangen war, konnte die betroffene Person, sofern sie in irgendeiner Weise dem öffentlichen Dienst angehört hatte, ihrer Entlassung aus dem Dienstverhältnis nahezu sicher sein. Es wird häufig davon gesprochen, die Amerikaner hätten die Entnazifizierung nur halbherzig durchgeführt. Zumindest für den Zeitraum ab Juli 1945 stimmt dies nur bedingt, wie die nachfolgenden Zahlen belegen: Bis Ende August 1945 waren in der Frankfurter Stadtverwaltung 4426 Personen und im Landbezirk Mannheim über 5000 aus den Amtsstuben entfernt worden.[15] Ende März 1946 hatte die »Special Branch« 1,26 Millionen von 1,39 Millionen Fragebogen ausgewertet. Die Hälfte stammte von Beschäftigten des öffentlichen Dienstes, 29 Prozent aus Handel, Handwerk und Industrie, 21 Prozent aus anderen Bereichen.[16] Für rund ein Drittel der Angehörigen des öffentlichen Dienstes empfahl die »Special Branch« die Entlassung, gegen ein weiteres Viertel bestanden zumindest Bedenken. Es liegt auf der Hand, dass dieses bisweilen recht willkürliche und undifferenzierte Vorgehen die deutsche Verwaltung an den Rand des Zusammenbruches führte, wie Klagen der bayerischen oder hessischen Regierung zeigen. Die Auswertung ergab aber auch, dass 43 Prozent der Angehörigen des öffentlichen Dienstes selbst nach den strengen Kriterien des Fragebogens als politisch unbelastet galten. Sie erhielten die berühmten »Persilscheine«, die sie entlasteten und ihnen eine weitere Zukunft als »Staatsdiener« eröffneten.

Öffentlicher Dienst vor dem Zusammenbruch

In der 7. Ministerratssitzung vom 22. August 1945 wurde dem bayerischen Kabinett mitgeteilt, Reichspost und Besatzungsbehörden hätten einen Kompromiss in der Behandlung von NS-Sympathisanten geschlossen. Entlassene Beamte sollten, soweit sie benötigt würden und nicht »wirkliche Nazis« gewesen seien, zunächst auf Widerruf in der Besoldungsgruppe wieder eingestellt werden, die sie vor 1933 gehabt hätten. Der Personalmangel und die Notwendigkeit, das öffentliche Leben wieder in Gang zu bringen, zwangen zu solchen Maßnahmen, auch wenn spätere Generationen für sie nur wenig Verständnis aufbrachten. Im Hinblick auf die entlassenen Beamten im Bereich der Justiz verwies Bayerns Ministerpräsident Wilhelm Hoegner auf eine »Überfremdung« der bayerischen Behörden. Es sei ein »unmöglicher Zustand, daß die bayerischen Beamten entlassen würden, und daß

Herren aus den von den Russen besetzten Gebieten, denen man nicht einmal nachweisen könne, daß sie einmal in der späteren Zeit der Partei [der NSDAP] beigetreten seien, inzwischen die leitenden Stellen besetzten«. Angeblich sei keiner der nicht aus Bayern Stammenden Parteigenosse gewesen. In einem einzigen fränkischen Oberlandesgerichtsbezirk seien von dreihundert Richtern nur sieben nicht in der NSDAP gewesen, in Nürnberg sei es noch schlimmer. Er verstehe, dass jemand unter dem Druck der Not oder aus der Befürchtung, wieder in das sowjetisch besetzte Gebiet abgeschoben zu werden, falsche Angaben mache. Es müsse aber etwas geschehen, um die Angaben der Betreffenden nachzuprüfen.[17]

Für die Finanzverwaltung nannte Fritz Schäffer die Quote von fünfzig Prozent entlassener Beamter, wobei er meinte, von diesen seien dreißig Prozent von ihrer Gesinnung her keine Nazis gewesen, also Mitläufer. Er werde der Militärregierung die Wiedereinstellung vorschlagen. Bei den zweifelhaften Fällen sollte die Landesregierung das Recht erhalten, diesen Beamten wenigstens ein Ruhegehalt zu zahlen, »so daß sie nicht hungern müssten«.[18] Wie sehr sich die Entlassung von ehemaligen Parteigenossen auch auf die Versorgung der Bevölkerung auswirkte, illustrieren diese Zahlen, die der Augsburger Stadtrat Xaver Sennfelder bei einem Besuch von Fritz Schäffer in Augsburg am 14. Juli 1945 vortrug: Bei den städtischen Augsburger Krankenanstalten hatten von 48 Ärzten 43 entlassen werden müssen, bei der städtischen Forstverwaltung sämtliche Kräfte vom Oberforstrat bis zum Forstaufseher, und bei der Feuerschutzpolizei hatten von sechzig Offizieren und Mannschaften nur zwei bleiben dürfen.[19] Die Hoffnungen der Augsburger richteten sich auf eine Ankündigung von Militärgouverneur Major Everett S. Cofran, nach der »Leute, die sich anständig geführt haben«, also nicht-belastete Parteimitglieder waren, wieder mit ihrer Einstellung rechnen könnten.

Chaos an den Universitäten

Die Amerikaner unternahmen eine Reihe von Kehrtwendungen in ihrer Entnazifizierungspolitik. Zuerst hatten sie den politischen Apparat säubern wollen, dann die Wirtschaft in ihre Bemühungen einbezogen, aber schon ab 1946 ein wirkliches Interesse an der Säuberung immer weniger erkennen lassen. Dies war vor allem darauf zurückzuführen, dass weder Wirtschaft, Forschung und Lehre, noch Verwaltung funktionieren konnten, wenn die anfängliche Entnazifizierungspolitik fortgesetzt würde. Dies ist beispielsweise in einer Analyse des amerikanischen Geheimdienstes vom 3. Juni 1947 zu lesen. Darin heißt es unter anderem: »In der amerikanischen Zone lag die Entscheidung darüber, ob die Universitätsprofessoren für die weitere Ausübung ihres Amtes geeignet seien, meist bei einem Ausschuß von politisch akzeptablen Vertretern der Fakultät. Diese waren fast durchweg geneigt, ihre Kollegen in Schutz zu nehmen, und die daraus resultierenden Entscheidungen waren ohne Frage nachsichtig. So wurden z. B. von 100 Professoren und technischen Assistenten, deren Fälle dem Komitee der Universität München vorgelegt wurden, rund neunzig zur Weiterbeschäftigung empfohlen. Von diesen wies die Militärregierung zehn Fälle zurück. Andererseits war der Prozentsatz an Entlassungen aus dem Lehrkörper der Heidelberger Universität ziemlich hoch: einem Bericht zufolge sollen 153 von 272 Angehörigen des Lehrkörpers entlassen worden sein. Nach dieser ersten Phase der Entnazifizierung kam es zu einer Reihe von Vorfällen, die offenbarten, daß es immer noch eine Anzahl von Fakultätsangehörigen gab, die entweder regelrechte Nazis waren oder, wenn sie nicht buchstäblich Nazis waren, doch eine stark antidemokratische und nationalistische Gesinnung zeigten. Aufgrund alarmierender Berichte, hauptsächlich aus Bayern, erließ die Militärregierung im September 1946 eine Verfügung, derzufolge Beamte im Bildungsbereich aufgrund eines Mangels an positiven politisch-liberalen und moralischen Eigenschaften zur Förderung der Entwicklung der Demokratie in Deutschland aus dem Dienst entfernt werden könnten.«[20]

Nach erneuten Überprüfungen wurden 33 Professoren der Münchener Universität entlassen, in weiteren 55 Fällen eine erneute Überprüfung angeordnet. In Erlangen führte die Entnazifizierung des Lehrkörpers zur Entlassung von 76 Dozenten und Verwaltungsbeamten, so dass die juristische Fakultät geschlossen werden musste. Eine Überprüfung an der Universität Würzburg – so die Geheimdienststudie weiter – ergab, dass eine Anzahl von Dozenten, deren Entlassung angeordnet war, weiterhin lehrte. Ein ähnliches Ergebnis zeigte sich an der Marburger Universität, wo zwischen vierzig und sechzig Prozent der Professoren trotz Entlassung ihren Platz nicht geräumt hatten. Zusätzlich hatten die US-Geheimdienstler auch die Entnazifizierung in der französischen Besatzungszone untersucht und festgestellt, dass rund zwanzig Prozent aller Tübinger Professoren Nazis waren und waren weiter zu diesem Ergebnis gekommen: »Berichten zufolge sollen die französischen Behörden ungünstige Entscheidungen des Entnazifizierungsausschusses der Universität Mainz umgestoßen haben und die Beschäftigten in ihre früheren Titel und Positionen wiedereingesetzt haben. Viele Professoren an dieser Universität hatte hohe Positionen in Naziorganisationen inne; der französische Beauftragte für das Bildungswesen erklärte in einer Rede, daß 25 Prozent der 156 erfolgreichen Bewerber um Stellen an der Universität nominell Mitglieder der Nazi-Partei gewesen seien.«[21]

Drohung mit dem Besatzungsheer

Am 5. März 1946 trat in der US-Zone – in Bremen erst am 9. Mai 1947 – das »Gesetz zur Befreiung von Nationalsozialismus und Militarismus« in Kraft, mit dem die Verantwortung für die Entnazifizierung zu einem großen Teil auf deutsche Stellen übertragen wurde. Zuständig für die Überprüfung waren die so genannten Spruchkammern, deren Mitglieder von den Parteien benannt wurden. Naturgemäß stand das Thema der Entnazifizierung immer wieder auf den Tagesordnungen auch der bayerischen Regierung. Ministerpräsident Schäffer hatte die Militärregierung wegen seiner destruktiven Haltung bei der Entnazifizierung entlassen. Der Nachfolger, Wilhelm Hoegner, teilte auf der Kabinettssitzung am 11. Juni 1946 mit, die Militärregierung sei entschlossen, nun auch Bayern zu entnazifizieren. Angesichts des bisherigen Verlaufes der Verfahren habe sich General Lucius D. Clay »bestürzt« gezeigt, berichtete er. Er habe in der Vorwoche an zwei

Besprechungen, einmal mit Colonel Robert A. Reese als dem Entnazifizierungsoffizier für Bayern, und mit General Walter H. Muller teilgenommen. Dabei sei gesagt worden, wenn die bayerische Regierung nicht rasch und zufriedenstellend handele – unter anderem sollten bis zum 15. Juni in sämtlichen Landkreisen Spruchkammern eingerichtet sein –, werde die Militärregierung das Besatzungsheer zur Entnazifizierung einsetzen. Es werde dann keine Wahlen geben, ebenso werde Bayern das Recht zur Selbstregierung nicht gewährt.[22]

Bis zum 10. September 1946 hatten in Bayern 183 Spruchkammern ihre Arbeit aufgenommen und standen vor der immensen Aufgabe, die bis zum 31. August abgegebenen 5907952 Fragebogen zu prüfen. Auf der 12. Tagung des Länderrats am 10. September 1946 berichtete der bayerische Sonderminister Anton Pfeiffer, dass etwa achttausend Mitwirkende an diesen Spruchkammern benötigt würden, und zwar als Vorsitzende, Kläger, Beisitzer und als Angestellte der Kammern. Für Groß-Hessen stellte der Minister für politische Bereinigung, Gottlob Binder, fest, dass Ende August landesweit 104 Spruchkammern tätig gewesen seien, davon allein zwanzig in Frankfurt.[23] Von den 2,9 Millionen meldepflichtigen Einwohnern Hessens fielen 670000 unter die Bestimmungen des Befreiungsgesetzes, mussten also »entnazifiziert« werden. Binder machte vor dem Länderrat auf ein Problem aufmerksam, das sich die Initiatoren der politischen Säuberung so nicht hatten vorstellen können. Mit zunehmender Sorge betrachte er den Missbrauch des Befreiungsgesetzes und der Denazifizierung überhaupt für fremde und manchmal sehr fragwürdige Zwecke. Weiter: »Es dient nicht dazu, Mietstreitigkeiten, persönliche Feindschaften oder gar Ehekonflikte auszutragen. Es ist auch nicht dazu da, daß sich Geschäftskonkurrenten mit seiner Hilfe bekämpfen. Am allerwenigsten aber ist es dazu da, daß im innenpolitischen Kampf die eine Partei der anderen die führenden Köpfe und Kandidaten ›abschießt‹.« Für Württemberg-Baden berichtete der Minister für politische Befreiung, Gottlob Kamm, schließlich, dass dort 95 Kammern mit rund tausend Beschäftigten eingerichtet waren und es mit inzwischen 2,457 Millionen eingegangenen Fragebogen zu tun hatten.

General Clay: »Denazification is a ›must‹«

Wenig zufrieden mit der Entnazifizierung durch die deutschen Stellen zeigte sich General Lucius D. Clay. Er erinnerte den Länderrat am 5. November 1946 daran, an dem Befreiungsgesetz solle erprobt werden, »ob das deutsche Volk von dem wirklichen Wunsch nach einer Demokratie beseelt ist«.[24] Von der technischen Seite her sei der Fortschritt durchaus zufrieden stellend, und er wünsche sich, er könne das von dem Verfahren, das die deutsche Seite eingeschlagen hätten, auch sagen: »Ich kann aber nur sagen, daß wir heute von den Ergebnissen schwer enttäuscht sind, weil Sie bis jetzt nicht den politischen Willen und den politischen Entschluß finden konnten, diejenigen zu strafen, die Strafe verdienen. Es wird mehr und mehr offenbar, daß das ganze Verfahren dazu benutzt wird, um so viele wie möglich ihren alten Berufen wiederzugeben, anstatt die Schuldigen festzustellen und ihrer Strafe zuzuführen.«

Er habe den Ministerpräsidenten bei verschiedenen Gelegenheiten gesagt, die Militärregierung sei zur Entnazifizierung der Zone in Deutschland, für die sie verantwortlich sei, entschlossen. Er erlasse nun den Befehl, »daß niemand, der von der Militärregierung seines Amtes enthoben worden und später vor die Spruchkammer gekommen ist, ohne die Zustimmung der Militärregierung wieder in sein Amt eingesetzt werden darf«. Er selbst habe 575 Fälle untersucht, die vom öffentlichen Ankläger in die Klasse I eingestuft worden seien. In 355 Fällen hätten die Spruchkammern die Betroffenen als Mitläufer eingestuft und 49 Personen entlastet. Es sei schwer zu glauben, dass diese Leute, die hohe Ämter in der NSDAP bekleidet hätten, nicht den festen Glauben an die Nazi-Doktrin besessen oder deren Ideologie nicht zumindest gebilligt hätten. Er habe gegenüber den Ministerpräsidenten nie »drohende Worte« gebraucht, meinte Clay, erklärte aber: »Verstehen Sie mich richtig: Entnazifizierung ist ein ›Muß‹.«

Vier-Zonen-Regelung eine Illusion

Auf der 17. Tagung des Länderrates am 4. Februar 1947 in Stuttgart sprach General Lucius D. Clay das Thema erneut an. Das Programm bestehe jetzt elf Monate, aber nur sechs Millionen Menschen in der US-Zone wüssten, was sie zu erwarten hätten, fünf Millionen seien noch im Unklaren, monierte er.[25] Am 6. August 1946 war eine »Jugendamnestie« erlassen worden, die Jugendliche einbezog, die nach dem 1. Januar 1919 geboren waren und nicht als Hauptbelastete, Belastete oder Minderbelastete galten. Darauf eingehend, beklagte sich der General, man wisse noch immer nicht, wie viele Jugendliche davon betroffen seien. Die deutschen Behörden sollten nun in den nächsten drei Monaten ausreichend Personal einstellen, um einen klaren Überblick über den Stand der Entnazifizierung zu erhalten. Es werde keine weitere Amnestie erfolgen, wenn man nicht wisse, wie viele Personen von einem solchen Gesetz betroffen seien. Für die hessische Landesregierung gab Ministerpräsident Christian Stock bekannt, dass von der Amnestie etwa 250 000 Personen erfasst würden, also ein Drittel aller Fälle. Vor allem aber nutzte Stock die Gelegenheit, um auf die Probleme der unterschiedlichen Vorgehensweise der Besatzungsmächte aufmerksam zu machen. In der neu gegründeten Universität Mainz in der französischen Zone seien viertausend Studenten immatrikuliert, darunter viele, denen in der amerikanischen Zone ein Studium nicht erlaubt würde. Weiter seien in den Verwaltungen der Bizone – besonders in der britischen Zone – viele Personen in leitenden Funktionen beschäftigt, die nach amerikanischem Gesetz als schwer belastet zu gelten hätten. Da dies der Bevölkerung nicht verborgen bleibe, wäre es zweckmäßig, die Kriterien der US-Zone auch auf die anderen zu übertragen. Clay zeigte sich optimistisch: Die Bestimmungen des Vier-Mächte-Gesetzes zur Entnazifizierung seien für alle Zonen verbindlich, und wenn sie zur Ausführung kämen, »werde die amerikanische Zone besonders ausgezeichnet sein, weil sie ihre Arbeit bereits getan habe«. In letzter Zeit sei das Gesetz zwar häufig kritisiert worden, aber er glaube, dass mit ihm viel mehr zur Herbeiführung des Friedens beigetragen worden sei als durch jede andere Maßnahme, die bisher in Deutschland getroffen worden sei. Was die Bemerkungen zu den bizonalen Stellen angehe, gebe es eine Absprache zwischen der amerikanischen und britischen Militärregierung, nach der alle Personen nach den in der US-Zone geltenden Bestimmungen noch einmal durchleuchtet werden sollten. Die Frage der »Mitläufer« habe die US-Militärregierung stets tolerant behandelt. Es genüge ihr, wenn die kleinen »Mitläufer« eine Buße zahlten und danach wieder als vollberechtigte Bürger in die Gemeinschaft eingegliedert würden.

Die Selbst-Entnazifizierung der Nazis

Die Entnazifizierung zog sich hin, ganz abgesehen davon, dass sich durch solche Verfahren ein überzeugter Nationalsozialist ohnehin nicht »entnazifizieren« ließ. Zwar schlossen die ersten Spruchkammern bereits Ende 1947 ihre Arbeit ab, doch der bayerische Justizminister Ludwig Hagenauer kam in der Sitzung des bayerischen Kabinetts vom 17. Januar 1948 nicht umhin, von einer »trostlosen« Situation zu sprechen. Die Arbeitsrückstände wüchsen ständig. Man dürfe sich nicht dadurch täuschen lassen, dass die eine oder andere Spruchkammer ihre Tätigkeit beendet habe: »Die wirklich schweren Fälle seien alle noch zu erledigen. [...] 10 000 Fälle lägen beim Kassationshof, 20 000 bei den Berufungskammern, davon allein 7 000 in Regensburg. In Würzburg finde überhaupt keine Sitzung mehr statt.«[26] Dabei müssten nach dem Befehl von General Clay alle, die in erster Instanz zu Arbeitslager verurteilt worden seien, sofort eingeliefert werden, ohne Rücksicht darauf, ob das Urteil rechtskräftig sei oder nicht. Über eine Berufung werde erst nach vielen Monaten entschieden. Viele kleine Beamte seien brotlos und säßen schon seit drei Jahren auf der Straße.

Angesichts des hinhaltenden Vorgehens der deutschen Stellen äußerte Clay wiederholt seinen Unmut, so auch auf der internen Besprechung der Ministerpräsidenten am 3. und 4. November 1947 in Stuttgart. Dem Verlangen, die Entnazifizierung in allen vier Zonen zu vereinheitlichen, stimmte Clay zu und bedauerte zugleich, man habe zweieinhalb Jahre damit verbracht, ein gleiches Gesetz für alle Zonen herbeizuführen, aber es sei nicht zustande gekommen. Der Abschluss der Entnazifizierung sei möglich, bevor allgemeine Wahlen in

Deutschland abgehalten würden. Es sei die Absicht der amerikanischen Regierung, dass eine zu bildende nationale Regierung nicht mit den Schwierigkeiten der Vergangenheit anfangen müsse. Das gelte auch dann, wenn eine solche Regierung nur für einen Teil Deutschlands geschaffen werde. Er setze sich deshalb dafür ein, die Entnazifizierung im Allgemeinen noch im Laufe dieses Winters durchzuführen.[27]

»Völliger Umschwung bei den Militärbehörden«

Im Frühjahr 1948 änderte die US-Militärregierung – in enger Abstimmung mit Washington – ihre Haltung zur Entnazifizierung völlig unerwartet. Wegen der Radikalität, mit der sie dies tat, und wegen der weit reichenden Folgen für die Menschen in der Besatzungszone und dann für die Politik der jungen Bundesrepublik muss dieser Sachverhalt ausführlicher dargestellt werden. Am 31. März 1948 kündigte der bayerische Ministerpräsident Hans Ehard im Kabinett an, am nächsten Tag würden auf einer internen Sitzung des Länderrates in Stuttgart Entnazifizierungsfragen behandelt. Man könne bei den zuständigen Stellen der Militärregierung einen völligen Umschwung feststellen und den Entschluss, die ganze Entnazifizierung so rasch als möglich zu beenden.[28] Am 30. März 1948 hatte OMGBY-Direktor Murray D. van Wagoner Hans Ehard einen Brief geschrieben, in dem er die Änderungen der entsprechenden Direktiven der Militärregierung benannte.[29] Darin hieß es unter anderem:

»Ich bin angewiesen worden, Sie von gewissen Änderungen in der bisherigen Methode der von der Militärregierung zur Entnazifizierung erteilten Direktiven in Kenntnis zu setzen. Die bisherige Methode der Übereinstimmungs- und Nichtanerkennungsschreiben in bezug auf die von der Militärregierung entlassenen und später von deutschen Spruchkammern entnazifizierten Personen wird mit sofortiger Wirkung aufgehoben. Diese Bestimmung hat rückwirkende Kraft; alle früheren Übereinstimmungsschreiben werden daher überflüssig und alle früher ausgestellten Nichtanerkennungsschreiben werden gegenstandslos. Die Einstellung oder Wiedereinstellung richtet sich künftig ausschließlich nach dem laut dem deutschen Entnazifizierungsgesetz bestehenden Status. Die Genehmigung oder Ablehnung der Militärregierung entfällt. [...] Internierte, die ihre Spruchkammerverhandlung erwarten, werden künftig auch nach einer Spruchkammerverhandlung, in der keine Einweisung in ein Arbeitslager verhängt wird, nach Ermessen der bayerischen Entnazifizierungsbehörden entlassen. Die Militärregierung wird künftig keine dieser Personen wegen Berufung oder Einspruch gegen das Urteil in Haft behalten. Der Befehl des Militärgouverneurs vom 7. Februar 1947, wonach Personen, die von einer Spruchkammer zu Arbeitslager verurteilt wurden, sofort festzunehmen und die ohne Rücksicht darauf, daß Berufung eingelegt wurde, in ein Arbeitslager eingewiesen sind, wird hiermit aufgehoben. Diese Vorschrift hat ebenfalls rückwirkende Kraft, so daß Personen, die auf Grund dieses Befehls gegenwärtig in Arbeitslagern festgehalten werden, nach Ermessen der bayerischen Entnazifizierungsbehörden entlassen werden können. Eine solche Inhaftierung in Arbeitslagern vor Verkündung eines rechtskräftigen Spruchkammerurteils, in welchem die Einweisung in ein Arbeitslager verhängt wird, ist künftig nur auf Grund von Befehlen möglich, die von Spruchkammern laut Artikel 40 des Gesetzes zur Befreiung von Nationalsozialismus und Militarismus ergehen.«[30]

Widerrufen wurde eine Reihe von Schreiben, die die Verhaftung von Mitgliedern der vom internationalen Militärtribunal als verbrecherisch bezeichneten Organisationen durch die deutsche Polizei betrafen. Abschließend forderte van Wagoner Ehard auf, die neue Lage »zur Vermeidung verwaltungstechnischer Fehlbearbeitungen und Verzögerungen« weitesten Kreisen bekannt zu geben.

Diese völlige Umkehrung bisherigen Verhaltens irritierte die deutschen Stellen nicht nur, sie führte sogar dazu, dass die bayerische Regierung Einspruch erhob, damit nicht, so Ehard, »die großen Nazis ganz ungeschoren davon kämen, nachdem die kleinen ruiniert worden seien«. Schließlich habe man einen Mittelweg gefunden. Bemerkenswert sei, dass das Beschäftigungsverbot, das bisher eine so große Rolle gespielt habe, nun fast gänzlich verschwinden solle. Die bayerische Kabinettsrunde mochte das Vorgehen der US-Militärregierung nicht nachvollziehen. So stellte laut Protokoll Staatsminister Anton Pfeiffer mit einer »melancholischen Genugtuung« fest: »25 Monate nach dem Inkrafttreten des Befreiungsgesetzes würden jetzt Vorschläge angenommen, die man von deutscher Seite schon damals gemacht habe. Ausgerechnet jetzt werde der Druck gelockert, nachdem noch ca. 160 000 wirkliche Nazis übrig seien, die man ernsthaft prüfen müsse.« Neun Zehntel aller Fälle könne man künftig schriftlich regeln. Dies war in der Tat so, wobei den noch arbeitenden Spruchkammern mit dem »2. Änderungsgesetz zum Gesetz zur Befreiung von Nationalsozialismus und Militarismus« vom 5. April 1948 ein weitgehender Ermessensspielraum eingeräumt wurde. Dort hieß es nun in Paragraph 2: »Art. 17. erhält folgende Ziff. VIII: ›Von der Festsetzung von Sühnemaßnahmen und von der Anordnung einer Bewährungsfrist kann ganz oder teilweise abgesehen werden, wenn sich der Betroffene nach seiner Gesamthaltung bereits bewährt hat oder wenn ein Mißverhältnis zwischen den auf Grund der Eingruppierung zu verhängenden Sühnemaßnahmen und den seitherigen persönlichen oder wirtschaftlichen Beschränkungen besteht. Wird von der Festsetzung von Sühnemaßnahmen und von einer Bewährungsfrist ganz abgesehen, so kann der Betroffene ohne Nachverfahren sofort in die Gruppe der Mitläufer eingereiht werden.‹«[31]

Kommunisten stärken NS-Sympathisanten

Es ist bereits mehrfach die Rede davon gewesen, die Sorge vor einem Übergreifen des Kommunismus auf Westdeutschland und damit Westeuropa habe die USA in wesentlichen Teilen von ihren ursprünglichen deutschlandpolitischen Vorstellungen abrücken lassen. Das gilt nicht zuletzt für ihre aufkommende Zurückhaltung bei der Entnazifizierung. Der kommunistische Umsturz vom 20. Februar 1948 in Prag hatte solche Befürchtungen verstärkt. Außerdem waren die Regierungen in München und Stuttgart besorgt, weil am 22. und 23. Januar 1948 in Bayern ein Generalstreik gegen die Wirtschaftspolitik und gegen die Hungerrationen ausgerufen worden war und in Württemberg-Baden aus denselben Gründen am 3. Februar 1948 viele Arbeiter in einen Ausstand getreten waren. Die US-Militärregierung sah mit Besorgnis, dass speziell bei der Polizei in ihrer Besatzungszone viele NS-Mitglieder und -Sympathisanten durch Kommunisten ersetzt worden waren. Diese Befürchtung äußerte General George P. Hays am 8. April 1948 gegenüber den Ministerpräsidenten.[32] Kommunisten befänden sich in gewissen Schlüsselstellungen der Polizei, und General Clay wäre dankbar, wenn die Ministerpräsidenten »Anregungen in dieser Frage« geben könnten. Der württemberg-badische Regierungschef Reinhold Maier unterstrich die Notwendigkeit, nach 1945 die »Nazi-Polizei« völlig umzugestalten. Dabei habe sich die Schwierigkeit ergeben, zuverlässige, dem Staat treu ergebene Leute zu gewinnen. Da die Kommunistische Partei 1945 auch von der Besatzungsmacht, er meinte hier die amerikanische, als eine durchaus gleichberechtigte demokratische Partei behandelt worden sei, sei es für die Kommunistische Partei relativ leicht gewesen, ihre Leute bei der Polizei unterzubringen. Deutscherseits habe man den Eindruck gehabt, dass 1945/46 die Kommunistische Partei von der Besatzungsmacht sogar bevorzugt worden sei. Sie habe als die radikalste antifaschistische Partei gegolten, deren Informationen der Besatzungsmacht sehr willkommen gewesen seien. Auch unter den deutschen Beschäftigten bei der Besatzungsmacht gebe es viele Kommunisten. Große Sorge hätten in den letzten Wochen auch Vorgänge außerhalb der Polizei verursacht, nämlich die Streiks in Bayern und Württemberg-Baden, die zunächst eine sehr harmlose Angelegenheit gewesen seien. Wenn es dem kommunistischen Einfluss gelinge, so Maier weiter, die öffentlichen Versorgungsbetriebe – Gas, Wasser, Elektrizität, Eisenbahn- und Straßenverkehr – und von daher das ganze Staats- und Wirtschaftsleben zu lähmen, so besitze man auf deutscher Seite kein Mittel, um sich dagegen zu wehren.

Die Grenzen zu Ostdeutschland würden zu wenig kontrolliert, ergänzte Bayerns Ministerpräsident Hans Ehard. Zusammen mit Flüchtlingen gelange eine ganze Reihe kommunistischer Funktionäre und Propagandisten in die amerikanische Zone. Man wisse auch, dass gut organisierte kommunistische Zentralen eingerichtet würden. Es bestehe der Verdacht, dass diese Leute mit Waffen versorgt werden, man könne aber nicht eingreifen, weil man die vielen kleinen Nachrichten nicht zusammenfassen und auswerten könne. Für Groß-Hessen beklagte Ministerpräsident Christian Stock das Fehlen einer »Politischen Polizei«. Solange es sie nicht gebe, sei man ungenügend informiert und greife ins Leere. Die Not sei die beste Propaganda der Kommunisten. Werde sie beseitigt, habe man viel gewonnen. Die Kommunisten bekämen viel Papier aus dem Osten, und brächten Zeitungen und Zeitschriften unter die Leute, während man in der amerikanischen Zone in dieser Beziehung mit leeren Händen dastehe. Schließlich machte der Landtagspräsident von Württemberg-Baden, Wilhelm Keil, auf dieses Problem aufmerksam: Seit 1945 seien Kommunisten in die öffentliche Verwaltung eingedrungen und hätten Mitglieder von Kabinetten gestellt. In Württemberg-Baden sie dies noch immer so. Sehr lange könne dieser Zustand nicht mehr dauern, denn die Teilnahme von Kommunisten an der Regierung erschwere das Vorgehen gegen sie.

Man mag es als Ironie der Geschichte betrachten, dass ausgerechnet die Kommunisten mit ihrem offensiven Auftreten ebenso wie mit ihrem konspirativem Verhalten wesentlich dazu beigetragen haben, dass zahlreiche NS-Mitglieder und –Sympathisanten in Westdeutschland ungeschoren davon kommen konnten.

Niemöllers Aufruf zum Gesetzesbruch

Kritik an dieser inkonsequenten Art der Entnazifizierung kam nicht zuletzt von der Evangelischen Kirche, so vom Präses der Landeskirche Hessen-Nassau, Martin Niemöller. Beim Treffen mit Clay kam der Ministerpräsident von Groß-Hessen, Christian Stock, auf ein Hirtenwort Niemöllers zu sprechen. Es war am 1. Februar 1948 von den Kanzeln verlesen worden, und in ihm hatte Niemöller unverhohlen dazu aufgerufen, die Entnazifizierung in der praktizierten Form zu boykottieren. In dem Hirtenwort hieß es unter anderem: »Die evangelische Kirche hat sich des öfteren dafür eingesetzt, daß nur nachgewiesene Vergehen und Verbrechen bestraft werden sollen, aber sie ist nicht gehört worden. Heute ist die völlige Katastrophe offenbar. Unser Volk ist nicht auf den Weg der Versöhnung geführt worden, sondern auf den Weg der Vergeltung, und die gesäte Saat des neuen Hasses ist üppig aufgegangen [...] Unter diesen Umständen müssen wir allen Christen die ernste Frage vorlegen, ob sie es noch verantworten können, sich freiwillig an der Durchführung eines Verfahrens zu beteiligen, das Haß sät, statt der Gerechtigkeit und Versöhnung zu dienen. [...] Nach unserem Maß der Erkenntnis müssen wir bitten: wirkt in dieser Sache, die so viel Unrecht im Gefolge hat, nicht länger aus freien Stücken oder als freiwillige Belastungszeugen mit, oder ihr kommt in die Gefahr, das Amt der Versöhnung zu verraten, das euch aufgetragen ist. Dasselbe müssen wir auch sagen vom Amt als Vorsitzender oder Beisitzer einer Spruchkammer, falls der christliche Bruder nicht die freudige Gewissheit im Gewissen hat, gerade mit diesem seine[m] Dienst dem Amt der Versöhnung zu dienen.

Den Dienern am Wort können wir diese Frage erst recht nicht ersparen. Wir müssen vielmehr darauf hinweisen, daß jede freiwillige Betätigung eines christlichen Pfarrers bei der Durchführung des Befreiungsgesetzes für die Gemeinde Jesu Christi ein schweres Ärgernis bedeutet, da das Vertrauen in die Zweckmäßigkeit, Gerechtigkeit und Menschlichkeit des gesamten Verfahrens nicht nur erschüttert, sondern völlig zerbrochen ist. Wir müssen deshalb den Pfarrern unserer Kirche um ihres Amtes und um unserer Gemeinden willen verbieten, dieses Ärgernis weiter mitzuverantworten.«[33]

Unter den Bedingungen des Besatzungsrechtes hätte Niemöller ohne Weiteres aus seinem Amt entfernt werden können, doch General Clay beschränkte sich auf einer Pressekonferenz am 3. Februar 1948 darauf, davon zu sprechen, er sei schmerzlich berührt, »daß ein Diener der Kirche sich zum Fürsprecher der Mißachtung der Gesetze macht«. Die Entnazifizierung sei ein Teil der deutschen Gesetzgebung, und jeder Staatsbürger habe das Recht, es zu kritisieren oder Änderungen zu verlangen. Aber es sei schlechtes Staatsbürgertum, die Bevölkerung zu ermutigen, das Gesetz des Landes zu missachten.

Ein statistisches Fazit

In seiner Weihnachtsansprache im Dezember 1946 verkündete der Oberbefehlshaber der amerikanischen Besatzungstruppen, General Joseph T. McNarney, eine politische Amnestie, von der rund 800 000 ehemalige Mitglieder der NSDAP betroffen waren. Es handelte sich um PGs, die nicht als Hauptbelastete und Belastete einzustufen waren, sofern sie zwischen 1943 und 1945 nicht mehr als 3 600 Reichsmark verdient hatten und weniger als 20 000 Reichsmark Vermögen besaßen. Amnestiert werden sollten weiter Personen, die mehr als zu fünfzig Prozent körperbehindert waren.[34]

Bis zum 1. Januar 1947 waren 249 892 Personen interniert worden, davon 95 250 in der amerikanischen, 68 500 in der britischen, 18 963 in der französischen, die restlichen in der sowjetischen Besatzungszone. Entlassen waren zu diesem Zeitpunkt bereits wieder 93 498 Internierte, und zwar 44 244 in der amerikanischen, 34 000 in der britischen, 8 040 in der französischen sowie 7 214 in der sowjetischen Zone.

Innerhalb der US-Zone waren mit Stand vom 28. Februar 1947 noch interniert:

Sicherheitsdienst (SD): 667

Schutzstaffel (SS): 25 984

Geheime Staatspolizei: 1 367

Korps der politischen Leiter: 17 259

Generalstabsoffiziere: 199

Übrige: 49 736

Statistiken besagen, dass bis Anfang 1949 in der gesamten US-Zone rund 74 Prozent aller Fälle, die den Spruchkammern vorlagen, als nicht strafbar eingestuft wurden. 19 Prozent der Belasteten kamen in den Genuss einer Amnestie. Über die Hälfte der Überprüften wurden als Mitläufer eingestuft, und nur etwa 1 400 Personen galten im Sinne des Befreiungsgesetzes als Hauptschuldige, doch immer mehr Schuldige wurden von den Spruchkammern reingewaschen. Belastete erschienen mit Verwandten, Freunden und Bekannten, die allesamt bestätigten, der Beschuldigte sei eigentlich immer Gegner des NS-Regimes gewesen. Vorschläge des Leiters der OMGUS-Rechtsabteilung, Charles Fahy, sprechen für sich. Nach seinen Vorstellungen sollte sich jeder Beschuldigte mit der Unterschrift von fünf Zeugen entlasten können, wobei diese Zeugen durchaus auch Nazis hätten sein können.

Am 11. Oktober 1949 war in Bayern das Ende des für die Entnazifizierung zuständigen Staatsministeriums für Sonderaufgaben gekommen. Vor dem Ministerrat erklärte Camille Sachs, die Entnazifizierung in Bayern sei so gut wie abgeschlossen. Die Hauptaufgabe liege nun im Abbau des Verwaltungsapparates. Insgesamt 3 700 Mitarbeiter müssten untergebracht werden. Auf die geleistete Arbeit könne man stolz sein. In Bayern – so Sachs – sei man großzügiger gewesen als in anderen Ländern der US-Zone. 6,7 Millionen Meldebogen seien geprüft worden, davon stammten 4,8 Millionen von Nichtbetroffenen. Als Hauptschuldige seien 743, als Belastete 11 000, als Minderbelastete 52 000 und als Entlastete 8 800 Personen eingestuft worden. Erledigt werden müssten noch 1 445 Fälle der Gruppen I und II, außerdem seien noch 900 Fälle in der Berufungsinstanz anhängig. Ohne weitere Diskussion beschloss der Ministerrat, das Ministerium mit Wirkung vom 1. November 1949 aufzulösen.[36]

Im Land Hessen der inzwischen gegründeten Bundesrepublik trat am 30. November 1949 das »Gesetz über den Abschluß der politischen Befreiung in Hessen« in Kraft. In Bremen war die Denazification Division – erst am 22. März 1947 gebildet – am 15. September 1948 herabgestuft worden und wurde von einem Denazification Adviser geleitet. Am 30. Juni 1949 wurde auch diese Dienststelle der Militärregierung aufgelöst.[37]

In Westdeutschland waren insgesamt etwa 6,06 Millionen Menschen auf ihre Schuld oder Unschuld überprüft worden, und zwar 3,620 Millionen in der amerikanischen, 2,04 Millionen in der britischen und 420 000 in der französischen Zone. Von ihnen wurden durch die Spruchkammern eingestuft:

1 700 als Hauptschuldige
23 000 als Belastete
150 000 als Minderbelastete und
1,006 Millionen als Mitläufer

»Mitläufer in den normalen Lebensgang einschalten«

Die Entnazifizierung beziehungsweise ihr teilweises Scheitern beschäftigte die 1949 gebildete Bundesregierung und war ein wichtiges Thema auf der Petersberger Konferenz im November desselben Jahres. Der amerikanische Hohe Kommissar, John McCloy, sah zwar eine positive Entwicklung, zugleich aber auch Anlass zu einer ernsthaften Warnung: »Wir haben von Zeit zu Zeit Gelegenheit gehabt, uns ernsthaft Sorge zu machen über die Rückkehr von führenden Persönlichkeiten der früheren Naziperiode in bedeutende Positionen. Ich bin sicher nicht einer von denen, die sagen, daß die Nazis für alle und ewige Zeit aus dem normalen Leben des deutschen Volkes ausgeschlossen werden müßten. Im Gegenteil, ich habe mehr als einmal gesagt, ich sei der Meinung, daß vor allen Dingen die Mitläufer und die nicht allzu aktiv beteiligten Nazis wieder in den normalen Gang des nationalen Lebens eingeschaltet werden müssen. Es ist viel besser, diese Menschen in das normale Leben des Volkes einzubeziehen, als sie in einer besonderen Gruppe außerhalb dieses normalen Lebens zu lassen.«[38]

Es sei der Zeitpunkt gekommen, eher die heutige Haltung dieser Leute anzusehen als sich auf die Betrachtung ihrer früheren Haltung und ihrer ehemaligen Schwächen zu beschränken. McCloy weiter: »Wir beobachten jedoch die Tendenz gewisser Gruppen und gewisser sehr hoher Individuen andere, die während der Naziperiode Widerstand geleistet haben, wo sehr schwer Widerstand zu leisten war, zu verdrängen, und zwar Persönlichkeiten, die einen Charakter an den Tag gelegt haben, der wahrscheinlich wertvoller ist, als die bloße Tüchtigkeit.« Diese Tendenz mache sich in den Ländern stärker bemerkbar als auf der Bundesebene, er würde es jedoch begrüßen, wenn die Bundesregierung Maßnahmen treffe, die ein Eingreifen von alliierter Seite überflüssig mache.

»Strafverfahren werden nicht berührt«

Offiziell beendete der Deutsche Bundestag am 15. Dezember 1950 die Entnazifizierung durch Richtlinien für eine einheitliche Ländergesetzgebung.[40] Danach waren Entnazifizierungsverfahren mit dem Ziel der

Einstufung in Kategorien ab dem 1. Januar 1951 nicht mehr zulässig. Immerhin rang sich der Bundestag zu dem Appell durch, straffällig gewordene nationalsozialistische Aktivisten wirksam zur Rechenschaft zu ziehen: »Die Beendigung der Entnazifizierung soll die Periode der schematischen Bewertung ganzer Personengruppen wegen ihrer Zugehörigkeit zu Organisationen oder Einrichtungen der nationalsozialistischen Herrschaft abschließen. Dies veranlaßt den Bundestag, mit Nachdruck zu betonen, daß dadurch die Durchführung von Strafverfahren wegen individueller Verbrechen in keiner Weise berührt wird.«

Die Länder wurden ersucht, auf die Staatsanwaltschaften einzuwirken, derartige Verfahren »mit Entschlossenheit« zu betreiben. Der Appell blieb angesichts des Kalten Krieges und der zunehmenden Konfrontation zwischen den beiden Machtblöcken weitgehend wirkungslos. Ansätze einer juristischen Aufarbeitung durch deutsche Stellen gab es mit der Gründung der »Zentralen Stelle der Landesjustizverwaltungen zur Aufklärung nationalsozialistischer Verbrechen« in Ludwigsburg, die die Justizminister und -senatoren am 3. Oktober 1958 in Bad Harzburg beschlossen hatten. Kennzeichnend ist, dass diese Einrichtung damals in Ludwigsburg keineswegs gern gesehen wurde. Viele Ludwigsburger Repräsentanten hielten sie sogar für »rufschädigend« für das Ansehen der Stadt. Bis zur Wiedervereinigung wurden von der Zentralstelle 106 496 Vorermittlungs- und Ermittlungsverfahren geführt. Wenn lediglich 6 495 der dann Angeklagten wegen NS-Verbrechen auch rechtskräftig verurteilt wurden, wird man das der Ludwigsburger Zentralstelle kaum anlasten können.

Relative Milde bei den Nürnberger Prozessen
Im Rahmen der Entnazifizierung war es noch am einfachsten gewesen, die NS-Symbole aus dem öffentlichen Straßenbild zu entfernen. So mussten zum Beispiel auf Befehl der Militärregierung die Ehrengräber am Münchener Königsplatz entfernt werden. Hier waren nach den Plänen von Architekt Paul Ludwig Troost zwei »Ehrentempel« errichtet worden, in die beim Putsch vom 9. November 1923 getöteten Nationalsozialisten bestattet und als Helden verehrt wurden. Ober-

bürgermeister Karl Scharnagl sollte dafür sorgen, dass die Särge in Familiengräber überführt oder – falls es solche nicht gebe – auf verschiedenen Friedhöfen beigesetzt würden. Selbstverständlich dürften die Grabsteine keine besonderen Kennzeichen erhalten, lautete der US-Befehl.

Der zweite, für die besiegten Deutschen ebenso wie für die Weltöffentlichkeit bestimmte Akt waren die Nürnberger Kriegsverbrecherprozesse. Harry S. Truman und Winston B. Churchill hatten sich schon im Oktober 1941 auf derartige Gerichtsverfahren geeinigt. In Umsetzung der späteren Beschlüsse der Moskauer Außenministerkonferenz vom Oktober 1943 wurde am 8. August 1945 mit der Unterzeichnung des Londoner »Abkommens über die Verfolgung und Bestrafung der Hauptkriegsverbrecher der europäischen Achse« und »Verfassung der Internationalen Militärgerichte« ein entsprechender Gerichtshof gebildet. Nicht zufällig hatten die Alliierten Nürnberg als Stadt der Reichsparteitage und großer NS-Aufmärsche zum Sitz des Gerichtshofes gewählt, der am 20. November 1945 im Justizpalast an der Fürther Straße seine Arbeit aufnahm. Chef der Anklagebehörde war der amerikanische Bundesrichter Robert H. Jackson. Die Hauptanklagepunkte lauteten auf Verschwörung, Verbrechen gegen den Frieden, Kriegsverbrechen und Verbrechen gegen die Menschlichkeit. Vierundzwanzig Einzelpersonen saßen auf der Anklagebank; SA, SS, Generalstab und Oberkommando der Wehrmacht, Reichskabinett, Führerkorps der NSDAP sowie Gestapo und SD wurde vorgeworfen, »verbrecherische Organisationen« zu sein. Nach langer Beweisaufnahme und den Schlussworten der Angeklagten am 31. August 1946 fand am 30. September und 1. Oktober die Urteilsverkündung statt. Ausgesprochen wurden zwölf Todesurteile, sieben Angeklagte wurden zu lebenslänglicher Freiheitsstrafe verurteilt, sieben erhielten Gefängnisstrafen, drei wurden freigesprochen. Gnadengesuche wurden abgelehnt. Die Hinrichtungen erfolgten in den frühen Morgenstunden des 16. Oktober 1946 an zwei Galgen in einer Halle im Hof des Justizpalastes. Als deutsche Zeugen beobachteten der bayerische Ministerpräsident Wilhelm Hoegner und der Generalstaatsanwalt beim Oberlandesgericht Nürnberg, Friedrich Leistner, die Exekutionen. Die Leichname wurden im Krematorium des Münchener Ostfriedhofes verbrannt, die Asche in einen Bach verstreut.

Beendet war die juristische Aufarbeitung der NS-Verbrechen für die Alliierten damit allerdings nicht. In zwölf Nürnberger Folgeprozessen, die bis zum 27. Oktober 1948 dauerten, wurde Anklage gegen 185 Personen erhoben. Verhandelt wurde gegen 177, vier hatten Selbstmord begangen, vier waren verhandlungsunfähig. Neben Ärzten, Juristen, Generalfeldmarschällen und Generalen, Ministern und Beamten saßen auch Industrielle und Bankiers wie Friedrich Flick, Alfried Krupp oder der I.G.-Farben-Direktor Carl Krauch auf der Anklagebank. Die Gruppe der Angeklagten aus dem Bereich der Wirtschaft kam glimpflich davon. Die höchsten Freiheitsstrafen erhielten mit acht Jahren Walter Dürrfeld und Otto Ambros, IG Farben, sowie Fritz ter Meer, ebenfalls IG Farben, und Friedrich Flick mit sieben Jahren. Ein großer Teil der Angeklagten wurde freigesprochen, andere wurden später vorzeitig aus der Haft entlassen.

Echte Entnazifizierung war nicht zu erwarten

Am 18. Juni 1947 setzte der Generalsekretär des Länderrates die Justiz- und Befreiungsminister der Länder davon in Kenntnis, die amerikanischen Militärregierung wolle einen großen Teil der noch anhängigen Nürnberger Kriegsverbrecher-Verfahren an deutsche Stellen abgeben. Der Länderrat solle daher Bevollmächtigte benennen, die etwa 50 000 Dokumente überprüfen und Verfahrensvorschläge machen könnten.[40]

Mit der Übernahme der Verfahren befasste sich der Länderrat auf seiner Sitzung am 1. und 2. Dezember 1947, wobei Bayerns Ministerpräsident Hans Ehard Kritik daran übte, dass die bisher in Nürnberg geleistete Arbeit in keinem Verhältnis zum finanziellen Aufwand stehe. Die Verteidiger kämen nach Beendigung ihrer dortigen Arbeit meist von den Spruchkammern und erhielten »eine geradezu unverhältnismäßig große Menge Geldes«. Wenn man nicht mehr erreiche, so werde man im Inland und besonders im Ausland maßlos beschimpft werden.[41] Auf unterschiedliche Vorstellungen hinsichtlich des weiteren Vorgehens verwies der bayerische stellvertretende Ministerpräsident Josef Müller. Er sei der Ansicht, dass Fälle, die ins Kriminelle gingen, ordentlichen Gerichten übergeben werden müssten. Demgegenüber habe General Clay die Auffassung vertreten, sie Spruchkammern zu übertragen. Auf amerikanischer Seite sei man der Ansicht, dass man bei einer Übertragung auf ordentliche Gerichte diese Gerichte nur mit politisch einwandfreien Personen besetzen dürfe. Eine solche Garantie aber könne man nicht übernehmen. Die Vorstellung, die Verfahren einem für die gesamte US-Zone zuständigen Gericht zu übertragen, verstoße gegen die bayerische Verfassung. Außerdem könne man solche Gerichte als »Sondergerichte« verstehen.

Es ist müßig, heute darüber zu streiten, ob diese Prozesse einen Beitrag zur Entnazifizierung geleistet haben – eher nicht. Angeklagt waren ohnehin nur wenige Würdenträger des NS-Regimes, wenn auch die mit besonders »klangvollen« Namen. Abgesehen von den wenigen verhängten und vollzogenen Todesurteile waren die übrigen Urteile vergleichsweise milde. Mit den Nürnberger Prozessen konnte ein Volk nicht entnazifiziert werden, selbst eine abschreckende Wirkung war nicht zu erwarten. Wesentlicher war die Tatsache, dass mit dem Internationalen Militärgerichtshof erstmals ein Tribunal geschaffen worden war, das eine Regierung wegen Verbrechen am Frieden, wegen Kriegsverbrechen und Verbrechen gegen die Menschlichkeit auf die Anklagebank brachte. Dies war ein echtes Novum, das bis heute fortwirkt, wie der internationale UN-Gerichtshof in Den Haag zur Aufklärung der Kriegsverbrechen im Kosovo belegt.

Eine freie Presse

Instrumente der Umerziehung

Ein wichtiges Mittel zur Entnazifizierung der Deutschen stellte die Informations- und damit Pressepolitik der US-Militärregierung dar, man mag auch sagen die Propagandaarbeit. Nicht von ungefähr waren »Combat Propaganda Teams« der »Psychological Warfare Division – PWD« stets mit von der Partie, wenn besonders symbolträchtige Ereignisse anstanden, wie etwa die Sprengung des überdimensionalen Hakenkreuzes am Nürnberger Reichsparteitagsgelände. Bestand die Hauptaufgabe dieser weitgehend selbstständigen Einheiten während des Krieges in der psychologischen Kriegsführung, wurde in den besetzten Gebieten die Informationskontrolle zum Arbeitsschwerpunkt dieser Spezialisten. Die PWD war ein anglo-amerikanisches Unternehmen und General Eisenhower, der für seine harte Linie gegenüber den Deutschen bekannt war, direkt unterstellt. Entsprechend durfte die PWD in Flugblättern beispielsweise für die Angehörigen der Wehrmacht keine Versprechungen im Hinblick auf eine bessere Zukunft machen, sondern war gehalten, kompromisslos die Linie der bedingungslosen Kapitulation zu propagieren. Auf Drängen Churchills war es sogar untersagt, Bezug auf die Atlantik-Charta zu nehmen, denn der britische Premier war der Überzeugung, ein besiegtes Deutschland habe keinen Anspruch auf die Anwendung dieser Vereinbarung mit ihren Hinweisen auf die allgemeinen Menschenrechte.[1] Dieser Standpunkt machte es im Übrigen in den letzten Kriegswochen der Goebbelschen Propaganda relativ leicht, die Furcht nicht nur vor dem Bolschewismus, sondern zusätzlich vor den Amerikanern zu schüren.

Demokratie sollte den Deutschen auch über die Medien nahe gebracht werden, und mit dem Gesetz Nr. 191 vom 24. November 1944 hatten die Westalliierten den Deutschen jede Form der Medientätigkeit, dies galt auch für Film, Theater und Musik, verboten. Erst ab dem 12. Mai 1945 waren nach der Nachrichtenkontrollvorschrift Nr. 1 unter strengen Voraussetzungen Genehmigungen möglich. Zuständig für die Lizenzerteilung für die amerikanische Zone war anfangs der Direktor der Information Control Division – ICD – in Bad Homburg, bevor ab Ende 1945 regionale District Information Services Control Commands – DISCC – Kompetenzen in diesem Bereich erhielten. Die Information Control Division wiederum wurde OMGUS eingegliedert und hatte zum größten Teil ihren Sitz in München. Das für Groß-Hessen zuständige Information Services Control Detachment arbeitete erst in Bad Nauheim und Schloß Georgenborn, bevor es nach Wiesbaden zog, am 4. Februar 1946 aufgelöst und durch eine Information Control Division – ICD – abgelöst wurde. Die für Württemberg-Baden zuständigen Dienststellen hatten ihren Sitz beziehungsweise Außenstellen in Stuttgart, Heidelberg, Mannheim, Karlsruhe, Ulm und Heilbronn. Eine Besonderheit bildete »Radio Stuttgart«. Die Franzosen hatten Stuttgart zwar erobert, doch die Sende- und Produktionsanlagen ebenso wie der Sender bei Mühlacker wurden von US-Truppen in Beschlag genommen. Als Radio Stuttgart seinen Sendebetrieb für Baden, Württemberg und Teile Bayerns unter amerikanischer Regie wieder aufnahm, verboten die Franzosen ihrem Verbündeten jegliche politischen oder informativen Sendungen. Diese konnten dann erst mit Abzug der Franzosen am 8. Juli ausgestrahlt werden. Probleme mit dem Rundfunk hatten die Amerikaner, wenngleich aus anderen Gründen, auch in Berlin. Dort sendete der »Berliner Rundfunk«, dessen Rundfunkgebäude und Sendeanlagen sich in den Westsektoren befanden, aber von der sowjetischen Besatzungsmacht kontrolliert wurden. Nachdem alle Versuche der Amerikaner, Einfluss auf den »Berliner Rundfunk« zu nehmen, gescheitert waren, ging am 1. Februar 1946 der »Drahtfunk im amerikanischen Sektor – DIAS« in Berlin-Lichterfelde auf Sendung. Empfangen werden konnte er nur von Berlinern, die über ein Telefon verfügten. Der »DIAS« war Vorgänger des ab Juli 1948 in Berlin-Schöneberg angesiedelten »Rundfunks im amerikanischen Sektor – RIAS«. Im Zuge der Berliner

Blockade 1948/49 zog der kommunistisch dominierte »Berliner Rundfunk« in den Ostteil der Stadt um, zumal in der angespannten politischen Situation den aus dem Ostsektor kommenden Mitarbeitern häufig der Weg in den Westteil versperrt wurde und der französische Stadtkommandant die Sendemasten in Tegel hatte sprengen lassen. Der RIAS sah in den Jahrzehnten bis zur Wiedervereinigung seine wichtigste Aufgabe darin, Informationssendungen für die Menschen in Ost-Berlin und in der DDR auszustrahlen. Er stand unter amerikanischer Programmhoheit, wurde aber aus Mitteln der Bundesregierung finanziert.

»Kurzsichtige Politik der Bestrafung«

Mit der Medienpolitik der US-Militärregierung hat sich ausführlich Harold Hurwitz befasst, der 1946 nach Berlin kam und als Zivilbediensteter publizistische und wissenschaftliche Aufgaben übernahm. Er ist als Insider der Überzeugung, durch die »Kurzsichtigkeit einer Politik der Bestrafung« sei den für die Presse zuständigen amerikanischen Behörden die Bewegungsfreiheit genommen worden, frühzeitig ihre liberalen Intentionen zu verwirklichen. Diese Politik habe die Spontaneität der deutschen Nazigegner eher unterdrückt als gefördert und damit die Entwicklung erster demokratischer Ansätze hinausgeschoben oder verhindert, so sein Vorwurf. In der frühen Phase der Besetzung Deutschlands habe die Informationspolitik der Besatzer, vor allem für Presse und Rundfunk, unter der Formel der Kollektivschuld des deutschen Volkes an den Verbrechen des Dritten Reiches gestanden. Andererseits sei lange vor Ende der Kampfhandlungen das Ziel erkennbar gewesen, den Feind nach dem Sieg politisch-ideologisch zu beeinflussen. Hurwitz kommt zu dem Schluss: »Die einer Politik der Härte und Bestrafung eigenen Vorstellungen und Annahmen harmonierten nicht mit der langfristigen Absicht, aus dem besiegten Land eine Demokratie zu machen.«[2]

Dem amerikanischen Presseideal entsprechend, sollten die neuen Zeitungen in Deutschland gegenüber der Regierung und den politischen Parteien, aber auch finanziell unabhängig sein. Dieses war die

Spuren der Besatzung. Wappen der Abhörabteilung des US-Geheimdienstes an einer Wand der Andrews Barracks in Berlin-Lichterfelde nach dem Abzug.

Prämisse, unter der der New Yorker Journalist Luther Conant, Chef der Presseabteilung der PWD, und der britische Kommunist Cedric Belfrage sich daran machten, die Zeitungslandschaft in Deutschland neu aufzubauen. Für die Entwicklung des Pressewesens hatten die Anglo-Amerikaner drei Phasen vorgesehen: Zunächst sollte die Herausgabe aller deutschen Medien in den eroberten Gebieten eingestellt werden. Offizielle Mitteilungsblätter der Armee-Gruppen sollten an deren Stelle treten, bevor in einer dritten Stufe an die Lizensierung von neuen Zeitungen gedacht war.

Als Experimentierfeld hierfür diente Aachen, wo eine PWD-Erkundungseinheit die erste Zeitung herausgeben sollte. Die Schilderung dieses Unterfangens durch Hurwitz zeigt, wie die USA hier vorgingen. Die Aachener Militärregierung hatte den Besitzer einer Druckerei als künftigen Herausgeber vorgeschlagen, der allerdings den Makel hatte, Mitglied der NSDAP gewesen zu sein. Der Vorschlag wurde von der PWD verworfen. Gefunden wurde schließlich der 68-jährige

Druckermeister und Korrektor Heinrich Hollands. Er hatte bis 1933 einer sozialdemokratischen Zeitung angehört und war dann arbeitslos geworden. Journalistische Erfahrung besaß er nicht, die sollte ihm ein PWD-Team im Schnellverfahren beibringen. Hurlitz: »Das Team verstieß von Anfang an gegen das Fraternisierungsverbot. Man war bemüht, mit dem deutschen Redaktionsstab soweit wie nur möglich eine freundschaftliche Atmosphäre herzustellen. Als nach drei Wochen der Vorbereitung die ersten Zeitungen aus der Rotationsmaschine kamen, erschien Hollands mit drei Flaschen Saarwein, um das Ergebnis zu feiern. Nach einem kurzen, im Flüsterton geführten Gespräch nahmen die Uniformierten trotz des Fraternisierungsverbotes seine Einladung an.« Der Eigentümer der Druckerei musste dagegen das Haus räumen, sein Eigentum wurde requiriert. Noch einmal Hurlitz: »Das Aachener Experiment begann also mit zwei Verhaltensweisen, die später durchaus charakteristisch für das Vorgehen der Offiziere von der Pressekontrolle werden sollten: Gegenüber den ausgewählten deutschen Stabsmitgliedern zeigte man väterliche Freundschaft, die Altverleger konnten dagegen nicht mit Wohlwollen rechnen.«

Die »Aachener Nachrichten« stießen in ihrem Bemühen, zur Entnazifizierung beizutragen, auf unerwartete Schwierigkeiten. Am 31. Januar 1945 entließ der Militärgouverneur 27 Mitglieder der Stadtverwaltung wegen ihrer NS-Vergangenheit, und der Zeitung wurde ein Maulkorb verordnet. Die Namen der Betroffenen durften nicht genannt werden. Hollands behalf sich, indem er die Berufsbezeichnungen veröffentlichte – Pförtner, Buchhalter, Gasinstallateur und so weiter – und so signalisierte, dass es sich bei den Entlassenen um lediglich kleine Fische gehandelt hatte. Als dann die »Aachener Nachrichten« am 7. März die Namen sieben weiterer Entlassener druckte, – darunter zwei Abteilungsleiter aus dem Dunstkreis des Oberbürgermeisters, und dieser wenig später von »Werwölfen« ermordet wurde, verzichtete das Blatt auf die weitere Nennung von Namen. Erst sechs Monate nach Gründung des Blattes erhielt Hollands eine offizielle Lizenz – lange Zeit die einzige innerhalb des amerikanischen Besatzungsgebietes.

»Mitteilungen – keine Unterhaltung«

Ein Hardliner unter den amerikanischen Offizieren war General Robert A. McClure, Leiter der PWD. Er vertrat die Ansicht, den Deutschen sollten Mitteilungen geboten werden, nicht Unterhaltung. Er stand damit im Widerspruch zu Hans Habe. Der aus Ungarn emigrierte Journalist im Rang eines Hauptmanns der US-Armee war Chef einer Einheit, die zwar offiziell der PWD zugeordnet war, jedoch als »Publicity and Psychological Warfare Detachment – P & PW Det.« arbeitete. Aus dieser Konstruktion ergab sich Konfliktstoff, denn Habe, dem an der Herausgabe lesbarer Zeitungen lag, wurde häufig ausgebremst und versuchte immer wieder, sich über die restriktiven Richtlinien hinwegzusetzen. Anfang Januar 1945 beschlossen die Amerikaner, so genannte »Press Teams« auszusenden, um geeignete deutsche Zeitungsherausgeber ausfindig zu machen. Dem hierfür verantwortlichen Luther Conant lag besonders an Journalisten, die 1933 als Nazigegner mit einem Berufsverbot belegt worden waren. Keinesfalls wollte er solche in die künftigen Redaktionen aufnehmen, die, wenn auch nur nominell, der NSDAP angehört hatten.

Nach der Kapitulation der deutschen Wehrmacht am 8. Mai 1945 wurden mit der PWD-Direktive Nr. 1 Richtlinien für den alliierten Rundfunk und die von den Armeegruppen herausgegebenen Zeitungen erlassen. In ihnen hieß es unter anderem:

»Die ersten Schritte der Umerziehung sind zu unternehmen, indem erstens die Einsicht in die kollektive Verantwortung für die Verbrechen Deutschlands wachgerufen wird und zweitens jene Tatsachen herausgestellt werden, welche geeignet sind, die fatalen Folgen der Nazi- und Militaristenherrschaft sowie der deutschen Hinnahme dieser Herrschaft zu enthüllen.«[3]

Gefordert wurde, den »tiefen Graben, der die Besatzungsarmeen von den besiegten Deutschen trennt« ausdrücklich zu betonen, ferner »das Fraternisierungsverbot [...] bei den Erzeugnissen der Informationsmedien ebenso einzuhalten wie bei dem Verhalten der Truppen. Eine Politik der ›austerity‹ hat an die Stelle aller Schmeicheleien zu treten, die von der psychologischen Kampfführung während der

Kampfhandlungen als erforderlich angesehen wurden«. Propagandaklischees und besonders offenkundige Propagandaschlagzeilen seien zu vermeiden. Irrigerweise werde angenommen, die harte Politik verlange eine laute Darstellungsweise. Dies sei nicht der Fall. »Die harte Politik bedeutet, daß die distanzierte Haltung gegenüber einem besiegten Volk aufrechterhalten wird.« Der erste Schritt der Umerziehung werde sich ausschließlich darauf beschränken, die Deutschen mit jenen unwiderlegbaren Tatsachen zu konfrontieren, die eine Einsicht in die deutsche Kriegsschuld und in die Kollektivschuld für solche Verbrechen wie die Konzentrationslager wachrufen. Das Problem der Zukunft Deutschlands als einer Nation werde nicht diskutiert. Außerdem sei nicht auf die zukünftige Behandlung der deutschen Kriegsgefangenen hinzuweisen und besonders nicht auf ihre Rückkehr in die Heimat.

Das Verhalten der Deutschen beim Einmarsch der Alliierten wurde mit »passiver Anpassung« umschrieben und laut Hurwitz als Beweis ihrer Kollektivschuld gewertet. Die Verurteilung des Nationalsozialismus und NS-feindliche Äußerungen wurden als Heuchelei abgetan. Erst mit der Direktive Nr. 2 für »Information and Control« für das amerikanische Besatzungsgebiet vom 28. Mai 1945 unternahmen die USA einen Schritt zu einer differenzierten Betrachtung der Schuldfrage. Nunmehr wurde unterschieden zwischen »aktiver Schuld der Verbrechen« und »passiver Schuld des ganzen Volkes«. Die »wahrhaft demokratischen Elemente« sollten jetzt zu unmittelbaren und dringenden Aufgaben herangezogen werden. Zudem war »unter den nazifeindlichen Schriftstellern und Journalisten […] das Pflichtgefühl und Selbstvertrauen anzuspornen und wiederzubeleben, indem man ihnen in Grenzen die Möglichkeiten gewährt, ihre Meinung zu unpolitischen Problemen zu formulieren und auszudrücken«. Gegenüber der Direktive Nr. 1 war dies ein Fortschritt, doch keineswegs ein Durchbruch.

Den ersten Zeitungen, die 1945 in der US-Zone erschienen und die ihre Existenz vor allem Hans Habe verdankten, war kein langes Leben beschieden. Eine Übersicht[5] macht dies deutlich:

Kölnischer Kurier, 2. April bis 16. Juni
Frankfurter Presse, 21. April bis 26. Juli
Hessische Post, Kassel, 28. April bis 22. September
Braunschweiger Bote, 4. Mai bis 8. Juni
Ruhr-Zeitung, Essen, 12. Mai bis 16. Juni
Bayerischer Tag, Bamberg, 19. Mai bis 13. November
Münchener Zeitung, 9. Juni bis 6. Oktober
Süddeutsche Mitteilungen, Heidelberg, 16. Juni bis 1. September
Weser-Bote, Bremen, 23. Juni bis 15. September
Regensburger Post, Straubing, 29. Juni bis 16. Oktober
Augsburger Anzeiger, 13. Juli bis 23. Oktober
Stuttgarter Stimme, 3. August bis 14. September
Allgemeine Zeitung, Berlin, 8. August bis 11. November

An zu niedrigen Auflagen kann es nicht gelegen haben, denn diese erreichten – wie im Fall der »Hessischen Post« – die Millionen-Grenze.
Die im Verantwortungsbereich der 12. US-Armeegruppe herausgegebenen Zeitungen kamen im Juni 1945 sogar auf eine Gesamtauflage
von 4,635 Millionen Exemplaren, wobei jede Zeitung durchschnittlich
von sechs bis acht Personen gelesen wurde. Dies war darauf zurückzuführen, dass es erstens noch keine deutschen Zeitungen gab und
dass die Armeegruppen-Blätter zweitens kostenlos verteilt wurden.
Als dann jedoch erste deutsche Verleger die begehrten Lizenzen erhielten, war damit auch das Ende der »Mitteilungsblätter« eingeläutet.

Anzeichen einer differenzierten Betrachtung
Mit dem 17. Oktober 1945 erhielt Hans Habe eine neue Aufgabe. Er
wurde zusammen mit Hans Wallenberg Herausgeber der »Neuen Zeitung« in München. Wallenberg war zuvor in gleicher Funktion in Berlin tätig gewesen, wo er die inzwischen eingestellte »Allgemeine Zeitung« geleitet hatte. Die von Eisenhower persönlich für dieses Blatt
gemachten Vorgaben ließen endlich die Herausgabe einer attraktiven
Zeitung zu. Eisenhower hatte erklärt, es sei Popularität bei den deutschen Lesern anzustreben, auch wenn es manchmal wünschenswert

und notwendig werden könne, unpopulär zu sein.[6] Es ist bemerkenswert, dass und in welcher Form die »Neue Zeitung« sich in ihren ersten Ausgaben zu Fragen der Entnazifizierung und der Haltung der
Deutschen dazu äußerte. Wiederholt prangerte Habe die Entnazifi-
zierungsmethoden an, nach der jeder Deutsche seine Unschuld nach-
zuweisen hatte. Am 4. Januar 1946 schrieb er einen Leitartikel, in dem
er die Versäumnisse der Alliierten bei der Entnazifizierung benannte:
»Es ist zweifellos ein Fehler, daß sie zuviel von Schuld und zuwenig
von Schwäche gesprochen haben.«[7] Am 25. Januar wurde Habe noch
deutlicher: »Amerikaner, die glaubten, Deutschland vom Hitlertum
zu erlösen, sehen enttäuscht, daß sie von den Freiheitssuchenden in
Deutschland nicht als die Bringer der Freiheit, sondern als die Bringer
von Konserven begrüßt worden sind. [...] Man könnte freilich sagen,
[...] daß die Amerikaner vergessen, was zwölf Jahre der Unterdrü-
ckung bedeutet haben, und daß ihre Ungeduld nicht am Platze sei.
[...] Einem solchen Einwand ist die Berechtigung nicht abzusprechen.
[...] Aber ›die Amerikaner‹ sind doch weniger über die Langsamkeit
des Aufbaues enttäuscht als über die fehlende geistige Bejahung in einem Deutschland, in dem es immerhin keine Konzentrationslager
mehr gibt; in dem Privilegien nicht nach Parteinummern verteilt werden; in dem die Polizei dient, statt zu herrschen, und in dem die Fehler, die von der Behörde begangen werden – und die werden natürlich
auch von den amerikanischen Behörden begangen –, korrigiert werden, wenn sich die Unschuld des Betroffenen herausstellt.«[8] Habe
stellte so bedeutende Köpfe wie Erich Kästner und Liselotte Enderle
als Feuilletonredakteure ein, erhielt jedoch die Anweisung, für jeden
Beitrag eines deutschen Autors zwei amerikanische zu drucken. Am
11. März 1946 legte er seinen Posten als Chefredakteur nieder.

Erste Lizenzen für deutsche Verleger

Am 28. Juni 1945 stellten die Amerikaner die Weichen für eine deutsche Nachkriegs-Zeitungslandschaft neu. Der Weg für die Vergabe
von Lizenzen an Deutsche sollte freigemacht werden. Die Herange-
hensweise ließ allerdings von Anbeginn an Zweifel am Erfolg aufkom-

men. Abgesehen von der Papierknappheit erwies sich die Bestimmung als Hindernis, nach der Lizenzen nicht etwa an Einzelne vergeben werden durften, sondern nur an Personengruppen mit NS-feindlichem Hintergrund. Eine zentrale Lizensierungs-Kommission in Bad Homburg entschied über die Anträge. In ihr hatten Vertreter der Entnazifizierungsstellen und des US-Geheimdienstes das Sagen, was die Arbeit erheblich erschwerte. Am 11. September 1945 wurde die Kommission aufgelöst. Ihre Aufgaben wurden an die Kommandeure in den Militärdistrikten übertragen. Diese Art Lizensierungspraxis bremste zwangsläufig die Entwicklung des westdeutschen Zeitungsmarktes. Bis zum 1. Juni 1949 wurden von den Amerikanern in Württemberg-Baden sechzehn, in Hessen vierzehn, in Bayern siebenundzwanzig und in Bremen zwei Zeitungen genehmigt. Nach Beendigung des Verfahrens stieg die Zahl der Zeitungen innerhalb weniger Wochen drastisch an: Am 31. Oktober 1949 gab es in Württemberg-Baden 122 Zeitungen, in Hessen 82 und in Bayern 500. Lediglich auf dem begrenzten Bremer Markt existierten weiterhin nur zwei Blätter.

Die von den Amerikanern eingeführten Strukturen sind in der heutigen deutschen Medienlandschaft teilweise noch ablesbar. Damals lizensierte Blätter wie etwa die »Frankfurter Rundschau«, die »Süddeutsche Zeitung« oder »Die Welt« behaupten sich weiterhin am Markt. Durch die politische Entwicklung überflüssig wurde dagegen der »RIAS«. Er ging im DeutschlandRadio auf. Speziell bei der Jugend ist weiterhin der Soldatensender AFN beliebt, doch angesichts rückläufiger Zahlen der in Deutschland stationierten amerikanischen Soldaten dürfte auch seine Zukunft ungewiss sein.

Gegen Junkertum und Militarismus

Die Bodenreform in der US-Zone

Wenig bekannt ist, dass es nicht nur in der sowjetischen Besatzungs-zone eine Bodenreform gab, sondern auch in den Zonen der anderen Siegermächte, so in der amerikanischen. Diese weitgehende Unkennt-nis ist kaum verwunderlich, denn trotz aller Befehle und anschließen-der Gesetze kam die Bodenreform in der US-Zone nicht recht voran. Zum einen war das Interesse der Militärregierung daran nicht das größte, zum anderen torpedierten die westdeutschen Politiker die Umsetzung mehr oder minder offen oder verzögerten sie doch we-nigstens.[1] Solche Obstruktion war den deutschen Stellen in der sowje-tischen Zone erstens nicht möglich, zweitens waren dort ohnehin fast nur noch Moskautreue in den verantwortlichen Positionen. Sie trugen die dortige rigorose Bodenreform nicht nur mit, sondern forcierten sie aus ideologischen Gründen und in ihrem Hass auf die »preußi-schen Junker«. So wurden die zwischen dem 2. und 12. September 1945 erlassenen Bodenreform-Verordnungen in der sowjetischen Be-satzungszone auch als antifaschistische Reformmaßnahmen gefeiert.

Insofern war die Ausgangslage in der amerikanischen Zone eine an-dere. Hinzu kam, dass eine Bodenreform in den alliierten Kriegs- und Nachkriegsvereinbarungen nicht explizit verlangt wurde, sondern le-diglich aus den Forderungen nach einer völligen Neuordnung der wirtschaftlichen Verhältnisse in Nachkriegsdeutschland gefolgert wer-den konnte. Zwar hätten die vier Besatzungsmächte in ihren Zonen hier in gleicher Weise vorgehen sollen, doch stellt der Historiker Ul-rich Fendel fest: »Im Rahmen der sich ändernden Interessenkonstella-tion in der amerikanischen Außenpolitik der Nachkriegsjahre war auch der Funktions- und Stellenwert des Bodenreformprogramms in-nerhalb der Gesamtkonzeption der amerikanischen Besatzungspolitik einem deutlichen Wandel unterworfen.« 1944 sei das amerikanische

Denken noch von der Vorstellung bestimmt gewesen, durch eine Zerschlagung des Großgrundbesitzes dem »Junkertum« die wirtschaftlichen und sozialen Grundlagen zu entziehen, ohne die es nicht zu der Entwicklung des Militarismus in Deutschland hätte kommen können. Dieser Ansicht schlossen sich übrigens auch deutsche Politiker an, wie später ausgeführt wird. Entsprechend hieß es in einem Dokument des amerikanischen Civil Affairs Committee – CAC – 1944, zur Verhinderung eines erneuten deutschen Angriffskrieges sei es unterem anderen erforderlich, den Großgrundbesitz zu zerschlagen.[2] Noch deutlicher wurde das Civil Affairs Committee in einem Papier vom 5. August 1944. Dort war zu lesen: Um die Basis eines wieder auflebenden Militarismus zu zerstören, müsse die Regierung, gemeint war die amerikanische, ein Programm zur Beseitigung der privilegierten Stellung des Junker-Besitzes und der großen Finanz- und Industrie-Monopole entwickeln. Das Problem der Junker könne durch die Zerschlagung großen Grundbesitzes gelöst werden.[3] Der Auffassung des Civil Affairs Committee schloss sich das US-Kriegsministerium an, so dass die Zerschlagung des Großgrundbesitzes beim Einmarsch der Truppen in Deutschland – noch wenigstens – offizielle Politik auch der Amerikaner war. Allerdings rückte der Aspekt, durch die Aufteilung des Großgrundbesitzes Neusiedlerstellen zu schaffen und die Bevölkerung so besser versorgen zu können, immer mehr in den Vordergrund.

Am 29. Oktober 1945 legte die amerikanische Militärregierung einen von diesem Geist getragenen Entwurf für ein Bodenreformgesetz vor. Es sollte, so General Lucius D. Clay in einem Schreiben an James K. Pollock, seinen Stellvertreter, vom 30. Dezember 1945, einer möglichst großen Zahl von Menschen den Zugang zu Grundeigentum verschafft werden, um sie wirtschaftlich unabhängig zu machen. Dies sei im Interesse von Demokratie und Selbstverwaltung wünschenswert.[4] Wenig später verabschiedete sich die US-Militärregierung jedoch von wesentlichen Teilen ihrer Politik, indem sie durch Clay im Länderrat zu erkennen gab, dass Washington an der Durchführung der Bodenreform, soweit sie ideologisch bedingt war, nicht sonderlich interessiert sei. Sie solle einer späteren, demokratisch legitimierten deutschen Regierung überlassen bleiben. An dieser Kehrtwendung hatte General William Draper großen Anteil, der Clay in wirtschaftlichen Fragen beriet. An eine radikale Bodenreform nach dem Muster der Sowjets hatten die Amerikaner ohnehin nie gedacht. Wesentlich hierfür dürfte dabei gewesen sein, dass der Schutz des Privateigentums für jeden Amerikaner einen hohen Stellenwert besaß. Hinzu kam die Furcht der USA vor Hungersnöten in dem zerstörten Land. Außerdem gab es in der US-Zone – in Groß-Hessen, Bayern, Württemberg-Baden, Bremen und im Kreis Wesermünde – nicht die »Junker«, wie sie im ostelbischen Raum das Bild geprägt hatten.

Scharfmacher bei den Hessen

Wie zurückhaltend die Amerikaner bei dieser Thematik vorgingen, zeigt sich daran, dass sich die Bodenreform ursprünglich über einen Zeitraum von fünf Jahren hinziehen sollte. Außerdem sollte vor Enteignungen sichergestellt werden, dass der Boden unmittelbar durch neue Besitzer wieder bewirtschaftet werden könne. Dennoch war der erste Entwurf des Bodenreformgesetzes vom 29. Oktober 1945 einer der umstrittensten, den die Länderregierungen in der amerikanischen Zone je zu beraten hatten. Einig waren sich die deutschen Politiker darin, dass sie den Entwurf beziehungsweise dann das Gesetz so ernst nicht zu nehmen bräuchten. Der Ministerpräsident von Groß-Hessen, Karl Geiler, fasste den Text laut Protokoll der Kabinettssitzung vom 13. November 1945 gar nur als »Empfehlung« auf.[5] Ihm scheine, der Entwurf sei von der »Berliner Sphäre« beeinflusst, womit er sich darauf bezog, dass die Sowjetunion in ihrer Zone schon im Sommer mit einer rigorosen Bodenreform begonnen hatte. Landwirtschaftsminister Georg Häring traf den Nagel auf den Kopf, als er sagte: »Meine Herren, Sie haben das sogenannte Bodenreformgesetz erhalten. Es ist eigentlich kein Bodenreformgesetz.« Der amerikanische Oberst, der ihm in der Vorwoche das Gesetz feierlich überreicht habe, habe die Ansicht vertreten, dass auf dem zu enteignenden Land die aus der Tschechoslowakei kommenden und dort vertriebenen Industriearbeiter angesiedelt werden könnten. Das aber sei unmöglich, weil es sich bei dem in Frage kommenden Boden zumeist um Wälder handele. Mit der Enteignung des so genanten junkerlichen Grundbesitzes sei er einverstanden und halte sie politisch für notwendig, weil sich in den verflossenen 25 Jahren gezeigt habe, dass dieser »eine der Hauptquellen für die Beunruhigung des politischen Lebens und auch eine der Hauptquellen für die reaktionären Tendenzen ist, die bei uns vorhanden sind. Er ist auch eine der Hauptquellen gewesen, die den Nazismus begünstigt haben. Man kann vielleicht sagen, daß das von den hessischen Großlandbesitzern nicht in dem Maß der Fall gewesen ist wie etwa drüben im Osten oder im Norden. Aber im Endeffekt sind beide doch gleich zu bewerten, zumal ja der Großgrundbesitz auch der hessischen Adelsfamilien sich nicht auf das Land Groß-Hessen beschränkt, sondern [...] die einzelnen Familien tatsächlich in vielen Gegenden Deutschlands große landwirtschaftliche und forstwirtschaftliche Betriebe besitzen«. So habe es die Familie Hohenzollern verstanden, sich auf beiden Seiten – bei Nationalsozialisten und Opposition – lieb Kind zu machen. »Prinz Auwi[6] wurde bestimmt, Schrittmacher für Adolf Hitler zu sein, während der Kronprinz sich im Hintergrund zu halten hatte, um vielleicht bei einer anderen Konstellation eine politische Persönlichkeit zu werden. Von Prinz Phillipp von Hessen haben wir zwischen 1919 und 1933 auch nie irgend etwas bemerken können, daß er sich für den Staat interessiert; erst Herr Göring hat ihn [in Kassel] als Oberpräsidenten eingesetzt. Unter dem landfremden Hitler wollte er sehr gern Oberpräsident sein, unter dem demokratischen System hatte er es nicht für notwendig gehalten, sich dem Lande zur Verfügung zu stellen.«

Mit dieser aus dem Mittelalter überkommenen Besitzverteilung sollte deshalb endlich einmal gebrochen werden, so Häring, damit auch diese Familien ihres außerordentlichen Einflusses zur Sicherheit der Demokratie und ruhigen Gestaltung des Staatslebens beraubt würden. Die zu dieser Zeit laufende Enteignung großer Konzerne und Betriebe hielt Häring im Hinblick auf den notwendigen wirtschaftlichen Wiederaufbau für falsch. Zur Schaffung neuer Siedlerstellen verwies er darauf, dass von den 450 000 in Hessen zu enteignenden

Hektar Fläche nur 26 000 ha landwirtwirtschaftlich genutzt würden. Neuland könne in erster Linie nur aus bisherigen Forstflächen gewonnen werden. Wenn die Höfe nicht zu groß seien, könne man mit 10 000 bis 20 000 neuen Siedlungsstellen rechnen.

Bemerkenswert ist, dass im gesamten hessischen Kabinett die Abneigung gegen adelige Großgrundbesitzer fast mit Händen greifbar war. Innenminister Hans Venedey führte an, wie der frühere Reichspräsident von Hindenburg den Staat betrogen habe, und Wiederaufbauminister Gottlob Binder fasste bei der Frage der Entschädigung die Stimmung so zusammen: »Heute hat niemand mehr das Recht, auf Grund seines reichen Vaters ein angenehmes Leben zu führen, daß die ganze Familie nichts mehr zu tun braucht, sondern der Betroffene erhält eine Abfindung, mit der er seine Tage in Frieden beschließen kann.« Justizminister Georg August Zinn bekräftigte: »Wer die Geschichte der deutschen Feudalherren kennt, weiß, woher diese Herren ihren Besitz genommen haben, daß er keineswegs erarbeitet worden ist. Also ein moralisches Recht auf volle Entschädigung, die dem nominellen Wert gleichkommt, haben sie nicht. Es ist keineswegs so, daß hier jemand enteignet werden soll, der sich selbst diesen Wert erarbeitet hat.«

Zurückhaltung bei den Bayern
Da die Länder der US-Zone, Bayern voran, die Umsetzung der Bodenreform nur halbherzig angingen, forderte der stellvertretende Militärgouverneur James K. Pollock in einem Schreiben vom 30. Januar 1946 den Länderrat auf, bis zur Februar-Sitzung einen Lösungsvorschlag vorzulegen. Württemberg-Badens Ministerpräsident Reinhold Maier erkannte unschwer: »Der Sinn des Schreiben des Coordinating Office ist offensichtlich der, daß eine größere Aktivierung der Länder verlangt wird, als es bisher der Fall gewesen ist. Ich habe keinen Zweifel, daß wir alle miteinander die Konsequenz zu ziehen haben werden, dahingehend, daß wir uns bemühen, die ganze Agrarreform in den süddeutschen Ländern positiv zu behandeln.«[7]

Als erstes beschloss der Länderrat nun, die Angelegenheit den Landwirtschaftsministerien beziehungsweise Landesernährungsämtern zu überlassen, damit sie dort neu bearbeitet werden könne – und, um Zeit zu gewinnen.

Über den Stand der Reform berichtete der bayerische Staatsminister Josef Baumgartner in der Ministerratssitzung am 29. Juli 1946.[8] In Bayern gab es demnach 104 Eigentümer mit Flächen von über 300 ha, 26 mit Flächen von 250 bis 300 ha sowie 111 mit Forsten über 500 ha. Berücksichtige man sämtliche Eigentümer einschließlich der Siedlungsgesellschaften, der öffentlich-rechtlichen Körperschaften, Genossenschaften und Kirchen, gebe es in Bayern 1401 Eigentümer mit 2815 Betrieben. Das Reich besitze 15000 ha, das Land 821000 ha, die Gemeinden 434000 ha, die evangelische Kirche 10000 ha, die katholische Landeskirche 58844 ha und Schulen 527000 ha. Der Masse der Grundeigentümer gehöre Boden in der Größe zwischen fünf und zwanzig Hektar. Im Einzelnen: bis 2 ha: 231000, 2–5 ha: 131967, 10–20 ha: 88159, 20–30 ha: 53327, 50–100 ha: 6050, [...] 500–1000 ha: 153, 1000–2000 ha: 158, 2000–5000 ha: 122, 5000–10000 ha: 39, über 10000 ha: 8.

Baumgartner nannte diese Zahlen, da mit ihnen nach seiner Überzeugung bewiesen sei, dass eine Bodenreform in Bayern eigentlich nicht notwendig sei. »Die ganze Bodenreform sei auf ein mehr politisches Geleise geschoben worden, wahrscheinlich auf die Ausführungen von Molotow hin, der den Amerikanern und Engländern vorgeworfen habe, daß sie hinsichtlich der Bodenreform die Potsdamer Beschlüsse nicht durchgeführt hätten.«[9] Zur Beratung stand in der Ministerratssitzung ein Gesetz zur Beschränkung des Großgrundbesitzes, dessen Präambel und Artikel I wie folgt lauteten:

»Um dem sozialen Ausgleich zu dienen, der besonders dringend geworden ist, durch die als Folge des Krieges entstandenen wirtschaftlichen und sozialen Verhältnisse, um die politischen und wirtschaftlichen Folgen zu beseitigen, die sich aus einer übermäßigen Anhäufung von Grundeigentum in öffentlicher und privater Hand ergeben, um einer größeren Zahl von Menschen den Zugang zum Grundeigentum zu ermöglichen und dadurch die Grundsätze der Demokratie und Selbstverwaltung zu fördern, wird angeordnet:

Vom Grundeigentum des privaten Großgrundbesitzes unterliegt derjenige Teil des Gesamteigentums der Abgabe, der am Inkrafttreten dieses Gesetzes über 250 ha landwirtschaftliche Nutzfläche durchschnittlicher Bonität und 1 000 ha forstwirtschaftlich genutzte Fläche hinausgeht. Befindet sich das Grundeigentum im Eigentum einer ungeteilten Erbengemeinschaft oder einer fortgesetzten Gütergemeinschaft, so soll es so behandelt werden, als ob die Aufteilung bereits vorgenommen ist, vorausgesetzt, daß die Aufteilung im Laufe von 2 Monaten nach Inkrafttreten dieses Gesetzes vorgenommen wird.«[10]

Angesichts von Forderungen aus der Staatssekretärsrunde, den adeligen Großgrundbesitz über hundert Hektar und den entsprechenden Besitz von Nazi-Aktivisten, Militaristen und Nutznießern entschädigungslos zu enteignen und ihn zu zerschlagen, wandte der bayerische Staatsminister Michael Helmerich ein, man brauche nicht päpstlicher als die Sieger zu sein, und Ministerpräsident Wilhelm Hoegner erwiderte, das Vorgehen gegen den Großgrundbesitz in Deutschland habe seinen Grund darin, dass dieser in Ostelbien überwiegend auf der Seite des Militärs gestanden sei und den Zweiten Weltkrieg heraufbeschworen habe. Wäre 1918 eine Bodenreform durchgeführt worden, dann wäre dieser Krieg wahrscheinlich verhindert worden, wenn nämlich der Zusammenhang zwischen Großgrundbesitz und Militärkaste durchbrochen worden wäre.

Blockade durch Verfahrenstricks

Um die Zerschlagung des »Junkertums« aber ging es, wie bereits gesagt, sowieso nicht. In den Vordergrund einer vorsichtigen Bodenreform war die Aufgabe gerückt, die Bevölkerung ernähren und Flüchtlingen und Vertriebenen Siedlerstellen geben zu können, eine ganz pragmatische Zielsetzung also. Das veränderte Interesse der Amerikaner wurde überdeutlich, als General Clay am 15. Dezember 1945 Colonel Hugh B. Hester darüber informierte, er werde den Ministerpräsidenten der US-Zone lediglich einen Brief zur Frage der Bodenreform schreiben. Darin sollten die Ministerpräsidenten aufgefordert werden, Großgrundbesitz der Militärregierung zu melden und ihre

Meinung äußern, inwieweit sie eine Landreform für wünschenswert hielten.[11] Die Landesregierungen innerhalb der US-Zone sowie der Länderrat in Stuttgart kamen somit zwar nicht umhin, sich mit der Bodenreform zu beschäftigen, doch verstanden sie es, durch Verfahrenstricks die Angelegenheit hinauszuschieben, sei es durch den Verzicht auf inhaltliche Aussprachen oder durch die Überweisung der Vorlagen an die Runden der Fachminister. Selbst im Mai 1946, als die Experten des Länderrates sich mit der Reform befassen wollten, lagen Entwürfe von Bayern und Württemberg-Baden nicht vor. Lediglich Hessen hatte seine »Hausarbeiten« gemacht, denn dort wurde die Bodenreform zumindest nicht zur Gänze in Frage gestellt. Einen Entwurf des Länderrates genehmigten die Ministerpräsidenten am 2. Juli 1946, doch scheiterte er letztlich daran, dass er sich darauf beschränkte, Flüchtlingen, auf dem Lande lebenden Arbeitern und Handwerkern Boden zuzuweisen und ihnen so eine Erwerbsquelle zu schaffen. In dem Entwurf waren nicht einmal ansatzweise die politischen Vorgaben, wie sie die Amerikaner – zurückhaltend – formuliert hatten, enthalten. Um doch noch voran zu kommen, wurden auf Anordnung der Besatzungsmacht schließlich zwei getrennte Gesetzestexte formuliert, einmal das »Gesetz zur Beschaffung von Siedlungsland (Bodenreformgesetz)«, und darüber hinaus das »Gesetz zur Beschränkung des Großgrundbesitzes«.

Bodenreform als Waffe gegen Moskau

Wenn die amerikanische Militärregierung zumindest auf der Durchführung eines »abgespeckten« Bodenreformgesetzes bestand und sie forciert wissen wollte, so lag das vor allem an dem immer deutlicher werdenden Zerwürfnis mit dem einstigen Kriegsalliierten Sowjetunion. Durch eine rasche Minimallösung im eigenen Verantwortungsbereich wollten die Amerikaner Moskau keinen Anlass bieten, eine Bodenreform nach sowjetischem Muster für ganz Deutschland zu verlangen. Aufschluss über die amerikanische Haltung gibt hier das streng geheime Protokoll einer außerordentlichen Tagung des Länderrates am 17. September 1946, auf der Oberst William W. Dawson unverhohlen, wenn auch vertraulich, Auskunft über die zunehmenden Spannungen zwischen Washington und Moskau gab.[12] Seine Mitteilungen, so Dawson, hätten keinen offiziellen Charakter, beruhten aber auf der Kenntnis »gewisser Tatsachen«. General Clay habe darauf bestanden, dass das Gesetz über die Abgabe von Siedlungsland so bald als möglich in Kraft trete: »Die Schnelligkeit der Verabschiedung sei wohl auch bedingt durch gewisse Pläne, die sich in der russischen Zone ankündigten. Bei den dort abgehaltenen Wahlen habe die SED in den ländlichen Bezirken eine bemerkenswerte Stärke gezeigt. Die anderen Parteien hätten dagegen eine größere Stärke in den Städten erlangt. [...] Nach seinem Eindruck werde hinter dem eisernen Vorhang eine politische Kampagne vorbereitet, die sich im wesentlichen auf die Bodenreform stütze, wobei man hoffe, daß die Epidemie über ganz Deutschland hinweggehen werde. Dieser Propaganda könne man am besten begegnen, indem man die russische Seite bezüglich der Landreform vor ein fait accompli stelle. [...]

Diese Eindrücke legen uns die Dringlichkeit dieses Gesetzes nahe. Man müsse sich Gedanken machen, wie der beabsichtigten Propaganda am besten begegnet werden könne. Die Propaganda werde von einer Art sein, der man schwer begegnen könne, weil sie von einer religiösen Hitze begleitet sein werde. Wenn er sich das vergegenwärtige, so beginne er klar den Druck zu sehen, unter dem General Clay gestanden sei.«[13]

In der sich anschließenden internen Sitzung erteilten die Ministerpräsidenten der US-Zone ihre Zustimmung zu dem Gesetz, das nun den Namen »Gesetz zur Beschaffung von Siedlungsland und zur Bodenreform« trug. Außerdem behielt sich Württemberg-Baden vor, bei den Ausführungsbestimmungen auf einer Klausel für politisch, religiös und rassisch Verfolgte zu bestehen.[14] Zumindest das Bodenreformgesetz konnte nach der Genehmigung durch die Militärregierung am 14. Dezember 1946 in Kraft treten. Anschließend kam es noch zu heftigen Kontroversen um die Ausführungsbestimmungen, so dass es noch eines weiteren Gesetzes zur beschleunigten Durchführung der Bodenreform, wirksam geworden am 18. November 1947, bedurfte.

»Verdichtung der ländlichen Bevölkerung«

Zwischenzeitlich war in einer Empfehlung der Moskauer Vier-Mächte-Außenministerkonferenz vom 23. April 1947 verlangt worden, der Kontrollrat solle im Jahr 1947 eine Bodenreform in ganz Deutschland sicherstellen, doch davon wollten die Amerikaner nichts wissen. Doch angesichts der katastrophalen Ernährungslage begannen offenbar auch die Ministerpräsidenten der US-Zone umzudenken. In einer Entschließung verlangten sie auf ihrer turnusmäßigen Konferenz am 6. und 7. Juni 1947 in München eine Steigerung der Erzeugung durch »eine starke Verdichtung der ländlichen Bevölkerung«. Dafür müsse die Bodenreform, unter der sie jedoch lediglich eine Pseudo-Bodenreform verstanden, beschleunigt in Gang gebracht werden.[15] Die amerikanische Militärregierung machte es den Landesregierungen zunehmend leichter, der »Bodenreform«, die den Namen längst nicht mehr verdiente, zuzustimmen. So betonte George P. Hays auf der Länderratssitzung am 7. Oktober 1947 in Stuttgart auf die Frage des hessischen KPD-Vertreters Walter Fisch, ob die angeordnete Erfassung von Grundstücken als Enteignung anzusehen sei und ob die Übereignung von Bodenflächen an Neusiedler von einer hundertprozentigen oder anderweitig festgesetzten Entschädigung abhängig gemacht werde: »Selbstverständlich ist es beabsichtigt, daß die Inbesitznahme solchen Landes, also die Übertragung solchen Landes, zunächst auf einer Pachtgrundlage, einer Mietgrundlage, durchgeführt werden soll, bis die endgültige Entscheidung eines deutschen Gerichts getroffen wird.«[16]

Warnung vor Vier-Mächte-Erklärung

Am 4. November 1947 nahm General Lucius D. Clay zu dem bisherigen Verfahren und zu dem künftigen Vorgehen Stellung und ging dabei auch auf die Situation in den anderen Besatzungszonen ein:

»Man werde zugeben müssen, daß die Art des Verfahrens, die in der amerikanischen Zone beschlossen worden sei, sehr gemäßigt sei. Wenn man diese Art des Verfahrens wünsche, dann müsse das Bodenreformgesetz schnell durchgeführt werden. Er mache auf folgendes aufmerksam: In der Ostzone seien 100 ha der höchstzulässige Besitz, in der britischen Zone sei der höchstzulässige Besitz auf 150 ha festgesetzt, wobei der Landbesitz eingeschlossen sei. In der französischen Zone sei der höchstzulässige Besitz auf 150 ha festgesetzt. Wenn wir uns nicht anstrengten, die in der amerikanischen Zone beschlossene bessere Art der Bodenreform durchzuführen, so werde man gezwungen sein, eine andere Art durchzuführen. Durch die schnelle Durchführung hätte bewiesen werden müssen, daß die in der amerikanischen Zone gewählte Methode richtig sei. In diesem Fall hätte sich die Mäßigung vielleicht auch in den anderen Zonen durchsetzen können. Man könne nicht sagen, daß die deutsche Seite in der amerikanischen Zone mit ganzem Herzen die Bodenreform unterstützt habe. Wenn diese Angelegenheit im Vier-Mächte-Rat zur Sprache komme und dort festgestellt werde, daß in den anderen Zonen schärfere Formen durchgeführt werden konnten, dann werde man mit der gemäßigten Form in der amerikanischen Zone wenig Erfolg haben.«[17]

Da die Ministerpräsidenten in der anschließenden Aussprache weiterhin auswichen, stellte Clay unmissverständlich klar:

»Wenn das Gesetz in der amerikanischen Zone bis zum 31.12. [1947] nicht durchgeführt sei, so müsse man mit einer Vier-Mächte-Entschließung rechnen. Die Regierung der Vereinigten Staaten sei mit den anderen Mächten übereingekommen, daß ein Bodenreformgesetz bis zum 31.12. durchzuführen sei. Diese Übereinkunft sei dahin ausgelegt worden, daß der abzutretende Boden bis zum 31.12. unter Kontrolle gestellt und übernommen werden solle. Wenn man Änderungen beschließen müsse, um das Gesetz durchführbar zu machen, so sei das eine eigene Angelegenheit der deutschen Seite. Wenn dadurch allerdings der Geist des Gesetzes verändert würde, so wäre das etwas anderes. Mehr habe er dieser Besprechung nicht hinzuzufügen.« Abschließend schrieb Clay den deutschen Ministerpräsidenten ins Stammbuch: »Nach seinen Informationen würden die deutschen Vorschläge bedeuten, das Gesetz überhaupt nicht durchzuführen. Ja, er habe davon gehört, daß die Auffassung bestehe, es sei nur der General Clay, der auf der Durchführung dieses Gesetzes beharre, und

Flüchtlingstreck in Münchens Lützener Straße. Vor allem den Vertriebenen sollte mit der Bodenreform geholfen werden.

wenn er nicht mehr da sei, werde niemand mehr auf der Durchführung dieses Gesetzes bestehen. Das sei eine vollkommen falsche Auffassung. Die amerikanische Zone könne nicht von drei Zonen umgeben sein, die eine schärfere Bodenreform durchführten, während unsere Zone keinerlei Bodenreform machen wolle.«

Endgültig ebnete der Rechtsausschuss des Länderrates auf seiner Sitzung am 11. November 1947 den Weg für die Fragmente einer Bodenreform, die damit, wie von den Amerikanern gewollt, zu Beginn des Jahres 1948 in Kraft treten konnte.

Aufbauhilfe oder Reparationen?

Zick-Zack-Kurs in der Demontagepolitik

Ursprünglich waren in der amerikanischen und britischen Zone rund 1600 Fabriken zur Demontage vorgesehen, doch wurde am 27. September 1947 ein »Revidierter Plan für das Industrieniveau der Vereinigten amerikanischen und britischen Besatzungszone« bekannt gegeben.[1] Im März 1946 hätten die vier Besatzungsmächte durch die alliierte Kontrollbehörde einen »Plan für Reparationen und das Niveau der deutschen Nachkriegswirtschaft« angenommen, hieß es in der Präambel und weiter: »Durch diesen Plan sollten das deutsche Kriegspotential zerstört, Reparationen bereitgestellt und trotzdem Deutschland die notwendigen Fabriken und Ausrüstungen belassen werden, um eine friedliche Wirtschaft aufbauen zu können.«[2] Die bisherigen Erfahrungen hätten eine Revision dieses Planes erforderlich gemacht, da er auf speziellen Voraussetzungen beruhe, die nicht hätten erfüllt werden können. »Weder das Gebiet der Bizone noch das gesamte Deutschland kann wieder gesunden, wenn der Plan, wie er jetzt ist, weiter besteht. Zudem hat sich herausgestellt, dass unter den gegenwärtigen Bedingungen Deutschland seinen unumgänglichen Beitrag zum wirtschaftlichen Wiederaufbau des gesamten Europas nicht leisten kann.«[3]

Die Industriekapazität, wie sie in dem Papier von 1946 vorgesehen gewesen sei, sollte eine Produktion von etwa 55 Prozent des Standes von 1938 oder etwa von 70 bis 75 Prozent des Standes von 1936 ermöglichen. Nach den neuen Vorgaben solle der Aufbau einer Kapazität gestattet werden, wie sie 1936 zu verzeichnen gewesen sei. Wesentliche Änderungen gebe es bei den erlaubten Kapazitäten in der metallurgischen, Maschinen- und chemischen Industrie, die eine Erzeugung von etwa 90 bis 95 Prozent des Produktionsniveaus von 1936 erlaubten. Nicht vergessen werden dürfe, dass im Gebiet der Bizone bereits sechs Millionen mehr Menschen lebten als 1936. Bis 1952 sei ein Anwachsen der Bevölkerungszahlen um etwa acht bis zehn Millionen gegenüber der Vorkriegszeit zu erwarten. In der Annahme, dass 1952 in der Bizone 42 bis 44 Millionen Menschen wohnten, sähen die neuen Zahlen eine Erzeugungskapazität von etwa 75 Prozent der 1936 auf jeden Deutschen entfallenden Kapazität vor.

Im Wesentlichen ging es um folgende Änderungen:

Stahl: Die Produktionskapazität sollte von 7,5 Millionen Tonnen jährlich auf 10,7 Millionen Tonnen gesteigert werden.

Schwerer Maschinenbau: Es sollten Kapazitäten belassen werden, um für 500 Millionen Mark Maschinen zu erzeugen; das hieß, anstatt 60 Prozent der Anlagen sollten nur noch 35 demontiert werden.

Leichter Maschinenbau: Der Erzeugungswert wurde von 1 195 Millionen Mark auf 916 Millionen Mark reduziert, was 119 Prozent der Vorkriegsproduktion entsprach. Nur noch 23 Prozent sollten als Reparationen dienen gegenüber 33 Prozent zuvor.

Feinmechanik und Optik: Keinerlei Fabriken sollten für Reparationen zur Verfügung gestellt werden. Die Kapazität sollte beibehalten werden, um die eigenen Bedürfnisse zu befriedigen und Ausfuhren auf dem Stand von 1936 zu ermöglichen. Auf dem Gebiet der Photoindustrie sollte die Kapazität sogar auf 150 der Vorkriegsproduktion gesteigert werden.

Acker- und Straßenschlepper: Die Produktionskapazität der Bizone wurde auf jährlich 16 500 Stück, der Bedarf auf 19 500 Stück geschätzt. Reparationen sollte es in diesem Bereich nicht geben.

Fahrzeugindustrie: Jährlich sollten 160 000 Personenwagen und 61 500 gewerbliche Fahrzeuge gebaut werden können. Nach dem alten Plan hätten es nur 40 000 beziehungsweise 35 000 sein sollen.

Elektrische Industrie: Die Kapazität wurde auf das etwa Anderthalbfache des Vorkriegsstandes geschätzt. Diese Zunahme wurde als nötig bezeichnet, da die Vorkriegsbedürfnisse der Bizone in erheblichem Maße von Werken in Berlin gedeckt worden seien, die fast vollständig demontiert worden seien. Nach dem alten Plan wäre ein Viertel der Anlagen auch in der Bizone demontiert worden.

Chemische Industrie: Hier sollte die Kapazität von 1936 beibehalten werden, also etwa 42 Prozent mehr als ursprünglich vorgesehen. Lediglich Sprengstoff- und andere Werke, die für Kriegszwecke entwickelt worden seien, sollten als Reparationen abgebaut oder zerstört werden. Für die Kunststoffindustrie wurde ein Anwachsen der Kapazität erlaubt. Da nun nur noch ein pharmazeutisches Werk zur Herstellung von Atebrin demontiert werden sollte, blieb hier eine Kapazität von 87 Prozent gegenüber 1936.

Zement: Die gesamte Kapazität blieb unangetastet, da der Zement in der Bizone dringend benötigt wurde.

Elektrischer Strom: Abgesehen von bereits erfolgten Demontagen sollten keine weiteren erfolgen. Um den nötigen Strom zu erzeugen, sollten die verbliebenen Werke in der Bizone grundlegend erneut und repariert werden.

Die beiden Militärgouverneure Lucius D. Clay und Sir William Sholto Douglas teilten diese erhebliche Reduzierung der Demontagelisten in einer Verlautbarung vom 15. Oktober 1947 mit. Danach sollten nur noch 682 Fabriken demontiert werden, davon 380 Industrieunternehmen, der Rest reine Rüstungswerke. Zu diesem Zeitpunkt waren bereits 302 Rüstungsfabriken abgebaut, teilweise zerstört, vorrangig jedoch an die UdSSR und Polen sowie an die übrigen Mitgliedsstaaten der Interalliierten Reparations-Agentur geliefert worden. Lawrence Wilkinson, Direktor der Wirtschaftsabteilung von OMGUS, unterstrich bei der Bekanntgabe des revidierten Demontageplanes, nunmehr werde Tausenden von Fabrikbesitzern endgültige Gewissheit über das Schicksal ihrer Unternehmen gegeben. Die einzige Sorge der Fabrikbesitzer solle es nun sein, die größtmögliche Erzeugung nicht nur in ihrem eigenen Interesse zu erzielen, sondern um die Wiedergesundung Deutschlands und Europas herbeizuführen. Die Regierung der USA habe im Übrigen der Welt bereits die Zusicherung gegeben, dass dem deutschen Wiederaufbau kein Vorrang vor dem der demokratischen Länder Europas gegeben werde. Es sei die Politik der Vereinigten Staaten sicherzustellen, dass Deutschland den größtmöglichen Beitrag zur europäischen Wiedergesundung leiste. Die Beschlüsse sahen die Erhaltung einer ausreichenden industriellen Kapazität vor, die eine Produktion erlaubte, um den Stand von 1936 zu erreichen, der Exportumfang sollten den von 1936 sogar übersteigen. In der amtlichen Mitteilung der US-Militärregierung hieß es dazu: »Eine ausreichende Produktion in der Schwerindustrie wird als notwendig angesehen, sowohl um die erforderliche Ausrüstung und Materialien für die Leichtindustrie zu erstellen, als auch die Grundlage für ein Ausfuhrprogramm zu legen, das mit einer sich selbst erhaltenden Wirtschaft vereinbar ist.«[4] Gleichzeitig war aber auch zu lesen: »Beträchtlich schärfere Kürzungen als im Durchschnitt für die Schwerindustrie im allgemeinen sind den Industrien auferlegt worden, die der Rüstungsproduktion am engsten verbunden sind.«[5] Im Einzelnen sollten innerhalb der US-Zone diese Demontagen stattfinden:

Rüstungsfabriken:
Bayern: 64, Hessen: 27, Württemberg-Baden: 9, Bremen: 4,
Berlin / US-Sektor: 0
Eisenverarbeitende Werke:
Bayern: 0, Hessen: 3, Württemberg-Baden: 1, Bremen: 1, Berlin: 0
Nichteisenverarbeitende Fabriken:
Bayern: 2, Hessen: 2, Württemberg-Baden: 1, Bremen und Berlin: 0
Chemische Fabriken:
Bayern: 7, Hessen: 8, Württemberg-Baden: 5, Bremen und Berlin: 0
Metallverarbeitende Fabriken:
Bayern: 13, Hessen: 11, Württemberg-Baden: 24, Bremen: 1, Berlin: 0
Schiffswerften:
Bremen: 1
Elektrizitätswerke:
Bayern: 2, Württemberg-Baden und Bremen: je 1,
Hessen und Berlin: 0

In Bayern standen unter anderem Fabriken auf der Demontageliste, die Flugzeuge oder Teile hergestellt hatten, neben Dornier-Werken und den Messerschmitt-Fabriken auch eher überraschend anmutende

Betriebe wie der Münchener Franziskanerkeller, die Oberlandhalle in Miesbach, die Kelheimer Parkettfabrik oder die Reichsautobahn-Straßenmeisterei Siegsdorf. In Hessen sollten unter anderem die Henschel-Flugzeugmotorenwerke sowie die Junkers- und Fieseler-Fabriken von Demontage betroffen sein. Ganz oben auf der Demontageliste standen beinahe zwangsläufig Fabriken der I.G.-Farben AG, war doch dieses Unternehmen eine der wesentlichen Stützen der NS-Kriegswirtschaft und beispielsweise durch den Betrieb des Konzentrationslagers Auschwitz-Monowitz direkt in die Verbrechen der Nazis verstrickt gewesen. Doch gerade eine Reihe von I.G.-Farben-Werken wurde schließlich von den Listen gestrichen und produzierten nach Entflechtung des Konzerns weiter.

Hart getroffen wurde das ohnehin wirtschaftlich schwache Württemberg-Baden, wo Flugzeug- und Waffenschmieden abgebaut wurden. In Bremen schließlich galt der Demontagebefehl für Focke-Wulf, Weser-Flugzeugbau, den Automobilbauer Borgward die Norddeutsche Hütte AG., das Dampfkraftwerk im Stadtteil Hastedt und die Werft »Deutsche Schiffs- und Maschinenbauwerke Weser«.

Warnung vor nachlassender Hilfsbereitschaft

Gemessen an den Demontagen in der französischen beziehungsweise sowjetischen Besatzungszone kamen die Länder der US-Zone relativ glimpflich davon. Der Transport großer Maschinen oder gar ganzer Fabriken über den Atlantik wäre viel zu aufwändig gewesen, so dass die USA über die Interalliierte Agentur für Reparationen in Brüssel die demontierten Fabriken den anderen Siegermächten beziehungsweise anderen, von Deutschland überfallenen Ländern überließen. Abgesehen davon waren die amerikanischen Fabriken ohnehin moderner als die deutschen und vor allem: Mit Kriegsende gab es in den USA enorme industrielle Überkapazitäten. Zusätzliche, aus Deutschland stammende Anlagen wurden also gar nicht benötigt. Damit lagen die Demontageanordnungen für die Amerikaner darin begründet, die deutsche Kriegsindustrie zu vernichten und dritte Staaten zu entschädigen. Natürlich bemühten sich die Ministerpräsidenten der US-Zone,

Militärpolizei der US-amerikanischen Truppen vor dem Gerichtsgebäude in Bremen.

die Demontagen weitgehend abzuwenden, doch verliefen diese Anstrengungen in der Regel ergebnislos. So erhielt der Chef der württemberg-badischen Regierung am 3. Dezember 1947 ein Schreiben der für dieses Land zuständigen Militärregierung, in dem unmissverständlich mitgeteilt wurde, die Reparations- und Demontageliste vom 16. Oktober 1947 sei endgültig. Bis zum 8. Dezember müsse die Regierung der Militärregierung einen Plan vorlegen, in dem die Reihenfolge des Abbaues aller auf der Demontageliste stehenden Fabriken sowie die Daten des Abbau-Beginnes enthalten seien. Die Fabrikation in allen Werken sei am Tage des Demontagebeginns einzustellen. Im Übrigen müsse dafür gesorgt werden, dass für die Demontage ausreichend Arbeitskräfte und Hilfsmittel zur Verfügung stünden.[6]

Unter der Bevölkerung sorgten die Demontagen für erhebliche Unruhe, doch alle Versuche, die Besatzungsmacht zu einer Änderung ihrer Politik zu bewegen, blieben vorerst ergebnislos. Am 1. Oktober 1947 hatte General Lucius D. Clay im Hinblick auf die neue Demontageliste die Deutschen sogar gewarnt und wissen lassen, dass im Falle »eines absichtlichen Widerstandes der deutschen Arbeiterschaft gegen die Demontage« die Bereitschaft der amerikanischen und englischen Bevölkerung, den Deutschen zu helfen, sicherlich abnehmen würde.[7]

Rechnung für verbrecherische NS-Politik

Vor diesem Hintergrund trafen sich am 22. Oktober 1947 in Wiesbaden die Ministerpräsidenten und Arbeitsminister der Bizone mit den Vertretern des Exekutivrates und Vertretern des Wirtschaftsrates zu einer Konferenz, die ausschließlich die Demontagen zum Inhalt hatte.[8] Im Vorfeld hatte es unter den Deutschen Auseinandersetzungen darüber gegeben, ob es nicht sinnvoller sei, den Alliierten statt der Demontagen Ersatzangebote in Form neuer Maschinen zu machen. Dies wurde aber mit dem Hinweis abgelehnt, »daß kein Anlaß bestehe, von deutscher Seite mehr anzubieten, als verlangt werde; wenn die Besatzungsmächte sich mit der Lieferung von alten Einrichtungen zufrieden geben wollten, so sei es unnötig, stattdessen neue Fertigungen anzubieten«.[9]

Auf der Wiesbadener Konferenz beklagten die Ministerpräsidenten der Bizone unisono, dass nach der Zerstörung der deutschen Kriegsindustrie und den Reparationsleistungen die Demontagen nun offensichtlich den Zweck hätten, die deutsche industrielle Kapazität zu mindern und Deutschland auf dem Weltmarkt konkurrenzunfähig zu machen.[10] Ein solches Resultat der Demontage würde das deutsche Volk zu einem dauernden Hungerdasein verurteilen, warnte Hamburgs Bürgermeister Max Brauer, und jede Hoffnung auf Hebung des Lebensniveaus und eine demokratische Entwicklung zunichte machen. Johannes Semler, Direktor für Wirtschaft des Vereinigten Wirtschaftsgebietes, blieb es überlassen, auf dieser Konferenz einen umfassenden Überblick über Ausmaß und Auswirkungen der Demontagen zu geben und auf den Wahnwitz mancher Entscheidungen der Alliierten hinzuweisen:

»Die Steigerung der Kohlenförderung ist das A und O unserer Wirtschaftspolitik in den beiden Zonen, die Kohlenförderung sowohl der Steinkohlen wie der Braunkohlen. Wir haben die Erschließung der Braunkohlenvorkommen in beiden Zonen in Angriff genommen, nicht nur in den weiten Gebieten des rheinischen Braunkohlenvorkommens, sondern auch in Bayern. Für die Erschließung dieser Braunkohlenvorkommen benötigen wir Maschinen aller Art, insbesondere Bagger. In wenigen Monaten sollten diese Bagger von Spezialfirmen anrollen, so dass im Frühjahr alsbald mit der Erschließung dieser Vorkommen begonnen werden kann. Meine Herren, diese Spezialfirmen, die diese Bagger herstellten, stehen auf der Demontageliste, mehr brauche ich dazu wohl nicht zu sagen.«[11]

Nach intensiver Diskussion verabschiedeten die Ministerpräsidenten einstimmig die folgende, für Besiegte bemerkenswerte Entschließung:

»1.) Bei den befohlenen Demontagen handelt es sich um Maßnahmen, die tief in den Organismus und die Substanz der deutschen Wirtschaft eingreifen und schwerwiegende materielle und psychologische Folgen nach sich ziehen. Die angeordneten Maßnahmen stellen einen einseitigen Akt der beiden Militärregierungen dar, bei dem keine deutsche Seite mitgewirkt hat. Die Verantwortung für den befohlenen Demontageplan trifft somit ausschließlich die Besatzungsmächte.

2.) Die Verpflichtung des deutschen Volkes, Wiedergutmachung zu leisten und der Welt die Bürgschaft für eine friedliche Entwicklung zu geben, wird anerkannt. Die Wiedergutmachung darf aber das Leben des Volkes und die geistige und wirtschaftliche Einordnung Deutschlands in die Gemeinschaft der Völker nicht gefährden.

3.) Die Besatzungsmächte haben erklärt, daß die Lösung des Reparationsproblems einer Erholung der europäischen Wirtschaft nicht den Weg verbauen werde. Hiermit steht der Demontageplan in Widerspruch. So sind z. B. allein im Land Nordrhein-Westfalen 294 Betriebe, von denen nur 43 Rüstungsbetriebe sind, für die Demontage vorgesehen. Dadurch wird die auch gerade im europäischen Interesse notwendige Steigerung der Kohlenförderung unmöglich gemacht und die ebenso wichtige Stahlproduktion auf das Schwerste beeinträchtigt.

4.) Die Ministerpräsidenten haben den Direktor der Verwaltung für Wirtschaft gebeten, gemeinsam mit den Wirtschafts- und Arbeitsministern der Länder alle mit dem Demontageplan zusammenhängenden Fragen eingehend zu prüfen. Die mit den Militärregierungen zu führenden Verhandlungen werden in voller Übereinstimmung aller Länder erfolgen.

5.) Mit der Demontageliste wird dem deutschen Volk die Rechnung präsentiert für die verbrecherische Politik der nationalsozialistischen Gewalttäter und ihrer Helfershelfer.

6.) Die Lage erfordert Besonnenheit. Das deutsche Volk und namentlich die arbeitende Bevölkerung dürfen versichert sein, daß ihre Regierungen alles aufbieten werden, um das Lebensrecht des Volkes zu wahren.«[12]

Demontageende erst 1952

Ein Ende der Demontagen zeichnete sich erst mit Gründung der Bundesrepublik und mit der Bildung einer handlungsfähigen Bundesregierung ab. Vor allem der erste Bundeskanzler, Konrad Adenauer, drängte darauf und konnte sich im so genannten Petersberger Abkommen vom 22. November 1949 weitgehend durchsetzen. Hinzuweisen ist darauf, dass bei den Gesprächen die Deutschen erstmals nicht mehr alles bestimmenden Militärgouverneuren gegenüber saßen, sondern »Hohen Kommissaren«. Die Bundesrepublik war von wirklicher Souveränität noch weit entfernt, trotzdem konnte Adenauer im Nachhinein davon sprechen, achtzig Prozent der deutschen Forderungen seien erfüllt worden. Ein wichtiges Anliegen war der Demontagestopp gewesen, und in seinen »Erinnerungen« zitiert Adenauer den britischen Hohen Kommissar Sir Brian Robertson: »Bezüglich der

Werke, die von der Liste gestrichen werden, sind uns besondere Anweisungen zugegangen. Diese Anweisungen laufen darauf hinaus, daß wir diese Werke besonders überwachen und uns darüber auf dem laufenden halten sollen, was dort erzeugt wird, und daß wir, sobald wir beobachten, daß das Produktionslimit der Stahlproduktion für ganz Westdeutschland überschritten wird, sofort in diese Werke eingreifen müssen. Sie sehen daran, daß sich die Bedingungen, unter denen die Stahlwerke von der Liste gestrichen werden, auf die Beibehaltung der Produktionsziffern beziehen.«[13] Andererseits kündigte Robertson aber auch eine flexible Handhabung an. Er kenne zum Beispiel einen Fall, in dem in einem Werk ein kleiner Betriebsteil demontiert wurde und damit das gesamte Unternehmen betriebsunfähig geworden war. In solchen Fällen würden die Hohen Kommissare selbstverständlich von ihren erweiterten Befugnissen Gebrauch machen.

Als Folge des Petersberger Abkommens wurden einige wichtige Fabriken umgehend von der Demontageliste gestrichen, so die August-Thyssen-Hütte und eine Reihe von Betrieben des inzwischen entflochtenen I.G.-Farben-Konzerns.

Endgültig beendet wurde die Demontagepolitik jedoch erst mit Abschluss des Deutschlandvertrages vom 26. Mai 1952, der die Beziehungen der jungen Bundesrepublik zu den drei Westmächten regelte und mit dem dem »Weststaat« eine gewisse Souveränität eingeräumt wurde.

Alltag in der Besatzungszone

Victory Day und Venereal Disease

Der verlorene Krieg sowie die physische und psychische Notlage, in der sich die deutsche Bevölkerung befand, hatten Konsequenzen vielfältiger Art. Bisherige moralische Schranken fielen. Die Kriminalität nahm Besorgnis erregend zu, wobei hier nicht der »Mundraub« im weitesten Sinn gemeint ist, der selbst den Segen des Kölner Erzbischofs Josef Frings gefunden hatte. Frings hatte in seiner Silvesterpredigt am 31. Dezember 1946 den Diebstahl lebensnotwendiger Güter in einer Notlage als lässliche Sünde bezeichnet, mithin erlaubt. Frings nannte als Beispiel das Stehlen von Kohlen, die von einer Lokomotive oder von einem Lastwagen heruntergefallen waren. Von nun an wurde diese Form der Selbsthilfe unter dem Begriff »Fringsen« bekannt. Dazu gehörte sicher auch die »Beraubung von Heimgärten und Gärtnereien«, von denen das Kommando der Münchener Schutzpolizei am 8. Juli 1945 sprach.[1] Die Besitzer seien inzwischen zur Selbsthilfe übergegangen, hätten Nachtwachen eingerichtet und vertrieben die Plünderer durch Schreien und Lärminstrumente: »Manchmal hilft es, manchmal nicht.«

Zu schaffen machte der Münchener Polizei – und nicht nur ihr – in den ersten Nachkriegswochen besonders dieses Problem: »Aufgefallen sind in den letzten Tagen ehemalige wirkliche und angebliche KZ-Häftlinge, die in den Wohnungen meist alleinstehender Frauen erscheinen und dort Kleidungsstücke, Wäsche, Fahrräder usw. fordern. Bei Verweigerung werden sie gewalttätig und nehmen die Gegenstände weg. Hin und wieder verlassen sie die Wohnung überhaupt nicht mehr, sondern quartieren sich unter Drohungen dort ein. [...] Es wurde auch festgestellt, daß frühere kriminelle KZ-Häftlinge ihre KZ-Kleidung gegen namhafte Beträge verkaufen, um anderen die Möglichkeit zu geben, sich als ehemalige KZ-Häftlinge auszugeben.«[2]

Die Berichte enthielten zudem zwei ungewöhnliche Rubriken, nämlich: »Was dem Münchener in der letzten Woche gefallen hat« und »Was der Münchener noch gerne möchte«. Zum Ersteren war zu lesen:

»a) Die Sonderzuteilung von 2 Pfund Brot und von Eiern.

b) Die fortschreitende Säuberung der Stadt von Schutt.

c) Daß der Straßenbahnverkehr wieder verbessert worden ist. [...]

e) Daß allmählich das Tempo der Inbetriebsetzung von Behörden und Wirtschaftsstellen verstärkt worden ist.«

Zu den vordringlichen Wünschen gehörten:

»a) Die Gasversorgung, es ist bekannt, daß das Werk betriebsfähig ist und nur die Kohlen fehlen.

b) Daß jetzt in der warmen Jahreszeit die Instandsetzung beschädigter Häuser intensiver begonnen wird, denn im Herbst und Winter ist es zu spät dazu.

c) Daß die ehemaligen KZ-Häftlinge und Ausländer die ihnen aus Wohlfahrtsspenden und Kleidersammlungen zugeteilten Kleidungs- und Wäschestücke nicht wieder am ›Schwarzen Markt‹ gegen teueres Geld verkaufen.

[...]

e) Daß die Brotration ständig erhöht und die Gemüsezuteilung verbessert wird.

f) Daß die Lichtspielhäuser und Kulturstätten wieder eröffnet werden.«[3]

In den folgenden Wochen fanden sich auf dem »Wunschzettel« der Münchener unter anderem die Hoffnung, der Eisenbahnverkehr werde möglichst bald wieder für alle zugänglich und bleibe nicht den Berufstätigen vorbehalten, die Wiederaufnahme des Postverkehrs oder die »Heranziehung junger, kräftiger Männer und Mädels zur Arbeit. Niemand versteht, warum diese bei schönem Wetter ständig zum Baden gehen und tagelang in der Sonne liegen können, während ältere Männer und Frauen arbeiten müssen«.[4]

»Gewisse Feuerkraft für den Notfall«

Am 7. August 1945 hatte das Kommando der Münchener Schutzmannschaft über die starke Zunahme von Taschendiebstählen geklagt.[5] Die stets überfüllten Straßenbahnen und die Schlangen vor den Geschäften bildeten hierfür ein dankbares Tätigkeitsfeld. Geldbörsen, Brieftaschen und Lebensmittelkarten würden von Dieben bevorzugt. Positiv habe sich die Bildung von Überfallkommandos ausgewirkt, die gemeinsam mit der amerikanischen Militär-Polizei auf Streife gingen. »Der Einsatz der Security Patrols zu unregelmäßigen Zeiten stellt eine starke Beunruhigung der lichtscheuen Elemente dar und überzieht darüber hinaus das ganze Stadtgebiet mit einem Streifennetz, das eine willkommene Ergänzung des ohnehin schwachen Streifendienstes der deutschen Polizei bildet.«[6] Hervorgehoben wurde, dass die US-Militärregierung zwanzig Polizeirevieren, vorwiegend in den Außenbezirken, je zwei Gewehre zugebilligt habe, so dass »eine gewisse Feuerkraft im Notfall vorhanden ist«. Begrüßt wurde darüber hinaus die Aufstellung einer Verkehrsunfallbereitschaft und der Verkehrspolizei, die die früheren Uniformen – schwarze Hose, weißer Rock, weiße Mütze, weißer Mantel, weiße Handschuhe – tragen durften. Dreißig Verkehrsposten hätten bereits ausgestattet werden können. Anlässlich einer Trauerkundgebung am 5. August 1945 seien diese Kräfte erstmals eingesetzt worden. Dabei seien vor dreitausend Teilnehmern die Urnen von viertausend verstorbenen KZ-Häftlingen beigesetzt worden.[7]

Am 16. September 1945 klagte der Münchener Polizeipräsident, es seien immer häufiger betrunkene US-Soldaten im Stadtbild zu sehen, die Gewalttätigkeiten verübten.[8] Zurückzuführen sei das offensichtlich auf den bevorstehenden Abtransport zahlreicher Amerikaner, die großzügigere Ausgabe von Alkohol, mangelnde Beschäftigung und die damit verbundene größere Disziplinlosigkeit.

Unliebsames Aufsehen – so hieß es weiter – hatte auch das Verhalten amerikanischer Soldaten am Bahnhof München-Laim erregt. Als ein Truppentransportzug mit britischen Soldaten den Bahnhof passierte, wollten die Briten Brot an die Deutschen verteilen. Amerikanische Soldaten verhinderten dies und vertrieben die Hungrigen mit Warnschüssen. In der Theresienhöhe wurde ein Spaziergänger angeschossen, ein anderer wurde in der Mozartstraße angehalten, niedergeschlagen und beraubt.

Non-Fraternization – Ausnahme und nicht die Regel

Auch wenn die amerikanischen Medien in Europa, in erster Linie die Truppenzeitschrift »Stars and Stripes« und der Soldatensender AFN (American Forces Network), nach der Besetzung unentwegt die Nicht-Verbrüderung proklamierten: Das Gebot wurde so nicht eingehalten. Fraternisierung wurde zur Regel, so dass in Berichten der Militärregierung zunehmend Klagen darüber auftauchten, Offiziere und Soldaten verhielten sich zu nachsichtig gegenüber der deutschen Bevölkerung.[9] Die Gründe hierfür lagen auf der Hand: die GIs waren neugierig auf den besiegten Feind und ständig auf der Suche nach Souvenirs. Sie wollten sich im besetzten Land möglichst bequem einrichten und erlagen nicht zuletzt den Reizen deutscher Frauen. Auf der anderen Seite konnten die Deutschen auf Zigaretten, Schokolade und Lebensmittel hoffen und boten hierfür Fotoapparate, Schmuck, Kunstgegenstände und schließlich Liebesdienste an. Hinzu kamen die Kontakte, die sich aus dem großen Bedarf an deutschen Dolmetschern ergaben, da sich innerhalb der US-Army nur wenige Soldaten mit ausreichenden Deutschkenntnissen befanden.

Wenn das Verbot der Verbrüderung kaum eingehalten wurde, dann spielt das Verhältnis von amerikanischen Soldaten zu deutschen Frauen eine ganz besondere Rolle. So richtete das evangelische Dekanatsamt in Künzelsau diesen Brief an den zuständigen Oberkirchenrat: »Leider ist immer wieder schmerzlicher Anlaß, die Straßenkinder wegen würdelosen Bettelns um Schokolade & die Mädchen & jungen Frauen wegen z.T. empörenden Anbiederns mit den feindlichen Soldaten zurechtzuweisen. Offenbar geht besonders bei den Evakuierten aus dem Rheinland der Sinn für Anstand & Würde der deutschen Frau im Verkehr mit unseren Feinden z.T. vollständig ab.«[10] Am 15. April 1945 wurde vom Künzelsauer Altar sogar verkündet: »Es sollte in einer Christengemeinde nicht extra nötig sein, aber es ist Anlaß vorhanden, die Frauen und Mädchen von hier und auswärts ernstlich daran zu erinnern, daß die deutsche Frau allezeit und in der schmerzlichen Lage des Krieges heute ganz besonders ihre Ehre darin sucht, die Würde der Frau zu wahren und den fremden Soldaten mit vornehmer Zurückhaltung zu begegnen. Den Eindruck, den die amerikanischen Soldaten von der deutschen Frau und vom deutschen Mädchen mitnehmen, und das Urteil, das sie über uns nach dem Krieg in ihrer Heimat weitergeben, hängt in der Hauptsache davon ab, was sie in unseren Dörfern und Städten sehen und erleben. Hier hat jeder deutsche Mann, jede deutsche Frau und jedes deutsche Mädchen dem Vaterlande gegenüber eine große und heilige Verantwortung.«[11]

In ähnlicher Weise zeigte sich das Bürgermeisteramt Welzheim im Landkreis Waiblingen empört: »Wie auch anderswo in deutschen Gauen gab es auch hier genug Weiber, die sich in die intimsten Verhältnisse mit den Soldaten einließen. Fremdländisches lockte, Alkohol spielt mit, Leckerbissen wie Schokolade ziehen an, gutes Essen in diesen Zeiten war etwas Feines.«[12]

Der Historiker Klaus-Dietmar Henke zitiert in diesem Zusammenhang den Wirtschaftsprüfer A. J. Duplantier jr. aus New Orleans, der in Unterfranken stationiert war und über deutsche Frauen nach Hause schrieb: »Die Mädchen hier sind alle drall. Vielleicht liegt es daran, daß ich so lange von zu Hause weg bin, aber sie kommen mir alle hübsch vor. Es ist uns verboten zu fraternisieren, aber ich schätze, sie haben nichts dagegen, wenn wir einen Blick riskieren. In jedem Ort, den ich gesehen habe, sind sie sich alle gleich, eine kokette Gesellschaft.«[13]

Es wäre völlig verfehlt, mit erhobenem Zeigefinger auf die Frauen zu zeigen, die in den Nachkriegsjahren eine Liaison mit US-Soldaten begannen. Die Gründe hierfür waren mannigfaltiger Art. Am häufigsten dürfte wohl die Erwartung, über die kargen Rationen hinaus versorgt zu werden, ausschlaggebend für so manchen Kontakt gewesen sein. Es ging oftmals schlicht und einfach um die Frage, ein paar Lebensmittel zusätzlich zu bekommen, wenn dann noch Lucky Strike, die nahezu mit Gold aufzuwiegen waren, oder Nylons heraussprangen – um so besser. Hinzu kam, dass die deutschen Männer zu einem großen Teil im Krieg gefallen waren oder sich in Kriegsgefangenschaft befanden. Der »Volkssturm-Generation«, die im Land geblieben war, gehörten Kinder, Halbwüchsige und die Alten an, die zudem in ihrem ausgemergelten Zustand wenig attraktiv waren, verglichen mit den GIs: gut genährt und vor allem siegreich.

Sorge um den Anstand der deutschen Frau

Das Verständnis für eine Beziehung zwischen deutschen Frauen und Besatzungssoldaten bei der übrig gebliebenen männlichen Bevölkerung war wenig ausgeprägt, insbesondere, wenn sie mit einem farbigen Soldaten eingegangen wurde. Immerhin hatten die Nationalsozialisten einem ganzen Volk über Jahre hinweg eingehämmert, dass es sich hierbei um »Untermenschen« handelte. Aus Augsburg, Bayreuth und Fritzlar sind Fälle bekannt, in denen »Ami-Flittchen« die Haare geschoren oder sogar angezündet wurden. In Heidelberg griff die amerikanische Militärpolizei ein, als ein entlassener Kriegsgefangener einem Mädchen die Haare abschneiden wollte. Die Angelegenheit brachte den US-Militärrichter in Verlegenheit, denn mit einem vergleichbaren Fall war er bis dahin nicht konfrontiert worden. Der Richter erkundigte sich, wie lange es dauern würde, bis dem Mädchen die Haare nachgewachsen wären, wenn das Attentat geglückt wäre und verurteilte den gerade frei gekommenen Ex-Kriegsgefangenen entsprechend zu neun Monaten Gefängnis.[14]

Derweil sorgten sich die deutschen Politiker um das, was sie die »Ehre der deutschen Frau« nannten. Der Karlsruher Oberbürgermeister wandte sich beispielsweise an die Militärregierung und klagte, der alle sittliche Schranken lockernde Krieg habe sich bei einem Teil der Bevölkerung so katastrophal ausgewirkt, dass es geradezu beschämend sei, wie weit die Grenzen des Anstandes unterschritten seien. Es müssten umfassendere und strengste Maßnahmen ergriffen werden, um besonders Frauen und Mädchen, die wegen ihres unsittlichen Lebenswandels bekannt seien, wieder auf den rechten Weg zu bringen.[15]

Die Amerikaner suchten den einfachen Weg, indem sie häufig Razzien – gemeinsam mit deutscher Kriminalpolizei – durchführten, deutsche Frauen festnahmen und sie einer Zwangsuntersuchung unterzogen. Üblicherweise waren höchstens zwanzig Prozent der Frauen tatsächlich erkrankt, aber darum ging es weniger. In der Hauptsache lag den deutschen Behörden daran, asozial erscheinendes Verhalten zu bekämpfen und, wie es noch 1951 in der Zeitschrift »Der öffentliche Gesundheitsdienst« hieß, gegen Frauen anzugehen, die, zumindest nach spezifisch bürgerlichen Begriffen, einen »unsittlichen Lebenswandel« führten. In einer Verordnung vom 8. Januar 1946 hatte der württemberg-badische Innenminister die Polizeibehörden angewiesen, »Personen, welche einen unsittlichen Lebenswandel führen, vorläufig festzunehmen und dem zuständigen Gesundheitsamt bzw. einen Facharzt« zur Untersuchung vorzuführen. Betroffen hiervon waren »insbesondere Frauenspersonen, welche ohne Prostituierte zu sein, den Umgang mit Männern pflegen, bei denen der Verdacht geschlechtlicher Erkrankungen begründet ist«, oder die Beziehungen zu Männern unterhielten, »die selbst einen unsittlichen Lebenswandel führen«.[16]

Typisch für diese Zeit lesen sich auch die folgenden Zeilen aus dem Wochenbericht des Münchener Polizeipräsidenten vom 10. September 1945. Unter »Sonstiges« heißt es dort: »Groß sind auch die Klagen über das lümmelhafte Benehmen Halbwüchsiger beiderlei Geschlechts in den Abendstunden. Sogar Kinder treiben sich in der Dunkelheit noch massenhaft lärmend auf den Straßen herum. Von dem Verhalten deutscher Mädchen gegenüber amerikanischen Soldaten im Englischen Garten und in den Anlagen der Stadt, besonders zwischen 20.00 und 22.30 Uhr, braucht nichts gesagt werden. Von diesem schamlosen Treiben, das keinerlei Hemmungen kennt, kann sich jeder Münchener selbst überzeugen.«[17]

»VD« – Statt Victory Day nun Venereal Disease
Eine Folge der häufig anzutreffenden Freizügigkeit zwischen Besatzungssoldaten und deutschen Frauen war – in allen vier Zonen, wenn

auch mit unterschiedlicher Intensität – die Zunahme von Geschlechtskrankheiten. Bis August 1945 waren fünfzig Prozent der US-Soldaten
in Deutschland von einer Geschlechtskrankheit betroffen. In den Wochenberichten der US-Armee wurde speziell im Jahr 1945 immer wieder darauf hingewiesen, dieses Problem überschatte alle anderen und
müsse dringend gelöst werden. In der US-Armee war der Inhalt des
Kürzels »V.D. – Victory Day« durch »V.D. – Venereal Disease« ersetzt
worden. Dass Geschlechtskrankheiten eingedämmt werden mussten,
darüber waren sich US-Militärregierung und deutsche Stellen einig,
wenn auch aus unterschiedlichen Gründen. Seit 1944 war es den USA
möglich, ausreichend Penicillin herzustellen, so dass die Bekämpfung
von Geschlechtskrankheiten medizinisch kaum ein Problem darstellte. Allerdings meinte die US-Generalität, die hohe Zahl von erkrank-
ten Soldaten könne sich zu einem Führungsproblem entwickeln. Galt
bis dahin in erster Linie der »Fluchtreflex« als Nachweis für Triebhaf-
tigkeit und Disziplinlosigkeit, war es nun das Ausleben des Ge-
schlechtstriebes, dem zu begegnen war. Ein Mittel dazu sollte die Einrichtung eines »sauberen« Umfeldes sein. Man gebe dem Soldaten
eine Bücherei, das Privileg zu schreiben und Frauen würden ihn nicht
interessieren. Er sei ein guter Soldat, wenn erforderlich, aber im Grunde sei er faul. Er möchte Unterhaltung und Entspannung, aber er
möchte, dass dies zu ihm gebracht werde. Die Stadt und all ihre Ver-
suchungen hätten keinen verführerischen Wert für ihn, so lange ein
Service Club, der PX-Laden, Show und Radio in die Kaserne kämen,
so weit die realitätsferne Theorie der amerikanischen Militärfüh-
rung.[18]

94 000 Besatzungskinder bis 1951

Folge vieler Verhältnisse zwischen US-Soldaten und deutschen Frauen
waren nahezu zwangsläufig zahlreiche unehelich geborene Kinder.
Nach den Non-Fraternization-Bestimmungen war eine Heirat zwischen Deutschen und Amerikanern bis 1947 gänzlich verboten. Hinzu kam, dass die amerikanischen Besatzungsbehörden im Falle einer
Schwangerschaft Ansprüche deutscher Mütter auf Alimente grund-

sätzlich ablehnten. Dieses Problem blieb auf Dauer ungelöst, beschäftigte aber gerade in den Anfangsjahren der jungen Bundesrepublik wiederholt den Deutschen Bundestag. So brachte die SPD-Bundestagsfraktion am 25. April 1951 einen Antrag ein, in dem die Bundesregierung aufgefordert wurde, entsprechende Verhandlungen mit der Alliierten Hohen Kommission aufzunehmen. Ziel war »die richterliche Feststellung der Vaterschaft von Kindern zu ermöglichen, die in Deutschland von deutschen Müttern unehelich geboren und von Besatzungsangehörigen oder diesen gleichgestellten Personen gezeugt wurden [und] diesen Kindern Unterhaltsansprüche gegen den Erzeuger zu gewähren und ihnen Rechtsschutz zu sichern«.[19]

Im Rahmen der Debatte zu diesem Antrag, die am 12. März 1952 stattfand, wurde bekannt, dass in Westdeutschland etwa 94 000 Besatzungskinder lebten, darunter, wie es damals hieß, rund »3 000 Mischlinge«.[20] Der FDP-Abgeordnete Karl-Georg Pfleiderer aus dem Remstal benannte die Schwierigkeiten, die Ziele des SPD-Antrages durchzusetzen. Zwar richteten sich die Rechte auch von Besatzungskindern grundsätzlich nach dem deutschen Bürgerlichen Gesetzbuch, doch war durch besatzungsrechtliche Vorschriften die Durchsetzung eben dieser Ansprüche sowohl vor deutschen wie auch vor Besatzungsgerichten ausgeschlossen. Im Einzelnen führte Pfleiderer die Rechtslage der Besatzungskinder, die es ja auch in der französischen und der britischen Zone gab, so aus:

»In den Vereinigten Staaten ist das Recht des unehelichen Kindes in jedem Staat verschieden geregelt. In der Mehrzahl der Fälle am englischen Recht angeglichen. In England gilt nach dem Common Law jedes außerhalb einer rechtsgültigen Ehe geborene Kind als ›Bastard‹. Das Kind hat dort überhaupt keinen Unterhaltsanspruch gegen seinen Vater. Vor einem englischen Gericht könnte auch die Mutter einen Anspruch nur geltend machen, wenn das Kind in England selbst geboren wäre oder wenn die Mutter englische Staatsangehörige mit Wohnsitz in England wäre. [...] In Frankreich gilt grundsätzlich noch der bekannte Satz: ›La recherche de la paternité est interdite‹, ›Die Nachforschung nach dem Vater ist verboten‹. Das nichtanerkannte

Kind hat in Frankreich keinen Unterhaltsanspruch. Das anerkannte uneheliche Kind hat die gleichen Ansprüche wie ein eheliches bis zum Abschluß seiner Berufsausbildung. – Soweit das materielle Recht.

Prozessual ist zu sagen, daß in den Vereinigten Staaten die Verfolgung etwaiger Ansprüche in der überwiegenden Mehrzahl der Fälle ausgeschlossen ist, weil das amerikanische Recht fordert, daß der Kläger in den Vereinigten Staaten bzw. in dem gleichen Staat der USA wohnhaft sei wie der Beklagte. [...] In England ist die Verfolgung des Anspruches gegen den unehelichen Vater nur möglich, wenn der Vater sich vertraglich zur Zahlung verpflichtet hat.«[21]

Die Frage der »Besatzungskinder« sei in Deutschland besonders brennend, so Pfleiderer, da die Besatzungsherrschaft ihrem Ende entgegen gehe und durch die vertraglich geregelte Europäische Verteidigungsgemeinschaft – EVG – ersetzt werden solle. Damit gehe das Problem der »Besatzungskinder« in das der »Verteidigungskinder« über. Der Ausschuss für Rechtswesen und Verfassungsrecht des Bundestages habe daher empfohlen, in einer Entschließung an die Vereinten Nationen zu appellieren, in Deutschland einen Zustand zu beenden, der mit den Menschenrechten der von den Besatzungsangehörigen gezeugten Kinder unvereinbar sei. Der Auswärtige Ausschuss habe demgegenüber erklärt, die materielle und formelle Rechtslage und die allgemeinen rechtlichen und moralischen Auffassungen seien in den Ländern so unterschiedlich, »daß man noch nicht von einem gesicherten Menschenrecht der unehelichen Besatzungskinder sprechen kann und daß es deshalb auch schwierig wäre, einen Appell an die Vereinten Nationen auf diese Menschenrechte zu gründen«.[22]

Zur Erhellung der Situation trug die CDU-Bundestagsabgeordnete Luise Rehling aus Bochum bei. Sie verwies darauf, in Einzelfällen hätten zwar amerikanische Soldaten die Vaterschaft anerkannt, doch selbst daraus resultierten keine Rechtsansprüche. Im Übrigen gebe es auch in England etwa 70 000 uneheliche Kinder amerikanischer Soldaten. Dort wende sich die Mutter an eine Wohlfahrtorganisation, diese wiederum an eine amerikanische Partnerorganisation, die dann versuche, einen gewissen moralischen Druck auf den Vater auszuüben. In

Deutschland sei die Zahl unehelich geborener Kinder mit amerikanischen Vätern 1946 am höchsten gewesen, sei bis Mitte 1951 gesunken und steige nun wieder an, besonders in den US-Garnisonen Wiesbaden, München und Mannheim.[23]

»Mischlingskinder nach Nordafrika«

Wie stark das Gedankengut der Kriegs- und Vorkriegszeit in deutschen Köpfen weiterlebte, zeigen die folgenden Überlegungen von deutscher Seite:

»Eine besondere Gruppe unter den Besatzungskindern bilden die 3 093 Negermischlinge, die ein menschliches und rassisches Problem besonderer Art darstellen. Von ihnen sind 1 941 bei der Mutter, 388 in der Familie der Mutter untergebracht. Völlig ohne Familienbindungen wachsen 350 heran. Bei den in Heimen oder Pflegestellen untergebrachten Kindern kümmern sich in 363 Fällen die Mütter noch um ihre Kinder. 362 farbige Väter nehmen noch Anteil an dem Ergehen ihrer Kinder; davon sind innerhalb des Bundesgebietes 292. 68 unterstützen ihre Kinder vom Ausland her. 20 Neger haben nach Ableistung ihrer Militärzeit nachweislich in Frankreich Asyl gefunden und dort die deutschen Frauen oder Mädchen geheiratet.«[24]

Aus heutiger Sicht kaum nachvollziehbar sind die Vorstellungen, die sich die staatliche Jugendpflege über die Zukunft der »Mischlingskinder« machte, »denen schon allein die klimatischen Bedingungen in unserem Lande nicht gemäß sind. Man hat erwogen, ob es nicht besser für sie sei, wenn man sie in das Heimatland ihrer Väter verbrächte«[25]. Die in Nordafrika tätigen Missionare, die auch Waisenheime unterhielten, rieten von der »Abgabe« der Kinder ab. Aus einem Schreiben der Missionare zitierte Luise Rehling: »Das Los der Mischlingskinder bereitet uns Sorge, weil sie sowohl von den Europäern als von den Schwarzen verachtet werden. Die Zwiespältigkeit des Mischlingslebens unter Europäern und Negern läßt sich nicht leugnen. Der Mischling rebelliert gegen den Stachel der Verachtung. Ein Teil der Mischlinge, der sich dem europäischen Lebensstil genähert hat, ist moralisch heruntergekommen, sozial geschwächt und nicht charakterfest. Ein anderer Teil ist im heimischen Leben aufgegangen; sie haben untereinander geheiratet und führen ihr eigenes Familienleben.«[26]

Es sei höchste Zeit etwas zu unternehmen, so Luise Rehling, denn zu Ostern würden die 1946 geborenen Mischlinge eingeschult. Vor dem Hintergrund, dass selbst die Einrichtung gesonderter Klassen für Besatzungskinder gefordert wurde, gehe es darum, nicht nur für die gesetzliche Berechtigung dieser Kinder zu sorgen, sondern auch für die menschliche.

Am 11. August 1951 verabschiedeten die USA ein Gesetz, das deutsche Gerichte ermächtigte, in Zivilfällen über Angehörige der US-Streitkräfte zu urteilen. Den unehelichen Soldatenkindern und ihren Müttern kam dies jedoch nicht zugute. Denn zu den Ausnahmeregelungen gehörten Verfahren zur Feststellung der Vaterschaft und Unterhaltsklagen. Im günstigsten Fall konnten Frauen, die nach einer Vergewaltigung durch einen Besatzungsangehörigen schwanger geworden waren, mit finanzieller Unterstützung der Bundesregierung im Rahmen eines »Härteausgleiches« rechnen. Im Bundestagsausschuss für Besatzungsfolgen wurde dazu am 7. November 1956 festgestellt, eine Vergewaltigung stelle zwar eine Körperverletzung dar, begründe aber nach dem mit den USA getroffenen Regelung keinen Unterhaltsanspruch, »da der Kindesunterhalt nicht als unmittelbarer Schaden der Mutter angesehen werden könne«.[27] Mit der Erlangung der vollen deutschen Souveränität 1990 schien sich eine Verbesserung abzuzeichnen: Nun hätten die Mütter, sofern sie überhaupt noch lebten, auf Unterhaltszahlungen klagen können – Jahrzehnte nach Kriegsende und für ihre Kinder, die zu diesem Zeitpunkt in der Mehrzahl zwischen vierzig und fünfundvierzig Jahre alt waren.

Erste Hochzeit in Frankfurt

Von den Bestimmungen des Fraternisierungsverbotes waren die meisten angesichts des Lebensalltags schon bald aufgehoben worden. Am 8. Juni 1945 hatte General Dwight D. Eisenhower erklärt, die strengen Regeln gälten nicht für Kinder, und unterließ es gleichzeitig, eine Altersgrenze festzulegen. Am 14. Juli 1945 fiel das Gesprächsverbot auf

öffentlichen Plätzen, und ab dem 1. Oktober 1945 galt nur das Heirats-
verbot. In der britischen Zone wurde es am 3. August 1946 aufgehoben, und in der US-Zone durfte mit Genehmigung der Militärregierung am 10. März 1947 in Frankfurt das erste deutsch-amerikanische
Paar vor den Traualter treten. Voraussetzung für derartiges Eheglück
war jedoch weiterhin, dass der deutsche Partner als politisch unbelastet galt. Die genaue Zahl von Eheschließungen zwischen Amerikanern und deutschen Frauen in dieser Zeit ist nicht bekannt, doch gehen seriöse Schätzungen bis 1949 von etwa 13 000 aus. Hinzu kamen
die etwa 20 000 Frauen, die zwischen 1946 und 1949 als Verlobte in die
USA einreisten.

Dass vielen Frauen die amerikanischen Soldaten attraktiver erschienen und viele auch gern und bereitwillig eine Beziehung zu den Be-
satzern aufnahmen, ändert nichts daran, dass es hier ein dunkles Ka-
pitel der deutsch-amerikanischen Nachkriegsgeschichte gibt: das der
Vergewaltigungen. In ihrem Ausmaß sind sie mit den Massenverge-
waltigungen, zu denen es in der sowjetischen oder der französischen
Besatzungszone gekommen war, nicht zu vergleichen, doch wird dies
das einzelne Opfer wenig getröstet haben. Im Jahr 1945 erstatteten
nach Unterlagen der amerikanischen Militärregierung 1 500 Frauen
entsprechende Anzeigen gegen US-Soldaten, fast sämtliche – 1 100 – in
der unmittelbaren Zeit nach dem Einmarsch in deutsche Städte und
Dörfer. Klaus-Dietmar Henke geht darüber hinaus von einer Dunkel-
ziffer von weiteren bis zu 2 000 Vergewaltigungen aus, verweist jedoch
darauf, dass in der US-Besatzungszone ab Juli 1945 die Zahl der Vergewaltigungen drastisch zurückging.[28]

Die Situation der Frauen im besiegten Deutschland beleuchtet das
Protokoll der 6. Sitzung des bayerischen Kabinetts vom 26. Juli 1945.
Die Regierung musste sich mit dem Problem der von US-Soldaten
vergewaltigten und schwanger gewordenen Frauen befassen. Wörtlich heißt es:»Die bisherigen Besprechungen in dieser Angelegenheit
haben dazu gezwungen, den bisher vertretenen strengen Standpunkt
zu lockern.«[29] Das Innenministerium erhielt den Auftrag, auf der
Grundlage eines Rechtsgutachtens des Justizministeriums ein Schrei-

ben an Gerichte und Staatsanwaltschaften herauszugeben, nach dem bei nachgewiesener Vergewaltigung das Kind abgetrieben werden durfte.

Bemerkenswert ist, dass die US-Militärbehörden mit drakonischen Maßnahmen gegen die Vergewaltiger vorgingen.[30] Eine Reihe von Anschuldigungen erwies sich allerdings als unbegründet. Von den sechshundert im Jahr 1945 vor US-Militärgerichten Angeklagten wurden dreihundert der Verbrechen überführt. Bis zum 1. Juli 1945 waren von 169 Verurteilten 29 wegen »Notzucht« und fünfzehn wegen Mordes in Tateinheit mit Vergewaltigung hingerichtet worden. Die Übrigen erhielten Strafen von durchschnittlich vierzehn Jahren Zwangsarbeit. Wie rigoros die US-Dienststellen gerade mit dieser Tätergruppe umging, belegt ein Zahlenvergleich: Von 139 wegen Desertion zum Tode verurteilten amerikanischen Soldaten wurde nur ein einziger tatsächlich exekutiert.

Bevölkerungsstruktur aus den Fugen geraten

Mit dem Ende des Zweiten Weltkrieges lag Deutschland am Boden – militärisch, politisch, wirtschaftlich, moralisch. Die Menschen waren zwar froh, dass der Krieg beendet war, hatten aber einen neuen Kampf zu führen: den ums tägliche Überleben. Dabei kam den Frauen eine ganz besondere Rolle zu, nicht nur den berühmten »Trümmerfrauen«, sondern allen. Denn die Bevölkerungsstruktur hatte sich dramatisch verändert. Zum einen waren die Bevölkerungszahlen in der US- beziehungsweise britischen Besatzungszone durch die Aufnahme von Flüchtlingen und Vertriebenen in kürzester Zeit gewachsen. Zum anderen aber gab es durch die Millionen gefallener oder gefangen genommener deutscher Soldaten einen immensen Frauenüberschuss, wie an Hand der nachfolgenden Zahlen ersichtlich wird:

Am 17. Mai 1939 waren in der späteren US-Besatzungszone 13,734 Millionen Personen gezählt worden. Davon waren 6,696 Millionen (48,7 Prozent) Männer, und 7,037 Millionen (51,3 Prozent) Frauen. Nach der Volkszählung vom 29. Oktober 1946 ergab sich für die US-Zone – ohne die Enklave Bremen – folgendes Bild: die Bevölkerungszahl war auf 16,26 Millionen gestiegen, der Frauenanteil war auf 8,98 Millionen und damit 55,2 Prozent geklettert. Von der um 2,526 Millionen gestiegenen Bevölkerungszahl entfielen 1,944 Millionen auf Frauen und damit 76,9 Prozent. Bezeichnend für die Bevölkerungsbewegung war, dass sich der Frauenüberschuss stark erhöht hatte. Auf je hundert Männer entfielen in Bayern 121 Frauen, in Hessen 120, in Württemberg-Baden 122 und in der US-Zone gesamt 121 Frauen.

Besonders stark war beim Bevölkerungszuwachs der Frauenanteil in den Altersgruppen zwischen zwanzig und vierzig Jahren. Hier standen 1,749 Millionen Männern 2,802 Millionen Frauen gegenüber.[31] Das heißt, es kamen auf hundert Männer 160 Frauen. Dieser Wandel stellte die Sozialpolitik vor völlig neue Aufgaben, denn Zigtausende von Frauen konnten zwangsläufig keine Ehe eingehen und waren darauf angewiesen, ins Berufsleben zu gehen, falls dieses überhaupt möglich war.

Hinzu kam ein anderes Problem: Der Anteil der über 65-Jährigen nahm immer mehr zu, während der Krieg in die Reihen der 20- bis 40-Jährigen tiefe Lücken gerissen hatte. Diese Jahrgänge aber wären wegen ihrer Leistungsfähigkeit für den Arbeitsmarkt von besonderer Wichtigkeit gewesen. Schon 1947 kamen die Fachleute zu der Erkenntnis, dass diese Entwicklung erhebliche Mehrbelastungen für die Sozialversicherung mit sich bringen würde.

Mit Lebensmitteln gegen den Kommunismus

Zwischen Schwarzmarkt und »Speech of Hope«

Zweifellos war die Versorgung der Bevölkerung in der amerikanischen Besatzungszone besser als in allen anderen. Wenn von der französischen oder der sowjetischen Besatzungszone als »Hungerzonen« gesprochen wird, dann suggeriert dies, es habe in der britischen oder amerikanischen Zone keine Entbehrungen gegeben. Dies ist so nicht richtig – im Gegenteil.

Denn auch dort herrschten Not und Hunger, und dies keineswegs nur in den ersten Wochen und Monaten nach dem Einmarsch der US-Truppen. Dies lag nicht nur daran, dass viele Häuser zerstört waren, dass die Felder nicht bestellt werden konnten, weil sie als frühere Schlachtfelder noch mit Munition verseucht waren, und dass Saatgut, Dünger und landwirtschaftliche Maschinen fehlten. Es entsprach durchaus der anfänglichen amerikanischen Politik, die Deutschen für die Verbrechen während der Nazizeit büßen zu lassen. Französische und sowjetische Besatzungstruppen ernährten sich weitgehend aus dem besetzten Deutschland. Damit nicht genug: Die Wirtschaft in ihren Zonen musste sogar noch erhebliche Mengen an landwirtschaftlichen Gütern in die jeweiligen Siegerländer exportieren.

Großbritannien wollte die Unterstützung der Deutschen auf dem Gebiet der Ernährung möglichst gering halten, zumal das Inselreich kaum über eigene Ressourcen verfügte, erkannte aber als erste der Besatzungsmächte bereits im Frühjahr 1945, dass die hinreichende Versorgung der Bevölkerung in den von den Nazis befreiten Ländern – und damit auch in Deutschland – von eminenter Bedeutung werden würde. Die US-Truppen dagegen verfügten über einen schier unerschöpflich scheinenden Nachschub an Lebensmitteln für die eigene Versorgung, den sie über den Atlantik nach Europa brachten. Allerdings war von höchster Stelle zumindest 1944 noch die Order ausgegeben worden, die

Deutschen keinesfalls mit diesen Lebensmitteln zu beliefern, es sei denn, man müsse Katastrophen und Seuchen verhindern.

Von den Kornkammern abgeschnitten

Der anfänglichen amerikanischen Politik gegenüber dem besiegten Deutschland entsprechend, war auch General Clay zunächst der Auffassung, die Deutschen sollten die Folgen des von ihnen angezettelten Krieges zu spüren bekommen. Zugleich aber meinte er, dies dürfe nicht zu einem wirtschaftlichen Chaos führen.[1] Da zudem die Kommunisten in Ostdeutschland die schlechte Versorgungslage in den Westzonen propagandistisch auszunutzen begannen, nahm die Verbesserung der Versorgung mit Lebensmitteln einen immer größeren Stellenwert in der anglo-amerikanischen Besatzungspolitik ein. Doch bis es soweit war, sollten die Deutschen in den Westzonen ganz bewusst darben. Die westdeutschen Länder waren nach dem Krieg von den Lebensmittellieferungen aus den verlorenen Ostgebieten, also insbesondere den ehemaligen »Kornkammern«, abgeschnitten. Schon vor dem Krieg hatten sie sich zu höchstens siebzig Prozent selbst versorgen können und waren auf Lieferungen aus Deutschlands Osten angewiesen. Diese Situation verschlimmerte sich jetzt. Durch Flüchtlinge und Heimatvertriebene war die Bevölkerungszahl in der US-Zone gegenüber der Vorkriegszeit um zwanzig Prozent auf etwa 16,1 Millionen gestiegen, gleichzeitig war die bebaubare Ackerfläche um 8,3 Prozent auf etwa 308 000 ha geschrumpft, weil den Bauern Viehzucht lohnender schien als Ackerbau.[2] Dies alles führte dazu, dass der Durchschnittsdeutsche in der US-Zone in den Monaten Juli bis September 1945 mit Tagesrationen von lediglich 900 bis 1 100 Kalorien rechnen konnte. Erst ab Oktober stiegen die Rationen dank massiver amerikanischer Einfuhren auf bis zu 1 500 Kalorien, bevor es dann 1946 und 1947 immer wieder zu wahren Hungersnöten kam.

»Umerziehung setzt Versorgung voraus«

Bis Ende 1945 hatte das alliierte Oberkommando 293 000 t Getreide in die US-Zone liefern lassen,[3] doch war General Dwight D. Eisenhower klar, dies würde nicht reichen, um die Bevölkerung ausreichend zu ernähren. Am 30. August 1945 verwies er deshalb in einem Schreiben an den »Adjutant General, War Department – AGWAR« darauf, es sei unausweichlich, weitere amerikanische Lebensmittel zu importieren. Das größte Problem bestehe darin, für den Winter genügend Lebensmittel, Benzin und Unterkünfte zu erhalten.[4] Widerstände innerhalb des US-Kongresses gegen eine Steigerung der Hilfen für Deutschland verblassten, wenn auch langsam, unter anderem durch die Erkenntnis, dass hungrige Menschen gefährliche Menschen seien (»A hungry people is a dangerous people«).[5]

Unabhängig von den Zielsetzungen der US-Militärregierung wurden die angestrebten und auch versprochenen Rationen weder 1945 noch 1946 erreicht, was zum Teil an einem weltweiten Mangel an Nahrungsmitteln lag. Die Unzufriedenheit der Befreiten nahm zu, vielerorts befürchteten die deutschen Behörden, es könne zu Ausschreitungen kommen. So schrieb der Bürgermeister der Gemeinde Groß-Bieberau im Odenwald angesichts des immer geringer werdenden Wertes der Reichsmark in seinem Wochenbericht für die amerikanische Militärregierung am 25. Oktober 1946 unter anderem: »Man ist allgemein der Ansicht, das Geld zu verleben bis zu einem gewissen Stand und im Übrigen nicht mehr zu arbeiten und zu verdienen, als unbedingt zum täglichen Leben erforderlich ist und gebraucht wird. […] Zu alledem kommt noch die Unzufriedenheit der Bevölkerung über die unzureichende Versorgung. In jeglicher Hinsicht, sei es nun mit Lebensmitteln, Brennmaterial, Kleidung oder Schuhwaren, überall das gleiche Bild, die große Not in allen Bevölkerungsschichten.«[6]

Mit Unmut wurde wegen der eigenen Not die immer größer werdende Zahl von Flüchtlingen gesehen: »In dieser Woche wurden uns schon circa 50 Flüchtlinge zugeteilt, ein weiterer Transport ist angesagt. Die Unterbringung bereitet uns größte Schwierigkeiten, da die Transporte auch zu rasch aufeinander folgen. Durch dies wird die schon trostlose Lage stets und ständig erschwert und verschlimmert.«[7] Die ungenügende Versorgung mit Lebensmitteln wirke sich auf den Gesundheitszustand der Bevölkerung aus und gebe Anlass zu ernstesten Befürchtungen, zumal der Winter ohne Aussicht auf Brennmaterial vor der Tür stehe.

Schwarzmarkt und Plünderungen

In Folge der Lebensmittelknappheit entstand in allen Teilen des besetzten Deutschlands ein umfangreicher Schwarzmarkt. Jeder Städter, der nur irgendeine Kostbarkeit gegen Essbares eintauschen konnte, tat dies, wobei die »Kostbarkeit« bereits aus einem Topf oder einem simplen Werkzeug bestehen konnte. Hamsterfahrten aufs Land gehörten zum Alltag der Menschen. Die wertlose Reichsmark wurde durch die »Zigarettenwährung« ersetzt. Wer nicht das Glück hatte, ein paar »Ami-Zigaretten« zu ergattern, musste sich – so vorhanden – von Schmuck, Teppichen und anderem Wertvollen, aber auch von Dingen des ganz normalen Alltagslebens trennen, um dafür Kartoffeln, Butter, Zwiebeln, Eier oder selten genug einmal ein Stückchen Fleisch einzutauschen.

Bevor sich ein solcher Schwarzmarkt als Teil des Wirtschaftslebens in Nachkriegsdeutschland entwickelte, waren in vielen Städten Plünderungen an der Tagesordnung gewesen. Die deutschen Hilfspolizisten, ohne Uniform und nur durch Armbinden als solche erkennbar, standen diesem Geschehen nahezu machtlos gegenüber. Sie besaßen weder in der Bevölkerung Autorität, noch hatte sie die Besatzungsmacht mit den erforderlichen Rechten, geschweige denn Waffen ausgestattet. Entsprechend empfahl Würzburgs Oberbürgermeister Gustav Pinkenburg am 3. Mai 1945, bei »Einbruch, Plünderung und Notzucht« solle ein Familienmitglied auf die Straße laufen und nach amerikanischer Militärpolizei rufen. Dennoch, bereits Anfang Mai 1945 ging die Würzburger Polizei mit ersten Razzien erfolgreich gegen Diebstähle vor und überließ das sichergestellte Diebesgut dem Wirtschaftsamt zur Verteilung. Am 19. Juni fasste dieses Amt zusammen, an wen es die Güter weitergeleitet hatte. Demnach hatte das Luitpold-Krankenhaus hundert Pakete Henkels-Bleich-Soda und 63 Pakete Waschpulver für die Grobwäsche sowie dreißig Taschenlampenbatterien bekommen. Drei Säcke ungesponnene Schafwolle, eine große Rolle Papierschnur und 166 Paar Ein-

Kinder- und Schulspeisung 1947 – ermöglicht durch Ex-Präsident Herbert Hoover.

legesohlen hatte die Tuchgroßhandlung Schebendach erhalten, acht neue Feilen, eine Gummiplatte, sechs Rollen Schuhmachergarn und fünfzehn Häute Futterleder die Schuhmacher-Einkaufs-Genossenschaft, schließlich die Firma Elektro-Weiss 25 Taschenlampenbatterien, zwei Rollen Elektro-Draht und zwei Elektrokabel.[8] Zudem hatte das Würzburger Ernährungsamt Konserven aus Wehrmachtsbeständen sichergestellt, die auf Schiffen in Heidingsfeld gefunden worden waren. Dazu zählten fast 50 000 Dosen Fleischkonserven sowie 2 520 Dosen »minderwertige« Leberwurst, 777 Zentner nicht mehr ganz einwandfreies Brotmehl und nicht zuletzt 3 104 Flaschen Schaumwein und Cognac, wovon 3 006 Flaschen an die Bevölkerung Heidingsfeld veräußert und 98 Flaschen Cognac an das Leichenbergungskommando Würzburg unentgeltlich abgegeben wurden.[9]

Würzburg war wegen seiner guten Verkehrsverbindungen ein überregional bedeutendes Zentrum des Schwarzhandels, und Robert Meier, Leiter des Würzburger Stadtarchivs, beschreibt in einer Dokumentation die damalige Situation. In den Listen der wegen Schwarzhandels verhafteten Personen hätten sich zahlreiche Bürger aus dem Ruhrgebiet befunden. »Sie kamen aus Wuppertal, Oberhausen, Mülheim, Solingen, Leverkusen und Remscheid, um in Bayern Lebensmittel einzutauschen. Eine Hausfrau aus Solingen wurde im April 1947 beim Versuch erwischt, eine Haarschneidemaschine und 200 Rasierklingen zu tauschen. Ein Hilfsarbeiter aus Wuppertal hatte fünf Feilen und ein Waffeleisen dabei. Ein Diplomkaufmann aus Düsseldorf kam im August 1947 mit 18 Taschenmessern, 20 Küchenmessern und über hundert Kämmen. Sägeblätter, Bügeleisen, Ofenrohre, Glühbirnen und Leim fanden den Weg nach Würzburg.«[10]

Wie rigoros die Kontrollen waren, zeigt eine Aufstellung der Polizeidirektion Würzburg vom 21. Oktober 1946. Die Polizei hatte 4 500 Personen kontrolliert und dabei beschlagnahmt:

»250 Pfund Mehl, 17 Pfund Zucker, 800 Pfund Weizen, 200 Pfund Raps, 60 Pfund Hafer, 60 Pfund Leinsamen, 20 Ztr Kartoffeln, 2 Ferkel, 5 Gänse, 5 Hühner.«[11]

Abgesehen von den empfindlichen Strafen, hatten die Betroffenen mit einem Schlag ihr gesamtes Vermögen verloren. Am 28. Mai 1945 schickte der Landrat des Kreises Dieburg dieses Schreiben an alle Bürgermeister des Kreises:»Der Schleich- und Tauschhandel hat Formen angenommen, die zu ernster Besorgnis Anlaß geben. […] Ich ordne deshalb für Samstag, den 2. Juni 1945, eine Kontrolle sämtlicher Ortsausgänge im gesamten Kreisgebiet an. Alle bewirtschafteten Nahrungsmittel und sonstigen Gegenstände des täglichen Bedarfs, deren rechtmäßiger Erwerb nicht nachgewiesen werden kann, sind den Betroffenen abzunehmen und sicherzustellen. Zu dieser Aktion sind sämtliche verfügbaren Beamten der Gendarmerie, Hilfspolizisten und, soweit erforderlich, sonstige geeignete vertrauenswürdige Personen heranzuziehen. Die Aufstellung von Doppelposten ist erforderlich.«[12] Die sichergestellten Nahrungsmittel seien gegen unberechtigten Zugriff und Verderb zu schützen.

Ein aussichtsloser Kampf

Auch die Münchener Schutzpolizei und die Justiz der Landeshauptstadt waren bemüht, das Problem des Schwarzmarktes in den Griff zu bekommen. Die wöchentlichen Berichte des Polizeipräsidiums für den»Public Safety Officer« vermitteln einen Eindruck darüber, wie es damals auf Münchens Straßen zuging. Für den 3. bis 9. August 1945 hieß es beispielsweise, 58 verdächtige Personen hätten mangels Beweisen wieder freigelassen werden müssen, 77 seien verhört und 24 verurteilt worden. Das durchschnittliche Strafmaß habe 102 Tage betragen, die Höchststrafe sechs Monate Gefängnis.[13] Ein erkennbarer Schwarzmarkt bestehe nicht mehr, Neubildungen würden durch die Streifentätigkeit der Schutzpolizei schon im Entstehen unterbunden. »Was in Straßenbahnen, sonst auf Straßen und Plätzen durch Mundpropaganda angeboten wurde, ergab an geforderten Preisen folgendes: Brot und auch Marken 15–20 RM, Zigaretten kosten nach wie vor ungefähr 2 RM das Stück, Butter das Kilo 150–200 RM, Fleisch 50–80 RM, Zucker nach wie vor der gesuchteste Artikel bis 250 RM das Kilo, wird nur selten angeboten.«[14] Um den tatsächlich ja durchaus noch vorhandenen Schwarzmarkt auszutrocknen, regte die Polizei an, der Bürgermeister solle sich in seiner nächsten Rundfunkrede an die Münchener wenden unter dem Motto:»Münchner helft in Eurem Interesse mit, den Schwarzhandel zu bekämpfen. Teilt Eure Beobachtungen der Polizei mit.«

Wie schwierig, nahezu unmöglich es war, den illegalen Handel zu unterbinden, zeigt ein Hinweis aus dem Bericht für den Zeitraum 17. bis 23. August 1945. In den Straßen um den Viktualienmarkt fänden sich immer wieder Gruppen von zwei bis fünf Personen, meist Ausländer, gemeint waren Displaced Persons. Beim Nahen von Streifen lösten sich Gruppen sofort auf. Im Übrigen gehe der sichtbare Schwarzhandel weiter zurück. Die Anbieter hätten meist keine Ware mehr oder nur in ganz geringer Menge – als Muster – bei sich.[15] Zwar betonte das Polizeipräsidium in jedem Bericht, ein Schwarzer Markt sei nirgends erkennbar, widersprach sich aber stets selbst. Beispielsweise, als davon die Rede war, ein Teil der Schwarzmarktgeschäfte scheine sich in »Wirtschaften wie Stadt Kempten und Markthof« zu verlagern.[16] Zudem tauchten in den Wochenberichten Zahlenangaben über festgenommene, freigelassene, verhörte und verurteilte Schwarzmarkthändler auf, deren Gesamtzahl stets bei weit über zweihundert lag. Ebenso waren steigende Preise für Zigaretten zu beobachten, die Ende August 1945 schon drei Reichsmark pro Stück kosteten. Komplette Lebensmittelkarten standen mit 150 bis 200 Reichsmark hoch im Kurs.[17] Wegen der ständigen Streifen zogen sich die Schwarzmarkthändler von den Straßen auch in Privatwohnungen zurück. Außerdem setzten die professionellen Händler verstärkt strafunmündige Jugendliche ein[18] und ließen sich auch sonst manches einfallen, um ihren Geschäften nachzugehen.»Sie treten zwar öffentlich nicht mehr in Gruppen auf, können dagegen einzeln im Innern der Stadt und am Stadtrand überall angetroffen werden. Ihre Bezugsquellen sind die versteckten kleinen und größeren Lager, die von Dieben und Schleichhändlern immer wieder aufgefüllt werden. Es fällt weiterhin auf, daß immer mehr Personen mit amerikanischen Tabakwaren, vereinzelt auch mit Seife und Bekleidungsstücken amerikanischer

Herkunft betroffen und eingeliefert werden. In der Berichtswoche wurde ein Fall bekannt, wonach eine Münchener Sportfirma, die Heereslieferant war, es verstanden haben soll, Wehrmachtsmaterial zum eigenen Vorteil an sich zu bringen. Sie soll bereits einen größeren Posten Handtaschen hergestellt und mit der Veräußerung auf nicht legalem Weg begonnen haben.«[19]

Im Herbst 1945 kamen verstärkt Frischfleisch (500 Gramm zu sechs bis zwölf Reichsmark) aus Schwarzschlachtungen auf den Münchener Schwarzmarkt sowie Getreide und Mehl. Immer häufiger stammten die Waren direkt aus amerikanischen Beständen. In dem Wochenbericht vom 2. November 1945 musste der US-Public Safety Officer lesen:»Die Eingelieferten bezogen Zigaretten. Schokolade, Lebensmittelpakete, Zucker usw. von amerikanischen Soldaten, besonders von Negersoldaten, die auf dem Oberwiesenfeld und im Lager an der Schleißheimerstraße untergebracht sind. Die Waren werden vorzugsweise im Tauschhandel gegen Schnaps abgegeben und erworben.«[20]

Unverständnis über deutschen Bürokratismus

Schwarzmarkt und Schmuggel waren in den Nachkriegsjahren überlebenswichtig – für die einzelnen Menschen gleichermaßen wie für das Wirtschaftsleben überhaupt. In die Bizone gelangten die Schmuggelströme von zwei Seiten: einmal aus der sowjetischen Besatzungszone, in ähnlicher Weise aber auch aus der französischen. Mit der Problematik hatten sich die Militärgouverneure Lucius D. Clay und Sir Brian Robertson zusammen mit den Ministerpräsidenten immer wieder befasst, waren aber zu keinen durchschlagenden Erfolgen gekommen. Am 31. Januar 1949 stand dieses Thema im Mittelpunkt einer Konferenz mit den Ministerpräsidenten der Bizone, auf der Clay die Länder zur Unterstützung für eine verbesserte Grenzkontrolle aufforderte.[21] Unverständnis äußerte er gegenüber der deutschen Argumentation, man habe bisher nicht genügend leitende Beamte für diese Aufgabe finden können, da die beamtenrechtlichen Verhältnisse in der Bizone ungeklärt seien. Es gehe hier um Dollarwerte in Millionenhöhe, indem deutsche Waren unter dem DM-Wert eingekauft oder ge-

gen Luxuswaren umgetauscht würden. Er sei sich über die Schwierigkeiten angesichts des Fehlens einer zentralen Regierung im Klaren,
aber es handele sich um das vielleicht wichtigste Hindernis auf dem
Weg zur Erholung der deutschen Wirtschaft. Clay übertrieb nicht,
wenn man sieht, dass der Finanzausschuss des Länderrates den Wert
der illegalen Exporte in die Bizone in seiner Sitzung vom 3. Februar
1949 auf jährlich etwa zweihundert Millionen Dollar schätzte.

Reinhold Maier, württemberg-badischer Ministerpräsident, erinnerte daran, dass auf der Linie von Mainz über Tübingen bis Lindau
eine wirksame Grenzkontrolle unmöglich sei. Weder am Rhein noch
an der Grenze zu Frankreich oder zum Saarland gab es Warenkontrol-
len, so dass Schmuggler leichtes Spiel hatten. Clay forderte ein anderes Vorgehen. Es müsse der Polizei doch möglich sein, die Märkte zu
überwachen und festzustellen, woher die angebotenen Waren kämen,
beziehungsweise zu ermitteln, wer sie auf den Schwarzen Märkten
verteile. Dafür sollten die Polizeikräfte der Länder mobilisiert werden. Das Problem in der französischen Zone sei ihm bekannt, Gespräche mit den Franzosen sollten geführt werden. Reinhold Maier warf
ein, die Form des Schmuggels habe sich verändert. Inzwischen würden wertvolle Güter von kleinem Umfang und geringem Gewicht geschmuggelt, nicht mit Lastwagen oder der Eisenbahn. Er wisse beispielsweise, dass eine große Zahl von Präzisionsinstrumenten und
wertvollen Apparaten über die Grenzen nach Belgien und in die
Schweiz gebracht würden, es gebe jedoch keine Möglichkeit dagegen
einzuschreiten. Wie so oft musste Clay in einfachen Worten den
Deutschen »Hilfestellung« geben: Die Verluste für die deutsche Volkswirtschaft seien größer als die Kosten für eine wirksame Kontrolle, er
wisse nur, dass gegen den Schmuggel etwas unternommen werden
müsse.[22]

Die intakten Wohnungen beschlagnahmt
Doch nicht nur Lebensmittel, auch Wohnraum war in Deutschland
nach dem Krieg Mangelware. Hinzu kam, dass auch die Besatzungstruppen Unterkünfte brauchten. Die US-Armee hatte einen ungeheu-

ren Bedarf an Wohnungen und Kasernen bis hin zu Sportanlagen. Sie nahm daher nicht nur militärische Anlagen für ihre eigenen Belange in Anspruch, sondern für ihre Offiziere und die aus den USA nachziehende Familienangehörigen auch zahlreiche Privatquartiere und – sofern nicht zerstört – Villen in bester Lage. Da nach dem Verbrüderungsverbot Deutsche und Amerikaner nicht unter einem Dach leben durften, mussten sich die deutschen Besitzer nach einer anderen Bleibe umsehen. Auf das Problem der daraus resultierenden verschärften Wohnungsnot von Oberbürgermeister Gustav Pinkenburg angesprochen, erklärte der Würzburger Stadtkommandant Melvin Vorhees, die Amerikaner seien »nicht zum Vergnügen hier«. Deutschland habe sie schließlich gezwungen, in den Krieg zu ziehen.[23]

Doch nicht nur für die Sieger wurden Wohnungen benötigt. Auch die Flüchtlingsorganisation der Vereinten Nationen – UNRRA – und die befreiten Zwangsarbeiter bestanden auf bevorzugter Wohnungszuweisung einschließlich der dazu gehörenden Infrastruktur wie etwa Krankenhäuser. Exemplarisch soll die Situation am Beispiel Münchens näher dargestellt werden. Häufig wurden ganze Stadtviertel von der Besatzungsmacht beschlagnahmt, ohne Rücksicht darauf, was mit der bisherigen Bevölkerung geschah. Im Stadtteil Pasing ließ die Militärregierung ein Areal mit 1 230 Wohnungen mit 3 001 Menschen räumen. In diesem Fall versuchte Münchens Stadtverwaltung nach einer Besichtigung, die Amerikaner durch eine Darstellung des schlechten Zustandes der Wohnungen von der Beschlagnahme abzuhalten. In einem Schreiben vom 21. März 1946 hieß es unter anderem, die Häuser seien 1918 mit geringstem Aufwand erstellt worden und in hygienischer Hinsicht völlig unzureichend.[24] »Außerdem befinden sich in diesem Gebiet nur wenig Bäder und auch ganz vereinzelt Zentralheizungen. Sanitäre, heizungstechnische und elektrische Installationen sind weitgehendst instandsetzungsbedürftig, zum Teil sogar nicht einmal gebrauchsfähig.«[25] Bewohnt würden die Häuser zum Teil von Ausländern, also DPs, von politisch Verfolgten vor allem aber von Arbeitern und Angestellten. »Mit Verlust der Wohnung geht bei diesen vielfach auch Garten und Kleinviehstall verloren, was ernährungspolitisch von

Nachteil ist.«[26] Unabhängig von den Bedenken wurden auf Anordnung der Militärmacht Architekten mit der Sanierung der Siedlung für US-Zwecke beauftragt.

Vorteile für ehemalige Nazis und DPs

Aufschlussreich ist dieses Schreiben von Oberbürgermeister Karl Scharnagl an die Militärregierung, das einen guten Eindruck von der Stimmung unter Bevölkerung vermittelt.[27] Dabei ging es um die Beschlagnahme von Wohnungen in Schwabing, gegen die die Bevölkerung aufbegehrte. Der stellvertretende Direktor des Hauptwohnungsamtes habe von einer »großen Aufregung« gesprochen: »Die Frauen hätten beabsichtigt, mit ihren Kindern zum Marienplatz zu ziehen, um vor dem Rathaus Einspruch gegen die Räumung ihrer Wohnungen einzulegen. Es handelt sich um lauter Nichtparteigenossen. Da mit den Wohnungen auch die gesamte Einrichtung beschlagnahmt wird, und nichts mitgenommen werden darf, fühlen sich diese Mieter besonders stark geschädigt. Sie verweisen darauf, daß die Nazi, weil sie von der Beschlagnahme ihrer Wohnung wissen, ihre Möbel, ihre Kleider und sonstigen Gegenstände in Sicherheit bringen konnten, während sie nichts gesichert haben, da sie von einer Beschlagnahme ihrer Wohnungen nichts wußten.«[28] Scharnagl verlangte, dass wenigstens fünf Tage bis zur Räumung zugestanden werden sollten, damit die Betroffenen ihr Hab und Gut retten könnten.

Die Ausmaße, um die es ging, gehen aus einem umfangreichen Schreiben Scharnagls vom 13. August 1945 hervor. Für die Militärregierung und die UNRRA waren zu diesem Zeitpunkt bereits beschlagnahmt: 177 Miethäuser, 253 Ein- und Zweifamilienhäuser, 90 gewerbliche und industrielle Objekte, 38 größere behördliche Gebäude, dazu 8603 Wohnräume für 12000 Displaced Persons. Abgesperrt war darüber hinaus seit Wochen im Gebiet von Harlaching eine Siedlung mit etwa tausend Einfamilienhäusern, die für Familien von Angehörigen der US-Soldaten bestimmt waren. 660 dieser Häuser waren schon beschlagnahmt und geräumt worden. Scharnagl fragte an, ob es überhaupt nötig sei, so viele Familien aus den USA nachziehen zu lassen, und meinte dann: »Ich möchte nicht verschweigen, daß auf Grund verschiedener Mitteilungen, die hier bekannt werden, die Lebensverhältnisse in Amerika in mancher Hinsicht nicht günstig sind, sodaß die Lebensführung für amerikanische Familien mit Vergünstigungen, die sich aus ihrer offiziell gewährten Versorgung ergeben, in Deutschland günstiger sein könnten, als sie in den Staaten augenblicklich herrscht. Das ist sicher für die Familien angenehm, aber unsere Bevölkerung würde doch bedauern, wenn sie in ihren Wohnnotwendigkeiten so stark beeinträchtigt würde, um so vielen amerikanischen Familien eine günstige Lebensführung zu ermöglichen.«[29] Einen großen Teil seines Briefes widmete der Oberbürgermeister der bevorzugten Unterbringung der Displaced Persons: »Die Versorgung der ausländischen Personen erregt vielfache Mißstimmung, weil sie in der Menge und in der Qualität so viel besser ist, wie die Versorgung unserer Bevölkerung. In der Genossenschaft des Konsumvereins werden in der Bäckerei täglich mehrere tausend große Brote aus feinstem weißen Mehl hergestellt für diese displaced persons. Unsere Bevölkerung leidet stark durch das qualitativ und quantitativ ungenügende Brot. Besonders die Kranken entbehren die Zuteilung eines besseren Brotes, das leichter verdaulich wäre. Ich bitte zu erwägen, ob es nicht möglich wäre, durch eine Beimischung des Mehles, das für die displaced persons verarbeitet wird, etwas Mehl für leichtverdauliches weißes Brot für unsere Kranken und alten Personen und die Kleinstkinder zu erhalten.«[30]

Komplette Möbelproduktion für die Sieger

Verschiedene Dienststellen der Stadt und Ministerien der Landesregierung wandten sich in der zweiten Hälfte des Jahres 1946 an die amerikanischen Militärbehörden, um ein Ende der Beschlagnahmen oder doch wenigstens eine Reduzierung zu erreichen. Verwiesen wurde dabei auch auf die gesundheitlichen Gefährdungen, die sich durch die Überbelegung der Wohnungen für die einheimische Bevölkerung ergab.

Der Kontrollrat hatte festgelegt, dass pro Zimmer 2,4 Personen zumutbar waren, doch diese Ziffer war in München längst überschritten.

Insgesamt hatte das Wohnungsamt 377 991 Räume gezählt, von denen jedoch viele kaum bewohnbar waren. Sie hatten vielfach in den Fenstern Pappe statt Glas, undichte Türen und Dächer und keine Heizmöglichkeiten. Allein bei der Beschlagnahme von Wohnungen für US-Zwecke in Harlaching hätten im November 4 979 Personen 894 Häuser verlassen und in Notquartiere umgesiedelt werden müssen. Kritik übte der Oberbürgermeister weiterhin daran, dass bei solchen Räumungen die vorherigen Bewohner ihr Mobiliar verloren. Die US-Dienststellen beschäftigten allein in München zwischen 60 und 65 Transportunternehmen, die die Möbel in große Lager in Zirndorf bei Nürnberg und in München-Eilbertshofen brächten.

Die gesamte bayerische Möbelproduktion wurde von der Besatzungsmacht in Anspruch genommen, so dass für die Münchener, die es sich hätten leisten können, ohnehin nichts mehr zur Verfügung stand. Es wäre wünschenswert, wenn die US-Militärregierung aus ihrem Baukontingent die Materialien zur Verfügung stellen würde, um wenigsten die Hälfte der in München aufzunehmenden US-Familien in modernen Wohnungen unterbringen zu können.

195 Jahre für den Wiederaufbau

Allen Beteiligten war klar, dass die Wohnungsfrage nur durch den raschen Wiederaufbau gelöst werden konnte. Der Zuzug amerikanischer Familienangehöriger hielt unvermindert an, und die Besatzungsmacht dachte gar nicht daran, ihren Soldaten oder den Zivilisten in der Form Beschränkungen aufzuerlegen, sich beispielsweise als Einzelperson mit einem Zimmer zu begnügen, statt gleich eine ganze Wohnung in Anspruch zu nehmen.

Vor welcher Aufgabe München beim Wiederaufbau stand, vor welchen Schwierigkeiten und in welchen zeitlichen Dimensionen die Stadtväter angesichts des Baustoffmangels denken mussten, zeigen diese Zahlen:

9 155 Wohngebäude mit 71 800 Wohnungen und damit 27,4 Prozent des Vorkriegsbestandes waren durch Luftangriffe total zerstört. Weitere 26 300 Wohnungen waren mittel bis schwer beschädigt und

mussten schnell, das hieß damals innerhalb von fünf Jahren, instandgesetzt werden, um nicht völlig unbrauchbar zu werden. Dafür wurden benötigt:

334 000 t Zement, 191 000 t Kalk, 7 200 t Gips, 77 000 t Eisen, 750 t Nägel, 21 000 t Tonrohre, 3 500 t Keramik, 175 t Nichteisenmetalle, 108 Millionen Dachziegel, 478 000 m^2 Dachpappe, 710 000 m^2 Glas, 1,2 Millionen m^2 Leichtbauplatten und 448 000 m^2 Holz. In Prozenten ausgedrückt, waren bis Ende 1946 von diesen Baustoffen verfügbar: Kalk: 7,3; Gips: 5,1; Eisen: 0,5; Nägel: 0,2; Tonrohre, Keramik und NE-Metalle: 0,0; Mauersteine: 1,9; Dachziegel: 5,2; Dachpappe: 1,2; Glas: 4,4; Leichtbauplatte: 9; Holz: 3,7.[31] Angesichts des Bedarfes und des vorhandenen Materials waren die Aussichten mehr als düster. Falls die Zuteilungen nicht wesentlich erhöht würden, so hatten die Fachleute errechnet, würde die Abdeckung des Bedarfes an Eisen 183 Jahre dauern, bei Nägeln wurden 195 Jahre genannt und bei Dachpappe immerhin noch achtzig Jahre.

Wie notwendig die Instandsetzung von Wohnungen war, zeigt sich auch am Beispiel Augsburgs: Von 52 500 Wohnungen waren 35 000 leicht oder mittelschwer beschädigt, 10 000 total. 13 100 Wohnungen sollten im Rahmen eines Sofortprogramms notdürftig wieder hergestellt werden, wofür benötigt wurden: 13 000 m^2 Dachpappe, 900 000 kg Kalk, 150 000 m^2 Glas, 26 900 m^3 Holz, 2 000 t Zement, 20 000 m^2 schweres Segeltuch, 135 000 kg Eisen und Nägel, acht Millionen Mauersteine und 450 000 kg Gips. Tatsächlich standen von den aufgeführten Mengen außer Kleinstbeständen gerade einmal 4 000 m^3 Bauholz zur Verfügung.[32] Abhilfe war nicht in Sicht, denn die Fabriken – vor allem Zementfabriken, die die nötigen Dinge hätten liefern können –, lagen größtenteils wegen Kohlemangels still, und das wenige, was noch oder schon wieder produziert wurde, diente größtenteils zur Betonierung von Start- und Landebahnen amerikanischer Militärflugplätze oder zum Bau von Kasernen und Wohnungen für die Besatzungstruppen und ihre Familien.

Während in Städten der britischen Besatzungszone, in Berlin, aber auch in einigen bayerischen Kommunen, etwa Nürnberg, Würzburg und Aschaffenburg, die Bevölkerung zur Schutträumung – und damit zur Gewinnung von Baumaterialien – verpflichtet worden war, hatte in München die amerikanische Militärregierung dies abgelehnt und im Dezember 1946 sogar noch die Treibstoffkontingente zum Abtransport der wenigen, aus Trümmern wieder gewonnenen Materialien um 75 Prozent gekürzt.

Hinzu kam, dass es für einen großräumigen Wiederaufbau Münchens kaum Arbeitskräfte gab. Im Dezember 1945 konnte das Landesarbeitsamt nur zwölf Prozent der angeforderten Bauhilfsarbeiter vermitteln. Als Konsequenz aus der katastrophalen Wohnungsnot verhängte das Münchener Wiederaufbaureferat am 14. September 1945 eine Zuzugssperre. Nur noch Personen, die Aufgaben von öffentlichem Interesse zu erfüllen hatten, erhielten eine Zuzugsgenehmigung. Wer das Zuzugsverbot eigenmächtig durchbrach, bekam keine Lebensmittelkarten und konnte nach einer Zwangsräumung in ein Sammellager außerhalb der Stadtgrenzen eingewiesen werden. Immerhin gelang es der Stadtverwaltung mit diesen drakonischen Maßnahmen, den Zuzug auf monatlich etwa 20 000 Personen zu begrenzen, so dass sich im Oktober 1946 die Zahl der Einwohner bei etwa 750 000 stabilisiert hatte. Am 1. Oktober 1946 war zusätzlich ein monatliches Zuzugskontingent festgelegt worden, das schon im Januar 1947 ein Absinken der Zahl von Zurückkehrenden oder Neubürgern auf zirka 3 000 zur Folge hatte.

Angesichts der Wohnungsnot hatten zahlreiche Städte und Gemeinden solche Zuzugsverbote ausgesprochen, mit denen sich beispielsweise das hessische Kabinett in seiner Sitzung am 30. November 1945 befasste. In zahlreichen Fällen bedeutete dieses Verbot eine außerordentliche Härte. Heimatlose Jugendliche wanderten von einer Stadt zur anderen und wurden immer wieder abgewiesen. Evakuierte, die aus anderen Zonen zurückkehrten, wurden in Notunterkünften untergebracht. Besonders hart traf es entlassene Kriegsgefangene, die nun eine Genehmigung ihrer Heimatgemeinde brauchten, um überhaupt wieder aufgenommen zu werden. Endgültig aufgehoben wurden die in vielen Städten bestehenden Zuzugssperren übrigens erst nach Gründung der Bundesrepublik Deutschland. Am 15. Juni 1950 erließen die Hohen Kommissare eine entsprechende Verfügung, mit der die Freizügigkeit bei der Wohnsitzwahl hergestellt wurde.

US-Eigeninteressen zunehmend wichtiger

Die wirtschaftlichen Ressourcen von »Uncle Sam« waren nicht unbegrenzt. Während des Krieges lief die Wirtschaft auf Hochtouren und hatte vielen Amerikanern einen beachtlichen Wohlstand beschert. Durch die Demobilisierung großer Teile der Armee und durch das Ende der Rüstungsproduktion kündigte sich jedoch ein Heer von Arbeitslosen an. Entgegengewirkt werden konnte diesem Trend nur durch eine schnelle Umstellung der Kriegs- auf eine Friedensproduktion und durch die Ankurbelung eines weitgehend schrankenlosen Welthandels. Das Sprachrohr der britischen Regierung in Deutschland, der »Informationsdienst für die Mitglieder des Zonenbeirates«, zitierte in seiner Ausgabe vom 5. Oktober 1946 den amerikanischen Handelsminister Henry A. Wallace.[33] Er hatte davon gesprochen, die USA wollten sich nicht, wie nach dem Ersten Weltkrieg, in die Isolation zurückziehen, um dann zu schlussfolgern: »Die diplomatischen Bemühungen um politische und wirtschaftliche Beteiligung in den Ländern der russischen Einflußsphäre sind nur verständlich aus der Absicht, ihr bedeutende und aufnahmebereite Absatzmärkte zu eröffnen.«[34] Die amerikanische Regierung sei bereit, ihre Forderungen durch militärische Aktionen zu unterstreichen. Schon in der Zeit des jugoslawischen Zwischenfalls seien Pläne geäußert worden, Atombombengeschwader nach Europa zu verlegen.[35] Die Anwesenheit der amerikanischen Flottenverbände im östlichen Mittelmeer deute darauf hin, dass man den Zugang zu den wichtigen Ölquellen auch für die amerikanische Wirtschaft offen halten wolle.

Die Stuttgarter »Speech of Hope«

Die offizielle Änderung der amerikanischen Nachkriegspolitik gegenüber Deutschland kündigte Außenminister James F. Byrnes in seiner »Speech of Hope« am 6. September 1946 in Stuttgart vor Vertretern der amerikanischen Militärregierung und den Ministerpräsidenten der US-Zone an. Er plädierte für die wirtschaftliche Einheit Deutschlands und die Stärkung der deutschen Selbstverantwortung in der Politik. Die Amerikaner wollten keinen harten oder weichen, sondern einen dauerhaften Frieden mit Deutschland. Konrad Adenauer, der spätere Vorsitzende des Parlamentarischen Rates und erste Bundeskanzler, zeigte sich beeindruckt:»Die Rede schlug einen ganz anderen Ton an, als wir ihn bisher gewohnt waren.«[36] Hoffnungen setzten die deutschen Zuhörer besonders auf diese Passage der Rede:»Die Vereinigten Staaten können Deutschland die Leiden nicht abnehmen, die ihm der von seinen Führern angefangene Krieg zugefügt hat. Aber die Vereinigten Staaten haben nicht den Wunsch, diese Leiden zu vermehren oder dem deutschen Volk die Gelegenheit zu verweigern, sich aus diesen Nöten herauszuarbeiten, solange es menschliche Freiheit achtet und vom Wege des Friedens nicht abweicht. Das amerikanische Volk wünscht, dem deutschen Volk die Regierung zurückzugeben. Das amerikanische Volk will dem deutschen Volk helfen, seinen Weg zurückzufinden zu einem ehrenvollen Platz unter den freien und friedliebenden Nationen der Welt.«[37]

Nach Auffassung der USA liege es nicht im Interesse des Weltfriedens, wenn Deutschland zwischen Ost und West zu einer bloßen »Schachfigur« werde, und Europa könne nicht gesunden, wenn sich Deutschland zum Armenhaus entwickele. Zugleich sprach Byrnes erstmals von einem»militärischen Machtkampf zwischen dem Osten und dem Westen«.[38]

Auf diesen Machtkampf hatte sich Anfang Oktober 1946 der amerikanische Kriegsminister Robert P. Patterson in einer Sendung auf Radio New York bezogen, als er die Wiedereinführung der allgemeinen Wehrpflicht für alle über 18-Jährigen avisierte. Über eine Million junger Männer sollten eingezogen werden, das Gros zu den Landstreitkräften, 400 000 zur Luftwaffe.[39] Bemerkenswert waren Byrnes' Befürchtungen angesichts der Tatsache, dass die Sowjetunion im Verhältnis zu anderen Staaten eine große Machtstellung gewinnen könnte, mit dem Lebensstandard aber hinter diesen zurückbleibe:»Auch

andere Regierungen außer der Sowjetunion suchen territorialen Gewinn. Frankreich will das Saargebiet, Griechenland möchte den Epi-
rus annektieren, Holland wünscht ein Stück an der deutschen Grenze.
Belgien wird möglicherweise auch deutsches Grenzgebiet fordern.
Der Unterschied ist nur der, daß diese Staaten ihre Wünsche auf dem
internationalen Verhandlungsweg zu befriedigen suchen, während es
die Sowjets offensichtlich vorziehen, Veränderungen auf dem Wege
eigenmächtiger Handlungen vorzunehmen. Ihre Methode ist häufig
die der politischen Infiltrierung.«[40]

Furcht vor kommunistischer Feuersbrunst

Die Sorge vor einer Ausweitung des sowjetischen Einfluss- oder
Machtbereiches und eines neuen Krieges war es schließlich, die ganz
wesentlich mit zur Entwicklung des Marshall-Planes beitrug. Byrnes
dazu: »Die Gefahr politischer Infiltrierung ist besonders ernst in den
Ländern, deren politische und wirtschaftliche Struktur vom Kriege erschüttert ist. Sie ruft unweigerlich Vergeltungsmaßnahmen hervor. Es
kann sich nur zu leicht eine Situation herausbilden, in der alle Beteiligten überzeugt sind, daß sie sich nur verteidigen. Alsdann kann ein
Funke genügen, um eine Feuersbrunst zu entfachen, die auf die ganze Welt übergreift.«[41]

Einen solchen Funken wollten die USA erst gar nicht entstehen lassen und deshalb den Völkern, die unter den Kriegsfolgen litten und
daher für kommunistische Einflüsterungen besonders empfänglich
schienen, mindestens die Möglichkeit bieten, sich und ihren Familien
Nahrung, Kleidung und Wohnraum zu schaffen, und ihnen die Mittel in die Hand geben, Ruhe und Ordnung bei sich herzustellen: »Wir
müssen ihnen den Glauben vermitteln, daß sie ein unabhängiges Leben führen können, auch ohne Vasallen der Sowjetunion, der Vereinigten Staaten oder irgendeiner sonstigen Macht zu sein.«[42]

Auf der Ebene der »großen Politik« unternahmen vor allem Ex-Präsident Herbert Hoover und Lucius D. Clay zahlreiche Anstrengungen,
um die Versorgung mit Lebensmitteln sicherzustellen oder doch wenigstens zu verbessern. Das änderte aber wenig daran, dass die Men-

schen vorerst häufig hungerten und in der Frühphase der Besatzung jede Möglichkeit nutzten, um Kartoffeln, Getreide oder Gemüse anzubauen.

So ordnete beispielsweise der von den Amerikanern eingesetzte Erfurter Oberbürgermeister Otto Gerber im Auftrag der Militärregierung im April 1945 an, kein Stück Land in Erfurt dürfe ungenutzt bleiben. »Selbst auf dem kleinsten Fleckchen Erde lässt sich noch etwas ernten.« Das Garten- und Friedhofsamt werde die gesamten freien Grünflächen, Sport- und Spielplätze, sofern sie sich für eine Bebauung eigneten, »der Reihe nach vergeben«. Junge Pflanzen könnten nicht verteilt werden, nur Samen. Gemüseanbaufähige Hausgärten seien innerhalb der Hausgemeinschaften gerecht zu verteilen. Wie dramatisch die Lage – nicht nur in Erfurt – war, zeigte auch diese Bekanntmachung von Gerber, der am 16. April 1945 die Bevölkerung aufforderte, verlassene Wohnungen umgehend zu melden. Bei einer Besichtigung durch Vertreter des Wohnungsamtes würden diese gleichzeitig feststellen, ob es in den Wohnungen oder Kellern noch Kartoffelbestände gebe: »Sie sollen an solche Personen abgeben werden, die keine Kartoffeln haben. Dabei spreche ich die Erwartung aus, daß die Bevölkerung, die genügend Kartoffelvorräte besitzt, solchen Mitbürgern, die keine Bestände haben, helfen wird.«[43] Ein paar Tage später, in der »Bekanntmachung Nr. 12«, verlangte Gerber den Erfurtern ein Notopfer ab, als er forderte: »Alle, die guten Willens zum Wiederaufbau und somit wirkliche Patrioten sind, müssen zur Linderung der Not beitragen. Wir brauchen Kleidungsstücke aller Art, Schuhe, Wäsche, Stoffe und Einrichtungsgegenstände. Jede kleinste Geldspende hilft mit, die Not zu lindern.«[44]

Viele Menschen, insbesondere Flüchtlinge, waren in der Nachkriegszeit heilfroh, wenn die Bauern es ihnen erlaubten, nach der Ernte noch einmal über die Felder zu gehen, um die liegen gebliebenen Ähren oder Kartoffel aufzusammeln. Doch hier setzten die Landesernährungsämter enge Grenzen. Das hessische Landesernährungsamt verfügte beispielsweise im Sommer 1947, dass Ährenleser, soweit ihre Ausbeute fünf Kilogramm überstieg, ablieferungspflichtig waren.[45] Gleichzeitig wurde nicht nur die Ablieferungsquote für Eier erhöht,

sondern Obsterzeuger mussten ihre Ernte an die zugelassenen Groß-
händler beziehungsweise Erfassungsstellen abliefern. Sie durften nur
zehn Prozent ihrer Ernte für den Eigenbedarf behalten.

Ein wesentlicher Grund für die schlechte Ernährungslage war, dass
viele Bauern ihre Felder nicht bestellen konnten. Abgesehen davon,
dass sie häufig nicht einmal selbst Schuhe besaßen, fehlten ihnen Trak-
toren, Kraftstoff oder auch Zugtiere für die Pflüge und Erntegeräte.
Der Länderrat richtete daher am 4. Dezember 1945 an die amerikanische Militärregierung die Bitte, sich mit englischen Militärregierung
in Bad Oeynhausen in Verbindung zu setzen, um zirka 5 000 Pferde
aus der britischen Zone importieren zu dürfen, da es im hannover-
schen Gebiet einen Überschuss an Pferden gebe. Außerdem sollte wegen der Lieferung von 15 000 Ferkeln und Milch verhandelt werden.[46]

Doch trotz aller Schwierigkeiten: Wie bevorzugt die Länder der US-
Zone gegenüber allen anderen waren, zeigt sich an den immensen Lebensmittellieferungen aus den USA. Der Länderrat setzte zur Koordi-
nation eigens einen Beauftragten für die amerikanischen Lieferungen
ein, der von Vertretern aus Bayern, Württemberg-Baden und Groß-
Hessen unterstützt wurde, die in den Häfen Bremen, Antwerpen und
Rotterdam arbeiteten. Die amerikanische Militärregierung war verantwortlich dafür, dass beim Eintreffen der Schiffe genügend Eisenbahnwaggons zur Verfügung standen. Mit dem Transport der Waren
von den Häfen in die US-Zone wurde die Süddeutsche Getreide- und
Produktenhandelsgesellschaft in Mannheim beauftragt, regionale Firmen übernahmen dann die Verteilung von den »Empfangsstationen«
Mannheim, Frankfurt und Würzburg aus ins Land. Um welche Dimensionen es ging, zeigen diese Zahlen: Für Januar und Februar 1946
rechnete die amerikanische Militärregierung mit Lieferungen von je
100 000 bis 150 000 t Getreide, getrockneter Milch, getrocknetes Gemüse, Düngemittel und Samen. Die logistischen Probleme angesichts
des zum großen Teil zerstörten Reichsbahnnetzes lassen sich erahnen.
Im konkreten Fall trafen die angekündigten Lieferungen zwar nicht
ein, doch später erreichten die Lebensmittellieferungen per Schiff bis
zu 400 000 t im Monat.

Zonengrenzen als Hindernis

Die Westzonen waren nach Kriegsende nicht nur von den »Kornkammern« im Osten Deutschlands abgeschnitten, auch dort waren ehemalige Handelswege unterbrochen. Die Grenze zwischen dem Saarland und dem übrigen von Frankreich okkupierten Gebiet ähnelte lange Zeit der innerdeutschen Demarkationslinie zwischen West- und Ostdeutschland. Aber auch auf engstem Raum gab es Komplikationen, beispielsweise zwischen dem französisch besetzten Rheinhessen und dem neu gebildeten, in der US-Zone liegenden Groß-Hessen. Dies führte zu zusätzlichen Problemen, da ein Interzonenhandel anfänglich untersagt und später nur mit viel bürokratischem Aufwand möglich war. Schon auf der ersten Sitzung des hessischen Kabinetts am 19. Oktober 1945 kam dies zur Sprache, als Wiederaufbauminister Gottlob Binder Gespräche zwischen den Amerikanern und den Franzosen verlangte, um Lieferungen aus Rheinhessen zu ermöglichen.[47] Wenn keine Versorgung aus diesem Überschussgebiet ermöglicht werde, werde es zu einer Katastrophe kommen, da Frankfurt und Wiesbaden bisher aus dieser Region ernährt worden seien.

Bayern wiederum hatte von den kargen eigenen Beständen Lebensmittel in Regionen zu liefern, deren Bewohnern es noch schlechter ging, beispielsweise in die Pfalz. Am 15. Juni 1946 hatte der Oberregierungspräsident von Hessen-Pfalz, Otto Eichenlaub, den inzwischen ins Amt gekommenen Ministerpräsidenten Wilhelm Hoegner besucht und ihm geschildert, dass in der Pfalz täglich zwischen dreihundert und vierhundert Frauen und Kinder an Unterernährung stürben. Verdorbenes Fleisch, das vergraben worden sei, werde wieder ausgegraben und mit Essig behandelt, um es halbwegs genießbar zu machen. Die Bauern hätten keine Vorräte mehr, und bei den Badischen Anilin- und Sodafabriken (BASF) fielen die Arbeiter vor Entkräftung um. Dem amerikanischen Präsidenten Truman seien auf Vermittlung des Papstes Bilder von KZ-Häftlingen unmittelbar nach ihrer Befreiung und von hungernden Pfälzern vorgelegt worden. Er habe keinen Unterschied erkannt. Angesichts dieser Notlage, so Wilhelm Hoegner, habe sich die bayerische Regierung entschlossen, 4000 Zentner

Kartoffeln in die Pfalz zu schicken, da in Bayern schließlich noch niemand verhungert sei. Weitere Lieferungen sollten folgen. Dazu allerdings kam es nicht, denn als die amerikanische Militärregierung davon erfuhr, untersagte diese. Gehungert wurde im Übrigen auch im Ruhrgebiet. Angesichts der Zustände sei es nicht zu verantworten, jemandem die Arbeit dort zu empfehlen, meinten die Kabinettsmitglieder. Die Notlage in der Pfalz beschäftigte den Ministerrat ein weiteres Mal in seiner Sitzung vom 10. Juli 1946. Bayern wolle weiterhin helfen, bekräftigten die Teilnehmer, allerdings bestehe die Gefahr, andere könnten daraus schließen, den Bayern gehe es zu gut.[48]

Während in der französischen Besatzungszone die Tagesrationen teilweise auf unter 700 Kalorien gesunken waren, teilte Oberst James R. Newman stellvertretend für General Clay auf der 3. Länderratssitzung am 4. Dezember 1945 in Stuttgart mit, dass für jeden Einwohner der US-Zone pro Tag Lebensmittel mit einem Wert von 1 550 Kalorien garantiert würden, die aus den USA kämen. Die Kosten müsse Deutschland zu einem späteren Zeitpunkt zahlen, wenn es dazu in der Lage sei. Das betreffe auch die weiterhin in das Besatzungsgebiet einströmenden Flüchtlinge.[49] In derselben Sitzung forderte Manuel Gottlieb, Vertreter der Militärregierung, die Länder auf, künftig korrekte Zahlenangaben über die Ausländer auf ihrem Gebiet und die Deutschen aus den anderen Zonen zu machen. Das US-Hauptquartier habe den Eindruck, die Angaben seien viel zu hoch. Diese Forderung bekräftigte auch General Clay auf der 4. Länderratssitzung am 8. Januar 1946, als er die Notwendigkeit korrekter Ernährungsstatistiken unterstrich.[50] Die Ernährungsteams hätten festgestellt, dass mehr Lebensmittel vorhanden seien, als es nach der Zahl der Rationen geben dürfe. Das lasse auf einen weitaus höheren Stand der Selbstversorgung schließen – oder auf einen ausgeprägten Schwarzmarkt.

In der Errichtung einer Ernährungszentrale für die drei Länder der amerikanischen Zone sah Groß-Hessen eine Möglichkeit, die Ernährungssituation länderübergreifend zu verbessern. Allerdings hatte Ministerpräsident Karl Geiler schon am 6. Dezember 1945 im Kabinett feststellen müssen, bei dem Widerstand der Bayern sei dieses Ziel nicht zu erreichen. Die Militärregierung hielt sich in dieser Frage weitgehend zurück, meinte jedoch, wenn schon keine gemeinsame Ernährungsoberstelle geschaffen werden könne, müssten die Ländervertreter, die an den Sitzung des Ernährungsausschusses des Länderrates in Stuttgart teilnähmen, mit größeren Vollmachten ausgestattet werden, um unter Umständen sofortige Entscheidungen treffen zu können.[51]

Unabhängig davon, dass die amerikanische und die britische Militärregierung eine für beide Zonen einheitliche Versorgung mit 1550 Kalorien zum August 1945 festgesetzt hatten – erreicht werden konnte dieses ehrgeizige Ziel lange Zeit nicht. Angesichts einer extrem schlechten Ernte im Jahr 1945 sank die Versorgung sogar zeitweise bis auf 850 Kalorien. Für eine halbwegs ausreichende Ernährung der Bevölkerung war es erforderlich, ausreichend Getreide anzubauen oder eben zu importieren. Die Militärregierung ordnete deshalb an, die Anbauflächen zu vergrößern, doch dies erwies sich schwieriger als gedacht. Einträglicher für die Bauern war die Haltung von Großvieh, das entsprechendes Weideland benötigte. Schließlich wurde für Bayern die Umwandlung von 70 000 ha Wiesen und Weideland in Ackerfläche befohlen, um den Anbau von Kartoffeln und Zuckerrüben um fünfzehn Prozent zu steigern.[52] Den Bauern wurde der bei ihnen unpopuläre Viehabbau, der durch die Reduzierung der Weideflächen erzwungen werden sollte, damit begründet, dass bei der Verfütterung von Getreide an Vieh 75 bis 80 Prozent des Kalorienwertes verloren gehe. Um den Landwirten entgegen zu kommen, wurde gleichzeitig versprochen, Gartenlandflächen auszuweiten und hierfür Saatgut, Dünger und Betriebsmittel bereit zu stellen.

Bizonales Vorgehen für bessere Versorgung

General Lucius D. Clay warnte die Regierung in Washington wiederholt, die Nichteinhaltung der versprochenen Rationen werde den Weg zu einem kommunistischen Deutschland ebnen.[53] Dennoch lehnte das US-Kriegsministerium zunächst eine langfristige Importzusage ab, was letztendlich zu einer Rationssenkung führte, die am 1. April 1946 in Kraft trat. Clay war der Überzeugung, die US-Zone, wie die übrigen auch, sei für sich allein nicht überlebensfähig. Er strebte daher zwar eine gemeinsame Politik der vier Siegermächte in der Ernährungsfrage an, war aber Realist genug zu erkennen, dass sich weder Frankreich noch die Sowjetunion dazu bereit erklären würden. Am 25. Juli 1946 schrieb er deshalb an Eisenhower, die britische und amerikanische Zone könnten sich gemeinsam in einigen Jahren selbst versorgen.[54] Wenn die Zustimmung der Franzosen und Sowjets zu einer grundsätzlichen Übereinkunft nicht erzielt werden könne, sei strikt zu empfehlen, die Briten zu einer Zusammenlegung ihrer Zone mit der amerikanischen zu bewegen.

Am 7. August 1946 nahmen Amerikaner und Briten in Berlin die Verhandlungen über die zunächst wirtschaftliche Verschmelzung ihrer Besatzungszonen auf und einigten sich innerhalb weniger Tage darauf, vom 14. Oktober an eine einheitliche Ration von 1550 Kalorien in beiden Zonen zu gewährleisten. Als Koordinierungsgremium wurde das »Bipartite Board – BIBO« ins Leben gerufen. Nachdem dann nach langwierigen Verhandlungen eine Übereinkunft über die Finanzierung der Ernährungsprogramme zustande gekommen war, verständigten sich General Clay und sein britischer Kollege Sir Brian Robertson im Herbst 1946 nicht nur auf die Bildung eines Verwaltungsausschusses für Ernährung und Landwirtschaft, sondern gaben den Ministerpräsidenten der Länder auf, bizonale Ausschüsse für Wirtschaft, für Verkehr, für Finanzen und für Post- und Fernmeldewesen zu gründen, was von deutscher Seite nicht ohne Bedenken umgesetzt wurde. So mahnte Hessens Ministerpräsident Karl Geiler auf der Länderratssitzung vom 21. August 1946, es habe eine Verständigung zwischen den beiden Generälen gegeben, »die wir wohl als Befehl hinnehmen müssen«.[55] Wenn nun eine Länderorganisation für beide Zonen eingerichtet werde, sei die politische Befürchtung, dass dies eine Abriegelung bedeute. Die geplanten Zentralstellen dürften nicht »selbstherrliches Werkzeug der Besatzungsmächte« werden. Sitz des gemeinsamen Ernährungsausschusses sollte Bad Kissingen werden.

Mit dem Verzicht, das Ausschusssekretariat – was nahe gelegen hätte – in Stuttgart in der Nähe des Länderrates anzusiedeln, sollte vor allem der Anschein vermieden werden, es bilde sich hier bereits eine Zweizonen-Hauptstadt.

Weit entfernt vom »Friedensgewicht«

Die mangelhafte Ernährung wirkte sich nicht allein auf den Einzelnen aus, sondern beeinflusste in negativer Weise auch das gesamte Wirtschaftsleben. Zum einen fehlten Arbeitskräfte, weil viele Männer im Krieg gefallen waren oder sich in Gefangenschaft befanden. Zum anderen ließ bei den vorhandenen Arbeitskräften die Leistungsfähigkeit nach, wie Reihenuntersuchungen in Hessen zeigten.[56] Monatlich wurden zwischen vier- und fünftausend Menschen untersucht. Dabei zeigte sich, dass das Körpergewicht von Frauen und Männer im Alter von vierzig Jahren aufwärts im Durchschnitt nur noch achtzig Prozent des »Friedensgewichtes« betrug. Das entsprach durchschnittlichen Gewichtsverlusten von zwölf Kilogramm. In bedenklicher Weise verloren Jugendliche im Alter zwischen neun und vierzehn Jahren an Gewicht: im Durchschnitt zwischen acht und zehn Kilogramm. Dies bedeutete zugleich, dass jede weitere Gewichtsabnahme, nachdem die Körperreserven an Fett verbraucht waren, zum Verlust der Muskelsubstanz führte. Von Anfang 1946 bis zum Frühjahr war der Anteil der Bevölkerung mit Ödemen von 0,35 auf 3,5 Prozent gestiegen, und der Prozentsatz von Kindern bis zum fünften Lebensjahr, die davon betroffen waren, hatte mit 27,6 Prozent eine erschreckende Höhe erreicht. Noch dramatischer verlief die Entwicklung bei Neuerkrankungen mit Tuberkulose, einer Krankheit, die typischerweise durch Mangelernährung hervorgerufen wird. In der gesamten US-Zone wurden 1946 117983 Fälle von Neuerkrankungen gemeldet, ein Plus gegenüber dem Vorjahr von 33,3 Prozent. Die Arbeitsverwaltung der US-Zone musste denn auch feststellten:»Grössere Kräftereserven sind nicht mehr vorhanden. Anstrengungen, die über das gewohnte Mass hinausgehen, führen zu starken Beeinträchtigungen des allgemeinen Befindens. Auch die durchschnittliche Leistung, die schon bis zu 40 %

unter der Norm liegt, fällt einem grossen Teil der Arbeitenden äußerst schwer. Auffällig bei den Untersuchunger war allgemein das Fehlen des Unterhautfettpolsters. Der Zustand der Gebisse ist durchweg katastrophal. Die Folgen dieses Zustandes äussern sich in einer hohen Anzahl von Magen- und Darmbeschwerden. Eine Folge des mangelnden Fettpolsters scheint auch ein verhältnismässig starker Anteil an Brüchen zu sein.«[57]

Wichtigste Forderung aus medizinischer Sicht sei daher nicht nur eine Erhöhung der Kalorienzahl, sondern vor allem des Eiweiß- und Fettanteils an den Rationen. Als bemerkenswert stellte die Untersuchung heraus, dass trotz des schlechten Gesundheitszustandes der Krankenstand niedriger war, als angesichts der »verheerenden Gesamtlage« zu erwarten war. Begründet wurde dies unter anderem damit, dass viele Arbeitnehmer, die beispielsweise eine Schwerarbeiterzulage erhielten, zögerten, sich krank zu melden, um die Zulagen nicht zu verlieren. Das Fazit der Untersuchung: »Durchweg fehlen die früher vorhandenen gesundheitlichen, moralischen und seelischen Leistungsreserven. Die jahrelange Anspannung vor dem Krieg, die zermürbende Wirkung der Luftangriffe, haben im Verein mit der zunehmenden Unterernährung die Widerstandskraft der Menschen untergraben.«[58]

Wie es um die Versorgung der Menschen in weiten Teilen der US-Besatzungszone tatsächlich bestellt war, ist nicht nur in den örtlichen Chroniken nachzulesen, sondern auch bei Walter L. Dorn. Als er im April 1946 Franken bereiste, konstatierte er beispielsweise für Lauf eine »hoffnungslose« Ernährungslage. Mehl gebe es nur noch für weniger als eine Woche. Fabrikarbeiter und Flüchtlinge hungerten. Seit fünf Wochen habe es nicht mehr geregnet, von daher werde es gar keine Ernte und kein Mehl geben.[59]

US-Kritik an deutschen Egoismen

Zu heftiger Kritik an den verantwortlichen deutschen Dienststellen sah sich General Clay am 14. März 1947 veranlasst.[60] Es gebe beispielsweise genügend Mehl in Deutschland. Wenn aber die Deutschen es nicht untereinander aufteilen könnten, dann sei das ihr Problem. Die USA und Großbritannien würden jeden Monat etwa 300 000 t Mehl oder Mehlwert nach Deutschland bringen. Wenn die Deutschen nicht gewillt seien, das, was sie selbst erzeugten, zu erfassen und zu verteilen, sehe er nicht, wie sie von den Alliierten erwarten könnten, die Lieferungen aufrecht zu erhalten. Für die Jahre 1946/47 zog Clay in einer Sitzung mit den Ministerpräsidenten der Bizone am 8. Januar 1948 in Frankfurt Bilanz.[61] Demnach hatten im Zeitraum vom 1. Juli 1946 bis zum 30. Juni 1947 die USA und Großbritannien fast 3,6 Millionen Tonnen Lebensmittel in die Westzonen geliefert. Für den Zeitraum vom 1. Juli 1947 bis zum 30. Juni 1948 sollte die Hilfe auf knapp 4,3 Millionen Tonnen gesteigert werden. Bei den eingeführten Mengen müsse es möglich sein, so Clay, die vorgesehenen Rationen ausgeben zu können. Er bemängelte allerdings Fehler in der Verteilung: »Leider hat ein großer Teil der deutschen Bevölkerung, der nicht über Waren zum Handeln oder über Geld zum Kaufen verfügt, nicht seinen rechtmäßigen Anteil an der Nahrungsmittelverteilung in Deutschland.«[62] Die Ministerpräsidenten sollten daher den Wirtschaftsrat veranlassen, schnellstmöglich Gesetze zur Erfassung der vorhandenen Lebensmittel zu erlassen. Clay: »Sache der deutschen Regierungsstellen wäre es, jegliche Vorräte, die die erlaubten Mengen überschreiten, zu beschlagnahmen und sie unter das deutsche Volk zu verteilen, damit jeder seinen gerechten Anteil an den Nahrungsmitteln erhält. Nur so können sie die Sympathien der Welt erwerben und die nötige Hilfe erlangen, um die Nahrungsmittelrationen auf einem erträglichen Stand zu halten.«[63]

Hungerstreiks und Demonstrationen

Clay hatte allen Grund zur Klage und der Zeitpunkt seiner Kritik einen brisanten, aktuellen Hintergrund. Denn die Ernährungskrise in der amerikanischen und britischen Zone erreichte im Frühjahr 1947 einen Höhepunkt und führte im Ruhrgebiet zu Unruhen und zu Streiks unter den Bergleuten. Demonstrationen gab es unter anderem in Bochum, Bonn, Braunschweig, Dortmund, Duisburg, Hamm, Iser-

Lucius D. Clay (Bildmitte in Uniform) bei einem Festessen im Bremer Ratskeller.

lohn, Köln, Krefeld, Gelsenkirchen, Leverkusen, Neuss und Mönchengladbach. In der 100. Zuteilungsperiode vom 31. März bis 27. April 1947 war die Kalorienzahl für die Normalverbraucher auf unter tausend pro Tag gesunken. Die Streiks hatten im Frühjahr zu einer Minderförderung von 700 000 t Kohle geführt, genug, um die gesamte Exportindustrie für einen Monat mit Kohle zu versorgen, wie General Clay am 15. April 1947 vor dem Länderrat erklärte.[64] Zwar sei die Besatzungsmacht in der Lage, jederzeit solche Vorgänge abzustellen, aber mit einem Verbot würden keine Kohlen gefördert. Die Besatzungsmacht könne den Bergarbeitern den Willen zur Förderung nicht eingeben, das sei eine rein deutsche Angelegenheit.

Die Streiks führten aber nicht nur zu einer geringeren Kohleförderung, was schon dramatisch genug war, sondern zu Überlegungen in Washington, die Hilfen für Deutschland zu überprüfen. Der Direktor der Militärregierung von Hessen, James R. Newman, wurde in einer Rundfunkansprache am 16. Mai 1947 deutlich: »General Clay ist gera-

259

de von Washington unterrichtet worden, daß im Kongreß eine entschiedene Neigung besteht, sich weiteren Geldbewilligungen für Deutschland zu widersetzen. Dies ist zurückzuführen auf die jüngsten Berichte über Streiks, Androhungen von Streiks und einem gewissen Widerstand in der Haltung gegenüber den Richtlinien der Besatzung, der in letzter Zeit zutage getreten ist. Streiks oder andere Umtriebe gegen die Politik der Militärregierung, die in irgendeiner Weise die Forderungen oder Pläne der Besatzungsmacht gefährden könnten, werden in Hessen nicht geduldet werden; dabei spielt es keine Rolle, ob ihr Zweck ein politischer oder ein anderer sein möge. Jede Person oder Gruppe von Personen, die so handelt, wird bestraft werden, und vergessen Sie nicht, daß nach den Gesetzen der Besatzungsarmeen und der Militärregierung die Schuldigen sogar mit der Todesstrafe belegt werden können.«[65]

Newman hatte in der ursprünglichen Fassung der Rede sogar davon gesprochen, notfalls den Belagerungszustand zu verhängen, diese Passage, die jedoch in einigen Zeitungen abgedruckt wurde, in der gesendeten Rundfunkansprache gestrichen.

Bayern und Hessen hatten ihre Lebensmittellieferungen in das Ruhrgebiet in dieser Phase massiv zu erhöhen. Auf der Länderratssitzung am 15. April 1947 sprach Bayerns Ministerpräsident Hans Ehard davon, die Viehlieferungen in das Ruhrgebiet seien um das bis zu Fünffache gesteigert worden. In Bayern müsse man das an den verschiedensten Stellen gelagerte Getreide »zusammenkratzen«, trotzdem aber werde Ende April kein Brotgetreide mehr vorhanden sein. Vielleicht könne man noch etwas Vieh abgeben.[66]

Wirtschaftliche Wende

Von Hoovers Idee zu Marshalls Plan

Wenn sich die USA dazu entschlossen, ihre und die britische Zone zu unterstützen, dann war dies nicht uneigennützig. Eine wesentliche Rolle spielte die schon häufiger genannte Befürchtung, Westdeutschland könne in den Machtbereich des Kommunismus geraten. Und schließlich teilten viele Menschen in den USA die Auffassung von ExPräsident Herbert Hoover, dass die weitgehende Zerstörung Deutschlands, die hohe Arbeitslosigkeit und die Notwendigkeit, die Deutschen am Leben zu erhalten, das amerikanische Volk jährlich Hunderte Millionen Steuergelder kosteten, die man einsparen müsse.[1] Hoover hatte sich bereits nach dem Ersten Weltkrieg dafür eingesetzt, die hungernde Bevölkerung in Europa mit Lebensmitteln zu versorgen und in den vierziger Jahren den Vorsitz der Hilfsorganisation »Famine Emergency Commission« übernommen.

Anfang 1946 entsandte Präsident Harry S. Truman Hoover nach Europa, um sich einen Überblick über die vorhandenen Lebensmittel zu verschaffen. Am 17. März 1946 brach Hoover mit seiner Delegation auf und traf am 11. April in Berlin ein. Zuvor hatte er sich schon am 6. April in Brüssel mit General Lucius D. Clay getroffen. Dieser berichtete, die Lage in der amerikanischen, britischen und französischen Zone im Hinblick auf Ernährung, medizinische Versorgung, Bekleidung und Unterkunft sei schlechter als zehn Monate zuvor bei der Kapitulation.[2] Die Sowjets, die mit ihrer Zone den »Brotkorb« Deutschlands erhalten hätten, gäben den Menschen kaum ausreichende Rationen, um ein Massensterben zu verhindern, und konfiszierten das Restliche, um es nach Russland zu schaffen. Clay berichtete, in der amerikanischen Zone sei die Tagesration zum 1. April von 1 550 Kalorien auf 1 275 gesenkt worden. Wenn es nicht sofort zu zusätzlichen Einfuhren komme, müsse sie auf 1 000 Kalorien reduziert werden.

Der General setzte sich jetzt energisch für die Deutschen ein und stieß bei Hoover auf offene Ohren. In dessen Begleitung befand sich als Kriegskorrespondent der Journalist Louis P. Lochner, dem ein ausführlicher Bericht über die Gespräche Hoovers in Berlin zu verdanken ist.[3]

Am 14. April beorderte Hoover die Ministerpräsidenten Bayerns, Groß-Hessens und Württemberg-Badens zu einem Treffen in die zerstörte Reichshauptstadt. Er machte ihnen deutlich, er sei keineswegs in Berlin, um Lebensmittel zuzuweisen oder über Hilfsersuchen zu disponieren, sondern um Informationen über den Nahrungsmittelbedarf in den Ländern zu sammeln, die vom Zweiten Weltkrieg in besonderer Weise betroffen seien. Amüsant ist – am Rande bemerkt – Hoovers Bemerkung, als er bei einer Stadtrundfahrt den zerstörten »Führerbunker« sah: »Ich wollte einen Blick auf die Ersatzresidenz eines gewissen Ersatzdeutschen tun.«[4]

Nachdem die Hoover-Delegation in Europa und Asien zweiundzwanzig Länder bereist und 25 000 Meilen zurückgelegt hatte, fasste Hoover seine Erkenntnisse in einem offiziellen Bericht an Präsident Truman zusammen und kam unter anderem zu dem Ergebnis, dass die Lebensmittel nicht länger durch die UN-Flüchtlingsorganisation UNRRA verteilt werden sollten. Die USA finanzierten diese Organisation zwar zu neunzig Prozent, in ihr waren jedoch 45 Staaten vertreten und reklamierten Mitsprache.[5] Hoover plädierte dafür, die Verteilung der Hilfsgüter dem »Combined Food Board« zu überlassen, dem neben den USA nur noch Großbritannien und Kanada angehörten.

Als konkretes Ergebnis wurden durch die Inanspruchnahme von Heeresbeständen die Lebensmittelrationen zumindest für Kinder in Westdeutschland von durchschnittlich 1 000 auf 1 350 Kalorien am Tag erhöht. Die US-Regierung hatte zwar für das Rechnungsjahr 1947 im Rahmen der Ernährungshilfe 435 Millionen Dollar bereitgestellt, doch waren diese Mittel für die Bekämpfung der Hungersnot in Deutschland und darüber hinaus in Österreich, Japan und Korea nicht ausreichend. Da sich die Lage im Winter 1947 verschärfte, wurde am 7. November 1946 Tracy S. Voorhees als Sonderassistent des Kriegsmi-

Die CARE-Pakete. Sie sind bis heute das Symbol für Amerikas Hilfe beim Wiederaufbau Deutschlands.

nisters mit der Aufgabe betraut, die Beschaffung einer angemessenen Menge von Nahrungsmitteln zu koordinieren und für die Zusammenarbeit aller Regierungsstellen in die er Frage zu sorgen. Vorhees gelang es in einem ersten Schritt, für Dezember 1946 den für Transporte nach Deutschland benötigten Schiffsraum von 300 000 t sicherzustellen.

Schulspeisung für dreieinhalb Millionen Kinder

Am 2. Januar 1947 startete Hoover erneut zu einer Inspektionsreise über den Atlantik, dieses Mal standen vorwiegend Ziele in Deutschland auf seinem Programm: Frankfurt, Berlin, Hamburg, Stuttgart, dazu Wien sowie Rom, um dort mit Papst Pius XII. zu sprechen. Zu seinen Begleitern zählte wiederum Louis P. Lochner, der den erstaunlich engagierten Einsatz des greisen Ex-Präsidenten beschrieb:»Geheizte Räume waren in diesem seit Jahrzehnten strengsten Winter eine Seltenheit. Wir, seine Mitarbeiter, staunten über die robuste Gesundheit unseres dreiundsiebzigjährigen Chefs. Wir waren tief beeindruckt von der Ausdauer, mit der er einen ganzen Tag lang in einem eiskalten Raum in Hamburg saß, um bei einer Zusammenkunft zu präsidieren.«[6]

Hoover war es zu verdanken, dass im Anschluss an diese Reise in der US-Zone eine Kinderspeisung in großem Umfang einsetzte. Er überzeugte General Clay von der Notwendigkeit, Lagerbestände an amerikanischen Lebensmitteln freizugeben. Der zuvor erwähnte Sonderassistent Tracy S. Voorhees hatte riesige Mengen an Lebensmitteln mit hohem Nährgehalt ausfindig gemacht, die sofort an hungernde deutsche Kinder ausgegeben werden konnten. Voorhees selbst schrieb in einem Memorandum:»Eines der besten Resultate von Hoovers Reise war sein Programm für die Kinderspeisung. Kinder unter sechs Jahren waren in keiner schlechten Verfassung, aber die Kinder zwischen sechs und sechzehn Jahren zeugten von ernstlicher Unterernährung. Hoover wollte eine Schulspeisung mit Suppenküchen einrichten, wobei die Kinder täglich eine gute Mahlzeit erhalten sollen. Das Programm sollte 3,5 Millionen Kindern in den Großstädten der Bizone zugute kommen.« Vorhees hatte festgestellt, dass große Mengen an Lebensmittel für Displaced Persons zurückgehalten wurden, von denen die meisten keine Deutschen waren. Das Hilfswerk für diesen Personenkreis unterstand einer US-Division in Frankfurt. Vorhees: »Ich bat darum, daß Vertreter des Divisionsstabes, der für die Ernährung der Flüchtlinge verantwortlich war, mit ihren Unterlagen nach Berlin kamen. Dies Ersuchen wurde abgewiesen und ich war gezwungen, Befehle zu erlassen, damit sie mir die gewünschten Informationen gaben. [...] Nachdem genügend Lebensmittel für die DPs, um ihre Ration bis zum 1. Juli aufrechterhalten zu können, sichergestellt waren, fand ich heraus, daß noch weitere Nahrungsmittel im Wert von ungefähr 19 Millionen [Dollar] übrigblieben, die für die Kinderspeisung verwendet werden konnten. Unter diesen Lebensmitteln waren verschiedene Armeeüberschüsse an Fett und Proteinen, wie die Kinder sie am meisten entbehren. Ich erinnere mich auch noch an einen großen Posten Schokolade.«

Am 16. April 1947 schrieb Kriegsminister Robert P. Patterson an Hoover, er sei von Clays Hauptquartier informiert worden, dass die Kinderspeisung Mitte des Monats anlaufe und man eine gute Zusammenarbeit aller Beteiligten erwarten könne.[7] Kurz darauf, am 19. Juni 1947, hieß es im Report der Militärregierung »Das Schulspeisungs-(Hoover)-Programm arbeitet nun erfolgreich in den nördlichen und südlichen Gebieten und in Bremen. [...] Zu Beginn der 103. Zuteilungsperiode (23. Juni) wird die gesamte zugelassene Quote von 3550000 Kindern eine zusätzliche Schulmahlzeit von 350 Kalorien täglich erhalten.«[8]

Wie überlebenswichtig die Schulspeisung für viele Kinder war, zeigt allein dieser kurze Antrag vom 18. Juli 1947, den der Bürgermeister des hessischen Groß-Bieberau formuliert hatte und in dem er die Fortführung der kostenlosen Schulspeisung forderte: »25 Kinder müssen wöchentlich nach der zweiten Lehrstunde wegen Schwäche nach Hause gebracht werden. Die Schüler des Realgymnasiums kommen zu ⅔ von auswärts und müssen teils um 5.30 Uhr von zu Hause fort. Auch bei dieser Schule mussten die letzte Woche 2 Kinder in ärztliche

Behandlung gegeben werden, weil dieselben ohnmächtig zusammenbrachen.«[9]

Dem Autor ist nicht bekannt, ob Herbert Hoover von den Querelen erfuhr, zu denen die Schulspeisung auf deutscher Seite führte. Wenn ja, dürfte er wenig angetan gewesen sein, denn auch Lehrer wollten unbedingt in den Kreis der besser Versorgten aufgenommen werden und ihren Anteil an der eigentlich für Kinder gedachten Hoover-Speisung erhalten. Mehrfach befasste sich der Exekutivrat der Bizone mit diesem Problem, beispielsweise am 15. Januar 1948.[10] In einigen Orten war es laut Protokoll der Sitzung bereits zur Beteiligung Erwachsener an der Kinderspeisung gekommen, zumal dies in der britischen Zone offiziell erlaubt war. Demgegenüber waren die amerikanischen Bestimmungen in dieser Frage vage, so dass die deutsche Verwaltung für Ernährung, Landwirtschaft und Forsten von sich aus grünes Licht für die Lehrerschaft gegeben hatte. In einem Aktenvermerk für die Ländervertreter wurde die Lage beschrieben: »Das führte zu erheblichen Auswüchsen. Das Essen wurde zunächst in das Konferenzzimmer gebracht und auch die Hausmeister aßen mit, so daß das Zweimächtekontrollamt jetzt jede Teilnahme von Erwachsenen verboten hat. Daraufhin entstand bei den Lehrern der norddeutschen Länder ein Sturm der Entrüstung. Man behauptete, die Lehrer brächen ohne das Essen zusammen, und die Education Branch genehmigte deshalb für die norddeutschen Länder die Teilnahme der Lehrer am Essen. OMGUS erklärte diese Entscheidung der Education Branch für ungültig, da sie von einer unzuständigen Stelle erlassen sei. VELF vertritt die Auffassung, dass Erwachsene nicht an der Kinderspeisung teilnehmen dürfen, solange von den 5,5 Mio bedürftigen Kindern erst 3,5 Mio zusätzliche Nahrung erhalten.«[11]

Die Lehrerschaft wollte sich mit dieser Entscheidung nicht zufrieden geben, so dass das Thema am 19. Februar 1948 erneut auf die Tagesordnung des Exekutivrates kam, dieses Mal mit einem Beschluss, der jedem Missbrauch der Schulspeisung Tür und Tor öffnete. Es hieß, selbst bei korrekter Handhabung der Schulkinderspeisung bestehe die Möglichkeit, »daß durch Schwankungen in der Zahl der teilneh-

menden Kinder Speiseüberschüsse entstehen können, wodurch eine
Teilnahme des Lehrpersonals an der Speisung fallweise möglich wird,
ohne daß ein Mehrverbrauch an Lebensmitteln entsteht. Diese Speiseüberschüsse sollen allerdings vorzugsweise zusätzlich besonders
speisungsbedürftigen Kindern zugewiesen werden«.[12]
    Wer wollte dies kontrollieren? – Jedenfalls kamen die Lehrer mit ih-
ren Wünschen durch, das Zweimächtekontrollamt genehmigte dieses
Verfahren am 1. April 1948.

Stimmungswechsel in den USA

Hoover hatte nach seiner Rückkehr in die USA am 28. Februar und am
18. März 1947 der Presse Berichte über seine Deutschland-Reise übergeben, aus denen ausführlicher zitiert werden soll, weil sie zu einem
dramatischen Stimmungswechsel in der US-Bevölkerung gegenüber
Deutschland führten:

»Die Wohnungssituation in der Bizone ist die schlimmste, die die
moderne Zivilisation je erlebt hat [...] Ungezählte Menschen hausen
in Ruinen und Kellern. Der Durchschnittsraum für Millionen Menschen ist ein Zimmer von 12 mal 12 Fuß für drei bis vier Personen. [...]
Eine der Folgen ist die rapide Zunahme von Tuberkulose und anderen
potentiell ansteckenden Krankheiten. [...] Die Kohlenknappheit ist
nächst den Lebensmitteln der ernsteste unmittelbare Engpaß, sowohl
im Lebensstandard wie in der Wiederbelebung der Exporte, mit
denen Nahrung bezahlt werden kann. Das Ruhrgebiet, das jetzt das
fast einzige Kohlenbecken der anglo-amerikanischen Zone darstellt,
produziert durch den Mangel an Facharbeitern und an körperlicher
Kraft der Leute nur 230 000 Tonnen pro Tag gegenüber den früheren
450 000 Tonnen. Von dieser gegenwärtigen Produktion muß ein beträchtlicher Teil an die Nachbarländer geliefert werden, die ebenfalls
Not leiden. Durch diese Verknappung haben die beiden Zonen nicht
genug Kohlen für Transport, Haushalt und andere wichtige Einrichtungen, so daß nur eine geringe Menge Kohlen bleibt, mit der man
den Export der Industrie anlaufen lassen könnte. [...] Der furchtbare
Winter mit seinen zugefrorenen Kanälen und Stockungen der Eisen-

bahnen hat es unmöglich gemacht, auch nur die gegenwärtige Rationsbasis an vielen Stellen aufrechtzuerhalten. Die Kohlenknappheit und das daraus folgende Fehler an Heizung, sogar für Kochzwecke, hat eine weitere Menge an Härten gebracht. [...] Mehr als die Hälfte von 6 595 000 Kindern und jungen Menschen, insbesondere in den ärmeren Schichten, sind in einem bejammernswerten Zustand. [...] In manchen Gegenden zeigen sich bei den Kindern Hungerödeme. [...] Ein beträchtlicher Teil der Gruppe von 17 510 000 Normalverbrauchern befindet sich ebenfalls in bejammernswerten Zustand. [...] Ein großer Teil dieser Gruppe weist einen ständigen Verlust an Gewicht, Lebenskraft und Arbeitsfähigkeit auf [...] Hungerödeme zeigen sich in Tausenden von Fällen, in Hamburg allein wurden 10 000 festgestellt. Die wachsende Todesziffer unter alten Leuten ist erschreckend.«

Hoover beendete seinen Bericht mit der Forderung, wenn die westliche Zivilisation in Europa bestehen bleiben solle, so müsse sie dies auch in Deutschland tun.»Schließlich weht unsere Flagge über diesem Volk, und sie bedeutet auch noch anderes als militärische Macht.«

Hoover verlangte »notwendige Schritte zur Förderung deutscher Exporte« und eine Abkehr von der bisherigen strengen Demontage- und Reparationspolitik. Als Seitenhieb auf den einstigen »Morgenthau-Plan« meinte er, es habe die Illusion gegeben, das neue Deutschland könne auf den Stand eines Staates von Hirten reduziert werden. Dies sei aber nicht möglich, ohne dass fünfundzwanzig Millionen Menschen ausgerottet oder verpflanzt würden. Ein Deutschland unter dem so genannten »Industrieniveau-Konzept«, werde auf Jahre hinaus für die Steuerzahler anderer Länder ein Fass ohne Boden sein, wenn man ihm nicht gestatte zu verhungern. Er ging sogar so weit, nach Ende der Demontagen die Wiedereinstellung von Techniker mit früherer NS-Parteimitgliedschaft anzuregen, um die deutsche Wirtschaft wieder in Gang zu bringen. Damit stand er im Widerspruch zu allem, was der offiziellen amerikanischen Politik besonders im Hinblick auf die Entnazifizierung »heilig« gewesen war. Hoovers Einsatz war trotz zahlreicher Kritiker von Erfolg gekrönt. Der US-Kongress bewilligte nach heftigen Auseinandersetzungen für 1947 einen zusätzlichen Betrag von dreihundert Millionen Dollar für Nahrungsmittel, chemischen Kunstdünger und Samen sowie für 1948 weitere sechshundert Millionen Dollar. Schließlich wandte Hoover 1947 eine weitere Lebensmittelkrise in Westdeutschland ab. Im Mai stimmte das Kriegsministerium der Lieferung von 400 000 t Lebensmitteln nach Deutschland für zunächst drei Monate zu, die dringender denn je benötigt wurden, denn die Westzonen erlebten einen der trockensten Sommer seit langem und damit eine der schlechtesten Ernten.

Das Engagement Hoovers für die Menschen in den Westzonen und für die Ankurbelung der westdeutschen Wirtschaft ist der breiten Öffentlichkeit heute weitgehend unbekannt. Sie denkt in diesem Zusammenhang, wenn überhaupt, eher an Außenminister George C. Marshall. Sonderassistent Tracy S. Voorhees hatte Recht, als er in einem Memorandum vom Juli 1947 feststellte:»Im großen und ganzen ist es gewiß keine übertriebene Behauptung, daß das, was unter Hoovers beständiger Anleitung für die Ernährung Deutschlands geschah, dieses Land davon abhielt, kommunistisch zu werden.«[13] Diese Einschätzung teilte General Lucius D. Clay in einem im November 1954 veröffentlichten Artikel, in dem er unter anderem sagte:»Das Fehlen von Nahrung und von Arbeitsgelegenheit schafften ein Vakuum, in dem kommunistisch-politische Ausbeutung mit ihren falschen Versprechungen Erfolg erzielen konnte. Ein verzweifeltes Volk kennt keine Vernunft. Unsere Bemühung, Hilfe für Lebensmittel und Wirtschaft von den Vereinigten Staaten zu bekommen, hatte nur dank der starken Unterstützung durch Expräsident Hoover Erfolg.«[14]

Konrad Adenauer resümierte später:»Es war wohl das erste Mal in der Geschichte der letzten Jahrhunderte, daß der Geist der Humanität den Sieger beherrschte, daß der Sieger dem Besiegten in einer umfassenden Weise helfen wollte, aus seinem Elend herauszukommen.«[15]

Marshall-Plan zur Hilfe und Selbsthilfe

Die USA sahen zwar 1947 keine direkte Konfrontation mit der Sowjetunion unmittelbar bevorstehen, doch mit der Entfesselung von Bürgerkriegen und der Machtübernahme durch Kommunisten in weiteren Staaten Europas rechnete man. George F. Kennan führte Außenminister George C. Marshall in einer Analyse der Weltsituation 1947 diese Gefahren vor Augen.[16] Der politische Vormarsch der Kommunisten in Westeuropa habe wenigstens zeitweise aufgehalten werden können, schrieb Kennan. Dies sei das Ergebnis mehrerer Faktoren, von denen ein wichtiger die Aussicht auf US-Hilfe sei. Der Stillstand zwinge Moskau, seinen Einfluss in Osteuropa zu konsolidieren. Es müsse wahrscheinlich versuchen, die Tschechoslowakei vollständig in den Griff zu bekommen. Denn sollte sich der politische Trend in Europa gegen den Kommunismus wenden, könnte eine relativ freie Tschechoslowakei zu einem bedrohlichen Keil in Moskaus politischer Position in Osteuropa werden. Kennan malte dann dieses Schreckensszenario: »Dies bedeutet auch, daß der Kreml höchstwahrscheinlich den kommunistischen Parteien Frankreichs und Italiens befehlen wird, ihre Zukunft in diesen Ländern letztlich im Bürgerkrieg zu suchen, sobald unser Recht, Truppen in Italien zu stationieren, abgelaufen ist. Wenn dies geschieht, ist zur selben Zeit mit einem verstärkten Druck auf Griechenland zu rechnen.«

Einer der Vorschläge an Marshall, diesen Prozess zu verhindern, zielte darauf ab, ein Kräftegleichgewicht in Europa und Asien wieder herzustellen. Die USA müssten deshalb darauf bestehen, Westdeutschland von kommunistischer Kontrolle freizuhalten: »Wir müssen sehen, daß es besser in Westeuropa integriert wird und daß ein Teil unserer Verantwortung für die Bedingungen dort auf die westeuropäischen Verbündeten und auf das deutsche Volk übertragen wird.«[17]

Teil dieser Strategie war die Wirtschaftshilfe im Rahmen des am 4. April 1948 vom US-Kongress verabschiedeten »European Recovery Program – ERP«, das in Deutschland unter dem Begriff »Marshall-Plan« bekannt wurde. Ursprünglich hatte das State Department Mittel in Höhe von 6,8 Milliarden Dollar für die ersten fünfzehn Monate als Hilfeleistungen vorgesehen, doch kam es zu einigen Änderungen, die allerdings den Kern des Programms nicht betrafen. So wurde die Summe Anfang 1948 auf 5,3 Milliarden Dollar für eine Laufzeit von zwölf Monaten reduziert. Der Grund hierfür war in den im Herbst 1948 anstehenden amerikanischen Präsidentschaftswahlen zu sehen. Würden die Republikaner die regierenden Demokraten ablösen, sollte der Kongress zu Beginn seiner ersten Sitzungsperiode im Januar 1949 die Gelegenheit erhalten, das Hilfsprogramm zu überprüfen. Man wollte ihm die Freiheit des Handelns lassen. Im weiteren Verlauf genehmigte der Kongress insgesamt dreizehn Milliarden Dollar, von denen etwa siebzig Prozent über den Verkauf US-amerikanischer Handelswaren in die USA zurückflossen.

Wenn James F. Byrnes in seiner schon zitierten Schrift auf die Bedeutung beziehungsweise die Wirkung des Marshall-Planes eingeht, so darf nicht übersehen werden: Der geistige Vater des Marshall-Planes war, sofern es die Hilfe für Westeuropa und Westdeutschland anbelangte, Herbert Hoover. Die Amerikaner wollten mit dem Marshall-Plan zweifellos den Europäern Gutes tun, hatten dabei ihre eigenen Interessen jedoch keinesfalls aus den Augen verloren. Die Absicht, weitgehenden Einfluss auf die europäische Wirtschaft und die zukünftige politische Organisation Europas zu nehmen, war unverkennbar. Jedes Land, das die US-Hilfe annahm hatte sich in zweiseitigen Abkommen unter anderem dazu zu verpflichten, alle Ausbaupläne für seine Industrien, sofern sie mit ERP-Geldern finanziert werden sollten, Washington zur Genehmigung vorzulegen. Auf diese Weise konnte Amerika die europäische Nachkriegswirtschaft beeinflussen und den Aufbau potentieller Konkurrenzindustrien zumindest erschweren. Ferner waren fünfzig Prozent der aus den USA bezogenen Güter auf amerikanischen Schiffen zu transportieren; ein Viertel des Weizens aus den USA musste in amerikanischen Mühlen gemahlen werden. Dass die Hilfsgelder nicht weitergegeben werden durften, liegt auf der Hand. Problematisch dagegen erscheint die Bedingung, dass die Gelder nicht gegen die nationalen Interessen der USA verwendet werden durften, zumal diese von Washington selbst definiert wurden.[18]

Für die Waren aus den USA zahlten die europäischen Staaten in Landeswährung auf eigens eingerichtete Konten, die so genannten

»Gegenwertfonds«, über deren Verwendung die jeweiligen Staaten und die amerikanische »European Cooperation Administration – ECA« entschieden. Nachdem sich diese Gegenwertfonds in den drei westlichen Besatzungszonen Deutschlands zunächst in alleinigem amerikanischen Besitz befanden, wurden sie im Rahmen des deutsch-amerikanischen Außenhandelsabkommens vom 15. Dezember 1949 in ein »Sondervermögen« überführt. Dieses Sondervermögen erregte von Anfang an Begehrlichkeiten im bundesdeutschen Parlament, so dass beispielsweise ein Vertreter des Finanzministeriums den Haushaltsausschuss des Bundestages am 23. Januar 1957 an Paragraph 2 des entsprechenden ERP-Gesetzes erinnern musste.[19] Denn dort war ausdrücklich festgeschrieben, das Vermögen dürfe »nicht zu einer Quelle zur Deckung des Bundeshaushaltes« werden. Das Vermögen müsse in seiner Substanz erhalten bleiben. Noch heute besteht ein »ERP-Sondervermögen« in Höhe von rund zwölf Milliarden Euro. Über die Verwendung – vorwiegend zur Gewährung zinsgünstiger Kredite für den Mittelstand und für Investitionen in den Umweltschutz – muss der Bundestag entscheiden. Es ist nicht zulässig, die Gelder in den allgemeinen Haushalt des Bundes einzustellen. Geändert werden könnte der Sonderstatus des ERP-Vermögens nur durch ein Gesetz, dem die USA zustimmen müssten.

Bemerkenswerte Skepsis auf deutscher Seite

Die Länder der US-Zone waren im Hinblick auf den Marshall-Plan nicht über alle Punkte sonderlich glücklich. Sie hegten den Verdacht, die USA dächten zwar auch an sie, in erster Linie aber an sich selbst. Relativ deutlich formulierte diese Skepsis der bayerische Staatsminister Seidel auf der Sitzung des Ministerrates vom 31. März 1948. Er sprach von der Sorge, »daß der Marshall-Plan für die Interessen anderer Länder eingespannt werde«, und machte seinen Verdacht an dem Punkt »Schrott« fest. Der deutsche Beitrag zum Marshall-Plan werde vorwiegend in der Lieferung von Kohle, Eisen und Holz, besonders aber von Schrott bestehen. Der Oberdirektor des Wirtschaftsrates der Bizone, Hermann Pünder, habe sich – so Seidel – »breitschlagen« las-

sen, die von Deutschland zu liefernde Schrottmenge von 150 000 t auf
600 000 t zu erhöhen wahrscheinlich werde sogar eine Million Tonnen
erreicht. Und weiter: »Wenn darin unser Beitrag bestehe, so bedeute
der nichts anderes, als daß die deutsche Wirtschaft die Industrie der
anderen Länder mit Rohstoffen versorge. Wie dann noch eine Steigerung der deutschen Industrieproduktion erreicht werden solle, stehe
dahin.« Im Übrigen würden in Paris, wo die Marshall-Plan-Details verhandelt wurden, nicht »verantwortliche Deutsche« den deutschen
Standpunkt vertreten, »sondern irgendwelche Sachverständige«. Zu-
sammenfassend müsse er betonen, dass die Frage des Marshall-Planes
zu ernster Besorgnis Anlass gebe. Auch der Bremer Senator Harmssen, der ein bekannter Wirtschaftsfachmann sei, sehe schwarz. Man
brauche nun in Frankfurt eine starke Persönlichkeit, um den deutschen Standpunkt zu vertreten. »Er fürchte, daß Dr. Erhard dazu nicht
in der Lage sei.« Wenn in Frankfurt Verhandlungspartner aufträten,
die in allem sofort nachgäben, müsse man der Entwicklung mit großen Bedenken entgegensehen.

Die Skepsis verstärkte sich, nachdem Staatsminister Seidel den Ministerrat am 6. April 1948 von den divergierenden Vorstellungen der
deutschen und amerikanischen Seite unterrichtete.[20] Danach hatten
die deutschen Stellen den deutschen Anteil am Marshall-Plan mit
2,236 Milliarden Dollar berechnet, und zwar mit 1,333 Milliarden Dollar für den Wiederaufbau der Wirtschaft und mit 903 Millionen Dollar für Lebensmitteleinfuhren. Demgegenüber habe das Bipartite Office mitgeteilt, dass der deutsche Anteil auf 1,2 Milliarden Dollar
herabgesetzt werden müsse. Der deutsche Plan verfolge zwei Ziele:
Die Steigerung der Gesamtproduktion um 25 Prozent gegenüber
1947, das entspreche 50 Prozent der Produktion von 1936, und zweitens Schaffung von Voraussetzungen für weitere Produktionssteige-
rungen in den folgenden Jahren. Zurzeit würden Aufbaupläne für
Konsumgüter, Bergbau, Eisenindustrie und so fort aufgestellt und der
Materialbedarf errechnet. Am Beispiel der Kohleproduktion beschrieb
Seidel die unterschiedliche Ausgangslage. So hätten die Besatzungsmächte die geplante Einfuhr von 5,6 Millionen t als zu hoch bean-

standet. Dabei sei es aus verkehrstechnischen Gründen sinnvoll, wenn Süddeutschland Kohle aus der Tschechoslowakei oder Hamburg Kohle aus England beziehe. Aus dem Ausland sollten nach dem Marshall-Plan 60 000 Waggons beschafft werden; zur Verfügung stünden aber nur 30 000. Die Transportschwierigkeiten blieben also bestehen. Als positiv bewertete Seidel die beabsichtige Einfuhr von Textilien, ferner die Verdoppelung der Seifenzuteilung und von Tabak – auf fünf Zigaretten täglich. Werde der Plan für die Landwirtschaft realisiert, könnte eine Versorgung der Normalverbraucher mit 1 800 Kalorien erreicht werden. Vorgesehen sei die Einfuhr von Getreide, Fetten, Hülsenfrüchten und so weiter. Bei Fett betrage die inländische Erzeugung 134 000 t, eingeführt werden sollten 200 000 t, womit eine Fettzuteilung von mehr als 400 g pro Periode gewährleistet werde.

Trotz aller positiven Aspekte warnte Seidel zum Schluss seines Berichtes:»Daß die Amerikaner natürlich auch ein Geschäft machen wollten, sei selbstverständlich. Es bestehe aber die Gefahr, daß Deutschland eine selbständige Handelspolitik unterbunden werde, wobei man versuche, die Einfuhr in Amerika in die Hand zu nehmen.«

Zweifellos hat der Marshall-Plan den wirtschaftlichen Wiederaufbau Westdeutschlands nicht nur beschleunigt, sondern überhaupt erst ermöglicht. Dieses Ergebnis ist völlig unabhängig von den möglichen Intentionen, die die US-Regierung bei seiner Ausarbeitung und Umsetzung verfolgt haben mag. Der Marshall-Plan soll hier keineswegs in seinem Kern in Frage gestellt werden, doch ist es erforderlich, auf einige weitere Aspekte einzugehen, die die deutsche Seite damals kritisch sah. Zusammengefasst sind sie in einem 17-seitigen Papier, das dem Länderrat 1948 vorgelegt wurde.[21] Aus dem allgemeinen Ziel des Marshall-Planes ergäben sich für die Bizone drei parallel laufende Aufgaben ohne deren gleichzeitige Erfüllung der angestrebte Erfolg nicht zu Bereiche sei, nämlich

»1.) beste Nutzung der in der Volkswirtschaft gegebenen Produktionsmöglichkeiten,

2.) Investitionen zum Wiederaufbau,

3.) äusserste Forcierung des Exports«.

Alle drei Aufgaben würden durch die weiterhin beabsichtigten Demontagen stark betroffen, so dass ihre Erfüllung, zumindest in der geforderten Zeit von vier Jahren, nicht möglich sei:»Die beste Nutzung der vorhandenen Produktionsmöglichkeiten wird besonders dadurch beeinträchtigt, daß die Demontage Teile aus dem Wirtschaftskreislauf herausnimmt, deren Fehlen die Nutzung der verbleibenden Kapazitäten entweder ausschliesst oder diese unwirtschaftlich macht.« Die unausbleibliche Beeinträchtigung wirke in erster Linie auf die dauernd exportfähigen und auf die Investitionsgüterindustrien, während sie gleichzeitig die Wirtschaft zu zusätzlichen Investitionen zwinge, um die demontierten Kapazitäten entweder zu ersetzen oder einen Ausgleich zu schaffen.»Damit wird der Start des eigentlichen, im Sinne des Marshallplanes erforderlichen Wiederaufbaus, der ohnehin nur mit äusserster Anstrengung zur selbständigen Lebensfähigkeit führen kann, so verzögert, daß das Ziel bis 1952/53 nicht erreicht werden kann.«

Eine deutliche Botschaft an die amerikanische Adresse war die Aussage, solange die europäische Wirtschaft durch die teilweise Ausschaltung Deutschlands nicht gesunden könne, seien alle Aufwendungen der amerikanischer Steuerzahler vergeblich:»Eine wirtschaftliche Niederhaltung Deutschlands – gleichgültig, in welcher Form – wird immer auf Kosten des amerikanischen Steuerzahlers gehen.« Der Marshall-Plan sehe zwar die Einbeziehung Deutschlands beim europäischen Wiederaufbau vor. Allerdings sei der so genannte »Revidierte Industrieplan« von einer Reihe falscher Voraussetzungen ausgegangen. Grundlage des Planes sei die Vorgabe, dem Vereinigten Wirtschaftsgebiet eine Industriekapazität im Wesentlichen auf dem Niveau von 1936 zu belassen,»so daß unter Berücksichtigung der erhöhten Bevölkerung durch den Zustrom der Flüchtlinge und Vertriebenen aus dem Osten pro Kopf der Bevölkerung eine Gütermenge erzeugt werden kann, die etwa 75 % der von 1936 betragen soll.« Zur allgemeinen Kritik an den amerikanischen Vorgaben zählten – kurz gefasst – diese Punkte:

– Bei der Berechung der vorhandenen Industriekapazität war von einem Zahlenmaterial ausgegangen worden, dem Höchstleistun-

gen in den Fabriken zugrunde lagen, die jedoch nur vorüberge-
hend während des Krieges erreicht wurden. Tastsächlich konnte
schon zu Friedenszeiten die industrielle Kapazität Deutschlands
lediglich zu achtzig bis neunzig Prozent ausgeschöpft werden.

– Bei der Aufstellung des Industrieplanes wurden Brutto- und nicht
Nettokapazitäten herangezogen. Dies führte zu Doppelzählun-
gen, da alle Zulieferungen bei den weiterverarbeitenden Betrieben mehrmals in der Kapazitätsberechnung mitgezählt wurden.

– Demontiert wurden so genannte Spitzen- und Eckaggregate, wodurch die Produktionsleistung erheblich stärker gemindert wurde, als es dem rein rechnerischen Produktionswert der Anlagen
entsprach.

– Bei der Berechung wurde nicht berücksichtigt, dass zwischen
1935 und 1945 eine Reihe von Betrieben aufgehört hatte zu exis-
tieren.

– Bei der Bearbeitung des Industrieplanes wurde nicht berücksichtigt, dass durch die Maschinenentnahmen in Gestalt der Multila-
teral Deliveries und der Restitutionen eine Kapazitätsbeschrän-
kung eingetreten war. Aus Bayern wurden beispielsweise bis zum
1. Juli 1948 55 000 t Reparationsgüter und 52 000 t Restitutionsgü-
ter entfernt, wobei es sich bei mindestens 45 000 t um Produkti-
onsmaschinen handelte, was zu einer erheblichen Kapazitätssen-
kung führte. Zudem bedinge der Mangel an Facharbeitern und
die Überalterung der industriellen Bevölkerung Deutschlands eine weitere Leistungsminderung.

Kurzum: Wenn Deutschland einen wirklich brauchbaren Beitrag zum
europäischen Wiederaufbau leisten solle, müssten diese drei Punkte
umgesetzt werden:

» – Demontagestopp für die im Rahmen einer Friedenswirtschaft
wichtigen Betriebe, bis durch einwandfreie Feststellungen alliierter und deutscher Sachverständiger klargestellt ist, welche Teile
der deutschen Industrie für den Wiederaufbau Europas und
Deutschlands eingesetzt werden müssen.

– Nicht Demontage von ganzen Betriebsanlagen, sondern Lieferung bestimmter Typen von Produktionsmitteln nach gemeinsa-
mer Feststellung der Liefermöglichkeiten Deutschlands, wobei es
den deutschen Dienststellen überlassen bleiben muss, wie und
woher diese Produktionsmittel beschafft werden.
– Gemeinsame Festlegung von Kontrollmaßnahmen zwischen
deutschen und alliierten Dienststellen gegen eine Wiederaufrüstung Deutschlands.«

»Deutschland den Steuerzahlern vom Hals schaffen«

Im Zusammenhang mit den Intentionen des Marshall-Planes sollten
auch Empfehlungen des amerikanischen Industriellen Lewis Brown
nicht übersehen werden, die dieser im Auftrag von General Lucius D.
Clay im Oktober 1947 dem amerikanischen Kriegsministerium vorgelegt hatte. Darüber berichtete die »Neue Zeit« in ihrer Ausgabe vom
31. Oktober 1947: »Bei diesen Vorschlägen handelt es sich laut
›Newsweek‹ um eine Politik, die ›Deutschland den amerikanischen
Steuerzahlern vom Hals schaffen soll‹. Dazu solle ›Westdeutschland
die Möglichkeit gegeben werden, sich selbst als politische und wirtschaftliche Kraft in Europa wieder aufzubauen. Die Grundlinien dieser neuen Deutschlandpolitik sollten sobald als möglich durch die Regierung in Washington in Kraft gesetzt werden und an Stelle der
Abkommen von Jalta und Potsdam gesetzt werden. Die wichtigsten
Punkte sind folgende: Zusammenlegung der Westzonen zu einer
westdeutschen Einheit unter einer obersten militärischen und zivilen
Organisation nach dem Muster des Obersten Hauptquartiers der Alliierten Streitkräfte im Kriege; Deckung des westdeutschen Nahrungs-
mitteldefizits auf fünf Jahre; Beendigung der Demontage von Betrieben und Maschinen zu Reparationszwecken und Aufschub der
Reparationsleistungen aus der laufenden Produktion um fünf Jahre;
Zurückziehung des neuen Industrieplanes zugunsten einer deutschen
Produktion bis zur Höchstgrenze der Kapazität; Teilnahme Deutschlands an den Beratungen zum Marshall-Plan; Moratorium für deutsche Kohleexporte; Schaffung einer westdeutschen Zentralbank zur

Ausgabe einer neuen, den Weltvaluten angeglichenen Währung; rasche Beendigung der Entnazifizierung, in deren Rahmen nur noch die unter Kategorie I fallenden Hauptkriegsverbrecher bestraft werden sollen. […] Den Gesamtvorschlägen liegt die Überzeugung zugrunde, daß wenn es gelingt, innerhalb der nächsten Jahre Westeuropa und das britische Empire wirtschaftlich wieder auf die Beine zu stellen, zu erwarten sei, daß sich die sowjetrussische Politik zu einer Zusammenarbeit mit dem Westen bereitfinden werde.‹«[22]

Bei den deutschen Länderregierungen stieß auf wenig Verständnis, dass sie über die von den USA und Großbritannien bereit gestellten Mittel für Lebensmitteleinfuhren nicht frei verfügen konnten. Doch in diesem Punkt bissen sie bei General Clay auf Granit. 1947 hatten die Regierungen in Washington und London 650 Millionen Dollar für den Wiederaufbau der Wirtschaft zur Verfügung gestellt. Es sei bekannt, dass beispielsweise Holland sein Gemüse verkaufen wolle. Der Import würde aber nicht einmal eine Steigerung von fünf Kalorien am Tag bewirken, jedoch viele Millionen Dollar kosten. Es sei eine schwere Aufgabe für die Politiker, bei der deutschen Bevölkerung Verständnis für die Haltung zu wecken. Allerdings dürften ja fünf Prozent der deutschen Exporterlöse für den Ankauf zusätzlicher Nahrungsmittel ausgegeben werden, um damit Anreizprogramme für Arbeiter zu finanzieren. Dazu gehörten getrocknete Magermilch, Fisch besserer Qualität und Kartoffeln.

In den Küchen der Bizone herrschte auch 1948 noch Mangel. Die US-Militärregierung war weiterhin der Meinung, es müssten eigentlich genügend Lebensmittel vorhanden sein, wenn die deutschen Dienststellen sie nur richtig erfassten und verteilten. Die Länderchefs waren anderer Auffassung, so der groß-hessische Ministerpräsident Christian Stock. Er belegte an Hand eines Beispieles auf der Sitzung des Länderrates am 3. Februar 1948 die Diskrepanz zwischen Statistik und Wirklichkeit: In Hessen gebe es 27 000 Stück Großvieh mehr als erlaubt. Gegenwärtig sei man dabei, 72 000 Schlachtschweine aus den Ställen zu holen. Gegenüber der Auffassung von General Clay, es müsse in

Deutschland genug Fett geben, betone er, dass er zwar die Statistik nicht bezweifele, die Realität aber anders aussehe. »Dem Bauern steht zur Fütterung seines Viehs gegenwärtig vielfach nichts anderes zur Verfügung als reines Stroh. Es sei erbärmlich, wie das Vieh aussehe. Die Bauern warten sehnsüchtig auf den Zeitpunkt, an dem die Wiesen wieder grünen, das Vieh wieder hinausgetrieben werden könne, damit es sich erhole, auffüttere und wieder bessere Leistungen geben könne. Die Stückzahl sei zwar vorhanden, aber die Tiere seien nichts anderes als Haut und Knochen und lieferten weder Fett noch Fleisch, wenn sie geschlachtet würden.«[23]

CARE-Pakete begründen neue Freundschaft

Nicht vergessen werden darf an dieser Stelle eine der nachhaltigsten privaten Initiativen in den USA, deren Hauptanliegen – ohne jede politische Hinterabsichten – die humanitäre Hilfe für die Menschen in den vom Krieg betroffenen Ländern war: die »Cooperative for American Remittance to Europe – CARE«. Zweiundzwanzig amerikanische Kirchen und Organisationen hatten sich in der Einrichtung zusammengeschlossen, an erster Stelle Quäker, Mennoniten, die Church of Brothers, die Heilsarmee und Gewerkschaften.[24] Bekannt wurde die Einrichtung durch ihr wohl wichtigstes Produkt: das CARE-Paket. Im Herbst 1945 war CARE gegründet worden, am 21. Februar 1946 stimmte US-Präsident Harry S. Truman der Lieferung humanitärer Hilfsgüter nach Deutschland, Griechenland, Österreich, Großbritannien und anderen europäischen Ländern zu und unterzeichnete selbst einen Scheck über 1 500 US-Dollar für hundert CARE-Pakete. Die ersten Pakete wurden nach Frankreich geschickt, doch schon bald war Deutschland Schwerpunkt dieser einmaligen Hilfsaktion. Amerikanische Bürger und Hilfsorganisationen spendeten die erforderlichen Gelder, jedes Paket kostete fünfzehn Dollar. Fünf Monate nach Trumans Genehmigung trafen die ersten CARE-Pakete im Bremer Hafen ein. Empfänger dieser »Liebesgaben« waren zunächst die Menschen in der amerikanischen und der britischen Besatzungszone, doch nach einigen Monaten stimmte die französische Militärregierung der Verteilung der Pakete auch in ihrem Verantwortungsbereich zu. Ausgespart blieben die Menschen in der sowjetischen Zone, da die dortige Militäradministration die entsprechenden Hilfsangebote zurückwies. Hier wurden Pakete teilweise über die grüne Grenze geschmuggelt, auch packten kirchliche Organisationen sie um und ließen sie über skandinavische Länder an die Empfänger in der sowjetischen Zone schicken.

Anfangs wurden die CARE-Pakete aus 2,8 Millionen Feldrationen der US-Armee zusammengestellt, die CARE aufkaufte. Die US-Armee brauchte sie nicht mehr. Sie waren ursprünglich für die Truppen in Südostasien bestimmt, doch der Abwurf zweier Atombomben hatte den Krieg dort zwei Jahre früher als erwartet beendet. Als diese Rationen im März 1947 aufgebraucht waren, stellte CARE eigene Inhalte in zwei Standardpaketen zusammen. CARE kaufte en gros ein und verpackte die Waren in einem Lagerhaus in Philadelphia.

Eines der Standardpakete – jeweils mit einem Kalorienwert von 40 000 – enthielt 1 Pfund Rindfleisch in Kraftbrühe, 1 Pfund Steaks und Nieren, ½ Pfund Leber, ½ Pfund Corned Beef, ¾ Pfund Prem (Fleisch zum Mittagessen), 2 Pfund Margarine, 1 Pfund Schweineschmalz, 1 Pfund Aprikosen-Konserven, 1 Pfund Honig, 1 Pfund Rosinen, 1 Pfund Schokolade, 2 Pfund Zucker, 1 Pfund pulverisierte Eier, 2 Pfund Vollmilch-Pulver und 2 Pfund Kaffee.[25] In einem anderen Standardpaket fanden sich Wolldecken, Nähzeug, Kleider und Schuhe. Jedes Paket bedeutete im Nachkriegsdeutschland eine Kostbarkeit, denn was nicht selbst benötigt wurde, war – wie etwa Zigaretten – im Tauschhandel von unschätzbarem Wert. Später wurde diese Paket-Palette auf fünfzehn Varianten erweitert und für spezielle Gruppen zusammengestellt. In Paketen für Tischler und Aussiedler gab es Werkzeuge, in denen für junge Mütter Babyflaschen, Milchpulver und Windeln. Sogar »Festtagspakete« erreichten ab Herbst 1949 die Deutschen. Sie enthielten einen – hierzulande damals noch unbekannten – unzerlegten Truthahn. Welchen Effekt CARE-Pakete auslösten, zeigt das folgende Beispiel: Auf eine Heiratsanzeige »Zwei-Zimmer-Wohnung vorhanden, zwei Care-Pakete pro Monate« erhielt eine junge Frau 2 437 Zuschriften.[26]

In der Bizone waren die Innere Mission und die Caritas für die Verteilung der Pakete zuständig. Da die Militärgouverneure Clay und Robertson auf einer verbands- und konfessionsübergreifenden Arbeitsteilung bestanden, wurde der »Zentralausschuss der Spitzenverbände der freien Wohlfahrtspflege zur Einfuhr und Verteilung ausländischer Liebesgaben« mit Sitz in Bremen gegründet. Die Geschäftsführung übernahm Pastor Heinrich Johannes Diehl, der bis 1939 als Seemannspastor in Southampton und New Castle tätig gewesen war und über gute Verbindungen sowohl zu den Amerikanern wie auch zu den Briten verfügte. In der französischen Zone beauftragte Militärgouverneur Jean Marie Koenig die Sparkassen mit der Verteilung der Pakete. Dies hatte zur Folge, dass jeder, der einen Sparkassen-Raum mit einer CARE-Benachrichtigung betrat, mit besonderem Eifer bedient wurde.

Insgesamt neun Millionen CARE-Pakete erreichten die Deutschen, und erhebliche Schwierigkeiten waren dabei zu überwinden. Zwar war es relativ einfach, die Schiffe mit Paketen nach Bremen zu schicken, doch dort begann ein hindernisreicher Weg. Die Eisenbahnlinien waren zerstört, für die wenigen Lastwagen gab es kein Benzin. CARE löste das Problem auf seine Weise und schickte fünf Millionen Liter Kraftstoff von Amerika nach Deutschland. Abgesehen von der unmittelbaren Linderung der Not hatten die Pakete noch einen anderen Effekt: Sie wurden bei den Adressaten avisiert. Den Erhalt quittierten diese dann auf einer Postkarte, die dem amerikanischen Spender zugeschickt wurde. Dieses Verfahren galt zwar auch der Kontrolle, vor allem aber nahm es der Hilfe die Anonymität und führte zu zahlreichen, dauerhaften persönlichen Verbindungen zwischen Spendern und Beschenkten.

CARE beschränkte sich nicht auf die Spende von Lebensmittelpaketen für einzelne Personen oder Familien, sondern unterstützte in Abstimmung mit den Berliner Sozialämtern während der Blockade auch bestimmte Bevölkerungsgruppen mit Sonderzuteilungen. So erhielten durch CARE 40 000 Trümmerfrauen Sonderrationen Butter, 120 000 weitere Bedürftige wurden ebenfalls mit zusätzlichen Butterrationen unterstützt. Unterschlagen werden darf aber auch dieses nicht: Teile der Hilfslieferungen fanden sich auf dem Schwarzmarkt wieder. Im Westteil Berlins beschlagnahmte die Polizei beispielsweise am 11. Februar 1949 Schwarzmarktware und CARE-Pakete im Wert von 180 000 West-Mark, darunter 500 000 Zigaretten, zehn Zentner Kaffee sowie zwanzig Zentner Schokolade.

CRALOG – Wirksam, aber kaum bekannt

Half CARE Not leidenden Menschen in vielen Ländern Europas, war »CRALOG – Council of Relief Agencies Licensed for Operation in Germany« im Februar 1946 eigens für die Unterstützung der deutschen Bevölkerung gegründet worden.[27] CRALOG war besonders in den Teilen der USA tätig, in denen sehr viele Deutschstämmige lebten. Bei so genannten »canning days« konnte jeder Lebensmittel spenden. Die einzige Voraussetzung war: Sie mussten in Dosen oder in Gläsern eingemacht sein. An »friendship-trains« oder auf »friendship-ships« gaben die Amerikaner Kleidung, Schuhe, Medikamente für das besiegte Deutschland ab. Zusätzlich organisierte CRALOG in Westdeutschland und in West-Berlin unzählige Volksspeisungen, besonders für Kinder.

Das Hilfsprogramm von CARE hatte einen Volumen von rund 180 Millionen Euro, das von CRALOG nahezu den doppelten Umfang. CRALOG schaffte 323 000 Tonnen Hilfsgüter über den Atlantik und damit das Vierfache des CARE-Volumens. Dennoch hat CRALOG bei den Deutschen nie die Popularität erreichen können wie CARE. Die Ursache mag darin liegen, dass es bei CARE den direkten Kontakt zwischen Spender und Empfänger gab. Außerdem ist CARE weiterhin aktiv. So hilft CARE Deutschland mit Sitz in Bonn Notleidenden in aller Welt und führt damit die 1945 begründete Tradition fort.

Lokomotiven aus »Friedhofsbeständen« aktiviert

Nicht nur Deutschlands Städte waren zerstört, dasselbe galt für einen großen Teil der Verkehrswege. Abgesehen von den Schwierigkeiten, überhaupt genügend Waren zu produzieren, ergab sich damit das zusätzliche Problem ihres Transportes. Die Flüsse schieden als Transportwege weitgehend aus, weil sie durch die Trümmer von gesprengten Brücken kaum mehr schiffbar waren. Außerdem stand kein Schiffsraum zur Verfügung. So waren zum Beispiel neunzig Prozent der gesamten Rheinflotte zerstört.

Von den wenigen bei Kriegsende noch intakten Eisenbahnstrecken wurden viele demontiert, speziell im Herrschaftsbereich von Franzosen und Sowjets. Allein zwischen Frankfurt und dem Ruhrgebiet hatte die Wehrmacht bei ihrem Rückzug 56 Eisenbahnbrücken gesprengt, die – erstaunlich genug – bis August 1945 wieder notdürftig hergerichtet waren. Schließlich gab es weder genügend Transportmittel wie Lastwagen, Lokomotiven und Eisenbahnwaggons noch ausreichend Benzin oder Kohle. Dies alles aber wäre Voraussetzung gewesen, um die Bevölkerung zu versorgen und den Wiederaufbau der zerstörten Städte in Gang zu bringen.

Die amerikanische Militärregierung drängte also darauf, gerade diesem Bereich besondere Aufmerksamkeit zu widmen, wobei sie der Ansicht war, dies sei eine Aufgabe, die die Deutschen weitgehend selbst erfüllen könnten, wie der stellvertretende Militärgouverneur von Bayern, Kenneth A. Dayton, bei der Eröffnung der Exportschau in München im Frühjahr 1947 erklärt hatte. Der Direktor des bizonalen Wirtschafsrates, Erich Köhler, ging darauf in einem Schreiben vom 16. Juli 1947 an den Wolfsburger Stadtrat Wilhelm Kiesel ein. Dieser gehörte dem bizonalen Verkehrsausschuss an, und Köhler bat ihn darum, »seitens des Verkehrsausschusses einen Beschluss oder eine Vorlage auszuarbeiten, welche die nötigen Massnahmen für die Wiederingangsetzung der zahllosen Waggons und die dafür notwendigerweise zu fällenden technischen Voraussetzungen betrifft«. Darüber hinaus sollten die amerikanische und die britische Militärregierung gebeten werden, »dafür Sorge zu tragen, dass die in die russische und französische Zone gerollten und noch nicht wieder zurückgekehrten Waggons von den zuständigen Militärbehörden sofort wieder zurückgegeben werden«.[28]

Das Verwaltungsamt für Wirtschaft der Bizone in Minden stellte eine Bestandübersicht zusammen und legte sie am 8. August 1947 vor. Demnach verfügte die Reichsbahn im Bereich der Bizone über 6 200 betriebsfähige Lokomotiven. 2 700 konnten nach Reparaturen wieder in Betrieb gehen, weitere 2 000 aus »abgestellten Friedhofsbeständen« hätten mit sehr großem Aufwand aktiviert werden können, wenn es denn beispielsweise ausreichend Lokomotiv-Kessel gegeben hätte.[29] Der Neubau von Lokomotiven war nach den Potsdamer Beschlüssen noch verboten, also mussten alle Reserven mobilisiert werden, um die defekten wieder auf die Gleise zu stellen. Ähnliches galt für Güterwaggons. Von 313 000 Waggons auf dem Gebiet der Bizone waren 198 000 betriebsbereit, etwa 100 000 wurden im Ausland zurückbehalten. Ein beschlossenes Neubauprogramm von 16 000 Waggons pro Jahr scheiterte daran, dass die hierfür benötigten Materialien – je Waggon fünf Kubikmeter Holz und elf Tonnen Stahl – nicht zur Verfügung standen. Die Erkenntnis des Verwaltungsamtes lautete daher: »In Anbetracht der Tatsache, daß bei Fortdauer der seinerzeitigen Entwicklung weder die geförderte Kohle, noch die Lebensmittel und sonstige dringendste Güter künftig befördert werden können«, sollten im Rahmen von Sonderprogrammen die bevorzugte Belieferung von Baumaterialien, Strom und Arbeitskräften beschlossen werden.

US-Fahrzeuge – Gut gemeint, aber völlig untauglich
Engpässe gab es nicht nur im Netz der Deutschen Reichsbahn, sondern auch auf den Straßen. Handkarren und Fahrräder waren – zumindest in den Städten – das wichtigste Transportmittel. Frühere Lastwagen der Wehrmacht waren zum Teil für den Betrieb mit Holzgas umgebaut worden, doch ab 1947 erklärte sich die US-Armee bereit, eine große Zahl von Fahrzeugen aus ihren Heeresbeständen der deutschen Wirtschaft zur Verfügung zu stellen, um damit »den notleidenden bzw. unzureichenden Verkehr in den Westzonen, insbesondere den Straßenverkehr« zu fördern.[30]

Für die Übernahme der Fahrzeuge wurde auf deutscher Seite die »Staatliche Gesellschaft zur Erfassung von öffentlichem Gut« – STEG

– mit der Zentrale in München und Zweigstellen in Württemberg-Baden, Hessen, Bremen und Berlin gegründet, dazu das »Zentralbüro für Versuchsumbauten amerikanischer Heeresfahrzeuge« mit Sitz in Schlangenbad-Georgenborn. Für das Einbringen der Ernte 1947 wollte die US-Militärregierung bereits eine größere Zahl von Heeres-Lastwagen freigeben, doch dauerte es bis zum 5. Dezember 1947, bis die ersten Lastwagen tatsächlich an die deutschen Behörden überstellt wurden. So gut das Angebot der Amerikaner auch gemeint war, nicht alle Fahrzeuge waren für deutsche Verhältnisse geeignet, ohne wesentliche Umbauten schon gar nicht. Nach einer Besichtigung der Fahrzeugflotte auf dem Flugplatz Büttelborn bei Darmstadt am 5. Dezember 1947 kam das »Zentralbüro für Versuchsumbauten amerikanischer Heeresfahrzeuge« zu dem Ergebnis, dass die meisten der angebotenen Fahrzeuge wegen des immensen Benzinverbrauchs so nicht geeignet waren. Für technische Änderungen kamen der »Dodge, 0,75 to« in Frage, für den die HESSIA in Kassel einen Dieselmotor bauen wollte. Der legendäre »Jeep«[31] galt wegen seines hohen Treibstoffverbrauchs und der geringen Ladefläche als unrentabel. Die amerikanischen Trucks verbrauchten 100 l Benzin auf 100 Kilometer und kamen damit ebenfalls für die Übernahme nicht in Betracht. Wie aufwändig der Umbau der amerikanischen Fahrzeuge geworden wäre, soll diese Versuchsbeschreibung belegen: »Dodge, GMC-Typ. Mit diesem Wagen sollen neue Versuche durchgeführt werden, unter Ausschaltung und Ausbau aller Front- oder Vorderrad-Antriebs-Schleif- und Reibteile, Verteilergetriebe, aus Hinterachse alle Schleif- und Reibteile ausbauen; Einbau einer neuen Kardanwelle für die Mittelachse, dadurch nur Antrieb der Mittelachse. Es werden schätzungsweise 35 bis 40 % Kraft eingespart. Durch Einbau eines deutschen Fallstromvergasers wird weiter der Treibstoffverbrauch um 20 % gesenkt. […] Ausserdem kann durch Aufbau eines neuen Führerhauses auf den Motor und Verlagerung der Steuerung nach vorne (links des Chasisrahmens) der Laderaum erheblich vergrößert werden.«

Es lässt sich erahnen, dass das amerikanische Angebot nur begrenzt in Anspruch genommen werden konnte, zumal die Deutschen nicht über die Teile verfügten, die sie für die Umbauten benötigten. Zwar wurde eigens eine »Fahrzeugverwertungs AG – FAG« mit Sitz in Frankfurt ins Leben gerufen, und die USA wollten die Produktion der erforderlichen Umbau- und Ersatzteile in Deutschland genehmigen. Letztlich wurden alle derartigen Bemühungen durch den Aufbau einer eigenständigen westdeutschen Autoindustrie hinfällig: schon 1949 konnte Volkswagen die Auslieferung ihres 50 000. Nachkriegs-»Käfers« verkünden.

Statt Wohltat riesiges Verlustgeschäft

Die Lastwagen und Jeeps waren nicht die einzigen Güter, die die Amerikaner den Deutschen übergeben hatten. Auf der 40. Sitzung des Amerika-Ausschusses des Wirtschaftsrates gab der Vorsitzende Robert Pferdmenges einen detaillierten Überblick.[32] Danach hatten die amerikanische Militärregierung und der Wirtschaftsrat drei wesentliche Verträge geschlossen: den so genannten SIM-Abschluss, den BULK-DEAL-Vertrag und die Verbriefung über die seit der Kapitulation der Wehrmacht erfolgten Einzelübernahmen.

Bei dem SIM-Vertrag handelte es sich um rund 40 000 t amerikanischer Textil- und Schuhwaren im Wert von rund sechzig Millionen Dollar. Im BULK-DEAL-Vertrag ging es um die Überlassung von Heeresgut aus 27 US-Heereslagern und 42 Teillagern in Deutschland. Für 450 000 t Heeresgut – zumeist Kraftfahrzeuge und Ersatzteile, dazu Nachrichtengeräte, Textilien, Werkzeuge und Werkzeugmaschinen – hatte die deutsche Seite 75 Millionen Dollar zu zahlen, was 21 Prozent des ursprünglichen Anschaffungswertes entsprach.

Bei den Einzelgeschäften ging es um Abgaben an Tausende von Einzelstellen wie Gemeinden, Landkreise, Krankenhäuser, Lager mit Displaced Persons, alle zwischen der Kapitulation und dem 31. Januar 1948, die jeweils ohne Vertrag erfolgt waren und mit 51 Millionen Dollar zu Buche schlugen. Auch hier berechneten die Amerikaner lediglich 21 Prozent des Einstandspreises. Doch was zunächst nach einem Gewinn für die Deutschen aussah, entpuppte sich sehr bald ein als ein riesiges Verlustgeschäft, wie Pferdmenges ausführte, einmal, weil die Preise pro Tonne Material höchstens bei 900 Dollar und nicht bei tatsächlich berechneten 1 680 Dollar pro Tonne hätten liegen dürfen: »Ein weiterer Grund für die Höhe des Verlustgeschäftes [annähernd 400 Millionen Mark] war, daß die im BULK-DEAL-Vertrag gelieferte Ware, soweit es sich um Textilien handelte, durch die jahrelange Lagerung im Freien sehr erheblich gelitten hatte und teilweise verfault war, ehe die Deutschen über die Lager verfügen konnten. Den größten Verlust aber brachten die Fahrzeuge, über deren Zustand wir uns vertragsmäßig erst lange nach dem Abschluß versichern konnten; sie stellten zum größten Teil tatsächlich nur unzählige Wracks dar. Gegen diese sehr erheblichen Verluste schlugen einige Artikel, wie Werkzeuge und Werkzeugmaschinen, die zu guten Preisen verkauft werden konnten, nicht zu Buch, da sie wertmäßig aufs Ganze gesehen einen zu geringen Bruchteil darstellten.«

Pferdmenges unterstrich, er wolle mit seinen Äußerungen keineswegs anklagen, da die deutsche Seite und »die amerikanischen Herren« bei Abschluss der Geschäfte gleichermaßen davon überzeugt gewesen seien, dass die Überlassung der Heeresgüter an Deutschland nicht nur ein vertretbares, sondern, wenn man alle Faktoren berücksichtige, durchaus günstiges Geschäft für die Deutschen sei. Jedoch: »Das ganze Geschäft mußte ein Verlustgeschäft werden, weil die uns ausgehändigte Ware in dem Zustand, in dem sie uns tatsächlich übergeben wurde, nicht annähernd den Wert darstellte, den die Amerikaner und wir beim Abschluß der Verträge beigelegt haben.«

Währungsreform

Hochzeit für Spekulanten

Wesentlichen Einfluss auf die Ernährungssituation zu Beginn des Jahres 1948 hatten Spekulationen über eine Währungsreform, die dann im Juni tatsächlich kommen sollte. Die Länder der amerikanischen und britischen Besatzungszone hatten schon 1946 eine Währungsreform gefordert, weil die Reichsmark kaum mehr das Papier wert war, auf dem man sie gedruckt hatte. Zudem war die Reichsmark nicht konvertierbar, das heißt, alle Geschäfte mit dem Ausland mussten in teuren US-Dollar abgewickelt werden. Mit der Wirtschaft konnte es nur bergauf gehen, wenn es in Deutschland wieder eine stabile Währung gab, und dieses sollte die Deutsche Mark, die »DM«, werden. Jeder Deutsche sollte als Startgeld – gängigerweise »Kopfgeld« genannt – vierzig DM bekommen. Da nach dem Potsdamer Abkommen die Deutschen in allen vier Besatzungszonen gleich behandelt werden sollten, boten die Westmächte Moskau an, auch in der sowjetischen Besatzungszone die Deutsche Mark einzuführen, was allerdings vom Kreml strikt zurückgewiesen wurde. Die Sowjets hatten die Situation sogar noch verschärft, indem sie ihre Vertreter am 20. März 1948 aus dem Alliierten Kontrollrat zurückgezogen. Ebenso wandte sich Moskau dagegen, in den Westsektoren Berlins die Deutsche Mark zum alleinigen Zahlungsmittel zu machen.

Die Fronten zwischen Ost und West in der Währungsfrage verhärteten sich. Allen Beteiligten war bewusst, dass es nicht nur um ein Zahlungsmittel ging, sondern um die weitere Vertiefung des Grabens, der Ost- und Westdeutschland ohnehin schon trennte. Trotzdem setzten die Amerikaner in vollem Einvernehmen mit den westdeutschen Stellen die Vorbereitungen fort, druckten ab Oktober 1947 neue Geldscheine, und riefen am 1. März 1948 die westdeutsche Bank deutscher Länder ins Leben. Unter dem Tarnnamen »Bird Dog« wurde das neue

Geld über Bremerhaven nach Frankfurt gebracht und dort im alten Reichsbankgebäude eingelagert. Am 14. Juni wurden die Noten in die Landeszentralbanken und von dort aus in die regionalen Ausgabestellen transportiert. Den genauen Termin der Währungsreform gaben die Amerikaner nicht bekannt, um Spekulanten das Handwerk zu erschweren. Dennoch mehrten sich Gerüchte, und alles, was nur irgendwie gehortet werden konnte, wurde von den westdeutschen Geschäftsleuten zurückgehalten, um es dann nach der Währungsreform mit hohem Gewinn auf den Markt zu werfen. Das erschwerte auch die von Clay angemahnte Erfassung der Lebensmittelbestände. Bremens Senatspräsident Wilhelm Kaisen verwies auf einer internen Besprechung mit Clays Stellvertreter, General George P. Hays, am 13. Januar 1948 auf das Problem.[1] Durch die kommende Reform sei es in der Erfassungsfrage zu einem Verhalten gekommen, das sich unter anderem darin äußere, dass mehr Vieh gehalten werde als nötig, vor allem Pferde. Auch beim Saatgut gebe es eine Zurückhaltung, sodass eine schlechtere Ernte drohe. Die Landwirte fürchteten, keine Betriebsstoffe mehr zu erhalten und »bei der Währungsreform danebenzuliegen«. Eine ähnliche Ursache wird auch der Mangel an Grubenholz für den Bergbau gehabt haben. Bereits Anfang Januar 1948 war vom Exekutivrat ein fehlendes Interesse der Händler konstatiert worden.[2] Hierfür sei vor allem das Bestreben der Grubenholzhändler verantwortlich, möglichst viel Holz im Wald als Kapitalanlage liegen zu lassen. Dem könne nur dadurch begegnet werden, dass man diesen Händlern nach einer gewissen Frist das Eigentum an geschlagenem Holz entziehe oder »Außenseiterfirmen« fördere.

Die Erwartung satter Gewinne führte im Vorfeld der Währungsreform bei zahlreichen Fabrikanten und Händlern zu einer unverantwortlichen Zurückhaltung. Unter »Tagesordnungspunkt 2, Währungsreform und Ernährungslage« der Besprechung der Militärgouverneure mit den bizonalen Ministerpräsidenten am 15. Juni 1948 wurde dies überdeutlich. Es entspann sich dabei folgender aufschlussreiche Dialog:

»Gen. Clay: Haben sich die höheren Lebensmittelzuteilungen schon in der Stimmung der Bevölkerung ausgewirkt?

Bgm. Brauer: Die Frage ist zu bejahen, doch bestehen augenblicklich Schwierigkeiten wegen der Währungsreform. Die Geschäfte sträuben sich in aller Form, Ware abzugeben.

Gen. Clay: Sie haben doch die Befugnis, energisch einzugreifen und die Geschäfte zu schließen. Von diesem Recht werden Sie in den ersten Tagen nach der Währungsreform Gebrauch machen müssen. Macht sich das Wiederaufleben der Wirtschaft schon bemerkbar?

Bgm. Brauer: Nach statistischen Berichten hatten wir in den Monaten März und April eine starke Aufwärtsbewegung. In diesen Tagen erleben wir jedoch wegen der bevorstehenden Währungsreform einen Rückgang, der beinahe ein Stillstand wird. Wir haben die Schließung von Betrieben, die durch allgemeine Ferien verhindern wollen, daß Ware auf den Markt kommt.

Gen. Clay. Das sind nur vorübergehende Erscheinungen im Zusammenhang mit der Währungsreform.«[3]

Ungeachtet der Zurückhaltung in Teilen der deutschen Landwirtschaft hatte General Clays Vertreter Clarence L. Adcock bei einer Besprechung mit deutschen Ländervertretern im Frankfurter Zweimächte-Kontrollamt am 7. Mai 1948 bekanntgegeben, dass die Fleischrationen in der Bizone auf hundert Gramm erhöht und durch zusätzliche Fischlieferungen ergänzt werden sollten.[4] In den Monaten Juni bis August würden insgesamt 7,5 Millionen Kilogramm mexikanischen Ochsenfleisches in Büchsen eintreffen. Zwar ließen sich auf dem Weltmarkt die zur Versorgung der vierzig Millionen in der Bizone lebenden Menschen erforderlichen Fleischmengen zur Zeit nicht finden, doch sollten im Juni und Juli aus den USA weitere 7,5 Millionen Kilogramm Pferdefleisch und Fleischsauce eingeführt werden. Darüber hinaus sei an die Regierung in Washington die Bitte ergangen, in den kommenden Monaten je 10 000 t Fleisch in die Bizone zu liefern.

Mit der Währungsreform vom 20. Juni 1948 hatte sich das Bild jedoch bereits geändert. Waren, die vorher eine teure Rarität darstellten, fanden sich plötzlich in den Schaufenstern. Es war von einem Tag zum anderen von einer »Lebensmittelschwemme« die Rede, die bei den Länderregierungen für Beunruhigung sorgte.[5] Vor dem bayerischen Ministerrat berichtete Staatsminister Schlögl am 23. Juni 1948, es seien von Firmen Kredite beantragt worden, weil die Einkäufer die angebotenen Eier nicht mehr kaufen könnten. Innerhalb zweier Tage seien in Bayern zwölf Millionen Eier angeboten worden, die von den Sammelstellen bis zum Tag der Währungsreform zurückgehalten worden seien. Ebenso gebe es nun eine große Viehschwemme. Das Vieh könne nicht aufgekauft werden, weil weiterhin nur hundert Gramm Fleisch an die Bevölkerung ausgegeben werden dürfe. Nach Berlin könne kein Fleisch geliefert werden, weil es dort nicht bezahlt werden könne. Die Fleischbestände sollten deshalb erst einmal eingefroren werden.

Diskussion: Wer sollte das Kopfgeld bekommen?

Die Währungsreform brachte neben den allgemein bekannten positiven Effekten auf die westdeutsche Wirtschaft und die Versorgung der Bevölkerung auch erhebliche Probleme für die Länder und Kommunen in der anglo-amerikanischen Zone mit sich: Es gab Hunderttausende von Menschen, Flüchtlinge, Vertriebene, Displaced Persons und Arbeitslose, die gar nicht über genügend Reichsmark verfügten, um sie in das so genannte »Kopfgeld« der neuen Deutschen Mark in Höhe von sechzig Mark, von denen vierzig Mark sofort und zwanzig in den nächsten Wochen auszuzahlen waren, umzutauschen. Mit diesem Problem befasste sich der bayerische Ministerrat auf seiner Sitzung vom 18. Juni 1948.[6] Ministerpräsident Ehard bestand gegenüber dem Kabinett darauf, dass auch diejenigen, die die erforderlichen Mittel für den Umtausch nicht besaßen, unter allen Umständen das »Kopfgeld« bekommen sollten.

Die Staatsregierung hatte sich in dieser Frage an die Besatzungsmacht gewandt, von dort aber eine wenig befriedigende Antwort erhalten. So hatte Land Commissioner Murray D. van Wagoner am 16. Juni 1948 auf eine entsprechende Anfrage geschrieben, wenn Bayern aus seinem Haushalt eine solche Wohltat als Investition in die Zukunft des Landes finanzieren wolle, dann sei es seine eigene Sache. Ehard antwortete am 22. Juni 1948, wie die Auszahlungen später verrechnet würden, sei eine Angelegenheit, die nicht in München entschieden werde. Er nehme in Kauf, dass die Zahlungen später als Wohlfahrtsunterstützung dem bayerischen Staat angerechnet würden. Die Frage müsse generell geregelt werden, denn auch Hessen, Nordrhein-Westfalen, Schleswig-Holstein, Hamburg und Bremen hätten ähnliche Regelungen festgelegt wie die bayerische Regierung, wollten also Mittellose an der Währungsreform teilhaben lassen. Allein in den fünf Regierungsbezirken Augsburg, Regensburg, Würzburg, Ansbach und Oberbayern (ohne München) seien bisher 1,9 Millionen Reichsmark für den Umtausch in Deutsche Mark erforderlich geworden, wahrscheinlich würden aber über drei Millionen Mark benötigt. Schlussendlich bekamen dann doch alle, egal ob solvent oder nicht, das Kopfgeld zugeteilt.

Aufnahme in die »zivilisierte Welt«

Die Wandlung des General Clay

Als Lucius D. Clay nach Deutschland kam, war er, wie wohl nahezu alle amerikanischen Offiziere, von dem Gefühl beseelt, den Deutschen nach den Verbrechen der Nazizeit eine Lektion erteilen zu müssen. Sie sollten büßen, gründlich »entnazifiziert« werden, und Deutschland sollte wirtschaftlich nicht mehr in der Lage sein, einen weiteren Krieg anzuzetteln. In der Tat erlebten die Besiegten Clay als strengen Militärgouverneur, aber vor allem als einen überaus korrekten und gerechten Vertreter einer Siegermacht. Entsprechend verlief die Zusammenarbeit, in deren Verlauf sich beide Seiten mit der Zeit auch emotional annäherten. Nicht zuletzt beeindruckte Clay die Deutschen damit, dass er zwar auf der einen Seite ihnen gegenüber Strenge demonstrierte, andererseits aber auch den Konflikt mit der eigenen Regierung in Washington nicht scheute, wenn ihm das zur Erfüllung seiner Aufgabe erforderlich schien. Sein Befehl zur Einrichtung der Luftbrücke, um die Versorgung West-Berlins in den Blockade-Monaten sicherzustellen, ist hierfür das markanteste Beispiel. 1949 war Clays Zeit in Deutschland abgelaufen, und in einer bewegenden kurzen Rede informierte er die Ministerpräsidenten der US-Besatzungszone über seinen bevorstehenden Abschied.[1] Er habe in den Jahren seiner Tätigkeit für das deutsche Volk große Achtung erworben, für dessen Fähigkeiten, technisches Können, Arbeitsamkeit und innere Disziplin. Wenn er jetzt Abschied nehme, so in dem Bewusstsein, dass in den dreieinhalb Jahren seiner Tätigkeit vieles geleistet worden sei, um das Chaos zu überwinden. Im Protokoll über die Sitzung wird Clays Ansprache referiert: »Es wäre nicht leicht gewesen, als Vertreter einer Besatzungsmacht eine politische Aufgabe, die mit dem Aufbau des Friedens verbunden ist, zu lösen. Als er sein Werk begann, war Deutschland noch umgeben von einer schier unüberwindlichen Mauer des Hasses und Mißtrauens. Das hätte ihm bei seiner Arbeit große Erschwernisse gebracht und er freue sich, konstatieren zu können, daß sich ein Umschwung in der Einstellung der Welt zu Deutschland vollzogen hat. [...] Wenn jetzt das Werk von Bonn gelingt und die beiden Parteien eine tragende Funktion bilden würden unter Zurückstellung kleiner parteipolitischer Ziele, dann wäre es möglich, den Weststaat nicht nur aufzurichten, sondern auch mit innerer Kraft zu erfüllen, so daß der Anschluß der vierten Zone im Rahmen dieser Konzeption des Westens eines Tages kommen würde. [...] Persönlich könne er noch das eine sagen: Er scheide ungern vom deutschen Volke, und er hoffe, daß Deutschland bald wiedersteht als eine geachtete Nation im Rahmen der europäischen Völkergemeinschaft.«[2]

Im vom Bremer Senatspräsident Wilhelm Kaisen unterzeichneten Protokoll wird die ganz besondere Atmosphäre und die – man möchte fast sagen: – innere Aufgewühltheit Clays deutlich. Der württemberg-badische Justizminister Beyerle hatte Clay eingeladen noch einmal nach Stuttgart zu kommen, um dort vor der Öffentlichkeit zu sprechen. Zu lesen ist dann.»Gen. Clay erwiderte, daß er dieser Aufforderung aus inneren Gründen nicht folgen könnte. Er wäre sich bewußt, daß er in dieser Abschiedsstunde zu bewegt wäre, um das zum Ausdruck zu bringen, was er hier uns jetzt im kleinsten Kreise zum Abschied zu sagen hat. Es kostete ihn große Überwindung, aber er betonte immer wieder – und man merkte ihm die innere Erregung beim Sprechen an – wie sehr er zu dem deutschen Volke eine innere Verbindung gefunden hat, die über das Maß dessen hinausgeht, was sonst ein Ausländer über uns aus Höflichkeit oder sonstiger Respektierung zum Ausdruck bringt.«[3]

Clay versuchte dann laut Protokoll»der Unterhaltung eine leichtere Note« zu geben. Er verwies darauf, es sei paradox, dass er als General einer Siegermacht und Gouverneur der Militärregierung bei seinem Abschied das Militärregierungsregime mitnehme und eine zivile Hoheitsverwaltung an dessen Stelle zurücklasse.

Wegen der besonderen Bedeutung Clays für Deutschland soll von einem Abschiedsempfang berichtet werden, den der Zweizonen-Verwaltungsrat am 10. Mai 1949 im Gästehaus der Stadt Frankfurt gab.

General Lucius D. Clay: Vom distanzierten Militärgouverneur zum Freund der Deutschen.

Der Vorsitzende, Hermann Pünder, meinte, der Name Clay werde nicht nur mit der wirtschaftlichen Erholung Westdeutschlands, sondern vor allem mit der staatspolitischen Entwicklung der Westzonen verbunden bleiben. Stichworte seien: »Wiedererweckung der Parteien, Schaffung demokratischer Gemeindevertretungen, Schaffung deutscher Länder mit demokratischen Verfassungen, Stuttgarter Länderrat, Doppelzone, Wirtschaftsrat und Länderrat, Besatzungsstatut und Bonner Verfassung.«⁴ Im Anschluss an den offiziellen Teil kamen Pünder und Clay zu einem vertraulichen Gespräch zusammen, bei dem der Militärgouverneur seine Einschätzung über die künftige politische Entwicklung äußerte. Clay wiederholte mehrmals, die Sowjetunion befinde sich in völligem Bankrott. »Dies zeige sich keineswegs nur in der katastrophalen Lage des Berliner Ostsektors, der SED, der deutschen Sowjetzone, sondern auch in fast sämtlichen Satellitenstaaten. [...] Selbstredend würden die Sowjets bemüht sein, irgendwelche Schwächen in der Position der Westalliierten baldmöglichst ausfindig und diese sich zu Nutze zu machen. Ein solcher Schwächepunkt zeichne sich bereits ab und zwar in der französischen Haltung: Frankreich sei jetzt an sich durchaus bereit gewesen, einen deutschen Bund aus den drei Westzonen zu bilden. Vor einem deutschen Bund einschließlich der Sowjetzone mit insgesamt 65 Millionen habe Frankreich offensichtlich bereits große Sorge und zwar aus seinem bekannten Sicherheitskomplex. Diesen Umstand würden sich die Sowjets auf der bevorstehenden Pariser Konferenz⁵ sicherlich zu Nutze machen, indem sie scheinbar durch viele Konzessionen auf einen gesamtdeutschen Bund der vier Zonen eingehen, in Wirklichkeit aber die Bildung eines Pufferstaates (im wesentlichen gebildet aus der jetzigen Sowjetzone) betreiben. Zu der Bildung eines solchen Pufferstaates dürfe es aber nach amerikanischer Auffassung unter gar keinen Umständen kommen, da auf längere Sicht in einer solchen Gründung die ernste Gefahr eines neuen Krieges läge.«⁶

Sehr viel komme auf die Einstellung der Deutschen an. Die Westalliierten verlangten ein klares Bekenntnis zu ihrer Ideologie, wie sie im Marshall-Plan-Gedanken zum Ausdruck komme. Die Westdeutschen hielten das für selbstverständlich, doch die Sowjets würden mit bestechenden Angeboten nicht zurückhalten. »General Clay gebrauchte hier das Beispiel aus dem Neuen Testament, wo der Teufel Christus bekanntlich auf einen hohen Berg geführt habe und ihm alle Länder und Reichtümer der Erde angeboten habe, wenn er sich ihm verschriebe. Vor diese verführerische Gefahr würden seiner Meinung nach sich auch die Deutschen, wenn auch nicht sofort, so doch vielleicht in den nächsten Jahren gestellt sehen. Dann würde es für uns darauf ankommen, klar bei der Stange zu bleiben, sonst scheine ihm ein neuer Weltkrieg unvermeidbar. Wenn dagegen genau wie in der Frage der Berliner Blockade und der Luftbrücke ganz stur eine klare Linie durchgehalten werde, würden die Sowjets auch dieses Spiel bestimmt verlieren.«

Aufnahme in die »zivilisierte Welt«

Unabhängig vom Fraternisierungsverbot hatten sich zahlreiche Beziehungen zwischen Besatzungssoldaten und Deutschen entwickelt, aus pragmatischen Gründen, der Not gehorchend, aus Sympathie oder Liebe. Dies waren natürlich Kategorien, die für einen äußerst korrekten General wie Lucius D. Clay nicht entscheidend sein konnten. Seinen – wenn man so will – Frieden mit den Besiegten hatte Clay offensichtlich Anfang des Jahres 1947 geschlossen. Er hatte für den Abend des 8. Januar die Ministerpräsidenten der US-Zone zu einem Abendessen in die Stuttgarter Villa Reitzenstein eingeladen. Den Verlauf und seine Empfindungen schilderte der württemberg-badische Ministerpräsident Reinhold Maier später: »Ein Abendessen fand im Länderratssaal (heute Gobelinsaal) der Villa Reitzenstein statt. Hauptsächlich war der Länderrat anwesend. Dazu kamen amerikanische Offiziere höherer Dienstgrade und Militärverwaltungsbeamte. Die dazu gehörigen Damen saßen ebenfalls am Tisch. Meine Tischnachbarin war Mrs. Clay, mit der ich eine gute Unterhaltung hatte. Rechts von General Clay saß meine Frau. Soweit er ihr Oxford-Englisch, das bekanntlich in den Ohren eines amerikanischen Offiziers ähnlich klingt wie bei einem Hannoveraner Schwäbisch, verstand, ging das Gespräch sehr gut. Auf der anderen Seite meiner Frau war ein amerikanischer General von der Truppe plaziert, der jedoch schon ein wenig angesäuselt gekommen war. Die Amerikaner genierten sich etwas. General Clay schickte ihm empörte Blicke zu. Uns Deutschen amüsierte er. Dann erhob sich General Clay zu einer Rede, weniger politischen als persönlichen Inhalts. Es war das erste Mal, daß er mit uns Deutschen in dieser Form zusammenkam. [...] Dann kam der große Augenblick, in dem der tags zuvor vom stellvertretenden Militärgouverneur zum Militärgouverneur avancierte General einen Toast ausbrachte. Heute noch sehe ich, wie dieser Mann, mit überaus korrekten, strengen Bewegungen und Gesten das Sektglas auf die Uniformknöpfe seines Waffenrocks ausgerichtet, nicht etwa hoch, sondern steil vor seine Brust hielt und auf das Wohl der Deutschen, natürlich auch aller distinguished guests, trank. Man hatte den Eindruck, es koste ihn eine gewisse Überwindung. Aber er tat es, und darin lag wohl die Aufhebung des noch bestehenden Fraternisierungsverbots. Wir waren sozusagen wieder in die zivilisierte Welt aufgenommen.«[7]

Clay blieb nicht mehr viel Zeit in Deutschland. Am 12. Mai 1949 nahmen die Militärgouverneure der drei Westzonen das Grundgesetz an und verkündeten das Besatzungsstatut. Amtierender Militärgouverneur wurde General Clarence R. Huebner, der seinem Vertreter, General George P. Hays, am 17. Mai bereits alle Vollmachten zur Erledigung der Geschäfte der Militärregierung übertrug. Bis zur Konstituierung der Bundesrepublik Deutschland blieb der neue Hohe Kommissar John McCloy, zuvor als Präsident der Weltbank tätig, formal US-Militärgouverneur und übernahm erst dann seine zivile Funktion. McCloy kannte Deutschland bereits aus der Zeit nach dem ersten Weltkrieg, als er im amerikanischen Hauptquartier in Trier stationiert war. Nachdem er nun der erste Hohe Kommissar geworden war, unternahm er zunächst eine ausgedehnte Rundreise unter anderem nach Berlin und in Westdeutschland nach Frankfurt, Wiesbaden, München, Heidelberg und Essen. Am 15. Juli 1949 nahm er erstmals an der monatlichen Besprechung der Militärgouverneure mit Vertretern der Bizone in Frankfurt teil[8]. Am 16. August fand dann die letzte Besprechung dieser Art statt. McCloys bemerkenswerte Abschiedsworte: »Ich bin in den Weingarten erst gekommen, als die größte Tageshitze bereits vorbei war. [...] Wenn auch dieser Abschnitt in der deutschen Geschichte nicht den konventionellen Applaus empfangen wird, wie andere Geschichtsperioden, so dürfen Sie doch Genugtuung empfinden, daß sie entscheidende Zeit hier mitwirken konnten.«[9]

Vom Besatzungsstatut zur Souveränität

Amerikanischer »Flugzeugträger« Deutschland

Mit der Gründung der Bundesrepublik Deutschland wurden die Militärregierungen in den Westzonen aufgelöst. Die Kontrolle übernahmen nun Hohe Kommissare, für die USA John McCloy, ein exzellenter Deutschlandkenner. Die politische Großwetterlage und die zunehmende Entfremdung von dem einstigen Verbündeten UdSSR brachte es jedoch mit sich, dass amerikanische Truppen schon bald wieder im eigentlich französisch besetzten Rheinland-Pfalz Garnisonen bezogen. Links des Rheines wollten die Amerikaner – weit genug vom innerdeutschen Eisernen Vorhang entfernt – ihre Hauptbastion nicht nur für Deutschland, sondern für Europa überhaupt errichten und diese Gebiete im Ernstfall als Aufmarschbasis nutzen. Entsprechend hatten sie in aller Stille als Vorposten bereits im September 1950 den »Rhine Military Subpost« in Kaiserslautern eingerichtet. Am 2. März 1951 vereinbarten die USA und Frankreich schriftlich einen Truppentausch, der zunächst die Stationierung von 30 000 US-Soldaten in Rheinland-Pfalz und die Verlegung französischer Verbände nach Hessen vorsah. Auf einer Pressekonferenz am 29. März 1951 informierte in Mainz ein Sprecher des französischen Landeskommissariats die Öffentlichkeit über diese Absichten und erklärte, dass schon in Bälde mit der Verlegung amerikanischer Einheiten nach Rheinland-Pfalz zu rechnen sei.[1] Die Amerikaner würden auf vorhandene Truppenübungsplätze zurückgreifen, allerdings vier neue Militärflugplätze bauen: zwei bei Bitburg und je einen bei Zell an der Mosel und bei Landstuhl. Stationierungsorte würden Mainz, Kaiserslautern, Baumholder, Bad Kreuznach, Idar-Oberstein, Pirmasens, Landstuhl, Zweibrücken, Germersheim, Koblenz, Worms und Bingen sein. Tatsächlich waren bis 1952 statt der vier nun sieben neue Militärflugplätze angelegt worden: Bitburg, Spangdahlem, Hahn, Pferdsfeld, Zweibrücken, und Landstuhl (Ramstein), die von der amerikanischen der französischen und der kanadischen Luftwaffe genutzt wurden. Lediglich ein achter Flugplatz bei Moselsürsch wurde durch die Proteste deutscher Politiker und Bürger verhindert. Die »Staatszeitung« meldete am 21. Juni 1953, Ministerpräsident Peter Altmeier sei am 15. Juni vom Bundeskanzleramt darüber informiert worden, dass der für diesen Tag angekündigte Baubeginn nicht stattfinden werde.[2]

Kaum bekannt sein dürfte, dass die junge Bundesrepublik Deutschland den Amerikanern im Korea-Krieg nicht nur moralisch zur Seite stand. Bei seinem USA-Besuch im April 1952 hatte Kanzler Konrad Adenauer angeboten, den amerikanischen Truppen in Korea ein 7,5 Millionen Mark teures Feldlazarett mit vierhundert Betten zur Verfügung zu stellen.[3] Geleitet wurde dieses Lazarett, da die Bundesrepublik den Vereinten Nationen nicht angehörte und es auch die Bundeswehr noch nicht gab, vom Deutschen Roten Kreuz. Damit sollte, so Staatssekretär Walter Hallstein vom Auswärtigen Amt in der Sitzung des Bundestags-Haushaltsausschusses vom 2. Dezember 1953, ein Teil der Dankesschuld gegenüber den USA abgetragen werden. Die Kampfhandlungen in Korea hätten der Bundesregierung eine Möglichkeit geboten, »dem amerikanischen Volke in sichtbarer Weise darzutun, daß Deutschland dort einen Beitrag zu leisten bereit ist, wo die Amerikaner sich mit Gut und Blut für die Sache der freien Welt einsetzen. Da die Vereinigten Staaten im Korea-Konflikt als Mandatar und Vorkämpfer der Vereinten Nationen auftreten, stellt die Lieferung überdies eine Bekundung der Solidarität mit den Idealen und Handlungen der Vereinten Nationen dar«.

Mit dem Feldlazarett begann eine intensive militärische Zusammenarbeit zwischen Deutschland und den USA. So erhielt die Bundeswehr nach ihrer Gründung 1956 Waffen fast ausschließlich aus amerikanischen Beständen. Dies lag nahe, denn die Zerstörung der deutschen Rüstungsindustrie war nach dem Krieg ja eine der vordringlichen Ziele der Alliierte gewesen. Beispielhaft sollen für die Marine hier nur die Zerstörer der »Fletcher-Klasse« genannt werden, für die Luftwaffe der modifizierte »Starfighter« oder für das Heer der

Schützenpanzer »Hotchkiss«. Es entstanden in den USA und in Kanada zahlreiche Ausbildungsstätten für die Soldaten der Bundeswehr, von El Paso an der amerikanisch-mexikanischen Grenze bis Goose Bay im hohen kanadischen Norden.

Mit einer Vielzahl von Verordnungen wurden bis 1955 die bilateralen Beziehungen geregelt, zumeist auf der Grundlage von Gesetzen, die der Hohe Kommissar der USA für Deutschland erließ. Häufig ging es dabei um die Entschädigung für Besatzungsschäden, denn bis zur Erlangung einer begrenzten Souveränität galt für Westdeutschland ein Besatzungsstatut. In einer Ausarbeitung über die Rechtslage, mit der sich der Bundestagsausschuss für Besatzungsfolgen am 11. März 1954 befasste, wurde festgehalten, dass nach dem Völkerrecht einer Besatzungsmacht auch bei »nichtkriegerischer Besatzung« ein Recht auf Requisitionen zustehe, für die allerdings Entschädigungen gezahlt werden müssten.[4] Diese allerdings wurden wiederum aus Mitteln des alliierten Besatzungs- und Auftragsausgabenhaushalts finanziert – und damit vom deutschen Steuerzahler.

Bis zur Erlangung erweiterter Souveränitätsrechte am 5. Mai 1955 und bis zum Beitritt der Bundesrepublik Deutschland zur NATO hatten die Bundesregierung beziehungsweise die betroffenen Landesregierungen in Stationierungsfragen wenig mitzubestimmen, sie konnten allenfalls Bitten äußern oder waren der verlängerte Arm bei der Ausführung der von der Besatzungsmacht erlassenen Bestimmungen. Bei der Inanspruchnahme zusätzlicher Flächen für die militärische Infrastruktur waren die Verbündeten ab 1955 jedoch auf ein Einvernehmen mit der deutschen Seite angewiesen. Die Zustimmung wurde selten verweigert, da insbesondere die amerikanischen Streitkräfte einen bedeutenden Wirtschaftsfaktor vor allem in sonst strukturschwachen Regionen darstellten. Besonders profitierte Rheinland-Pfalz als »amerikanischer Flugzeugträger« von der großen Truppenpräsenz. Im Jahr 1952 waren beispielsweise 20 000 Bauarbeiter mit der Erstellung militärischer Einrichtungen beschäftigt, Kaiserslautern und Baumholder waren mit bis zu 6 000 Arbeitskräften zeitweilig die größten Baustellen Westdeutschlands.[5]

Vor allem die Städte, die große amerikanische Garnisonen aufnahmen, erlebten einen einzigartigen Boom mit all seinen Vorteilen und Schattenseiten. In kurzer Zeit hatte sich Kaiserslautern zur größten amerikanischen Garnison in Deutschland entwickelt. Von den Franzosen hatten die Amerikaner sechzehn Kasernen, ein Lazarett und zwei Hotels übernommen. Neu gebaut wurden innerhalb der Stadt Wohnungen für zehntausend Angehörige der US-Streitkräfte. Die Flugplätze Ramstein und Sembach sowie die Depots Miesau und Einsiedlerhof mitgerechnet, bildeten Ende der 50-er Jahre mehr als 42 000 Amerikaner die Military Community und war damit – im GI-Jargon »K'Town genannt – die größte in Europa mit einem ausgeprägten Eigenleben. Neben Tausenden von Zivilbeschäftigten waren unzählige örtliche Handwerker und Dienstleister von den Amerikanern abhängig. In den 80-er Jahren zum Beispiel galten die amerikanischen Streitkräfte als die größten Arbeitgeber. 1988 verdienten bei der US-Army 16 343 Deutsche ihr Brot, bei der Luftwaffe 5 896. Allein das Mainzer US-Depot zählte rund 8 000 deutsche Beschäftigte. Die Lohnkosten, die die USA für diese Kräfte zu zahlen hatten, summierten sich pro Jahr auf rund 1,6 Milliarden DM, also etwa 800 Millionen Euro.

Am 3. Oktober 1990 feierten die Deutschen die Vereinigung der beiden deutschen Staaten. Dass es überhaupt dazu kommen konnte, war auf der einen Seite ein wesentliches Verdienst des sowjetischen Staats- und Parteichefs Michail Gorbatschow und auf der anderen des amerikanischen Präsidenten George Bush. Es ist kein Geheimnis, dass Frankreich und Großbritannien der Wiedervereinigung eher skeptisch gegenüberstanden, sich aber dem Willen Moskaus und Washingtons beugen mussten.

Der 3. Oktober 1990 markierte zugleich das Datum, an dem die ehemaligen vier Kriegsalliierten ihre Verantwortung »für Deutschland als Ganzes« aufgaben und somit über 45 Jahre nach Ende der letzten Kampfhandlungen die Nachkriegszeit für Deutschland tatsächlich abgeschlossen war. Diese Entwicklung traf die Regionen mit großer amerikanischer Militärpräsenz wirtschaftlich bis ins Mark. Mit der

Nach Plänen der US-Regierung aus dem Jahr 1944 würde Deutschland heute so aussehen.

»Londoner Erklärung« vom 15. Juli 1990 gab die NATO das Prinzip der Vorneverteidigung auf und ersetzte es durch ein Verteidigungskonzept, das sich auf den Einsatz kleinerer und flexibler Verbände stützte und die Aufstellung multinationaler Korps vorsah. Abgesehen davon, dass die Bundesregierung in den 2+4-Verhandlungen 1990 bereits die Reduzierung der Bundeswehr von knapp 500 000 Soldaten auf 370 000 zugesagt hatte, bedeutete die »Londoner Erklärung« unter anderem die Halbierung der amerikanische Streitkräfte in Deutschland auf zunächst 125 000, dann 100 000 Mann. All die, die zuvor gegen zuviel Fluglärm und andere Beeinträchtigungen durch die Truppen der NATO wie auch der Bundeswehr geklagt und demonstriert hatten, änderten ihre Meinung radikal, als sie sich die wirtschaftlichen Auswirkungen des bevorstehenden Truppenabzuges vor Augen führten. Ende 2005 alarmierte diese Nachricht deutsche Kommunalpolitiker: Weitere 30 000 US-Soldaten sollten Deutschland verlassen. Betroffen von diesem Abzug waren vor allem Bayern mit der 1st Infantry Division in Würzburg und Hessen mit der 1st Armored Division mit ihrem Hauptquartier in Wiesbaden.

Eine symbolhafte Bedeutung kam der Schließung der Rhein-Main-Airbase der US-Luftwaffe am 31. Dezember 2005 zu. Sie war sechzig Jahre lang einer der wichtigsten Auslandsstützpunkte der USA überhaupt. 1945 hatte die 5. US-Infanterie-Division ohne Gegenwehr den Flughafen Frankfurt eingenommen. Nach Wiederherstellung der Start- und Landebahnen wurde die Air Base einer der bedeutendsten Stützpunkte zu Versorgung Berlins während der Blockade 1948/49. Beim Aufmarsch der US-Truppen im ersten Golfkrieg 1991 wurden von Frankfurt aus 150 000 US-Soldaten ins Kriegsgebiet geflogen, bis 1993 mit der Bundesregierung ein Abkommen über die schrittweise Verkleinerung der Air Base getroffen wurde. Das Personal wurde weitgehend nach Ramstein verlegt; auf dem nicht mehr benötigten militärischen Teil der Air Base entstand die zivile Cargo City Süd.

In den vergangenen Jahren kam es im deutsch-amerikanischen Verhältnis zu einer Reihe von Irritationen, nicht zuletzt bedingt durch den zweiten Irak-Krieg. Die USA hofften auf die Bündnissolidarität, gingen aber unilateral vor. Die Bundesregierung fühlte sich übergangen und verweigerte die Gefolgschaft. Die Spannungen zwischen dem US-Präsidenten und dem Bundeskanzler störten allerdings die Zusammenarbeit auf den Ebenen unterhalb der Regierungschefs nicht. Von den US-Militärflugplätzen in Deutschland durften die Militärjets zu ihren Kampfeinsätzen im Irak starten, und Bundeswehrsoldaten sicherten amerikanische Kasernen und andere Liegenschaften. Dessen ungeachtet erreichte der Handelsaustausch neue Rekordhöhen, gehen die Austauschprogramme, an denen jährlich Tausende junger Menschen beteiligt sind, unvermindert weiter. Auf die Zukunft gerichtet meint Wolfgang Ischinger, früherer deutscher Botschafter in Washington: »Die USA stellen fest, dass die Europäer trotz aller unangenehmen Eigenschaften nach wie vor im Krisenfall die verlässlichsten Partner sind. Vor allem aber bleibt Europa auch weiterhin der einzige Partner, mit dem die USA wirklich die Grundwerte der Aufklärung ohne Wenn und Aber teilen. Im Rahmen dieser Neubesinnung auf die Beziehungen zu Europa kommt einer wiederbelebten Beziehung zu Deutschland eine Schlüsselrolle zu. Man gibt der Hoffnung Ausdruck, Berlin sozusagen als ersten Ansprechpartner auf dem Kontinent in Anspruch nehmen zu können, neben Großbritannien, das aber eben nicht zu Kerneuropa gehört und deshalb die amerikanischen Interessen gegenüber Europa nur teilweise reflektieren kann. Frankreich bleibt aus US-Sicht der Erfinder der These von der europäischen Gegenmacht. Berlin als ›Makler‹ ist eine positive Wunschvorstellung.«[6]

Anhang

Annotiertes Personenverzeichnis

Aufgenommen wurden handelnde Personen, die im Text mehrfach vorkommen. Genannt wird die für den dargestellten Zeitabschnitt relevante Funktion.

Adcock, Clarence L.
US-Generalmajor, Stellvertreter von General Clay

Adenauer, Konrad
Vorsitzender des Parlamentarischen Rates, erster Bundeskanzler

Ambros, Otto
I.G.-Farben, Angeklagter in den Nürnberger Nachfolgeprozessen

Amelunxen, Rudolf
Erster nordrhein-westfälischer Ministerpräsident

Ankermüller, Willi
Staatssekretär beim bayerischen Staatsminister für Inneres

Arnold, Karl
Nordrhein-westfälischer Ministerpräsident

Baer, Georges
US-Stadtkommandant von Erfurt

Bard, Ralph
Unterstaatssekretär im US-Marineministerium

Baumgartner, Josef
Bayerischer Staatsminister für Landwirtschaft

Behlo, Richard
Augsburger Stadtbaurat

Belfrage, Cedric
Britischer Kommunist, maßgeblich am Aufbau der Nachkriegspresse beteiligt

Bergsträsser, Ludwig
Darmstädter Regierungspräsident

Beyerle, Josef
Württemberg-badischer Justizminister

Binder, Gottlob
Groß-hessischer Minister für Wiederaufbau und politische Bereinigung

Böhm, Franz
Minister für Kultus und Unterricht von Groß-Hessen

Bolds, Clarence M.
Kommissarischer Land Commissioner for Bavaria

Brauer, Max
Hamburger Bürgermeister

Braun, Wernher von
Raketentechniker, erst für die Nazis, dann für die amerikanische NASA

Bredow, Hans
Reichsrundfunkkommissar, dann Oberpräsident in Wiesbaden

Brill, Hermann Louis
Von den Amerikanern eingesetzter vorläufiger Regierungspräsident der Provinz Thüringen, ab 4. Juli 1946 Staatssekretär und Chef der groß-hessischen Staatskanzlei

Brown, Lewis
US-Industrieller, gab 1947 Empfehlungen zur Änderung der Deutschlandpolitik ab

Browning, Gordon
US-Oberstleutnant, Direktor der Militärregierung Bremen – OMGBR

Bush, George
US-Präsident

Byrnes, James Francis
US-Außenminister

Chruschtschow, Nikita
Sowjetischer Staats- und Parteichef

Clay, Lucius Dubignon
General, Militärgouverneur, Kommandant der amerikanischen Besatzungszone

Coffrett, Everett S.
Major, Augsburger Militärkommandant

307

Conant, Luther
Chef der PWD-Presseabteilung
Crowley, Leo T.
Leiter des US-Amtes für Wirtschaftskriegs-
führung

Dalferes, Roy L.
Oberst, Leiter der Militärregierung Bayern
Dawson, William W.
US-Oberst, Direktor OMGBW
Dorn, Walter L.
Leiter der Deutschlandabteilung des US-
Nachrichtendienstes OSS
Douglas, Sir William Sholto
Britischer Militärgouverneur
Dayton, Kenneth A.
Stellvertretender Militärgouverneur von
Bayern und politischer Berater von General
Adcock
Draper, William
General, Wirtschaftsberater von General
Clay
Dürrfeld, Walter
I.G.-Farben-Direktor, Angeklagter in den
Nürnberger Nachfolgeprozessen
Dunn, James C.
Assistant Secretay im US-Außenministerium

Ehard, Hans
Bayerischer Ministerpräsident
Eichenlaub, Otto
Oberregierungspräsident von Hessen-Pfalz
Eisenhower, Dwight D.
General, Oberster Befehlshaber der Ameri-
kanischen Streitkräfte in Europa, dann US-
Präsident
Erhard, Ludwig
Direktor der Wirtschaftsabteilung des VfW,
später Wirtschaftsminister und Bundeskanz-
ler

Fahy, Charles
Leiter der OMGUS-Rechtsabteilung
Farmer, Walter
US-Archäologe, baute das Wiesbadener
Collecting Center auf
Faulhaber, Michael Kardinal von
Erzbischof von München und Freising

Flick, Friedrich
Industrieller, Angeklagter in den Nürnberger
Nachfolgeprozessen
Frings, Josef
Erzbischof von Köln, Kardinal

Gaulle, Charles André de
Chef der Provisorischen französischen Regie-
rung, Vorsitzender Sammlungsbewegung des
französischen Volkes, später erst Minister-,
dann Staatspräsident
Geiler, Karl
Ministerpräsident von Groß-Hessen
Gerber, Otto
von den Amerikanern eingesetzter Oberbür-
germeister von Erfurt
Gerngraß, Rupprecht
Anführer der bayerischen Widerstandsgruppe
»Freiheitsaktion Bayern – FAB«
Geßler, Otto
Reichsvorsitzender des Vereins für das
Deutschtum im Ausland, 1933 Verlust aller
Ämter. Im Juli 1944 verhaftet und ins Kon-
zentrationslager Ravensbrück gebracht; nach
seiner Befreiung Berater des ersten bayeri-
schen Ministerpräsidenten Fritz Schäffer
Goebbels, Joseph
Reichspropagandaminister
Gögler, Hermann
Leiter des Generalsekretariats des Länderra-
tes in Stuttgart
Gormatow, Alexander W.
sowjetischer General, erster Berliner Stadt-
kommandant
Gottlieb, Manuel
Angehöriger der US-Militärregierung
Gröber, Conrad
Erzbischof von Freiburg

Habe, Hans
US-Hauptmann, Journalist, Leiter eines Publi-
city and Psychological Warfare Detachments
Haring, Georg
Minister für Ernährung Landwirtschaft in
Groß-Hessen
Hagenauer, Ludwig
Bayerischer Justizminister und Stellvertreten-
der Ministerpräsident

Hakewell-Smith, Edmund
Generalmajor, Kommandeur der 52. Low-
land-Division
Hallstein, Walter
Staatssekretär im Auswärtigen Amt
Harmssen, Gustav Wilhelm
Bremer Senator für Wirtschaft und Außen-
handel
Hatch, Azel F.
US-Colonel, Militärkommandant für Thürin-
gen
Hays, George P.
General, stellvertretender Militärgouverneur
OMGUS
Heimerich, Hermann
Oberpräsident des Oberregierungspräsidiums
Mittelrhein-Saar
Helmerich, Michael
Bayerischer Staatsminister für Verkehr
Heinrich, Josef
Von den Franzosen eingesetzter kommissari-
scher Karlsruher Oberbürgermeister
Herrmann, Egon
Vorsitzender des Lagerausschusses Dachau
Hester, Hughes B.
Colonel, Leiter der F & A Branch OMGUS
Heyl, C. H.
US-Major, Militärgouverneur von Garmisch
Hilldring, John H.
Generalmajor, Leiter der Civil Affairs Divi-
sion im US-Kriegsministerium
Hilpert, Werner
Stellvertretender Ministerpräsident von
Groß-Hessen
Hindenburg, Paul von
Generalfeldmarschall, Reichspräsident
Hitler, Adolf
»Führer« der NSDAP, Reichskanzler
Hoch, Fritz
Oberpräsident von Kassel
Hodge, Courtney
US-General, eroberte die Brücke von Remagen
Hoegner, Wilhelm
Justizminister, Nachfolger von Fritz Schäffer
im Amt des bayerischen Ministerpräsidenten,
Hoffmann, Paul Gray
Administrator der Economic Cooperation
Administration in Washington

Holl, Karl
Oberpräsident des Landesbezirks Nordbaden
mit Sitz in Mannheim
Hollands, Heinrich
Erster Nachkriegs-Chefredakteur der Aache-
ner Nachrichten
Holmes, Julian C.
Brigadegeneral, Chef des G-5-Stabes im US-
Kriegsministerium
Howe, Thomas Carr
US-Kunstschutzoffizier
Howley, Frank L.
Oberst, Chef des A1A1-Detachement, dann
Stadtkommandant im US-Sektor von Berlin
Huebner, Clarence R.
US-General, für kurze Zeit als Nachfolger
Clays Militärgouverneur
Hull, Cordell
US-Außenminister

Ischinger, Wolfgang
Früherer deutscher Botschafter in den USA

Jackson, Robert H.
US-Bundesrichter, Chefankläger bei den
Nürnberger Kriegsverbrecherprozessen
Jaenicke, Wolfgang
Bayerischer Staatssekretär, zuständig für
Flüchtlingsfragen

Kaisen, Wilhelm
Bremer Senatspräsident
Kamm, Gottlob
Württemberg-badischer Minister für politi-
sche Befreiung
Keating, Frank A.
Generalmajor Kommandant der Alliierten
Kommandantur Berlin
Keegan, Arthur W.
US-Oberst, Direktor OMGBY
Keil, Wilhelm
Landtagspräsident von Württemberg-Baden
Keiser, Günther
Leiter der Marshallplan-Abteilung des VfW
Keller, Eugene
Major, stellvertretender Chef des Munich
Military Government Detachment

Kelly, Louis G.
Generalleutnant, Leiter der Militärregierung Stadt und Landkreis Darmstadt

Kennan, George F.
Führendes Mitglied des Planungsstabes im US-Außenministerium

Köhler, Erich
Erster Präsident des Wirtschaftsrates der Bizone

Köhler, Heinrich
Landesbezirkspräsident von Nordbaden

Kœltz, Louis-Marie
General, stellvertretender französischer Militärgouverneur, Mitglied des Alliierten Kontrollrates

Kogon, Eugen
Als NS-Gegner von 1939-1945 KZ-Häftling, 1946 Mitherausgeber der »Frankfurter Hefte« und Verfasser des Standardwerkes »Der SS-Staat«

Kohl, Helmut
Deutscher Bundeskanzler

Krauch, Carl
I.G.-Farben, Angeklagter in den Nürnberger Nachfolgeprozessen

Krupp, Alfried
Angeklagter in den Nürnberger Nachfolgeprozessen

Kurtz, Walther H.
Oberst, Chef des Munich Military Government Detachment

Landin, Harold W.
Major, Chef der Zivilverwaltung OMGH

Langendorf, Ernest
US-Propaganda-Offizier in München

Lattre de Tassigny, Jean Joseph de
Oberkommandierender der 1. Französischen Armee

Leistner, Friedrich
Generalstaatsanwalt beim Oberlandesgericht Nürnberg

Leitgeb, Sepp
»Werwolf«, Mörder des Aachener Oberbürgermeisters Franz Oppenhoff

Lochner, Louis P.
US-Kriegskorrespondent, Begleiter von Ex-Präsident Hoover

Lovett, Robert A.
Stellvertretender US-Außenminister

Lüdemann, Hermann
Schleswig-holsteinischer Ministerpräsident

Maier, Reinhold
Württemberg-badischer Ministerpräsident, dann erster Ministerpräsident von Baden-Württemberg

Marshall, George Carlett
US-Außenminister

Mattes, Wilhelm
Finanzminister von Groß-Hessen

McCloy, John J.
US-Unterstaatssekretär, später Hoher Kommissar

McClure, Robert A.
US-General Direktor USCCG

McNarney, Joseph T.
Kommandierender General der amerikanischen Streitkräfte in Deutschland und US-Militärgouverneur für Deutschland

Meador, Joe T.
US-Oberstleutnant, wurde bekannt durch den Diebstahl des Quedlinburger Domschatzes

Metzger, Ludwig
Darmstädter Oberbürgermeister, erster Vorsitzender des Exekutivrates des Wirtschaftsrates

Molotow, Wjatscheslaw Michailowitsch
Sowjetischer Außenminister

Montgomery, Bernhard Law,
1. Viscount Montgomery of Alamein
Britischer Feldmarschall, Mitglied des alliierten Kontrollrats, Oberbefehlshaber der britischen Truppen in Deutschland

Morgenthau jr., Henry
US-Finanzminister (»Morgenthau-Plan«)

Müller, Josef
Stellvertretender bayerischer Ministerpräsident

Müller, Oskar
Minister für Arbeit und Wohlfahrt von Groß-Hessen

Müller, Rudolf
Wirtschafts- und Verkehrsminister von Groß-Hessen

Muller, Walter H.
US-Brigadegeneral, OMGB-Direktor

Murphy, Robert
US-Botschafter, Berater von General McNarney

Newman, James R.
Oberst, Director OMGH
Niemöller, Martin
Präses der evangelischen Landeskirche in
Hessen und Nassau
Niklas, Wilhelm
Stellvertretender Leiter des Bayerischen Lan-
desamtes für Ernährung und Landwirtschaft
Gründungsmitglied der CSU

Oppenhoff, Franz
Von den Amerikanern eingesetzter Oberbür-
germeister von Aachen, am 25. März 1945
von einem »Werwolf«-Kommando ermordet
Ott, Wilhelm
Kommissarischer Augsburger Bürgermeister

Parkman, Henry
US-General, Direktor Civil Affairs Division
OMGUS
Parks, Floyd L.
US-General, Kommandeur der First Allied
Airborne Army
Patterson, Robert P.
Amerikanischer Kriegsminister
Patton, George S.
General, Befehlshaber der 3. US-Armee, Mili-
tärgouverneur von Bayern
Pauley, Edwin W.
US-Vertreter in der Reparationskommission
Peele, John W.
Mitarbeiter von Morgenthau, Befürworter
der Zwangsarbeit für deutsche Kriegsgefan-
gene
Pfeiffer, Anton
Leiter der Bayerischen Staatskanzlei, Staats-
minister für Sonderaufgaben, Vorsitzender
des Verfassungskonvents auf Herrenchiemsee
Pferdmenges, Robert
Bankier, Vorsitzender des Ausschusses für das
Amerika-Geschäft des Wirtschaftsrates
Pfleiderer, Karl Georg
FDP-Politiker, Mitglied des ersten Deutschen
Bundestages

Pinkenburg, Gustav
Erster Würzburger Nachkriegs-Oberbürger-
meister
Pollock, James Kerr
Stellvertretender US-Militärgouverneur, Lei-
ter des Regional Government Coordinating
Office Stuttgart
Preußen, August Wilhelm Prinz von (Auwi)
Sohn von Wilhelm II.
Prützmann, Hans-Adolf
SS-Obergruppenführer, Beauftragter Himm-
lers für den Aufbau der »Werwolf«-Orgnisati-
on
Pünder, Hermann
Von den Briten als Oberbürgermeister von
Köln eingesetzt, dann Oberdirektor des Wirt-
schaftsrates der Bizone

Raff, Edson D.
US-Oberst, Stadtkommandant von Essen
Rau, Johannes
Deutscher Bundespräsident
Reagan, Ronald
US-Präsident
Redlich, Robert B.
Erster US-Presseoffizier in Bremen
Reese, Robert A.
Oberst, Chef vom Dienst der Militärregie-
rung für Bayern
Rehling, Luise
CDU-Politikerin, Mitglied des ersten Deut-
schen Bundestages
Ribbentrop, Joachim von
Ab 1938 Außenminister, am 1. Oktober 1946
hingerichtet
Robertson, Sir Brian
Britischer Militärgouverneur, dann Hoher
Kommissar
Roßmann, Erich
Generalsekretär des Länderrats
Royall, Kenneth
US-Kriegsminister

Sachs, Camille
Staatssekretär beim bayerischen Sonder-
minister
Schäffer, Fritz
Nach dem 20. Juli 1944 ins KZ Dachau ein-

geliefert, erster Bayerischer Ministerpräsident, Mitbegründer der CSU, von 1949 bis 1957 Bundesfinanzminister, dann Bundesjustizminister

Scharnagl, Karl
Münchener Oberbürgermeister von 1924 bis 1933, 1944 ins KZ Dachau eingeliefert, erster kommissarischer, dann gewählter Münchener Oberbürgermeister, Mitbegründer der CSU

Schlange-Schöningen, Hans
Direktor der VELF

Schlögl, Alois
Bayerischer Staatsminister für Ernährung, Landwirtschaft und Forsten

Schloemer, Robert
Polizeimajor, NSDAP-Mitglied, von den Briten als Bremer Polizeipräsident eingesetzt

Schroers, Johannes
SS-Brigadeführer, von den Briten für kurze Zeit als kommissarischer Bremer Bürgermeister eingesetzt

Schukow, Georgij Konstantinowitsch, auch Shukov oder Tschuikow
Sowjetischer Marschall, Oberbefehlshaber der sowjetischen Besatzungstruppen, Mitglied des Kontrollrates

Schumacher, Kurt
Erster Nachkriegs-Vorsitzender der SPD

Schweizer, Albert C.
Major, Leiter des Civil Administration Branch in Bayern

Seidel, Hanns
Bayerischer Staatsminister für Wirtschaft

Semler, Johannes
Direktor für Wirtschaft des VWG

Skorzeny, Otto
SS-Obersturmbannführer, Leiter der Abteilung Sabotage im Reichssicherheitshauptamt

Smyth, Craig Hugh
US-Kunstschutzoffizier, Leiter des Central Fine Arts Collecting Point Munich

Spiecker, Carl
Ministerialdirektor, nordrhein-westfälisches Mitglied im Exekutivrat

Stettinius, Edward R.
Amerikanischer Außenminister

Stimson, Henry L.
US-Kriegsminister

Stock, Christian
Ministerpräsident von Groß-Hessen

Taylor, William H.
Mitarbeiter von Finanzminister Morgenthau

ter Meer, Fritz
I.G.-Farben, Angeklagter in den Nürnberger Nachfolgeprozessen

Truman, Harry S.
US-Präsident

Truscott jr., L. K.
US-Generalleutnant

Vagts, Erich
Erster kommissarischer Bürgermeister von Bremen, 1933 bis 1945 als deutschnationaler Senator Bremens Vertreter in Berlin

Veit, Hermann
Von den Amerikanern eingesetzter Karlsruher Oberbürgermeister

Venedey, Hans
Minister des Innern von Groß-Hessen

Vespohl, Hugo
Essener Stadtrat

Vorhees, Melvin
Würzburger Stadtkommandant

Voorhees, Tracy S.
Sonderassistent des US-Kriegsministers für die Lebensmittelversorgung

Wagoner, Murray Delos van
Direktor des OMGB, Land Commissioner for Bavaria

Wallace, Henry A.
Amerikanischer Handelsminister

Walzer, Edgar B.
US-Leutnant in Saarbrücken

Weeks, Sir Ronald
General und Oberbefehlshaber der britischen Besatzungstruppen

Welker, Bion C.
Oberstleutnant, Kommandeur des US-Detachements E2C2 (Bremen)

Wenck, Walther
General, Befehlshaber der 12. Armee, besser bekannt als »Wenck-Armee«

White, Harry Dexter
Mitarbeiter von Finanzminister Morgenthau

White, Jerome C.
Direktor der Wirtschaftsabteilung OMGH

Wickersham, Cornelius W.
US-Brigadegeneral, Leiter der School for Military Government, Universität von Virginia, Charlottesville

Wilkinson, Lawrence
Direktor der OMGUS-Wirtschaftsabteilung

Winant, John G.
US-Botschafter in London

Wurm, Theophil
Bischof der evangelischen Landeskirche in Württemberg, Vorsitzender des Rats der Evangelischen Kirche in Deutschland

Zieglmeier, Michael
Bayerischer Oberbergdirektor

Zinn, Georg August
Minister der Justiz von Groß-Hessen

Abkürzungen

ABB	Amerikanisch-Britische Besatzungszone
AFN	American Forces Network
AGWAR	Adjutant General, War Department
AHK	Alliierte Hohe Kommission
AP	Associated Press
BASF	Badische Anilin- und Sodafabrik
BDM	Bund Deutscher Mädchen
Benelux	Belgien – Niederlande – Luxemburg
BIBO	Bipartite Board
BICO	Bipartite Control Office
BMELF	Bayerisches Staatsministerium für Ernährung, Landwirtschaft und Forsten
CAB	Cabinet (Britisch)
CAC	Civil Affaire Committee
CAD	Civil Affairs Division
CARE	Cooperative for American Remittances to Europe
cbm	Kubikmeter

CDU	Christlich-Demokratische Union Deutschlands
CIC	Counter Intelligence Corps
COSSAC	Chief of Staff Supreme Allied Command
C.P.	Cabinet Papers
CRALOG	Council of Relief Agencies Licensed for Operation in Germany
CSU	Christlich-Soziale Union
DDP	Deutsche Demokratische Partei
DISCC	District Information Services Control Command
DP	Deutsche Partei
DP	Displaced Persons, in der Regel befreite Zwangs- oder Fremdarbeiter
DPD	Deutscher Pressedienst
DVP	Deutsche Volkspartei
ECA	Economic Cooperation Administration, Washington
ECAD	European Civil Affairs Division
E.D.	Eisenbahndirektion
ERP	European Recovery Program (Marshall-Plan)
ERR	Einsatzstab Reichsleiter Rosenberg
ETOUSA	European Theatre of Operations, US Army
EUCOM	European Command
F & A	Food and Agriculture
FAB	Freiheitsaktion Bayern
FAG	Fahrzeugverwertungs AG
FEA	Foreign Economic Administration
FIAT	Field Intelligence Agency Technical
FRUS	Foreign Relations of the United States
GI	Bezeichnung für US-Soldaten; wörtlich: Government Issue – Eigentum der Regierung
HJ	Hitlerjugend

ICD	Information Control Division		RAD	Reichsarbeitsdienst
IKRK	Internationales Rotes Kreuz (auch IRK)		Reg.Bez.	Regierungsbezirk
			RegPräs	Regierungspräsident, auch:
IMZ	Informationsdienst für Mitglieder			RPräs
	des Zonenbeirates (der britischen		RGCO	Regional Government Coordina-
	Besatzungszone)			ting Office
			RM	Reichsmark
JEIA	Joint Export and Import Agency		RMG	Regional Military Government
				Detachments
KPD	Kommunistische Partei Deutsch-			
	lands		SBZ	Sowjetische Besatzungszone
KVP	Kasernierte Volkspolizei		SD	Sicherheitsdienst (der SS)
			SED	Sozialistische Einheitspartei
LDP	Liberal-Demokratische Partei			Deutschlands
			SHAEF	Supreme Headquarters Allied
MD	Morgenthau Diary			Forces
MG	Military Government		SPD	Sozialdemokratische Partei
MinPräs	Ministerpräsident, auch: MPräs			Deutschlands
Mk.	Mark		SS	Schutz-Staffel
			STEG	Staatliche Gesellschaft zur Erfas-
NSDAP	Nationalsozialistische Deutsche			sung von öffentlichem Gut
	Arbeiterpartei			m.b.H
NSKK	Nationalsozialistisches Kraftfah-			
	rerkorps		TIDC	Technical and Industrial Disar-
NVA	Nationale Volksarmee (der DDR)			mement Committee
OMGB	Office of Military Government for Bremen, auch: OMGBR		UdSSR	Union der Sozialistischen Sowjet- republiken, auch: USSR
OMGBS	Office of Military Government, Berlin Sector		Uffz	Unteroffizier
			UN	auch UNO oder VN – United
OMGBW	Office of Military Government for Wuerttemberg-Baden			Nations Organization – Vereinte Nationen
OMGBY	Office of Military Government for Bavaria		UNRRA	United Nations Relief and Reha- bilitation Administration
OMGH	Office for Military Government for Hesse		USFET	United States Forces, European Theatre
OMGUS	Office of Military Government, United States			
Opräs.	Oberpräsident		VAW	Verwaltungsamt für Wirtschaft (Minden)
ORPräs.	Oberregierungspräsident, auch Oberregierungspräsidium		VELF	Verwaltung für Ernährung, Landwirtschaft und Forsten
OSS	Office of Strategic Services			(der Bizone)
			VfW	Verwaltung für Wirtschaft
P & PW Det.	Publicity and Psychological		VWG	Vereinigtes Wirtschaftsgebiet
	Warfare Detachement			(Bizone)
PG	Parteigenosse [der NSDAP]			
PWD	Psychological Warfare Division			

Archive

AHL – Archiv des Hessischen Landtags in Wiesbaden

BArch – Bundesarchiv Koblenz und Berlin-Lichterfelde

BayHStA – Bayerisches Hauptstaatsarchiv

Bibliothek des Bundesarchivs, Berlin-Lichterfelde

Bibliothek des Deutschen Bundestages

Deutscher Bundestag, Pressedokumentation

BStU – Bundesbeauftragter für die Unterlagen der Staatssicherheit der ehemaligen DDR

Deutsche Staatsbibliothek Berlin

FRUS – Foreign Relations of the United States Diplomatic Papers, Washington

HStA WI – Hessisches Staatsarchiv Wiesbaden

IfZ – Institut für Zeitgeschichte München

LA – Landesarchiv Berlin, auch: LAB

LAS – Landesarchiv Saarbrücken

NA – National Archives Washington D.C.

PA – Parlamentsarchiv des Deutschen Bundestages

PAAA – Politisches Archiv des Auswärtigen Amtes

Public Record Office, London

SAPMO – Bibliothek der Stiftung zur Aufarbeitung der Geschichte der Parteien und Massenorganisationen

Staatsarchiv Bremen

Stadtarchiv Karlsruhe

StadtA Mü – Stadtarchiv München, auch: StAM

StadtAW – Stadtarchiv Würzburg

Stiftung Preußischer Kulturbesitz, Generaldirektion Staatliche Archive

Privatarchiv des Autors

Zitierhinweis

Namen sind in der in der jeweiligen Zeit üblichen Schreibweise wiedergegeben. Orthografische und andere Fehler in Zitaten wurden nicht korrigiert. Lediglich bei für das Verständnis erforderlichen Ergänzungen oder sinnentstellenden Fehlern wurden die richtige Schreibweise beziehungsweise das tatsächlich Gemeinte hinzugefügt und in eckige Klammern gesetzt.

Abbildungsnachweis

CARE Deutschland: Titel unten, 263
Christian Härtel, Berlin: 187
Landesarchiv Berlin: 57
Landeshauptarchiv Koblenz: Titel oben, 9, 74, 91, 131, 235, 295
Privatarchiv des Autors: 26, 97, 137, 157, 303
Staatsarchiv Bremen: 211, 259
Stadtarchiv Leipzig: 21
Stadtarchiv München, Historisches Bildarchiv: 29, 69, 88, 205

Verwendete Literatur

Adenauer, Konrad, Erinnerungen 1945–1953, Stuttgart 1965

Archiv der Gegenwart (Hrsg.), Deutschland 1948–1999, Bd. 1, 1948–1943, Sankt Augustin 2000

Bader, K.S., Soziologie der deutschen Nachkriegskriminalität, Tübingen 1949

Baker, Carlos (Hrsg.), Ernest Hemingway – Selected Letters 1917–1961, Frogmore 1981

Bauer, Fritz, Würzburg im Feuerofen, Würzburg 1985

Bayerische Staatskanzlei (Hrsg.), Dokumente zum Aufbau des bayerischen Staates, München 1948

Belfridge, Cedric, Seeds of Destruction, New York 1954

Bergsträsser, Ludwig, Befreiung, Besatzung, Neubeginn, Tagebuch des Darmstädter Regierungspräsidenten 1945–1948, München 1987

Besson, Waldemar, Von Roosevelt bis Kennedy, Frankfurt/M. 1964

Borck, Heinz-Günter (Hrsg.), Beiträge zu 50 Jahren Geschichte des Landes Rheinland-Pfalz, Koblenz 1997

Bremer Ausschuss für Wirtschaftsforschung (Hrsg.), Am Abend der Demontage – Sechs Jahre Reparationspolitik, Bremen 1951

Bundesarchiv/Institut für Zeitgeschichte (Hrsg.), Akten zur Vorgeschichte der Bundesrepublik Deutschland, Bd. 1 bis Bd. 5, München 1989

Bundesministerium des Innern/Bundesarchiv (Hrsg.), Dokumente zur Deutschlandpolitik, II. Reihe Bd. 3, München 1997

Byrnes, James T., Offen gesagt. Eine Auswahl aus dem Buch »Speaking Frankly«, Berlin 1947

Clay, Lucius D., Entscheidungen in Deutschland, Frankfurt/M. 1950

Clay, Lucius D., The Papers of General Lucius D. Clay, Germany 1945–1948, herausgegeben von Jean Edward Smith, Bloomington 1974

Churchill, Winston S., Memoiren, Bd. VI, Stuttgart 1964

Documents on Germany under Occupation, 1945–1955, London 1955

Dorn, Walter L., Inspektionsreisen in der US-Zone, Stuttgart 1973

Eisenhower, Dwight D., Die Jahre im Weißen Haus, Düsseldorf 1964

Enders, Ulrich, Die Bodenreform in der amerikanischen Besatzungszone, Ostfildern 1982

Forschungsinstitut der Deutschen Gesellschaft für Auswärtige Politik, Dokumente zur Berlin-Frage 1944–1946, München 1987

Friedmann, W., The Allied Military Government, London 1947

Friemuth, Cay, Die geraubte Kunst, Braunschweig 1989

Gelberg, Karl-Ulrich (Bearbeiter), Das Kabinett Ehard II, 20. September 1947 bis 18. Dezember 1950, Bd. 1 und 2, Historische Kommission bei der Bayerischen Akademie der Wissenschaften und der Generaldirektion der Staatlichen Archive Bayerns, München 2003

Gimbel, John, Amerikanische Besatzungspolitik in Deutschland 1945–1949, Frankfurt/M. 1971

Gimbel, John, Eine deutsche Stadt unter amerikanischer Besatzung – Marburg, Köln 1964

Goebbels. Josef, Tagebücher 1945, Die letzen Aufzeichnungen, Braunschweig 1977

Graml, Hermann, Die Alliierten und die Teilung Deutschlands – Konflikte und Entscheidungen 1941–1948, Frankfurt/M. 1985

Hedwig, Andres; Scholl-Seibert, Jutta (Hrsg.), Die Kabinettsprotokolle der Hessischen Landesregierung 1945–1946, Wiesbaden 2000

Heidenreich, Bernd; Mühlhausen, Walter (Hrsg.), Einheit und Freiheit – Hessische Persönlichkeiten und der Weg zur Bundesrepublik Deutschland, Wiesbaden 2000

Henke, Klaus-Dietmar, Die amerikanische Besetzung Deutschlands, München 1995

Hergst, Kremp, Rödel (Hrsg.), Nachbar Amerika –
50 Jahre Amerikaner in Rheinland-Pfalz, Trier 1995

Hermes, Friedrich; Müller, Karl, Heimatchronik von Monreal, Monreal 2002

Hilgermann, Bernhard, Der große Wandel – Kölns Wirtschaft unter der amerikanischen und britischen Militärregierung, Köln 1961

Hirsch, Helmut, Washingtons Saar – Wie die Vereinigten Staaten von Amerika das Saarland eroberten, regierten und verließen, Lake Erie College 1961

Historischer Verein von Oberbayern, Oberbayerisches Archiv, Bd. 120, München 1996

Holborn, Hajo, American Military Government. Its Organization and Policies, Washington 1947

Hoover, Herbert, American Epic, Bd. 4, Chicago 1964

Horn, Christa, Die Internierungslager in Bayern, 1945–1952, Erlanger Historische Studien, Frankfurt/M. 1992

Howe, Thomas Carr, Salt Mines and Castles. The Discovery and Restitution of Looted European Art, Indianapolis & New York 1946

Hurwitz, Harold, Die Stunde Null der deutschen Presse, Köln 1972

Information Services Division of the U.S. High Commission for Germany (Hrsg.), Landsberg – ein dokumentarischer Bericht, München 1951

John, Jürgen (Hrsg.), Quellen zur Geschichte Thüringens 1945–1952, I. Halbband, Erfurt 1999

Kaisen, Wilhelm, Zuversicht und Beständigkeit, Bremen 1977

Kennan, George F., Memoiren eines Diplomaten, München 1971

Kleßmann, Christoph, Die doppelte Staatsgründung, Bonn 1984

Kommission für geschichtliche Landeskunde in Baden-Württemberg (Hrsg.), Die Protokolle der Regierung von Württemberg-Hohenzollern, Stuttgart 2004

Koops, Tilman; Vogt, Martin (Hrsg.), Das Rheinland in zwei Nachkriegszeiten, Koblenz 1995

Krieger, Wolfgang, General Lucius D. Clay und die amerikanische Deutschlandpolitik 1945–1949, Stuttgart 1987

Landkreistag Baden-Württemberg (Hrsg.), Landkreis-Nachrichten, 24. Jahrgang, Heft 2, Stuttgart 1985

Latour, Conrad F.; Vogelsang, Thilo, Okkupation und Wiederaufbau – Die Tätigkeit der Militärregierung in der amerikanischen Besatzungszone Deutschlands 1944–1947, Stuttgart 1973

Lehmstedt, Mark,(Hrsg.), Leipzig in Trümmern. Leipzig 2004

Lengemann, Jochen, Das Hessen-Parlament 1946–1986, Frankfurt/M. 1986

Lochner, Louis P., Herbert Hoover und Deutschland, Boppard 1961

Mai, Gunther, Der Alliierte Kontrollrat in Deutschland 1945–1948, München 1995

Meier, Robert, Zwischen Zerstörung und Wiederaufbau, Würzburg 2005

Messerschmidt, Rolf, Aufnahme und Integration der Vertriebenen und Flüchtlinge in Hessen 1945–1950, Wiesbaden 1994

Meyer, Kathrin, Entnazifizierung von Frauen, Berlin 2005

Mohr, Antje, Hessen und der Länderrat des amerikanischen Besatzungsbietes, Frankfurt 1999

Mohr, Rudolf; Ranglack, Klaus; Riesterer, Christine (Hrsg.), Erfurt unterm Sternenbanner, Erfurt 1995

Morgenthau, Henry, Das Morgenthau-Tagebuch. Auswahl und zeitgeschichtliche Hinweise von Hermann Schild, Leoni/Starnberger See 1970

Mühlhausen, Walter, Hessen 1945–1950, Frankfurt 1985

Müller, Hartmut; Rodenburg, Günther (Hrsg.), Kriegsende in Bremen, Bremen 1995

Murphy, Robert, Diplomat Among Warriors, Garden City 1964

Padover, Saul, Experiment in Germany, New York 1946

Pflanz, Heinrich, Das Internierungslager Moosburg 1945–1948, Landsberg 1942

Roth, Rainer A., Freistaat Bayern, München 2000

Rupieper, Hermann-Josef, Der besetzte Verbündete, die amerikanische Deutschlandpolitik 1949–1955, Opladen 1991

Schild, Hermann (Hrsg.), Das Morgenthau-Tagebuch, Leoni 1970

Schott, Herbert, Amerikanische Wohnungsbeschlagnahme in Würzburg nach 1945, in: Mainfränkisches Jahrbuch 40, Würzburg 1988

Schwarzwälder, Herbert, Bremen und Nordwestdeutschland am Kriegsende 1945, III, Bremen 1974

Staatliche Museen Preußischer Kulturbesitz, Dokumentation der Verluste, Berlin 1995

Stadtarchiv München (Hrsg.), Chronik der Stadt München 1945–1948, München 1980

Stadtverband Saarbrücken (Hrsg.), Von der »Stunde 0« zum »Tag X«, Saarbrücken 1990

Steinecke, Gerhard, Drei Tage im April – Die Befreiung Leipzigs 1945, Leipzig 2005

Thömmes, Matthias, Die Amis kommen, Die Eroberung der Eifel durch die Amerikaner 1944/45, Aachen 2000

Trees, Wolfgang, Schmuggler, Zöllner und die Kaffeepanzer: Die wilden Nachkriegsjahre an der deutschen Westgrenze, Aachen 2002

Treue, Wilhelm, Die Demontagepolitik der Westmächte nach dem Zweiten Weltkrieg, Hannover 1967

Trittel, Günter J., Hunger und Politik – Die Ernährungskrise in der Bizone 1945–1949, Frankfurt/M. 1990

Tullner, Mathias, Geschichte des Landes Sachsen-Anhalt, Magdeburg 2001

US Government Printing Office, Morgenthau Diary (Germany), Washington 1967

Vollnhals, Clemens (Hrsg.), Entnazifizierung – Politische Säuberung und Rehabilitierung in den vier Besatzungszonen 1945–1949, München 1991

Weisz, Christoph (Hrsg.), OMGUS-Handbuch, Die amerikanische Militärregierung in Deutschland 1945–1949, Institut für Zeitgeschichte, München 1995

Wetzel, Jürgen (Hrsg.), Die Sitzungsprotokolle des Magistrats der Stadt Berlin 1945/46, Teil I und II, Schriftenreihe des Landesarchivs Berlin 1995

Wheeler, George S., Die amerikanische Politik in Deutschland, Berlin 1951

Winkler, Heinrich August (Hrsg.), Politische Weichenstellungen im Nachkriegsdeutschland 1945–1953, Göttingen 1979

Wünschel, Hans-Jürgen, Rheinland-Pfalz, Beiträge zur Geschichte eines neuen Landes, Landau 1997

Dokumente

Gemeinsame Erklärung von US-Präsident Roosevelt und Premier Churchill (Atlantik-Charta), 12. August 1941
Sie einigten sich auf folgende gemeinsame Erklärung: [...]

1. Ihre Länder erstreben keinerlei Gebiets- oder sonstige Vergrößerung.
2. Sie wünschen keine Gebietsveränderungen, die nicht mit den frei zum Ausdruck gebrachten Wünschen der betreffenden Völker übereinstimmen.
3. Sie anerkennen das Recht aller Völker, die Regierungsform zu wählen, unter der sie leben wollen, und sie wünschen, dass denen souveräne Rechte und Selbstregierung zurückgegeben werden, die ihrer gewaltsam beraubt worden sind.
4. Sie werden sich unter gebührender Berücksichtigung ihrer bestehenden Verpflichtungen bemühen, allen Staaten, groß oder klein, Siegern oder Besiegten, fördernd zu helfen, dass sie unter gleichen Bedingungen Zutritt zum Handel und zu den Rohstoffen der Welt haben, die zu ihrem wirtschaftlichen Gedeihen notwendig sind.
5. Sie wünschen vollste Zusammenarbeit zwischen allen Nationen auf wirtschaftlichem Gebiet zu erreichen mit dem Ziel, für alle einen gehobenen Lebensstandard, wirtschaftlichen Fortschritt und soziale Sicherheit zu gewährleisten.
6. Sie hoffen, dass nach der endgültigen Zerschlagung der Nazityrannei ein Friede geschaffen wird, der allen Nationen die Möglichkeit gibt, in Sicherheit innerhalb ihrer eigenen Grenzen zu leben, und der Gewähr dafür bietet, dass alle Menschen in allen Ländern der Welt frei von Furcht und Mangel leben können; [...]

Kommuniqué der Drei-Mächte-Konferenz von Moskau, 19. bis 30. August 1943[1]
Gegenüber der Bedeutung einer Beschleunigung des Kriegsendes stand die Anerkenntnis der drei Regierungen, dass es in ihrem eigenen nationalen Interesse und im Interesse aller friedliebenden Nationen wesentlich sei, die gegenwärtige enge Zusammenarbeit in der Kriegsführung in der Zeit nach Beendigung der Feindseligkeiten fortzusetzen, und dass nur so der Friede aufrechterhalten und das politische, wirtschaftliche und soziale Wohlergehen ihrer Völker in vollem Maße gefördert werden könne, erst an zweiter Stelle.
[...] Die Konferenz einigte sich, eine Organisation zu schaffen zur Sicherung engster Zusammenarbeit zwischen den drei Regierungen bei der Prüfung der europäischen Fragen, die mit der Fortentwicklung des Krieges auftauchen. Zu diesem Zweck beschloss die Konferenz, in London eine Europäische Beratende Kommission zu gründen. [...]
Die Aussenminister veröffentlichten bei der Konferenz eine Erklärung des Präsidenten Roosevelt, des Premierministers Churchill und des Premiers Stalin, die eine feierliche Ankündigung enthält, dass sobald einer deutschen Regierung ein Waffenstillstand gewährt werden wird, jene deutschen Offiziere, Soldaten und Mitglieder der Nazipartei, die irgend etwas mit den Greueltaten und Hinrichtungen in dem von den deutschen Streitkräften überrannten Ländern zu tun gehabt haben, in die Länder zurückgebracht werden sollen, in denen ihre abscheulichen Verbrechen begangen wurden, um nach den Gesetzen jener Länder angeklagt und bestraft zu werden. [...]
Die Regierungen der Vereinigten Staaten von Amerika, des Vereinigten Königsreiches, der Sowjetunion und Chinas [...] erklären gemeinsam:
Dass ihr mit der Verpflichtung zur Führung des Krieges gegen ihre Feinde eingegangenes Zusammenwirken zum Zwecke der Herbeiführung und Erhaltung von Frieden und Sicherheit fortgeführt wird;
Dass alle am Kriege gegen einen gemeinsamen Feind Beteiligten in allen Angelegenheiten, die sich auf die Kapitulation und Entwaffnung jenes Feindes beziehen, zusammenhandeln werden;
Dass sie alle Maßnahmen ergreifen werden, die sie für notwendig halten, um Vorsorge gegen jede Verletzung der dem Feind auferlegten Bedingungen zu treffen [...]

Kommuniqué der Konferenz von Teheran,
28. November – 1. Dezember 1943
Wir [der amerikanische Präsident, der britische Premier und der Premier der Sowjetunion] brachten unsere Entschlossenheit zum Ausdruck, dass unsere Nationen im Kriege und in dem ihm folgenden Frieden zusammenarbeiten werden. Das allgemeine Einvernehmen, das wir hier erreichten, garantiert, dass der Sieg unser sein wird. Hinsichtlich des Friedens sind wir ferner sicher, dass unsere Eintracht ihn zu einem dauernden machen wird. Wir anerkennen in vollem Umfang die höchste Verantwortung, die wir und alle Vereinten Nationen tragen, einen Frieden herzustellen, der von dem guten Willen der überwältigenden Massen der Völker der Welt getragen werden und Geißel und Schrecken des Krieges für viele Generationen verbannen wird.

Kommuniqué der Konferenz von Jalta,
3. bis 11. Februar 1945
[...] 2. Besetzung und Kontrolle
Nach den vereinbarten Plänen werden die Truppen der drei Mächte [USA, Großbritannien, Sowjetunion] jede Macht für sich getrennt, eine besondere Zone Deutschlands besetzen. Nach dem Plan wurde die gemeinsame Verwaltung und Kontrolle durch eine zentrale Kontrollkommission vorgesehen, die aus den Oberkommandierenden der drei Mächte bestehen und ihren Sitz in Berlin haben soll.
Es wurde Übereinstimmung darüber erzielt, Frankreich durch die drei Mächte aufzufordern, eine Besatzungszone zu übernehmen und als viertes Mitglied an der Kontrollkommission teilzunehmen. [...]
Es ist unsere unerschütterliche Absicht, den deutschen Militarismus und das Nazitum zu vernichten und die Gewähr zu schaffen, dass Deutschland nie wieder fähig sein wird, den Frieden der Welt zu stören. [...] Es ist nicht unsere Absicht, das deutsche Volk zu vernichten; aber erst nach Auslöschung des Nazitums und des Militarismus wird für die Deutschen Hoffnung auf ein bescheidenes Leben und einen Platz in der Gemeinschaft der Nationen bestehen. [...]
3. Reparationsleistungen
Wir erörterten die Frage des Schadens, den

Deutschland den alliierten Nationen in diesem Kriege zugefügt hat, und halten es für gerecht, Deutschland zu verpflichten, für den Schaden Ersatz in natura im größtmöglichen Umfange zu leisten. [...]
9. Einigkeit in Frieden wie im Kriege
Unser Treffen hier auf der Krim hat erneut unseren gemeinsame Entschluss bestätigt, im kommenden Frieden jene Einigkeit im Ziel und im Handeln beizubehalten und zu stärken, die den Sieg für die Vereinten Nationen in diesem Kriege möglich und zur Gewissheit gemacht hat. [...]

Proklamation Nr. 1 des Kontrollrates, 30. August 1945
An das deutsche Volk!
I. Laut Bekanntmachung vom 5. Juni 1945 ist die oberste Regierungsgewalt in Bezug auf Deutschland von den Regierungen der Vereinigten Staaten von Amerika, der Union der Sozialistischen Sowjetrepubliken, des Vereinigten Königsreichs von Großbritannien und Nordirland und der Provisorischen Regierung der Französischen Republik übernommen worden.
II. Kraft der obersten Regierungsgewalt und der Machtbefugnisse, die damit von den vier Regierungen übernommen wurden, ist der Kontrollrat eingesetzt und die oberste Machtgewalt in Angelegenheiten, die Deutschland als ganzes angehen, dem Kontrollrat übertragen worden. [...]
(Für die vier Mächte unterzeichnet von Dwight D. Eisenhower, Gregory Shukov, Bernard L. Montgomery und Pierre Koenig.)

Abkommen über die Bildung einer Deutschen Wirtschaftsverwaltung (Auszüge)[2]
Zwischen den Wirtschaftsministern der Länder Bayern, Württemberg-Baden und Gross-Hessen in Vertretung der drei Ministerpräsidenten einerseits und den drei Vertretern der britischen Zone andererseits wird das folgende vorläufige Abkommen über die Bildung einer deutschen Wirtschaftsverwaltung in der amerikanischen und britischen Besatzungszone bis zur Herstellung der deutschen Wirtschaftseinheit getroffen. Dieses Abkommen wird mit Zustimmung der Militärregierungen der amerikanischen und britischen Zone abgeschlossen. Es steht den anderen Zonen frei, dem Abkommen beizutreten.

Artikel 1

Um den Plan einer gemeinsamen Wirtschaftsverwaltung zu verwirklichen, wird ein Wirtschaftsrat mit dem Sitz in Minden gebildet. [...]

Artikel 2

Der Wirtschaftsrat besteht aus den drei Wirtschaftsministern der drei Länder der amerikanischen Zone und aus drei Vertretern der britischen Zone, die vorläufig von der britischen Militärregierung ernannt werden. Für jedes Mitglied ist ebenfalls ein Stellvertreter vorzusehen.

Artikel 3

(1) Der Wirtschaftsrat gibt Weisungen heraus, die für alle beteiligten Länder und Verwaltungseinheiten massgebend sind, u. zwar für die folgenden Gebiete

1. Grundsätze des allgemeinen deutschen Wirtschaftsrechts und des Wirtschaftsstrafrechts.
2. Aussenhandel (es wird eine Hauptabteilung ›Aussenhandel‹ eingerichtet.)
3. Gütererzeugung (Wirtschaftsplanung und Produktionslenkung)
4. Güterverteilung (Verkaufs- und Verbrauchslenkung)
5. Binnenhandel
6. Preisbildung und Preislenkung
7. Industrielle Normung
8. Wirtschaftsstatistik
9. Erzeugung, Zuteilung und Verteilung von Gas, Wasser und Elektrizität. [...]

Artikel 9

(1) Die Länder sind zur Ausführung der Beschlüsse des Wirtschaftsrates verpflichtet. Die Beschlüsse werden von den betreffenden Wirtschaftsbehörden der Länder in der amerikanischen Zone und entsprechend in der britischen Zone ausgeführt. [...]

Vorschlag der Generäle Clay und Robertson bezüglich der Neuorganisation der bizonalen Stellen Frankfurt, 8. Januar 1948 (Auszüge)

Wirtschaftsrat. Die Zahl der Mitglieder des Wirtschaftsrates wird verdoppelt. Zu den bisherigen Mitgliedern tritt die gleiche Zahl von Mitgliedern hinzu. Die Mitglieder des Wirtschaftsrates dürfen nicht zugleich Mitglieder der Länderparlamente sein [...]

Zweite Kammer. Es wird eine Zweite Kammer, bestehend aus je zwei Vertretern jedes Landes, gebildet. Die Mitglieder dieser Zweiten Kammer können Beamte sein, aber auch andere Personen. Es steht insbesondere frei, dass die Ministerpräsidenten oder Minister Mitglieder der Zweiten Kammer werden. Wegen der Funktionen der Zweiten Kammer sollen die Ministerpräsidenten und der Wirtschaftsrat einen Vorschlag machen. Die Militärregierungen haben vorgesehen, dass die Zweite Kammer nicht zuständig sein soll für die Gesetzesinitiative wegen der Erhebung von Steuern und der Haushaltsführung; sie soll jedoch Zusatzanträge zu Gesetzen wegen Beschaffung von Einnahmen für die Bizone stellen können.

Exekutivrat. Der Exekutivrat besteht aus den Direktoren der Verwaltungen (für Wirtschaft, Ernährung, Landwirtschaft und Forsten, Verkehr, Finanzen, Post- und Fernmeldewesen und auch Personalangelegenheiten. Zu diesen Direktoren tritt ein Vorsitzender, der vom Wirtschaftsrat gewählt wird und von der Zweiten Kammer bestätigt werden muss. [...]

Erweiterung der Zuständigkeit des Wirtschaftsrates. Der Wirtschaftsrat soll über seine bisherigen Funktionen hinaus zuständig sein für a) die Festsetzung des Haushaltsplanes für die Wirtschaftsverwaltung der Bizone einschließlich der Festsetzung der erforderlichen Einnahmen, b) die Erhebung von Zöllen und Sachsteuern, c) die Bestimmung des Teiles der Einkommensteuer, der für den Haushaltsplan der Bizone zur Deckung der Ausgaben in Anspruch genommen wird. [...]

---

1   Teilnehmer: die Außenminister Cordell Hull (USA), Anthony Eden (Großbritannien) und V.M. Molotow (UdSSR).

2   PA, Vorläufiges Abkommen über die Bildung einer Deutschen Wirtschaftsverwaltung, 5. September 1946

Anmerkungen

Kein Pardon für Deutschland

1 Unter dem European Theatre of Operations verstanden die USA Europa von Großbritannien bis in den Osten Deutschlands, den Bereich von Skandinavien bis zu den Pyrenäen, zum Mittelmeerraum und bis zum Balkan.

2 SHAEF bestand aus fünf Abteilungen: G-11 – Personnel Division, G-2 – Military Intelligence Division, G-3 – Organization and Training Division, G-4 – Supply Division, G-5 – Civil Affairs Division, sowie aus Sonderabteilungen wie Public Relations, Psychological Warfare, Signal, Medical oder Air Defense; ausführlich beschrieben in Weisz, Christoph (Hrsg.), OMGUS-Handbuch – Die amerikanische Militärregierung in Deutschland 1945–1949, München 1995, S. 6 ff.

3 USFET wurde im März 1947 in European Command – EUCOM – umgewandelt.

4 Ausführlich in: Weisz, Christoph (Hrsg.), OMGUS-Handbuch, S. 5 ff.

5 Walter L. Dorn, Inspektionsreisen in der US-Zone, S. 26 ff.

6 Ebd., S. 28 ff.

7 Office of the Chief Historian, European Command: Planning for the Occupation of Germany, Frankfurt/M. 1947

8 Morgenthau Diary (Germany), Prepared by the Subcommittee to investigate the preparation of the Internal Security Act and other internal security laws of the Committee on the Judiciary United States Senate, November 20, 1967, US Printing Office Washington (künftig: MD), Besprechung bei Morgenthau, 17. August 1944

9 MD, Besprechung im US-Finanzministerium, 22. August 1944

10 MD, Besprechung bei Morgenthau, 4. September 1944

11 MD, Schriftverkehr innerhalb des US-Finanzministeriums, »Vorschlag für die Teilung Deutschlands als eine Vorbeugungsmaßnahme gegen seine militärische Wiedererstarkung«, 28. August 1944 (I/453-457)

12 MD, Entwurf des US-Finanzministeriums, September 1944

13 MD, Besprechung bei Morgenthau, 10. Juli 1945

14 MD, Abendessen im Hause des Ministers Morgenthau, 4. September 1944

15 MD, Memorandum von Außenminister Cordell Hull für Morgenthau, 4. September 1944

16 MD, Stellungnahme von Stimson zum Memorandum von Hull, 5. September 1944

17 MD, Gespräch zwischen Morgenthau und Marshall am 28. September 1944

18 MD, Vermerk für Morgenthau, Winant über Deutschland, 26. Februar 1945

19 MD, Besprechung über »Reparationen« mit Mitarbeitern des US-Finanz-, des Kriegs- und des Außenministeriums, 1. Mai 1945

20 Ebd.

Im Feindesland

1 Zitiert bei Matthias Thömmes, Die Amis kommen, Die Eroberung der Eifel durch die Amerikaner 1944/45, S. 18

2 Zitiert in Wolfgang Trees, Schmuggler, Zöllner und die Kaffeepanzer: Die wilden Nachkriegsjahre an der deutschen Westgrenze, S. 281

3 Zitiert bei Rudolf Rehanek, Ende und Anfang im Saarland 1945, Sonderbeilage der Saarbrücker Zeitung, 18. März 1970

4 Quelle: Befreite Trümmerwüste, WDR, 7. März 2005

5 Konrad Adenauer, Erinnerungen 1945–1953, S. 20 ff.

6 Friedrich Hermes, Karl Müller, Heimatchronik von Monreal, S. 203 ff.

7 Walter L. Dorn, Inspektionsreisen in der US-Zone, Stuttgart 1973, S. 61

8 Stadtarchiv Würzburg, ausführlich in: Robert Meier, Zwischen Zerstörung und Wiederaufbau, Würzburg 2005

9 Bayerischer Rundfunk, 60 Jahre Kriegsende, 1. März 2005

10 OMGER, Functional History, 27.4.1945–30.6.1945

11 John, Jürgen (Hrsg.), Quellen zur Geschichte Thüringens 1945–1952, I. Halbband, Erfurt 1999, 1945–1952, S. 48 ff.

12 Quellen zur Geschichte Thüringens, 1945–1952, S. 71/72

13 Ebd.

14 Heute gebräuchliche Schreibweise; beim Zitieren von Dokumenten wird die jeweilige zeitge-

nössische Schreibweise verwendet, beispielsweise Shukow oder Tschuikov

15 Thüringisches Hauptstaatsarchiv Weimar, BMP, 459, Niederschrift über die Sitzung des Regierungskollegiums der Provinz Thüringen am 2. Juli 1945

16 DDE 1916-52, box 22, Teleg MX 2096

17 DDE 1916-52, box 33, Teleg MX 23572

18 Walter L. Dorn, Inspektionsreisen in der US-Zone, S. 22 ff.

19 Ebd.

20 LAB, Rep 37/73, US Headquarters Berlin Districts: Summary of Events 23 June – 6 July 1945

21 FRUS, Potsdam I, 630 - 33

22 Maginnis, Military Governement Journal, S. 261, zitiert in Weisz, Christoph (Hrsg.), OM-GUS-Handbuch – Die amerikanische Militärregierung in Deutschland 1945–1949, München 1995, S. 677 ff.

23 Winston S. Churchill, Memoiren, Bd. VI, S. 198

24 FRUS, 1945 III/333

25 Lucius D. Clay, Entscheidungen in Deutschland, Frankfurt/M. 1950, S. 29 ff.

26 Ebd.

27 Ausführlich in: Volker Koop, Kein Kampf um Berlin, Bonn 1998

28 Clay, ebd.

29 LAB, CONL/P/45 27

30 Robert Murphy, Diplomat Among Warriors, Garden City 1964

Der Umgang mit den Besiegten

1 MD, Eisenhower in einem Gespräch mit Morgenthau am 17. August 1944

2 Zitiert in Paul Sauer, Das Land Württemberg-Baden von 1945–1952, S. 60

3 Broschüre der amerikanischen Militärregierung für Deutschland, ohne Impressum, 1946, Bibliothek des Bundesarchivs, Berlin-Lichterfelde

4 Office of the Chief, Frankfurt/M., Report on Fraternization, Occupation Forces in Europe series 1945–46

5 NA, RG 165, CAD 250-7, Schreiben von General Hilldring an General Holmes, 15. September 1944, ausführlich auch in: Henke, Die amerikanische Besetzung Deutschlands, S. 185 ff.

6 Klaus-Dietmar Henke, Die amerikanische Besetzung Deutschlands, München, 1995, S. 186

7 Bibliothek des Deutschen Bundestags, US-Military Government, Militärregierung – Deutschland, Kontrollgebiet des Obersten Befehlshabers, Verordnung Nr. 1, Verbrechen und andere strafbare Handlungen

8 Kommission für geschichtliche Landeskunde (Hrsg.), Der Einmarsch der Amerikaner und Franzosen im nördlichen Württemberg im April 1945, Stuttgart 1957

9 Stadtverband Saarbrücken (Hrsg.), Von der »Stunde 0« zum »Tag X«, Saarbrücken, S. 30 ff.

10 Von der »Stunde 0« zum »Tag X«, S. 30 ff.

11 Der Einmarsch der Amerikaner und Franzosen im nördlichen Württemberg, S. 223 ff.

12 Ebd., S. 230

13 Ebd., S. 230/231

14 Ebd.

»Wir treffen sie alle!«

1 Josef Goebbels, Tagebücher 1945, Hamburg 1977, Die letzen Aufzeichnungen, S. 365

2 Ebd., S. 369

3 BArch, NS 5 VI, 815. Kölnische Zeitung, 6. Dezember 1944

4 BArch, NS 5 VI, 815. Kölnische Zeitung, 7. Dezember 1944

5 BArch, NS 5 VI, 815. Kölnische Zeitung, 10. Dezember 1944

6 Ebd.

7 Maquis, abgeleitet von dem französischen Begriff für Hafengeinsidel. Unter diesem Namen hatten Teile französischer Besatzungstruppen nach 1945 in Deutschland gewütet.

8 NA, RG 331, Intelligence Reports, SHAEF, G-5, zitiert in Henke, Die amerikanische Besetzung Deutschlands, München 1995, S. 160

9 NA, RG, 226, 86618, OSS-Bericht A-36028, zitiert in Henke, S. 161

10 Ausführlich in: Volker Koop, Besetzt, Französische Besatzungspolitik in Deutschland, Berlin 2005, S. 35 ff.

11 Bremer Veröffentlichungen zur Zeitgeschichte, Heft 7, S. 151 ff.

12 Zit. nach Butcher, Harry C., Drei Jahre mit Eisenhower, Bern 1946, S. 783

13 Deutscher Bundestag, Pressedokumentation, G 503 J, Völkischer Beobachter, 3. April 1945
14 Deutscher Bundestag, Pressedokumentation, G 503 J, Völkischer Beobachter, 19. Oktober 1944
15 Bundestagsbibliothek, Goebbels Tagebücher 1945, Tagebucheintragung vom 12. März 1945
16 BArch, MA, LIII, A.K./76117
17 NA, RG 407, Box 13298, Periodic Report, 90th Infantry Division, 22. April 1945
18 David A. Browder, Einmarsch und Besatzung, in: Winfried Herget (Hrsg.), Neighbor America – Nachbar Amerika. 50 Jahre Amerikaner in Rheinland-Pfalz, Trier 1995, S. 20
19 Goebbels, Tagebücher 1945, S. 342
20 Ebd., S. 404
21 Ebd.
22 Ebd.
23 Henke, S. 949

»Raubzug« im staatlichen Auftrag?

1 Preußische Staatsbibliothek, Kabinettsprotokolle der Hessischen Landesregierung, 19. Sitzung vom 31. Januar 1946, ohne Signatur – gedruckte Quelle
2 Goebbels, Tagebücher 1945, S. 440
3 Public Record Office London, PO 1050/1407, Befehl von SHAEF, 25. September 1944
4 Zitiert in Cay Friemuth, Die geraubte Kunst, S. 105
5 Ebd.
6 Thomas C. Howe, Salt Mines and Castles, S. 224 f.
7 Charles L. Kuhn, German Paintings in the National Gallery: A Protest, in: College Art Journal 5, January 1946
8 Howe, S. 305
9 NA, OMGUS, Economics Division, Memorandum vom 8. November 1945
10 Zitiert in Friemuth, S. 105 ff.
11 Schreiben Robertson an Clay, 28. Januar 1946, zitiert in Friemuth
12 Telegramm Clay vom 24. Oktober 1948 an die US-Regierung, zitiert in Friemuth
13 Konrad Adenauer, Erinnerungen 1945–1953, S. 24
14 Lucius D. Clay, The Papers of General Lucius D. Clay, Germany 1945–1949

Kriegsgefangene

1 MD, Kommissionsbesprechung am 1. Mai 1945 in Washington
2 MD, Besprechung bei Morgenthau, 18. Mai 1945
3 MD, Besprechung vom 18. Mai 1945
4 Ebd.
5 Ebd.
6 Ebd.
7 Friedrich Hermes, Karl Müller, Heimatchronik von Monreal, S. 205 ff.
8 BArch, Nachlass Rossmann/25., Interne Besprechung der Ministerpräsidenten mit General Clay, 15. April 1947

Der mühsame Weg zum Weststaat

1 PA, Militärregierung Deutschland, Amerikanische Zone, Proklamation Nr. 2, Dwight D. Eisenhower, Oberster Befehlshaber der Amerikanischen Streitkräfte in Europa, 19. September 1945
2 Ebd.
3 Staatsarchiv Darmstadt, Chronology Military Government Detachment E1A2 ((E-5) and Military Government for Hesse 1944–1947, ausführlich in: Weisz, Christoph (Hrsg.), OMGUS-Handbuch – Die amerikanische Militärregierung in Deutschland 1945–1949, München 1995
4 Hessisches Hauptstaatsarchiv Wiesbaden, Memorandum Bergsträsser, 10. August 1945
5 Diesen Begriff hatte Ministerpräsident Fritz Schäffer in 5. Ministerratssitzung am 5. Juni 1945 geprägt.
6 Die Protokolle des Bayerischen Ministerrats 1945–1954, herausgegeben von der Historischen Kommission bei der Bayerischen Akademie der Wissenschaften, Generaldirektion der Staatlichen Archive Bayerns
7 Andreas Röpcke, Office for Military Government for Bremen, in: Weisz, Christoph (Hrsg.), OMGUS-Handbuch, S. 601 ff.
8 Foreign Relations US, Quebec, S. 373
9 FRUS Malta and Yalta 1945, S. 639
10 OMGUS-Handbuch, Röpcke S. 611
11 StA Bremen, 16, 1/4, History of Bremen Port Command
12 StA Bremen, AG, 1945–1946/13A/5
13 Wilhelm Kaisen, Zuversicht und Beständigkeit, Bremen 1977, S. 140 ff.

14 Ebd.

15 Ebd.

16 Ebd.

17 PA, Militärregierung – Deutschland Amerikanisches Kontrollgebiet, Proklamation Nr. 3, 21. Januar 1947

18 BArch, Z 1/14, Konstituierende Tagung des Länderrates, in Stuttgart, 17. Oktober 1945

19 BArch, Z 1/18, 7. Tagung des Länderrates am 2. April 1946 in Stuttgart

20 BArch, Z 1/14, Konstituierende Tagung des Länderrates, in Stuttgart, 17. Oktober 1945

21 Heidelberg war im Zweiten Weltkrieg weitgehend verschont geblieben. Die »Großdeutschland-Kaserne« wurde unter dem Namen »Campbell-Barracks« Hauptquartier der Amerikanischen Landstreitkräfte Europa, USAREUR. Zeitweise hatten Heidelberg bis zu dreißig militärische Einheiten beherbergt, so auch die Vereinigten Hauptquartier Mitte der NATO und das Mobile Allied Force (Land).

22 BArch, Z 1/19, 34. Tagung des Länderrates, Stuttgart, 28. September 1948

23 Akten zur Vorgeschichte der Bundesrepublik, Band 1/1, Fußnote 7 zur 2. Sitzung des Länderrates, die zitierte Passage war in der Süddeutschen Zeitung, Nr. 10, vom 7. November 1945 abgedruckt.

24 Akten zur Vorgeschichte der Bundesrepublik, Band 1/1, Fußnote 7 zur 2. Sitzung des Länderrates, die zitierte Passage war in der Süddeutschen Zeitung vom 13. November 1945 abgedruckt

25 BArch, Z 1/167, 3. Tagung des Länderrates in Stuttgart, 4. Dezember 1945

26 Die Neue Zeit, 31.10.1947

27 PA, Deutsches Sekretariat, Zonenbeirat, USA-Politik gegenüber Deutschland, 11. Februar 1947

28 PA, Deutsches Sekretariat Zonenbeirat, Westdeutsche Republik?, 14. November 1947

29 PA, Deutsches Sekretariat, Zonenbeirat, USA-Politik gegenüber Deutschland«, 11. Februar 1947

30 Preußische Staatsbibliothek, Die Kabinettsprotokolle der Hessischen Landesregierung, 20. Sitzung vom 11. Februar 1946

31 Ebd.

32 BArch, Z 2 Anh./44, Konferenz der Minister-

präsidenten der amerikanischen Zone mit den Oberpräsidenten Kopf und Dr. Lehr in Stuttgart, 6. Februar 1946

33 BArch, Z 1/118, Außerordentliche Länderratssitzung, Stuttgart, 21. August 1946

34 BArch, Z 1/188, Außerordentliche Tagung des Länderrats des amerikanischen Besatzungsgebietes, Stuttgart, 21. August 1946

35 StA Bremen, 3-R 1n Nr 1, Zweite Besprechung über Verfassungsfragen im Deutschen Büro für Friedensfragen, Ruit, 20. Mai 1947

36 Vorbehaltlich der Zustimmung des Bipartite Board war der Wirtschaftsrat für die Gesetzgebung auf diesen Gebieten zuständig: Verwaltung von Eisenbahnen, Seehäfen und Küstenschifffahrt, Beförderung auf Binnengewässern, Binnenwasserstraßen zwischen den Ländern, Nachrichten- und Postverkehr, Straßen und Straßenverkehr zwischen den Ländern, Erzeugung, Zuteilung und Verteilung von Waren, Rohstoffen, Gas, Wasser und Elektrizität, Auslands- und Binnenhandel, Preisbildung und Preiskontrolle, Erzeugung, Einfuhr, Erfassung, Zuteilung und Verteilung von Lebensmitteln, öffentliches Finanzwesen, Währung, Kreditwesen, Bankwesen und Vermögenskontrolle, Personalverwaltung der zweizonalen Abteilungen.

37 PA, Militärregierung – Deutschland, Amerikanische Zone, Proklamation Nr. 4, 1. März 1947

38 Protokolle des Bayerischen Ministerrates 1945–1954, Kabinett Ehard II, Sitzung vom 12. Juli, 1948, S. 591 ff.

39 Archiv des Deutschen Bundestags, Amtsblatt der Alliierten Hohen Kommission, Nr. 1

40 BArch, Z 12/77, Ministerpräsidentenkonferenz, Nichtöffentliche Plenarsitzung, Hamburg, 11. und 12. Februar 1948

41 Ebd.

Flüchtlinge

1 PA, Bestand 2/42, Bericht der Arbeitsgemeinschaft der Deutschen Flüchtlingsverwaltungen, Stuttgart, 11. November 1948

2 PA, Georg Weisz, Leiter der Flüchtlingsabteilung bei OMGUS, Nürnberg, 15. November 1948

3 PA, Potsdamer Abkommen, Mitteilungen über die Dreimächte-Konferenz von Berlin, Artikel XIII, 2. August 1945

4 Benannt nach dem britischen Außenminister George Nathaniel Marquess Curzon of Kedleston. Um den polnisch-sowjetischen Konflikt nach dem Ersten Weltkrieg beizulegen, hatte er eine Waffenstillstandslinie entlang von Bug und San vorgeschlagen. Der Friede von Riga vom 18. März 1921 billigte Polen dann eine 200 km östlich dieser Curzon-Linie liegende Ostgrenze zu. Die Curzon-Linie wurde dann nach dem Zweiten Weltkrieg auf Beschluss der Siegermächte die neue Ostgrenze Polens.

5 Siehe auch Rolf Messerschmidt, Aufnahme und Integration der Vertriebenen und Flüchtlinge in Hessen 1945–1950, Wiesbaden 1994, S. 44 ff.

6 PA, Bestand 2/42, Bericht der Arbeitsgemeinschaft der Deutschen Flüchtlingsverwaltungen, Stuttgart, 11. November 1948

7 Siehe auch: Jürgen John (Hrsg.), Quellen zur Geschichte Thüringens, Erfurt 1999, I. Halbband, S. 49/50

8 PA, Georg Weisz, Leiter der Flüchtlingsabteilung bei OMGUS, Nürnberg, 15. November 1948

9 PA, Prof. Dr. Griesmeier, »Zum Problem des Flüchtlingsausgleichs«, in: Deutsche Zeitung, Nr. 75, 17. September 1949

10 PA, Das württ.-badische Flüchtlingsproblem im Rahmen des Flüchtlingsproblems des Vereinigten Wirtschaftsgebietes, herausgeben vom Statistischen Landesamt Württemberg, 16. August 1949

11 PA, Schreiben des oldenburgischen Ministerpräsidenten an den Zonenbeirat, Betr.: Flüchtlingsaustausch zwischen den westlichen Besatzungszonen, 27. Juni 1946

12 PA, Das Flüchtlingsproblem in der amerikanischen Zone Deutschlands, Prof. C.A. MacCartney, Oxford, 28. Juni 1948

13 PA, Verfügung der US-Militärregierung für Bayern, AG 383, 7 MGBO, 1. Juni 1946

14 PA, Protokoll der Arbeitsbesprechung der Statistisch-Soziologischen Arbeitsgruppe für Flüchtlings-Fragen in Würzburg, Flüchtlingslager Heidingsfeld, 9. November 1947, und: Bayerisches Statistisches Landesamt, Spitzenausgleich der Flüchtlingsbelastung,. München, 7. November 1947

15 BArch, Z 1, Sitzung des Länderrates, Stuttgart, 4. Dezember 1947

16 PA, Referat des Staatssekretärs Jaenicke (Bayern) zum Problem der Flüchtlingsnot, Herbst 1947, ohne Datum

17 PA, Hessisches Landesflüchtlingsamt, Wochenbericht, Az 58e 08/01 Dr.Nr./S v. 30. Dez. 1947 Die Heiraten zwischen Flüchtlingen und Einheimischen

18 PA, Bericht des Hessischen Landesflüchtlingsamtes, Die allgemeine Lage der Flüchtlinge in Hessen, 13. November 1947, Überprüfungen hatten in Gemeinden der Regierungsbezirke Kassel, Darmstadt und Wiesbaden mit Einwohnerzahlen von 336 bis 4271 stattgefunden.

19 HStA WI, Abt. 503 Nr. 368, Weißbuch zur Flüchtlings- und Vertriebenenaufnahme 1949

20 HStA WI, Abt. 503 Nr. 368, Weißbuch zur Flüchtlings- und Vertriebenenaufnahme 1949

21 PA, Tätigkeitsbericht des Hauptausschusses der Flüchtlinge und Ausgewiesenen in Bayern, erstattet für die Zeit vom 1. August 1946 bis 30. Dezember 1947

22 PA, Tätigkeitsbericht des Hauptausschusses der Flüchtlinge und Ausgewiesenen in Bayern, erstattet für die Zeit vom 1. August 1946 bis 30. Dezember 1947

23 Die Protokolle des Bayerischen Ministerrats 1945–1951, Das Kabinett Ehard II, Ministerratssitzung vom 24. November 1947

24 BArch, Nachlass Roßmann/25, Interne Besprechung der Ministerpräsidenten des amerikanischen Besatzungsgebietes mit General Hays, 2. Dezember 1947

25 Die Protokolle des Bayerischen Ministerrats 1945–1954, Das Kabinett Ehard II, Ministerratssitzung vom 27. September 1948, S. 661 ff. und vom 28. April 1948, S. 109

26 Lucius D. Clay, The Papers of General Lucius D. Clay, Germany 1945–1949, S. 351

27 Staatsbibliothek zu Berlin, Die Kabinettsprotokolle der Hessischen Landesregierung, 1. Sitzung, 19. Oktober 1945

28 Ebd.

29 Staatsbibliothek zu Berlin, Die Kabinettsprotokolle der Hessischen Landesregierung, 2. Sitzung, 24. Oktober 1945

30 Ebd.

31 Ebd.

32 Staatsbibliothek zu Berlin, Die Kabinettspro-

tokolle der Hessischen Landesregierung, 5. Sitzung, 8. November 1945

33 StadtA Mü, BuR 2470, Polizeipräsident München, Wochenbericht vom 10.7. – 15.7.45, 16. Juli 1945

34 StadtA Mü, BuR 2470, Polizeipräsident München, Wochenbericht vom 5.8. – 11.8.45, 13. August 1945

35 Preußische Staatsbibliothek, Kabinettsprotokolle der Hessischen Landesregierung, 11. Sitzung vom 6. Dezember 1945

Entnazifizierung

1 Stadtverband Saarbrücken (Hrsg.), Von der »Stunde 0« zum »Tag X«, S. 30

2 Walter L. Dorn, Inspektionsreisen in der US-Zone, S. 39

3 Padover, Saul, Experiment in Germany, New York 1946, S. 253 ff.

4 IfZ München, Handbook for Military Government in Germany, Dk 090.009

5 IfZ München, Documents on Germany under Occupation, 1945–1955, London 1955, S. 13 ff.

6 Frank Stenglein in Neue Ruhr Zeitung, 29. April 1995

7 Eugen Kogon, Der Kampf um Gerechtigkeit, in: Frankfurter Hefte 2 / 1947 S. 641–655

8 Ebd.

9 Beschrieben in: Heinrich Pflanz, Das Internierungslager Moosburg 1945–1948

10 Ebd.

11 Ebd.

12 Ebd.

13 Zitiert in: Vollnhals, Clemens (Hrsg.), Entnazifizierung – Politische Säuberung und Rehabilitierung in den vier Besatzungszonen 1945–1949, München 1991, S. 168

14 BArch, Z 1/188, 12. Tagung des Länderrats des amerikanischen Besatzungsgebiets in Stuttgart, 10. September 1946

15 IfZ, OMGUS, MA 560, Monthly Report of the Military Governor for August 1945

16 IfZ, OMGUS, MA 560, Monthly Report of the Military Governor for November 1945, zitiert in: Vollnhals, Entnazifizierung, S. 12 ff.

17 Generaldirektion der Staatliche Archive Bayerns, Protokolle des Kabinetts Schäffer, 7. Ministerratssitzung, 22. August 1945

18 Ebd.

19 Generaldirektion der Staatlichen Archive Bayern, Protokolle des Kabinetts Schäffer, 11. Ministerratssitzung, 14. September 1945

20 Veröffentlicht in: Söllner, Alfons, Totalitarismus. Eine Ideengeschichte des 20. Jahrhunderts, S. 177 ff.

21 Ebd.

22 Generaldirektion der Staatlichen Archive Bayerns, Protokolle des Kabinetts Hoegner I, 28. September 1945 bis 21. Dezember 1945, Außerordentliche Ministerratssitzung, 11. Juni 1946

23 BArch, Z 1/188, 12. Tagung des Länderrats des amerikanischen Besatzungsgebietes in Stuttgart, 10. September 1946

24 BArch, Z 1/65, Außerordentliche Tagung des Länderrats des amerikanischen Besatzungsgebietes, Stuttgart, 5. November 1946

25 BArch, Z 1/18, Protokoll der 17. Tagung des Länderrates des amerikanischen Besatzungsgebietes, Stuttgart, 4. Februar 1947

26 Generaldirektion der Staatlichen Archive Bayerns, Die Protokolle des Bayerischen Ministerrats 1945–1951, Das Kabinett Ehard II, Bd. I, S. 237 ff.

27 BArch, Nachlass Roßmann / 25

28 Die Protokolle des Bayerischen Ministerrats 1945–1951, Das Kabinett Ehard II, Bd. I, S. 376 ff.

29 Abgedruckt in: Die Information, Nr. 6, 10. April 1948

30 Die Protokolle des Bayerischen Ministerrats 1945–1951, Das Kabinett Ehard II, Bd. I, ebd.

31 Ebd.

32 BArch, Nachlass Rossmann / 25, Interne Besprechung der Ministerpräsidenten mit General Hays, Frankfurt, 8. April 1948

33 Gedruckt in: Kirchliches Jahrbuch für die evangelische Kirche in Deutschland, 1945–1948, S. 216 ff., Gütersloh 1950

34 PA, IMZ, DPD vom 24. und 27. Dezember 1946

35 Quelle: W. Friedmann, The Allied Military Government. London 1947, S. 392

36 Die Protokolle des Bayerischen Ministerrats 1945–1951, Das Kabinett Ehard II, Bd. 2, Sitzung vom 11. Oktober 1949, S. 305 ff.

37 OMGBR, General Order No. 7, 14. September 1948 und General Order No. 12, 30. Juni 1949

38 Zitiert in: Konrad Adenauer, Erinnerungen 1945–1953, S. 279 ff.

39 Bibliothek des Deutschen Bundestags, Bundestagsdrucksache Nr. 1658, Verhandlungen des Deutschen Bundestages, Erste Wahlperiode 1949, 15. Dezember 1950

40 BArch, Z1/1310

41 BArch, Z 1/19, 27. Tagung des Länderrats des amerikanischen Besatzungsgebietes in Stuttgart, 1. und 2. Dezember 1947

Eine freie Presse

1 Cedric Belfridge, Seeds of Destruction, New York 1954, S. 12 ff.

2 Harold Hurwitz, Die Stunde Null der deutschen Presse, Köln 1972

3 OMGUS, PWD/SHAEF, Direktive No. 1, Mai 1945, zitiert in Hurwitz, S. 69 ff.

4 austerity = Strenge

5 Aufstellung bei Hurwitz, S. 80

6 OMGUS, Functional History, ICD 1945/46

7 Zitiert bei Hurwitz, S. 103

8 Ebd.

Gegen Junkertum und Militarismus

1 Ausführlich mit dieser Thematik hat sich Ulrich Enders in seiner Arbeit »Die Bodenreform in der amerikanischen Besatzungszone 1945–1949 unter besonderer Berücksichtigung Bayerns«, Ostfildern 1982, befasst.

2 Library of Congress, Washington, Foreign Economic Administration, Technical Industrial Disarmament Committee, Project No. 23, German Food Self-Suffiency and Landed Estates, 5. September 1944

3 National Archives, Diplomatic Branch 63-3, Harley Notter Files, Box 47, The Treatment of Germany, zitiert in Fender S. 11

4 BArch, Nachlass Dietrich, Schreiben Clay an Pollock, 30. Dezember 1945

5 Preußische Staatsbibliothek, Die Protokolle der Hessischen Landesregierung, 6. Sitzung vom 13. November 1945

6 Gemeint ist Prinz August Wilhelm, vierter Kaisersohn und Anhänger der extremen Rechten.

7 BArch, Z 1/187, 5. Tagung des Länderrates der amerikanischen Besatzungszone in Stuttgart, 5. Februar 1946

8 Protokolle des Bayerischen Ministerrats, Kabinett Hoegner I, Ministerratssitzung vom 29. Juli 1946

9 Ebd.

10 Gesetz zur Beschränkung des Großgrundbesitzes, 23. Juli 1946

11 National Archives, RG 260, 133-3/1, Clay to Hester, 15. Dezember 1945, zitiert in Enders, S. 26 ff.

12 BArch, Nachlass Roßmann/26, Außerordentliche Tagung des Länderrates des amerikanischen Besatzungsgebietes, Stuttgart, 17. September 1946

13 Ebd.

14 BArch, Z 1/18, Interne Sitzung der Ministerpräsidenten der US-Zone, 17. September 1946

15 BArch, Z 35/27, Protokoll der Ministerpräsidentenkonferenz am 6. und 7. Juni 1947, zweiter Sitzungstag

16 BArch, Z 1/19, Protokoll der Ministerpräsidentenkonferenz am 7. Oktober 1947

17 BARch, Z 1/19, 28. Tagung des Länderrates des amerikanischen Besatzungsgebietes in Stuttgart, 3. und 4. November 1947

18 BMELF, Mat GSB IV, Protokoll über die Sondersitzung des Rechtsausschusses betr. Den Entwurf eines Gesetzes zur beschleunigten Durchführung der Bodenreform, 11. November 1947

Aufbauhilfe oder Reparationen?

1 PA, Zweizonen-Wirtschaftsrat, Drucksache Nr. 60, ausgegeben am 27.9.1947

2 Ebd.

3 Ebd.

4 PA, Verlautbarung der amerikanischen Militärregierung zur Bekanntgabe der Demontageliste, 15. Oktober 1947

5 Ebd.

6 PA, Militärregierung Württemberg/Baden, Schreiben von Maurice O. Eduards, Acting Director, 3. Dezember 1947

7 Süddeutsche Zeitung, 4. Oktober 1947

8 BArch, Z 4/128, Wortprotokoll der Konferenz

9 Parlamentsarchiv, PA 2/735, diese Auffassung hatte in erster Linie Carl Spiecker aus Nordrhein-Westfalen, Mitglied des Exekutivrates, vertreten.

10 So beispielsweise Hamburgs Bürgermeister Max Brauer

11 BArch, Z 4/128, Wortprotokoll der Konferenz

12 Ebd.

13 Konrad Adenauer, Erinnerungen 1945–1953, S. 276 ff.

Alltag in der Besatzungszone

1 StadtA Mü, BuR 2470, Bericht des Kommandos der Schutzmannschaft an den Public Safety Officer, 8. Juli 1945

2 Ebd.

3 Ebd.

4 StadtA Mü, BuR 2470, Bericht des Kommandos der Schutzmannschaft an den Public Safety Officer, 2. September 1945

5 Ebd.

6 Ebd.

7 Ebd.

8 StadtA Mü, BuR 2470, Bericht des Kommandos der Schutzmannschaft an den Public Safety Officer, 16. September 1945

9 EUCOM, Report on the Fraternazition With the Germans in World War II, No. 67, Office of the Chief Historian, 1947, S. 20

10 LKA Stuttgart, 311a, Schreiben des Dekanats Künzelsau, 26. Juni 1945

11 LKA Stuttgart, Bestand 311 a

12 HStA Stuttgart, J 170, Büschel 20, Bericht des Bürgermeisteramtes Welzheim, 20. September 1948, zitiert in: Klaus-Dietmar Henke, Die amerikanische Besetzung Deutschlands, München 1993, S. 196

13 Zitiert in Henke, S. 195

14 Bach, America's Germany, S. 83, zitiert in Henke, S. 199 f.

15 Stadtarchiv Karlsruhe, Haupt-Registratur, A 2961, Brief des Karlsruher Oberbürgermeisters an die Militärregierung, betr.: Kontrolle der Geschlechtskranken

16 HStA Stuttgart, EA 2/009, Innenministerium Abt. Gesundheitswesen 1945 - 1973

17 StadtA Mü, BuR 2470, Bericht des Kommandos der Schutzmannschaft an den Public Safety Officer, 10. September 1945

18 OMGH, Public Health and Welfare Division, Command Responsibility

19 Bundestagsbibliothek, Antrag der Fraktion der SPD, betr. Uneheliche Kinder der Besatzungsangehörigen, Bonn, 25. April 1951

20 Bundestagsbibliothek, Protokoll der 198. Sitzung des Deutschen Bundestages, 12. März 1952, S. 8504f f

21 Ebd.

22 Ebd.

23 Ebd.

24 Ebd.

25 Ebd.

26 Ebd.

27 PA, Ausschuss für Besatzungsfolgen, Sitzung vom 7. November 1956

28 Henke, S. 200 ff.

29 Generaldirektion der staatlichen Archive Bayerns, Nachlass Hoegner 354

30 Dwight D. Eisenhower Library Abilene, General Boards Reports, Military Justice Administration in the Theatre of Operations, Ende 1945

31 PA Z 1/850, Papier des Länderrates, 1947, undatiert

Mit Lebensmitteln gegen den Kommunismus

1 Lucius D. Clay, The Papers of General Lucius D. Clay, Germany 1945–1949, Bd. I, Bloomington 1974

2 Ebd.

3 BArch, B 116/10, Papier des Länderrats, 20. Juni 1946

4 Clay Papers (45) 302, PRO CAB 129/5, Wheat for Germany

5 PRO FO 3371/46884/C5560, Schreiben Eisenhower vom 30. August 1945 an AGWAR

6 US Congress, 8th Report of the House Special Committee on Postwar Economic Policy and Planning, Washington 1945

7 Chronik der Gemeinde Groß-Bieberau

8 Ebd.

9 StadtAW, Ernährungsamt 265a/I, Bericht, betr. Verwertung von Plündergut, überlassen vom Chef der Polizei an das Wirtschaftsamt, Würzburg, 19. Juni 1945

10 StadtAW, Ernährungsamt 605

11 Robert Meier, Zwischen Zerstörung und Wiederaufbau, Würzburg 2005, S. 10 ff.

12 StadtAW, Wirtschaftsamt 110, Bericht der Polizeidirektion, 21. Oktober 1946

13 StadtA Groß-Umstadt, Schreiben von Landrat Gebhardt an die Bürgermeister, Betr.: Be-

kämpfung des Schleich- und Tauschhandels, 28. Mai 1945

14 StAM, BuR, 25/07, Bericht des Polizeipräsidiums München für den Public Safety Officer für die Berichtswoche vom 3. bis 9. August 1945

15 Ebd.

16 StAM, BuR, 25/07, Bericht des Polizeipräsidiums München für den Public Safety Officer für die Berichtswoche vom 17 bis 23. August 1945

17 StAM, BuR, 25/07, Bericht des Polizeipräsidiums München für den Public Safety Officer für die Berichtswoche vom 24. bis 30 August 1945

18 StAM, BuR, 25/07, Bericht des Polizeipräsidiums München für den Public Safety Officer für die Berichtswoche vom 31. August bis 6. September 1945

19 StAM, BuR, 25/07, Bericht des Polizeipräsidiums München für den Public Safety Officer für die Berichtswoche vom 7. bis 13. September 1945

20 StAM, BuR, 25/07, Bericht des Polizeipräsidiums München für den Public Safety Officer für die Berichtswoche vom 12. bis 18. Oktober 1945

21 StAM, BuR, 25/07, Bericht des Polizeipräsidiums München für den Public Safety Officer für die Berichtswoche vom 26. Oktober bis 1. November 1945

22 BArch, Z 4/530, Konferenz der Militärgouverneure mit den Ministerpräsidenten der Bizone, Frankfurt, 31. Januar 1949

23 Ebd.

24 Herbert Schott, Amerikanische Wohnungsbeschlagnahme in Würzburg nach 1945; in: Mainfränkische Jahrbuch 40, Würzburg 1988, S. 239

25 StadtA Mü, BuR 1974, Schreiben des Referates 7 – Wohnungswesen, 21. März 1946

26 Ebd.

27 Ebd.

28 StadtA Mü, BuR 1974, Schreiben Scharnagl an die Militärregierung, 15. April 1946

29 Ebd.

30 StadtA Mü, BuR 1974, Schreiben Scharnagel an den Director, Office of Military Government for Stadtkreis München, Oberst Keller, 13. August 1946

31 Ebd.

32 StadtA Mü, BuR 1974, Übersicht des Referates Wohnungswesen, 18. Dezember 1946

33 Wallace setzte sich im Gegensatz zu Außenminister Byrnes für eine versöhnliche Haltung gegenüber der Sowjetunion ein und ging so weit, während eines Aufenthaltes von Byrnes in Paris am 12. September 1946 in einer Rede im Madison Square Garden die Haltung des amerikanischen Präsidenten und des Außenministers als »zu schroff« gegen die Sowjetunion zu brandmarken. Byrnes hatte daraufhin am 19. September 1946 ein Schreiben geschickt, in dem es unter anderem hieß: »Wenn es Ihnen, Herr Präsident, aus irgendwelchen Gründen nicht möglich ist, Mr. Wallace daran zu hindern, in seiner Eigenschaft als Mitglied Ihres Kabinetts über Außenpolitik zu sprechen, so wäre es für mich in jeder Beziehung ein schwerer Fehler, auch nur zeitweilig im Amte zu bleiben. Sollte es für Sie nicht vollkommen klar sein, daß Mr. Wallace gebeten werden muß, solange er ein Mitglied Ihres Kabinetts ist, sich jeder Kritik an der Außenpolitik der Vereinigten Staaten zu enthalten, so müsste ich Sie unverzüglich um meinen Abschied bitten.« Die Kontroverse endete mit dem Rücktritt von Wallace.

34 PA, 1/23, Zonenbeirat, Deutsches Sekretariat, Amerikanische Antwort auf Stalin-Interview, 5. Oktober 1946

35 Gemeint war neben der Bildung der kommunistischen Volksrepublik Jugoslawien unter Marschall Tito am 11. November 1945 der Bandenkrieg in den Grenzgebieten Albaniens, Jugoslawiens und Bulgariens, der 1946 erst durch das Eingreifen britischer Truppen eingedämmt werden konnte.

36 Adenauer, Erinnerungen 1945–1953, S. 106 ff.

37 Zitiert in: Adenauer, Erinnerungen, S. 106 ff.

38 Ebd.

39 PA, 1/23, Zonenbeirat, Deutsches Sekretariat, Amerikanische Antwort auf Stalin-Interview, 5. Oktober 1946

40 James T. Byrnes, Offen gesagt. Eine Auswahl aus dem Buch »Speaking Frankly«, Berlin 1947, S. 23 ff

41 Ebd.

42 Ebd.

43 Stadtarchiv Erfurt, 1-5/1100-2535, Bekanntmachung des Oberbürgermeisters von Erfurt, 16. April 1945

44 Stadtarchiv Erfurt, 1-5/1100-2535, Bekanntmachung Nr. 12 des Oberbürgermeisters von Erfurt

45 Staats-Anzeiger Hessen 1947, S. 227, Anordnung betr. Regelung zur Erfassung vom Obst und Gemüse im Land Hessen
46 Preußische Staatsbibliothek, Die Kabinettsprotokolle der Hessischen Landesregierung, 14. Sitzung vom 2. Januar 1946
47 Die Kabinettsprotokolle der Hessischen Landesregierung, Protokoll der 11. Sitzung vom 19. Oktober 1945
48 Protokolle des Bayerischen Ministerrats, Kabinett Hoegner I, Sitzung vom 10. Juli 1946
49 BArch, Z 1/167, 3. Länderratssitzung in Stuttgart, 4. Dezember 1945
50 BArch, Z 1/167, 4. Länderratssitzung in Stuttgart, 8. Januar 1946
51 Preußische Staatsbibliothek, Die Kabinettsprotokolle der Hessischen Landesregierung, 11. Sitzung vom 6. Dezember 1945
52 Günter J. Trittel, Hunger und Politik – Die Ernährungskrise in der Bizone – 1945–1949, Frankfurt/Main 1990, S. 38
53 Clay papers, Bd. II, No 103
54 Clay papers, Bd. II, N. 122
55 BArch, Z 1/188, Außerordentliche Länderratssitzung, Stuttgart, 21. August 1946
56 BArch, Z 1, 850, Der Kräftebedarf und seine Deckung, 1947, undatiert
57 Ebd.
58 Ebd.
59 Dorn, Inspektionsreisen in der US-Zone
60 BArch, / 1/65, Ansprache Clay vor dem Länderrat, 15. April 1947
61 BArch Z 4/131, Konferenz der Militärgouverneure mit den Ministerpräsidenten und Vertretern der bizonalen Verwaltungen, Frankfurt, 8. Januar 1948
62 Ebd.
63 Ebd.
64 BArch, Nachlass Roßmann/25, Interne Besprechung der Ministerpräsidenten mit General Clay, Stuttgart, 15. April 1947
65 BArch, Z 1/19, 19. Tagung des Länderrates des amerikanischen Besatzungsgebietes, Stuttgart, 15. April 1947

Wirtschaftliche Wende

1 Herbert Hoover, An American Epic, Bd. 4, S. 225 ff.
2 Ebd., S. 162
3 Louis P. Lochner, Herbert Hoover und Deutschland, Boppard 1961, S. 220 ff.
4 Ebd.
5 Herbert Hoover, American Epic, Bd. 4, New York 1963
6 Lochner, S. 231
7 Herbert Hoover, An American Epic, Schreiben Patterson an Hoover, 16. April 1947, S. 257
8 Herbert Hoover, An American Epic, Report from the Military Government, 19. Juni 1947, S. 257
9 StadtA Groß-Bieberau, Antrag des Bürgermeisters, 18. Juli 1947
10 BArch, Z 4/221, 109. Sitzung des Exekutivrates in Frankfurt, 15. Januar 1948
11 BArch, Z 4/221, Aktenvermerk für die Ländervertreter, 109. Sitzung des Exekutivrates, 15. Januar 1948
12 BArch, Z 4/122, 122. Sitzung des Exekutivrates, Frankfurt, 19. Februar 1948
13 Zitiert in Lochner, S. 250
14 Zitiert in Lochner, S. 247
15 Adenauer, Erinnerungen 1945–1953, S. 108
16 FRUS, 1947 I, S. 772
17 Ebd.
18 Wesentliche Dokumente im Zusammenhang mit dem »Marshall-Plan« sind unter anderem der »Economic Cooperation Act of 1948«, die »Konvention über europäische wirtschaftliche Zusammenarbeit«, unterzeichnet am 16. April 1948 in Paris sowie das »Abkommen über wirtschaftliche Zusammenarbeit zwischen der Regierung der Vereinigten Staaten und den die Besatzungszonen der Vereinigten Staaten und des Vereinigten Königreichs in Deutschland vertretenden Militärgouverneuren der Vereinigten Staaten und des Vereinigten Königreichs in Deutschland« vom 14. Juli 1948
19 PA, Haushaltsausschuss des Bundestages, Protokoll der Sitzung vom 23. Januar 1957
20 Protokolle des Bayerischen Ministerrates 1945–1954, Kabinett Ehard II, Sitzung vom 6. April 1948, S. 391 ff.
21 PA, Bericht über die Auswirkungen der vorgesehenen Demontagen auf die Wirtschaftslage Deutschlands und seine Stellung im Europäischen Wiederaufbau, ohne Verfasserangabe und ohne Datum

22 Neue Zeit, 31. Oktober 1947, unter Berufung auf eine Meldung von AP beziehungsweise Newsweek

23 BArch, Nachlass Roßmann/25, Interne Besprechung der Ministerpräsidenten mit General Clay, 3. Februar 1948

24 Initiatoren von CARE waren ferner: Cooperative League of America, American Friends Service Committee, Congregational Christian Service Committee, General Conference of Seventh Day Adventists, Save the Children Federation, YMCA Victims Service Committee

25 Quelle: CARE – Brücke der Humanität, CARE Deutschland e.V, Bonn 1998

26 Zitiert bei Godehardt Weyerer, Liebesgaben aus Übersee. Die CARE-Pakete, in: Detlef Junkers (Hrsg.), Die USA und Deutschland im Zeitalter des Kalten Krieges, Stuttgart/München 2001, S. 795 ff.

27 CRALOG wurde unter anderem getragen von: American Federation of Labor, American Friends Service Committee, Brethren Relief Services – National Catholic Welfare Conference, Church World Service, Congress of the Industrial Organizations

28 PA, Schreiben Köhler an den Wolfsburger Stadtrat Wilhelm Kiesel, 16. Juli 1947

29 PA, Verwaltungsamt für Wirtschaft des amerikanischen und britischen Besatzungsgebietes, Hauptabteilung F, Produktionsgüterindustrien, Reichsbahnreparaturprogramm-Maßnahmen auf dem Industriesektor, Minden, 8. August 1947

30 PA, Zentralbüro für Versuchsumbauten amerikanischer Heeresfahrzeuge, Schlangenbad-Georgenborn, Übernahme aller US-Heeres-Kraftfahrzeuge, 1948, undatiert

31 Eigentlich »GP – General Purpose«

32 PA, Rede des Vorsitzenden des Amerika-Ausschusses, Herrn Abg. Dr. Pferdmenges, in der 40. Vollversammlung am 8. August 1949

Währungsreform

1 BArch, Nachlass Roßmann/25, Interne Besprechung der Ministerpräsidenten mit General Hays

2 BArch, Z 4/221, 104. Sitzung des Exekutivrates, Frankfurt, 6. Januar 1948

3 BArch, Z 4/541, Konferenz der Militärgouverneure mit den Ministerpräsidenten der Bizone

4 PA, Aufzeichnung über die Besprechung beim Zweimächte-Kontrollamt am 7. Mai 1948, 15.00 Uhr im I.G.-Hochhaus

5 Protokolle des Bayerischen Ministerrates 1945–1954, Kabinett Ehard II, Sitzung vom 23. Juni 1948, S. 533

6 Ebd., S. 504 ff.

Aufnahme in die »zivilisierte Welt«

1 BArch, Z 4/530, und PA, Bestand 1, Besprechung von General Clay mit den Ministerpräsidenten der US-Zone, 29. April 1949

2 Ebd.

3 Ebd.

4 BArch, Nachlass Pünder/674

5 Diese Konferenz fand vom 23. Mai bis 20. Juni 1949 in Paris statt.

6 St. BKAH/102, vertraulicher Vermerk Pünders 12. Mai 1949

7 BArch, Z 1/18, 16. Tagung des Länderrates des amerikanischen Besatzungsgebietes in Stuttgart, 8. Januar 1947

8 BArch, Z 4/212, Besprechung der Militärgouverneure mit bizonalen Vertretern, Frankfurt/M., 15. Juli 1949

9 BArch, Z 4/212, Besprechung der Militärgouverneure mit bizonalen Vertretern, Frankfurt/M., 16. Juli 1949

Vom Besatzungsstatut zur Souveränität

1 Pfälzische Volkszeitung, 30. März 1951

2 Rheinland-Pfälzische Staatszeitung, 21. Juni 1953

3 FA, Sitzung des Haushaltsausschusses des Bundestages, 2. Dezember 1953

4 PA, Ausschuss für Besatzungsfolgen, Überblick über die Rechtslage in Bezug auf die Vergütung für Besatzungsleistungen und die Entschädigung wegen Besatzungsschäden, Protokoll vom 11. März 1954

5 Ausführlich in: Beiträge zur Geschichte des Landes Rheinland-Pfalz, Koblenz 1997, Das Land als Militärstandort, S. 401 ff.

6 Wolfgang Ischinger, Die deutsch-amerikanischen Beziehungen 2001–2006, in Atlantik-Brücke, Jahresbericht 2005/2006

Ortsregister

333

334